Ogihara Minori

荻原 稔

井上正鐵門中・禊教の成立と展開

―慎食・調息・信心の教え―

井上正鐵［1790～1849］（『校正増補真伝記』より）

井上正鐵筆の神号幅（天保十二年閏正月に伊藤祐像へ授与したもの）

井上正鐵門中・禊教の成立と展開

——愼食・調息・信心の教え——

目次

第二章　初期井上正鐵門中の展開

【凡例】

○　井上正鐵の氏名表記について

・井上正鐵の氏名表記は自筆の用例に従って「正鐵」の字を用いた。また、「鐵」の字を譲られた門人の氏名表記も同様とした。ただし、引用文については、底本の表記を基本とした。

○　井上正鐵の遺文の引用について

・正鐵の遺文の引用については、読解の便のために、漢字は通用の字体を用い、仮名は特段の必要がないかぎり、カタカナ・ひらがな・変体仮名とも、ひらがなとした。ふりがな及び句読点は、著者が付けたが、底本の表記を著者が訂正したものもある。出典は、引用文の末尾に、括弧書きした。

・正鐵の遺文を本文の叙述中に引用するときには、〝　〟で囲った。また、用字や送り仮名を読みやすく直したところもある。

・『唯一問答書』は、『唯一問答書』（横尾信守、明治七年）を底本とした。本文中では『唯一問答書』と表記し、巻数は上・下・書継と表して、底本に付けられたタイトルを「　」で囲んで表示した。（例、『唯一問答書』上「唯一神道」）

・書簡等は、『井上正鐵翁遺訓集』（禊教横尾本院）、一之巻・二之巻（明治二十年）、三之巻・四之巻（明治二十三年）、五之巻・六之巻（明治二十九年）、七之巻・八之巻（明治三十年）を底本とした。本文中では『遺訓集』と略記し、巻数は漢数字で表し、底本に付けられたタイトルを「　」で囲んで表示した。（例、『遺訓集』一「和光同塵」）

・『遺訓集』以外の自筆本や写本の場合の出典は、註に表記した。

○　井上正鐵の伝記について

井上正鐵の伝記は、主として、次に掲げる諸本を参照した。

・井上祐鐵『井上正鐵眞傳記』巻之一・巻之二・巻之三（井上家、明治十年）。本文中では『真伝記』と略記した。

・井上祐鐵（著）、鈴木眞年（校正）『校正井上正鐵眞傳記』巻之一・巻之二（芳潤堂、明治十二年）。本文中では『校正真伝記』と略記した。

・井上祐鐵（著）、鈴木眞年（校正）、東宮鐵麻呂（増補）『校正増補井上正鐵眞傳記』巻之一・巻之二・巻之三（大成教禊教会、明治二十一年）。本文中では『校正増補真伝記』と略記した。
・麻生正一『増補井上正鐵在島記』（禊教麻生本院、明治二十三年）。本文中では『在島記』と略記した。
・小木藤太郎・岸本昌熾『教祖井上正鐵大人實傳記』（禊第六教院、明治二十八年）。本文中では『実伝記』と略記した。
・麻生正一『神道家井上正鐵翁』（神道中教院、昭和八年）。本文中では『翁』と略記した。

○　史料について

・史料名があれば註記した。
・所蔵者名は、調査・記録の時点での所蔵先を表記したが、すべてにわたって現存は確認できていない。表記については、図書館等であれば機関名を表記し、個人の場合には、故人であれば、「故」として氏名を表記し、生存者は「個人蔵」とした。

○　白川家関係の史料について

白川家の史料については、次の史料を用いた。
・『白川家門人帳』（金光図書館所蔵）。翻刻に近藤喜博『白川家門人帳』（清水堂、昭和四十七年）がある。
・『白川家日記』（宮内庁書陵部所蔵）。
・『白川家武家伝奏職事往来留』（宮内庁書陵部所蔵）。本文中では、『白川家往来留』と略記した。

○　用字、句読点、ページ表記について

・史・資料については、漢字は底本の用字を用い、崩し字の場合は、基本的には正字体とした。変体仮名はひらがなとし、カタカナは尊重した。また、読解の便のために、著者が句読点を付けた。翻刻されたものの場合には、用字や句読点等については、基本的に底本を尊重した。
・ページの表記は、洋装本は頁数を漢数字で記し、和本は丁数を漢数字で記して、表ページを「オ」、裏ページを「ウ」と表した。（例、『真伝記』巻一、五丁オ）

○　参考文献の表記について

・巻末の「井上正鐵門中と禊教に関する参考文献目録」においては、発行年ごとに、著者名の五十音順で配列し、次の表記を原則とした。

著者名『単行本書名』（出版社）頁数。

著者名「論文名」（『雑誌名』号数）頁数。

著者名「原著書名」（『叢書名』巻号数、出版社）頁数。

・註では、副題や掲載誌名、出版社名等を略して、著者名、書名・論文名（副題は省略）、発行年を表記した。また、再掲の場合は、著者名、発行年を表記した。

○　その他

・井上正鐵門中における用語については、〈　〉で囲った。

・太陽暦が実施された明治六年（一八七三）以前の和暦に付した西暦は、参考のために年単位で付したものであり、厳密に月日までは対応していない。

・吐菩加美講成立期の基本史料として、東宮鐵麻呂『東宮千別大人年譜』（明治三十四年）を用いたが、本文中では『東宮年譜』と略記した。

・本文の叙述中では、生存者を含めて敬称を省略した。

序章　本書の目的・構成と研究史

一　本書の目的

本書の目的は、江戸後期の天保年間に武蔵国足立郡梅田村（現在の足立区）を拠点にして教化活動を行なった白川家配下の神主井上正鐵（一七九〇～一八四九）が、その思想と行法をどのように形成して活動を展開したのかと、彼の後継者たちがその後の百数十年間の時代状況に対応しながら、どのようにその教化活動を変容させていったのかを明らかにしようとするものである。

したがって、本書は主として井上正鐵自身に関わる第一章の「井上正鐵の思想と行法の成立と展開」と、後継者に関わる第二章「初期井上正鐵門中の展開」及び第三章「教派神道としての禊教の成立と展開」という二つの部分により構成されるものである。論述にあたっては、特定の教団資料に偏ることなく、可能な限り客観的で多面的な史・資料を活用して、江戸時代後期から現在に至る日本宗教史の中に、井上正鐵門中・禊教を位置付けていくための基本的な情報提供を行いたい。

二　本書の構成

第一章の「井上正鐵の思想と行法の成立と展開」では、行法の基本構造を確認したあと、概ね井上正鐵のライフヒストリーに沿いつつ、思想と行法の形成過程とその成果を考察し、教化活動の実態を述べていく。

まず、第一節「井上正鐵門中の現存行法の諸相」では、今日まで様々なバリエーションで行じられて来た行法の実態を示すと共に、表面的な相違の根底にある行法の基本構造を確認する。

第二節「井上正鐵の思想と行法の源泉」においては、井上正鐵の生い立ちから、教化活動の開始に至るまでに出会った思想や技術などを、大きく五つの源泉に位置付けて考察する。その一つ目は、問題意識の出発点としての父安藤眞鐵である。家族と幼少期の経験は人生に大きな影響を残すものであるが、譜代大名の江戸屋敷に居住する中層の武士だった生家の状況と、思索と求道を共にしつつ、父の〈祝詞の事〉という遺言によって後半生を方向付けられた父子関係を押さえておきたい。

二つ目は、青年期における職業選択の中で出会った徳本流一派医学である。この医学は、江戸前期に興った古方派医学の流れにあり、症状に対応した実証的な治療法を重視した。師の磯野弘道（一七七二〜一八四七）は、入門した頃には甲州の一医師であったが、天保期の江戸では人名録に登載されるほどの著名人になっていた。正鐵はその師から出藍を称えられる技量となり、医術は生計を支えたばかりでなく、その知識や技術と身体観が教化活動に生かされた。

三つ目に、医学に引き続く探求の中で出会った水野南北（一七五七〜一八三四）の南北相法について確認する。近世の観相術は、特定の人物や場面の異常性を解釈することに重点があった中世の観相譚と異なり、不特定の人間の身体特徴を分類して一般化し、カタログ化していくという方向に展開していった。水野南北は大坂の下層民から身を起こして『南北相法〈前編・後編〉』十巻という膨大なカタログを著すほどの大家になっていたが、その決定論を自ら乗り越えて、慎食による運命の改善という能動的な教えを説くに至った。正鐵はそうした円熟期の南北に入門し、その慎食の教えを継承したのであった。磯野弘道と水野南北の二人は、天保期の江戸では高名であったので、その門人であることの表明は、井上正鐵の教化活動の促進要因となったであろうし、正当性の根拠にもなったと思われる。

四つ目に、壮年期の求道で出会った〈信心・誠の心〉に至る行法を伝える〝今井いよ〟あるいは〝ていせう〟という未詳の女性導師による秘儀的な念仏信仰について考察したい。この〈信心・誠の心〉とは、意識の限界まで突き詰める呼吸の行法によってもたらされる身体感覚であり、新たな誕生を確信して人生の意味付けを転換させる秘儀であるが、それを伝える活動は公式の地位を持つものではなかった。しかし、正鐵はその経験と父の遺した〈祝詞の事〉の統合を試み、〈甘露女の神夢〉として表現される達成感に至って教化活動の展開を決意したのだった。

五つ目には、神祇伯白川家との関係を見ていこう。それは神道としての形式を得ると共に、合法的な活動の根拠と行政的な通路を確保することでもあったのである。このように第二節では、各種の知識や技術・技能と権威を集積して、思想と行法を確立していく足跡を確認しておきたい。

第三節「教化活動の準備と展開」では、第二節で考察した源泉となる思想・技術や行法を統合して、梅田神明宮での本格的な教化活動を展開していくまでの過程を考察する。まず、萌芽期の教化活動の成果である中核的な門人たちと共に、避難場所ともなり得る地方拠点の門中育成などの周到な準備のもとに、本拠地となる梅田神明宮で活動を開始して取締にも対応していったのであった。

第四節「井上正鐵の教化活動」では、実働わずか一年半という梅田神明宮における短い教化活動の内容を、天保十四年の寺社奉行による申渡しに基づいて確認していく。これは取締側の立場とはいえ、当時可能な限りの調査力によって把握した客観的な事実であると思われ、そこに記された内容を資料で補いつつ考察していくことにしたい。まず、教化活動の入口であった〈神書講釈〉の様子を『唯一問答書』を手掛かりにして想定し、そこで説かれている望ましい生活習慣の形成や神道の教えを考察する。次に、教えを体得して〈信心〉という境地に至る〈祓修行〉の階梯と、その指導方法である〈産霊の伝〉について詳しく見ていく。ここに井上正鐵の教化活動の核心があるのと共に、白川家伝来にもない「新義異流」として断じられた理由もあった。これらの考察によって、受け手と伝え手の双方から見た教化活動の全体像が明らかになるであろう。

第五節「白川家との相互関係」では、関東の一門人に過ぎない井上正鐵とその一門に対して、細やかな対応をした白川家との関係を見ていく。特に、入門によって権威を付与しただけで大きな問題もなく過ぎていった門人とは違い、取締に関わる請願の取次や幕府からの照会への回答などの各種の対応があったので、相互の関係がより具体的に明らかになるだろう。井上正鐵没後の門中と白川家との関係については、第三章の各節において詳述したい。

第六節「三宅島での活動と門中」では、遠島に処せられて伊豆国三宅島に身柄を移された井上正鐵が、島民への生活向上の支援を行いながら、不屈に教化活動を続けた晩年の六年間を見ていきたい。本土の門中に対しては書簡を書き送って指導を続け、三宅島での活動の資材や資金の協力を求めた。こうした書簡や物資の往復を維持するネットワークの確保が門中として一体となる活動になっていた。

第二章の「初期井上正鐵門中の展開」と第三章「教派神道としての禊教の成立と展開」では、井上正鐵の教化活動を受け継いだ人々が、それぞれの立場でどのように活動を展開し、あるいは変容させていったのかを具体的に描いていきたい。直接の後継者の多くは、井上正鐵自身が神道を標榜して活動した時期の門人であり、神道の一派としての自覚を強め、白川家との関係を深めたりしながら、明治時代には教派神道となっていく活動を進めた。しかし、直門三浦知善は取締からの避難として称名念仏による修行を指示されたこともあり、その後継者の中には仏教的な教義や行法を行う活動も存在した。

第三章の第一節「初期井上門中の活動の概要」では、正鐵の遠島直後の〈忍修行〉の沈滞から、弘化二年（一八四五）春の指導体制の指示による展開、さらに正鐵没後の沈滞期と〈安政の復興〉による盛隆を経て、三度目となる〈文久の取締〉を受けるに至るいくつもの浮き沈みに遭遇しながらも、可能な方法を探って活動を続けていった江戸周辺の門中の概況を見ていこう。弘化二年の指示によって、正鐵の妻である安西男也が〈名代〉とされて、〈初産霊〉という教師と〈法中御世話御目付〉という役員による指導・運営体制が立ち上げられ、明治初期に至るまで基本的には尊重されていたのだが、実態としてはいくつもの有力教師ごとのグループによって活動が展開されていったのである。

第二節から第八節までは、第一節で見た初期井上門中の活動の中でも、代表的・特徴的な事例について、節を起こして考察したものである。

第二節「妻安西男也の生活と活動」では、安西男也の動静を中心に正鐵の家族の状況を確認し、名代として門中の中心的な役割を期待された妻が、困難な生活の中でどのように行動したのかを見ていきたい。

第三節「三浦知善の活動」では、正鐵夫妻と共に梅田神明宮に住み、取締により夫を亡くした三浦知善の動静を確認したい。三浦知善は江戸払となったが、地方拠点である一ツ木村や平塚河岸に避難して教化活動を続け、晩年には江戸近郊に立ち戻って〈安政の復興〉を成し遂げた。これによって他の直門たちも活動を再開し、井上正鐵の教化活動が消滅しなかったのである。

第四節「野澤鐵教と加藤鐵秀の活動」では、産霊役の筆頭と第二位であった武士出身の二人の高弟の動きを見ていきたい。この二人は、白川家との交渉などの場で活躍し、三度にわたる取締においても捕らえられることがなかった。正鐵の没後には、宮津藩主本荘家にも関わりながら、井上家の遺族を保護して門中の中心的な立場を守り、明治前期の教団成立までの橋渡しを行ったのである。

第五節「高声念仏の展開」は、三浦知善から行法を継承した浄光寺但唱によって復興された〈弾誓流高声念仏〉の活動を見ていく。天台宗の浄光寺但唱に発して、浄土宗塔ノ峰阿弥陀寺と時宗横浜浄光寺、天台宗深大寺、天台宗真福寺・浄信講社と、行法を軸に宗派を横断して展開した。これは、大声でのリズミカルな称名念仏により「念仏信心成就」を伝えるという独特のスタイルを持つ活動であり、正鐵や知善を道統の先師として記憶しつつ、その一部は現在も存続している。

第六節「備前開教者伊藤祐像の活動」は、幕府の密偵として門中に潜入した伊藤祐像が一転して熱心に修行を進め、独自の教団形成を行った事例である。彼は天保十二年（一八四一）の取締に先立って、正鐵から皆伝を許されて帰郷を命じられ、故郷の信州飯田において地方拠点を構えた。それは避難場所のみならず、後には門中教師の上京の際の中継地ともなった。また、岡山でも教化活動を行って定着させ、白川家とも関係を深めて、伯王に御前講釈をするまでの地位を確保した。後継者たちは、東京での教団形成とは距離を取りつつ、神宮教会の傘下での講社を形成したりして複数の教派にかかわりながら、昭和前期まで活動を存続させた。

第七節の「坂田鐵安の活動」は、正鐵存命中に指名された産霊役のうちで最も若手であった坂田鐵安の事例である。文久二年（一八六二）の取締を受けた後、白川家家来として活動しながら傘下の教団形成を進め、明治前期には、動揺を続ける「吐菩加美講」の後身教団から離脱して、自派のみによる一派独立を準備するとともに、井上正鐵を祭神とする「井上神社」を単独で創建した。第三章第三節の「『禊教』の独立と展開」につながっていく。

第三章の第一節「『吐菩加美講』の成立と分裂」においては、「吐菩加美講」公認の中心となった東宮千別とその師村越守一との師弟関係を押さえたうえで、明治初期の宗教政策に対応しつつ、布教の公認を得るまでの慎重な準備過程を確認していこう。さらに、明治五年（一八七二）八月に「吐菩加美講」が公認されたのちにも、有力教師ごとの寄合所帯を調整しつつ、教団体制の確立を目指していった動きを見ていく。

第二節の「『大成教禊教』諸教会の変遷」では、「吐菩加美講」の本流を引き継ぐ後身組織が、大成教の傘下で変遷していった状況を見ていこう。神道系の井上正鐵門中を結集していた「吐菩加美講」は、明治十二年（一八七九）に坂田鐵安門下の教会の離脱によって分裂した。その後に残った諸教会の多くは、「大成教」に参加して「大成教禊教」という中間包括組織を立ち上げ、大成教の本部機能も担ったが、明治三十年代にはそれも衰微して、多くは個別の所属教会となっていった。

第三節「『禊教』の独立と展開」では、「吐菩加美講」の後身組織を離脱した坂田鐵安門下の教会が、明治二十七年（一八九四）に内務大臣より「禊教」として一派独立と管長設置を認められた過程と、その後の展開を見ていく。大成教傘下の教会の多くが衰微した一方で、神道教派として独立し、教師の任免や教会設置の許可なども行えるようになった「禊教」は、井上正鐵門中を代表する教団とみなされるようになった。さらに、宗教団体法や宗教法人法などの宗教法制の変化にも対応しつつ、現代に至るまでの活動状況にも言及したい。

三　井上正鐵の著作及び伝記に関する基本的な文献

井上正鐵とその後継者の活動についての研究を進めていく上での史料と、先行研究のあらましを振り返っておこう。まず、井上正鐵自身による著作には、天保十三年（一八四二）二月執筆の『唯一問答書』がある。これは、寺社奉行から日ごろの教導の趣旨を書面で提出するように命じられたものである。上下二巻で二十か条の問答からなる教義書であり、後年に執筆された十二か条の「書継」と合わせた三巻本が、明治七年（一八七四）に横尾信守により刊行されて流布している。自筆本の存在は確認できず、現在確認できる最古の写本は、万延元年（一八六〇）の奥書がある皇學館大學附属図書館所蔵本であるが、明治七年刊行の版本とは、文字遣いが多少異なるものの三巻三十二条の内容と順序が同じであり、上下二巻はもとより、「書継」も正鐵没後の早い時期に編集されたことがわかる[一]。

遠島となった三宅島からは多くの書簡が書き送られて指導が続けられた。流人との手紙のやり取りは「内通状」として表向きは禁令であったが、三宅島船宿や船頭を経由した便宜が取り計らわれており、そうした書簡の往復や本土からの物資送付のネットワークが活動を支えていた。また、正鐵の存命中から〈読み上げ相続〉として、祭典や集会の際には『唯一問答書』や書簡が音読されてきたので、その必要上からも書簡の写本が編集されてきたらしい。それらをもとに、明治二十年（一八八七）から三十年（一八九七）にかけて大成教禊教の教師横尾信守により『井上正鐵翁遺訓集』全八巻として、書簡など百八十二タイトルの文書が編集・刊行された。しかし、明治四十二年（一九〇九）刊行の『黒住教教書』のように自筆本に基づく校訂を経たものではなく[二]、わずかに現存する直筆と照合してみると相違も見られる[三]。だが、活動の中心が江戸・東京であったために、明治維新の混乱や関東大震災、東京空襲などにより多くの直筆が消滅していて、内容的には不十分な面があるにしても、この『井上正鐵翁遺訓集』は井上正鐵の理解には不可欠な文献である。なお、『唯一問答書』と『遺訓集』及び旅日記「煙草の裏葉」は、『黒住教教書』と共に『神道大系　論説編二十八　諸家神道（下）』（昭和五十七年）に収録された。

『遺訓集』に収録されていない書簡で、明治期や昭和前期に刊行された伝記に掲載されているものも二十数通あるが、平成になってからは荻原が未刊の遺文の収集と発表を進めている。高弟杉山秀三宛の直筆書簡については、「井上正鐡の未刊遺文」（『神道及び神道史』五〇号、平成四年）において、断片を含めた書簡二十二通と目録類十四点を紹介し、それらの文書の影印版を『井上正鐡真蹟遺文』（平成七年）として刊行した。また、明治五年九月下旬に林光賢により筆写された『霊神御文章』に所載の六通をはじめ、近年に発見された遺文について「新発見の教祖遺文について（一）〜（十）」（『神道禊教教報みちづけ』一一七号から一二九号、平成二十年から二十二年）において十通掲載した。

井上正鐡の思想や行法の成立過程を跡付けるためには伝記が参考になるが、井上正鐡の最古の伝記は、直門村越守一が万延元年（一八六〇）に著した『神祇道中興井上正鐡霊神記[四]』である。この書は、「神祇道中興」「正鐡行状記」などの書名で複数の写本が伝わっており、初期の門中で多く読まれていたことがわかる。しかし、ある本では「神仏」としている所を、他の本では「神明」とするなど、活動の展開に対応して手が加えられている状況がうかがえる。

版本では、明治五年の布教公認後に、正鐡の遺族である井上祐鐡の名で著された明治十年（一八七七）三月刊行の『井上正鐡眞傳記』（以下『真伝記』と略）が最も

井上正鐡の著作や伝記各種
奥左から『校正増補真伝記』口絵、『唯一問答書』『遺訓集』『在島記』『翁』の表紙
手前左から『校正真伝記』の表紙、『実伝記』本文、『遺訓集』本文

早い。この『真伝記』は、著者名をそのままにして、井上祐鐵著・鈴木真年校正『校正井上正鐵眞傳記』（明治十一年）、井上祐鐵著・鈴木真年校正・東宮鐵真呂増補『校正増補井上正鐵眞傳記』（明治二十一年）、とタイトルを引き継ぎながら版を変え、内容も若干ずつ変化している。これは、もともと正鐵の甥であり、養子となって井上家を継承した井上祐鐵に、「禊総本院長」「禊大教院長」として、大成教禊教の統合の中心としての立場を期待してきたことが背景にある。なお、校正者の鈴木真年は、正鐵の妻安西男也の親類であり、国史に詳しく系図作成を業とする人物であった[五]。増補者の東宮鐵真呂は大成教禊教の組織者東宮千別の嗣子である。

禊教系教団の最盛期といえる明治二十年代になると、明治二十三年（一八九〇）に、麻生本院から麻生正一『増補井上正鐵翁在島記[六]』が刊行された。麻生正一は三宅島に渡って現地調査を行い、水汲み女として正鐵の生活を支えた井上初子をはじめとする当時存命の人々からの逸話の聞き取りも行っている。また、明治二十八年（一八九五）二月に、禊第六教院（もと宮沢本院）から小木藤太郎・岸本昌熾『教祖井上正鐵大人實傳記』が刊行された。この書の跋に小木が記したところによれば、かねてから直門野澤鐵教の門人宮沢鼎からの聞き書きが数多くあったが、明治二十三年秋に岸本との談話の中でそれらを活用した伝記刊行の構想がまとまり、上野、信濃、越後には岸本と前川兼助が、三宅島には柳井明映が現地調査を行って執筆したという。こうして、教祖伝や初期門中研究の基本的文献が出揃った。

この後には、昭和八年（一九三三）に麻生正一『神道家井上正鐵翁[七]』が刊行され、明治期の伝記刊行以後の史料収集の成果が織り込まれた。たとえば、文政九年（一八二六）正鐵三十七歳の時の旅日記『煙草の裏葉』や他本にはない十七タイトル二十一通の書簡が掲載されていたり、当時帝室博物館に保存されていた「白川家門人帳」の井上正鐵関連項目が引用されていたりする。さらには、「井上正鐵翁教脈略系」という表は、旧大成教系（当時の麻生師の教会は神道本局所属）の教会と独立した禊教を含めた井上正鐵門中全体の展開を理解するための重要な資料である。

昭和後期以降の伝記的研究では、松井嘉和「井上正鐵の生涯―その人と思想の源泉―」（昭和四十七年）が、初めて伝記の諸本を照合して異同を明らかにしつつ生涯の全体像を描いたが、荻原稔『井上正鐵の生涯—教祖伝研究ノート』（平成十一年）では、伝記の記述のみによらず、正鐵自身の書簡や史料に裏付けられた叙述を行った。

次に、井上正鐵の後継者たちが、当時直面する状況に対応して正鐵の教えを理解しようとした、いわば教学的な成果について見ておこう。

幕末期の初期の教学は、三浦知善による〈安政の復興〉（一八五五頃）の頃から直門たちにより始められた。まず、万延元年（一八六〇）に正鐵の最古の伝記を著した村越守一が、「疑問録問答」「信心有の儘」「築波参詣膝栗毛」「うたたね」を書いている。これらの執筆年代は確定できないが、「疑問録問答」は八か条からなる教化活動の在り方についての問答であり、〈安政の復興〉以後の布教上の問題に対応しようとしたものと思われる。また、野澤鐵教は、万延元年（一八六〇）に上州平塚河岸において大祓詞の講義を行い、その講義録をもとに慶応三年（一八六七）十月に『大祓詞略解』が執筆された[八]。

続いて明治初期の教学の最大の関心事は、布教の公認に向けて政府の方針との整合性を図り、対外的に教義の正当性を主張することだった。明治三年（一八七〇）の『門中規則書』では「先師の書類は沙汰のあるまで相用間敷候[九]」とされており、まだ井上正鐵に対する評価が不透明だったために教義が述べられなかったが、翌明治四年（一八七一）になると、正鐵の遺文を抄録しつつ、平田篤胤の著作を併用した源安義『国農霊布美』という書物が現れた。そして、この時期における教学の到達点といえるのは、明治五年（一八七二）八月に教部省へ布教公認の出願をする時に添付された『禊事規則』である。この書は「禊神事ノ条」「禊修行伝ノ式法」「禊ノ事」「禊成就之式」の四項目からなる小さな文書であるが、当時許容されると判断された教義と行法についてまとめており、井上正鐵門中の概要を表す公的な文書であった。さらに翌六年（一八七三）には、『禊事規則』を改正した吐菩加美講の公式教義として、東宮千別と穂積耕雲の共著による『禊事教導心得』が制定されている。その後の各教団における教学の成果については、第四章の各節で述べることとしよう。

四　井上正鐵門中に関わる比較宗教・宗教史における研究史

次に、井上正鐵門中に関わる比較宗教、宗教史的な研究について見てみよう。明治の終わりから大正になると、教団の教学とは異なる宗教史的な視点での研究が見られるようになる。明治四十四年（一九一一）には、教団刊行物ではない『日本教育文庫宗教篇』に「神道唯一問答」が収録され、大正元年（一九一二）には、江戸文学者として知られる三田村鳶魚が『日本及び日本人』に「調息の獄」を連載して禊教に言及している[一〇]。この論文では、歴代の幕府当局者は、調息すなわち呼吸の行法を持つ宗教活動を「三鳥派《さんちょうは》」類縁のものとみなし、遠島などの厳罰で対処してきた事実を述べ、正鐵の活動に直近である桶川の高柳新十郎（一七七二～一八二九）の活動にも触れて、共通するところを論じている。また、関東大震災に罹災するまでは、まだ残されていた井上正鐵の萌芽期や初期の教化活動の記録を紹介し、三田村自身の行法経験を踏まえつつ解読している。そのほか、大正四・五年（一九一五・一九一六）の加藤玄智「倭論語の本文批判的研究」（『明治聖徳記念学会紀要』四・五巻）では、『唯一問答書』に引用された『倭論語』の神託について言及し、石門心学と共に「徳川時代の実際的神道が倭論語によりて影響」された事実を指摘している。また、大正十一年（一九二二）の河野省三「黒住宗忠と井上正鐵」（『中央史壇』五巻四号）では、幕末の同時代に東西で宗教活動を行った二人の思想性を比較しており、引き続く昭和前期の教派神道の比較研究につながる視点を示した。

昭和前期には、教派神道を対象とした宗教史・宗教学的な研究が盛んに行なわれるようになったが、井上正鐵や禊教について論じた代表的なものには、昭和七年（一九三二）の田中義能『神道禊教の研究』がある。これは『実伝記』『在島記』などによって正鐵の伝記を述べ、遺文を引用して教義の概略を記していて、簡潔に井上正鐵の生涯と禊教の教義の全体像を把握できる文献となっている。田中は昭和七年に『神道禊教の研究』と共に、『神道修成派の研究』『黒住教の研究』の三冊を刊行したあと、昭和十四年までに『神道扶桑教の研究』『神道神習教の研究』『神道神理教の研究』『神道神習教の研究』『神道大成教の研究』『神道実行教の研究』『神道本局の研究』『神道御嶽教の研究』を刊行しており、教派神道全体についての体系的把握を目指していたことがわかる。しかし、当時すでに「大成教禊教」の多くは衰微し、坂田管長の「禊教」が井上正鐵門中を代表する教団とみなされていたので、『神道大成教の研究』においても附属講社の一つとして「禊教本院」（禊教会本院の誤り）が言及されているに過ぎず、井上正鐵門中全体の成立と展開の過程までは明らかにはされていない。

教派神道の比較研究では、昭和七年（一九三二）の中山慶一『教派神道の発生過程』において、教派神道を「山岳宗教」「村落宗教」「その他の諸教派」と分類して、禊教を「その他の諸教派」の一つとして論じている。そこでは、

> 禊教の信仰は教祖正鐵が多年幾多の苦修と又神儒仏に於ける知名の人々に受けた感銘に依って次第に特異なる宗教的信仰を養ひ来たり、最後に伯家に伝授された神道の示唆によって神道的な宗教信仰として現はれたもので、言ひ得べくんば伯家伝来の伝統的な静的儀礼の形態の形式に宗教的生命を盛り、動的なる実践的倫理的教義として民衆の前に体現されたものであった[一一]。

と、井上正鐵の活動の独創性を述べる一方、「現代に於ける大成教の教風が極めて禊教のそれに近似して殆ど両者を区別し難いなどと言はれてゐる[一二]」として大成教との関係に触れている。また、鶴藤幾太『教派神道の研究』（昭和十四年）では、禊教を「国体的要素と個人救済的要素との両者を平分に領有する[一三]」として「惟神道諸派」に分類し、「禊教概説」の節を起こして正鐵の伝記と遺文の抜粋による教義の概要を述べている。そして、刊行当時の教団の状況を「独立教派の禊教の外に、大成教所属の禊教及び神道本局所属の禊教の三部に分裂して居る[一四]」と記して、複数の系統

が存在することについて明示している。

戦後になって、教派神道という枠組みから離れた民衆宗教史の研究として、昭和三十三年（一九五八）に村上重良『近代民衆宗教史の研究』が出された。この書は、富士講、天理教、黒住教、金光教、大本教を中心に論じられており、禊教については、「教派神道の編成」の項の中に、

> 幕末、江戸で生まれた異端的な神道説の講社から、維新後、教団を形成したものに「禊教」がある。これは、江戸千住梅田村神明宮の神官井上正鉄（一七九〇—一八四九）が、天保年間に創唱した白川家系の神道説に始まる。正鉄は門人に幕府の衰亡を予言していたが、一八四三年（天保一四）禁圧をこうむって三宅島に流され同地で死んだ。維新後正鉄の遺志をついで七二年（明治五）東宮千別、村越鉄久らは吐菩加美講を形成し、別に坂田鉄安らは七五年（明治八）惟神教会禊社をつくった。後者は坂田を中心に「禊教」となり、吐菩加美講（後に禊教と改称）は大成教に所属した。禊教は国家主義的な教義と神秘的な修行により教勢を拡大した[一五]。

と短く言及されているのみだが、この記述がその後の各種の事典などの典拠となって、井上正鐵と禊教の理解に影響を残した。ここでは、複数の系統の教団が存在していることが明示される一方で、明治期の伝記による「幕府の衰亡を予言していた」勤皇家的なイメージが強調されることともなった。

昭和四十年代になって、國學院大學の研究者たちが禊教本院における教学研究に参画し、「禊教教典研究所」が置かれて資料収集などが進められた。その成果をもとに、昭和四十六年（一九七一）には、國學院大學神道史学会の『神道及び神道史』第十六号において禊教の特集が組まれ、さらにその内容を拡充した『禊教の研究』が昭和四十七年（一九七二）に刊行されて、昭和後期における禊教研究の到達点となった。

なかでも、西田長男「井上正鐵の著書おぼえがき」は、流布する諸本の間でかなりの相違があることを具体的に明らかにし、「正鉄の歿後、その遺弟たちの間で一宗の主導権をめぐって紛争が生じ、ここに宗教にありがちな宗派の分裂を惹き起こした。ために、その教義について異を立てる必要がおこり、正鉄の遺文にも、おのおの好むところに任せて改廃・改訂さらには改竄をすら敢えてするに至った〔一六〕」として、研究の出発点となる正鐵の遺文の本文確定の必要性を指摘している。また、岩本徳一「井上正鐵翁の遠流と歿後における伝道史」においては、本文中の「禊教各教院分離一覧表」に加えて、添付資料として「禊教道統伝承図」が示されて、坂田管長の「禊教」だけでなく、大成教禊教の各派についても研究の可能性と手掛かりが示された。この『禊教の研究』で西田長男は「やるべきことはまず教祖の全集を作ること。教祖の自筆によって正確なものを作れば人がいろいろ云わなくなる。…またくわしい伝記を作ること。第三に禊教の歴史。この教えが成立してから今日までの歴史を編集すること〔一七〕」を提起しており、本書もその応答の一つである。

平成三年（一九九一）には、井上順孝『教派神道の形成』が刊行され、教派神道を「古代からの神道的伝統の流れが、宣教型の教団宗教へと展開するプロセスにおいて生じた産物」とし、「大きな変動要因に囲まれた近代の日本宗教が、どのようにそのシステムを変容させたか」の一つの例であるという視座を提起している。井上正鐵門中・禊教は、この視座によって分析されるべき実例となるであろうし、この書において詳細に考察されている平山省斎についても、吐菩加美講の分裂による大成教禊教と禊教の成立過程を考察することにより、リアルに見えてくるであろう。

また、井上正鐵門中・禊教の源泉の一つである白川家を含む神道本所に関する成果の充実は、戦後の研究の進展で特筆すべきである。

まず、昭和四十七年（一九七二）の近藤喜博『白川家門人帳』の刊行により、門人帳の翻刻及び解説がなされて、白川家が江戸時代後半になって支配する門人層を拡大し、その中に井上正鐵門中も多く存在したことが、史料的に明確になった。さらに、平成元年（一九八九）の高埜利彦『近世日本の国家権力と宗教』の「第三章江戸幕府と神社」では、白川家が宝暦期以降積極的に吉田家に対抗して組織化を図ってきた状況が示された。そして、平成十九年（二〇〇七）の井上智勝『近世の神社と朝廷権威』の「第四章神祇伯白川家の台頭」において、「諸社禰宜神主法度」を背景にして多くの神職を支配下に置いてきた吉田家への反発と、考証主義の展開や復古的な動向を受けて投げ掛けられた吉田家の正当性への疑問によって白川家の地位が高められたこと、また吉田家が神職の多くを支配下に置いていることへの対抗上、白川家が百姓身分で神職を務める者などの新しい対象を配下として開拓していった状況が詳細に描き出された。

この書に先立って平成十二年（二〇〇〇）には、高埜利彦編『民間に生きる宗教者』に所収の井上智勝「神道者」において、「神道者」といわれる下級神職の群れの中から頭角を現した成功事例として井上正鐵が取り上げられている。この論文では、神典を講じる学者的神道者から、享保の頃より祈祷者的神道者が派生してきたことを押さえて、天保の頃には①専属の奉仕神社を持ち、主体となって祭神への奉仕や神社の運営に関与する「神主」クラスと、②専属の奉仕神社は持つが従属的な位置にあって補助的な仕事に関わる「社人」クラス、③専属の神社を持たないが、神祇祭祀で生計を立てている「神職」すなわち「神道者」クラスの三階層の神祇奉仕者があったとしている。その「神道者」の予備軍としては、旗本や御家人の次男以下のいわば余剰武士や浪人を挙げている。まさに、井上正鐵は余剰武士出身の専属の神社を持たない「神道者」であり、そこから「神主」へと上昇する過程において、神社に属しない神職にも積極的に対応しようとしている白川家を「皇国の尊きを諭し頼りに慕敷く」（「皇国傳問答」）思って活用したのであり、客観的な時代情勢からも正鐵自身の主体的な価値判断からも、井上氏の論旨に合致する事例であった。さらに、平成二十年（二〇〇八）の遠藤潤『平田国学と近世社会』「第七章気吹舎と白川家」では、嘉永六年（一八五三）に白川家関東執役となった気吹舎の門人古川躬行に注目して、国学の宗教化の観点からその活動を論じており、躬行以前の関東執役として井上正鐵に関わった南大路左兵衛に言及している[一八]。関東執役所には、正鐵直門の坂田鐵安や村越守一などが白川家家来として出入りしており、影響関係も想定できるので、今後の研究の可能性がありえよう。

その他、平成九年（一九九七）の小林准士「近世における『心の言説』―「心法」と「信心」のあいだ」（『江戸の思想』六号）においては、「心の言説」にも「知」である「心法」を説く系譜と、「心法」を否定する系譜があり、それらの言説の生産者と受け手が異なっていることを示したが、「心法」を否定する「信心」の言説の事例に井上正鐵を引いている。「正鐵は心の工夫によって悪を去り善を選ぶという『自力』の工夫をやめ、呼吸術という身体的実践を通して『信心』を得ることを自らの教説の中心に置いていた。つまり彼は『心法』に対抗する言説を構成していたのである〔一九〕」とし「『信心』を得た者の共同体」として、井上正鐵門中を描き出している。この論文では正鐵の遺文が精読されて的確に要約されており、「正鐵の教説が、浄土真宗の異義である秘事法門の系譜を引くために、『神道』化という戦略を取ることで公認化を図ったものである可能性が指摘されているが、もしそうであればそれが可能だったのは、すでに見たように祓がもともと念仏と互換性をもった救済材だからであった。すなわち正鐵は、阿弥陀仏を『神明』に、念仏修行を『祓修行』に置換したのである〔二〇〕」と指摘していることは、正鐵以後にも誦詞が「称名念仏」「三種祓」「禊祓」といったバリエーションを持ったことの意味も含め、井上正鐵門中の展開についての組織面だけからではない内在的な理解の可能性が示唆された。

これまで、井上正鐵の著作及び伝記に関する基本的な文献と井上門中に関わる比較宗教・宗教史における研究史のあらましを確認してみたが、井上正鐵門中・禊教の研究については、従来十分な基礎的な研究の蓄積がなく、そのため宗教史的な位置付けもデータ不足であることが多かった。したがって、本書においては、井上正鐵をはじめとする当事者の記述を整理して、異伝については併記することから始め、可能な限り史・資料に基づいた裏付けを行って実証的な到達点を明示するものとなるようにしたい。平成元年（一九八九）に、井上順孝「戦後の教派神道研究」（『國學院大學日本文化研究所紀要』六四輯）において、吐菩加美講の成立史に関する荻原の研究は「禊教に関するそれまでの研究が、ほぼ全面的に教団資料に準拠したものである点を考えると、独自に収集した資料を用いての研究は注目に値する〔二〕」と紹介されたことがあるが、本書はその問題意識を継続して、井上正鐵門中・禊教の成立と展開の過程について、教団資料だけでなく根拠となる史・資料に基づいて記述しようとするものである。

なお、従来、井上正鐵については、明治期に成立した教派神道の〈禊教〉の教祖として語られてきた。しかし、井上正鐵自身は〈禊教〉の立教を表明したことはなく、〈禊教〉とは彼の後継者たちが、活動を展開する中で独立した神道教派としての「禊教」や大成教に所属した「大成教禊教」として立ち上げていったものである。また、井上正鐵の後継者による教化活動には、教派神道となった活動だけでなく、形態としても仏教的な行法を伝える流れも存在したので、本書においては、井上正鐵自身と後継者たちの教化活動の総体については、彼が門人たちに対して使った用語である〈門中〉を使って〈井上正鐵門中〉と表すことにし、〈禊教〉とは明治前期以降に教派神道に属することとなった活動を指すこととする。また、個別の教派・教会・宗教法人名は「　」で囲って表記することにする。なお、凡例にも記したが、正鐵の氏名の表記については、本人自筆の用字を尊重するという観点で「正鐵」を採用した。署名の多くは崩し字になっているが、白川家入門時の「名簿」への署名と、秩父日野沢に現存する自刻の神体石の署名の一例〔三〕だけが楷書であり、両方とも「鐵」を用いているのである〔三〕。

註

一　正鐵の遺文には、『唯一問答書書継』に収録された十二編以外にも、問答体の文書は存在する。

二　黒住忠明『黒住教―神道の心』（昭和五十九年）二三頁から二六頁。

三　西田長男「井上正鉄の著書おぼえがき」（昭和四十六年）、『禊教の研究』に所収。

四　村越守一の著作は、東北大学附属図書館（狩野文庫）所蔵の『村越守一筆記集』に収録されている。

五　鈴木防人『鈴木眞年伝』（昭和十八年）。
六　三宅島における現地調査など、執筆にあたっての麻生正一の実証的な努力は認められるのだが、正鐵が最期にあたって、現地の高弟笹本久衛門に「世は変わる浮世静かに官軍の昔神代のしるしなりける」という歌を遺言として託したという逸話については、現物が存在しないばかりか、同じく現地調査をした『実伝記』にも記述がなく、勤王の志士としての人物造形のための虚構でないかと思われる。
七　本書は麻生正一の養嗣子であった麻生昌孝の日本大学宗教学科の卒業論文を父の名義で出版したものであるといい、誤植や誤読が多いのは、当時校正を他人任せにしてしまったからであるという（昭和六十一年八月、故麻生昌孝氏談）。
八　京都大学図書館所蔵本の『中臣祓略解』だけに付された「跋」にこの事情が記されている。
九　明治三年十一月付の「門中規則書」（本書第四章第一節）。
一〇　『日本及び日本人』五八七・五八九・五九二・五九四・五九五号（大正元年）。
一一　中山慶一『教派神道の発生過程』（昭和七年）一一六頁。
一二　同右書、一四二頁。
一三　鶴藤幾太『教派神道の研究』（昭和十四年）四三六頁。
一四　同右書、三五〇頁。
一五　村上重良『近代民衆宗教史の研究　増訂版』（昭和三十八年）四〇頁。
一六　『禊教の研究』（昭和四十七年）四二頁。
一七　同右書、二八七頁。鼎談「井上正鐵翁と禊教」における、西田長男の発言。
一八　遠藤潤『平田国学と近世社会』（平成二十年）二一一頁。
一九　小林准士「近世における『心の言説』―「心法」と「信心」のあいだ」（平成九年）一六六頁。
二〇　同右。
二一　井上順孝「戦後の教派神道研究」（『國學院大學日本文化研究所紀要』六四輯、平成元年）二二二頁。
二二　天保七年（一八三六）十一月十五日に署名された（白川家）『名簿』は、金光図書館所蔵であり、天保八年（一八三七）冬の建立と推定される秩父日野沢の神体石は、埼玉県秩父郡皆野町に現存し、新井武信『秩父よもやま話』（昭和五十四年）の口絵に、拓本が掲載されている。

二三　坂田安儀『高天原、いざ』（昭和六十一年）六二頁では、「『鐵は、金属の王なるかな―』鐵という字を分析するとこのようになります。ですから戦後簡略化された『鉄』という字からは、意味が飛んでしまっています。…したがって、神道禊教ではテツという文字を使う場合、いついかなるときも『鐵』の字を使うことにしています」とあるが、本人の楷書の用字はすべて「鐵」であり、「鐵」の例は見つかっていないので、井上正鐵自身はこの書にいうほどの深い意味を文字に込めてはいないように思われる。

第一章　井上正鐵の思想と行法の成立と展開

第一節　井上正鐵門中の現存行法の諸相

一　はじめに

井上正鐵が、天保十一年（一八四〇）に梅田神明宮で本格的に教化活動を始めてから、百八十年近く経ったが、後継者たちによって今日でも行法が伝承されている。行法にはいくつかのバリエーションがあり、そうした差異は、本書でこれから論じていく教団の展開過程とも関わりがあるのだが、まずここではあまりよく知られているとは言い難い井上正鐵門中・禊教の行法の実態を知ることから始めていこう。そして、細かな差異ばかりではなく根底となる共通点に彼の本意が存在していることを理解していきたい。

このことについて、昭和九年（一九三四）に「禊教本院」の古老は次のように述べている。

此の術（禊教本院の祓修行―引用者註）は昔の修行と今の修行とが変つて居る。正鐵翁の直伝でないと云ふ人もある。どうも「とほかみ」の祓でなければいかぬと若い人々の修行に非難攻撃を加える人がある。之は一を知つて二を知らぬ人の申される事である。なる程「とほかみ」で昔は修行されたに相違がない。「とほかみ」だけでは神道と申し難き事が多くあつた。種々の講義をする時に仏説が多く、何れが神道で何れが仏教であるか判らない。そこで仏教から来た強い信仰者は仏教にかたより、神道で修行して行かうとする人々は神道と云う事になり、神道の形式を履んで禊祓を以って口称して修業する事となつた。初めは中臣祓でやつたが長い文句の為めに修行者が会得するのに骨が折れる。其れで美曽岐祓を用ひる事になつた。禊祓は身心を清浄にする又浄化して行く。かうした祓を以て教へると云ふ事になつた。又一方の「とほかみ」の人々は「とほかみ」という祓へ言葉だけを根本として居るが其根本即ち教祖が何故に三種祓を用ひられたるかと云ふ其の本源を明にしない。唯々伝統的に之を用て居るだけである。若し其の根本が明に知つて居る事であれば先年末の教職騒動だとか破門さわぎがあるものではない。其の形式に流れ実質を失つたやうである。息正しければ行ひ正し、と先師の申されたのは此処である。其れで一は仏教で修行する一派、一は神道で修行する一派に分れ、更に神道に一は禊派、一は「とほかみ」派に分れた。何れも其の奥に進めば同一なる正鐵翁の伝へたものであるに帰着する。彼を指して之れは違つている。自己のほうが正しいと云ふ。其の正しいと云ふのは、形式の口称にあるのか精神にあるのか、精神が先になって口称が後になるのか。愚老の眼から見ては何れも大同小異で、正鐵翁の苦心されたのは呼吸即ち息の術であった。…」

とある。この記事は、ここでいう「神道」の「禊派」、すなわち坂田管長の禊教本院の立場で書かれたものだが、井上正鐵門中には各種の流れが存在することについて「一は仏教で修行する一派、一は神道で修行する一派に分れ、更に神道に一は禊派、一は『とほかみ』派に分れた」と明記している。そして、そうした行法の相違があっても帰着する所は正鐵翁の〈息の術〉すなわち〈祓修行〉なのだと、古老は理解していたのである。

二　「とほかみ」の〈五つ祓〉と〈四つ祓〉

はじめに、東京都東久留米市にある「一九会道場」の〈一万度祓〉という修行集会の一場面を描いてみよう。この道場は大正年間に大成教禊教系の教会から派生した経緯があり、井上正鐵に発する〈禊修行〉（〈祓修行〉の別名）と臨済禅を併修する。〈一万度祓〉は、毎月第一日曜の午後に行われ、すでに〈初学修行〉を終えている会員たちが集う。

道場に〈おさ〉と呼ばれるリーダーが持つ大ぶりの鈴の音が響く。〈おさ〉は神前に向かって右側に正中を向いて横向きに座り、その対面には〈かぐら〉と呼ばれるサブリーダーたちがいる。全員が座に着くと再び鈴が鳴り、そろって笏を持って一拝する。姿勢を戻したところで、今度は拍子木が打たれ、皆一斉に口から細く息を吹き、次の拍子木で鼻から吸ってぐっと下腹に納める。この〈永世《ながよ》の伝《でん》〉を数回繰り返したのち、拍子木のテンポが速まるのと共に最後の一息を吐き切る。

次に、拍子木に合わせて〝高天原に…〟と「禊祓詞《みそぎはらえのことば》」を大音声で唱えていき、末尾にある〝…恐み恐み申す〟の最初の〝恐み〟で、〈おさ〉は拍子木を打ち切ると、鈴に持ち替えて、〝申す〟の〝す〟●で振り鳴らす。その時、〈かぐら〉をはじめ、居並ぶ修行者は一斉に鈴を持ち、〈おさ〉に合わせながら、〝と〟●〝ほ〟●〝か〟●〝み〟●〝え〟●〝み〟●〝た〟●〝め〟●（以下、●は、鈴等の一打を表す）と「三種祓詞《さんしゅはらいのことば》」を一振り一音に大声で唱えつつ、頭上に挙げた鈴を膝頭まで繰り返し振り下ろしていく。この〈八声《やこえ》〉のテンポが速くなって、鈴を振るには限界かと思われる頃、〈おさ〉の鈴のリズムが切り替わって、〝と〟●〝ほ〟●〝かーみ〟●〝えーみ〟●〝たーめ〟の〈五声《いつこえ》〉になる。それも速くなって、〝とほかみ〟●〝えみため〟の〈二声《ふたこえ》〉に切り替えてからは、長く続けるのだが、やがて〝とー〟〝えー〟と聞こえる位に速くなり切ったところで、〝祓ひ給ひ●、清め給ふ●●●〜〜、●●〟と鈴が振られて終わる。そして、一拝二拍手一拝して、この間約四十分程度の一座の行が終わるのだ。

「一九会道場」の〈禊修行〉では、〈八声〉〈五声〉〈二声〉と変化していったが、祓のテンポやリズム、また使用する法具が異なった行法もある。その一つ、東京都足立区の「唯一神道禊教」の道場でも、毎月一日に〈お祓〉という修行集会がある。その様子を描いてみよう[二]。

はじめに〈おさ〉が鈴を鳴らすと、サブリーダーの〈ながれ〉はじめ修行者一同は両手を胸の前で組み、両人差し指を立てた〈印〉（図1）[三]を結んで一拝し、終わって印を解く。次の〈永世の伝〉もそのまま鈴でリードされ、ゆっくりと長く鳴らされた鈴の音とともに口から細く息を吐き、鈴が〝シャン〟と振られると鼻から息を吸う、そして次の〝シャン〟で細く吹く。数回繰り返したのちに〝シャンシャンシャンシャン…〟と振られて息を吹き切って終わる。続く「禊祓詞」は、〈しゃく[四]〉と呼ばれる薄手の拍子木でリードされ、唱え終わると〈おさ〉は〈しゃく〉を鈴に持ち替えるが、同時に修行者たちは手にした祝詞本を置いて、両手を組んで腹の前に置く。これは、指を立てない印である（図2）。そして、〈おさ〉の鈴が鳴らされると、'とーーー'と一音に二十秒近くをかけて〈八声〉を長く唱える。次第に少しずつ引き延ばす時間が短くなって'と' 'ほ' 'か' 'み' 'え' 'み' 'た' 'め'と速いテンポになってくるが、それに合わせて上体を前後に揺る〈ふりたま〉が始まる。やがて、かなり詰まってきた時、〈おさ〉は鈴を大きく振ってリズムを切り替え、テンポもゆっくりめに戻して、今度は、'とーほー' 'かーみー' 'えーみー' 'たーめー'の〈四声《よこえ》〉になる。そして、これもまた速く短く詰まってくると切り替えられ、'とほかみ' 'えみため'の〈二声〉となる。最後、'とー、えー'と聞こえるほどに速まって息を吐き切ったところで、ゆっくりと鈴が長く振り鳴らされ、'祓ひ給ひ、清め給ふ～～'で終わる[五]。

この「唯一神道禊教」は、昭和後期に禊教発祥の地である梅田神明宮の隣地に移転してきた。古い門中からは、かつて所在した下谷区車坂町にちなんで〈車坂《くるまざか》の教会〉と呼ばれたものだが、今ではそういう人も少ない。ここでは、自派のお祓いを〈四つ祓《よっつばらい》〉と呼んでいて、大成教禊教の多くの教会で行われていた〈五つ祓《いつつばらい》〉と区別している。だから、前の「一九会道場」の祓は〈五つ祓〉に入ることになる。

また、静岡県磐田市の「神道大成教唯一禊教会」では、〈永世の伝〉も「禊祓詞」も「三種祓詞」も鈴だけでリードして、〈八声〉、〈五声〉、〈四声〉、〈二声〉と、リズムが変わりながら、テンポも徐々に速くなるという〈お祓〉が行じられていたが、昭和の終わり頃には行われなくなったと聞いている。

（図1）『校正増補真伝記』口絵より

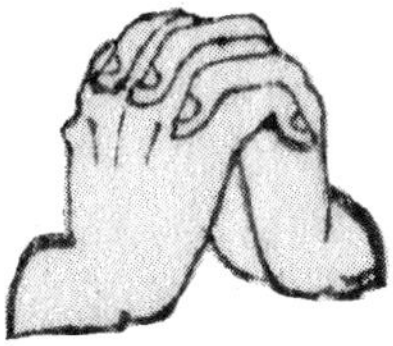
（図2）『校正増補真伝記』口絵より

こうしたグループごとの行法上の微妙な差異は、遠島によって井上正鐵の直接の指導がなくなってからすぐに発生したようである。三宅島からの手紙の中には、‘御祓唱へよふ、御門中にて人々心々に少々づゝ違ひ申候と存候。相成候はゞ、ひとつよふ仕度《つかまつりたき》事に候’（『遺訓集』六「世界の霊」）とあり、すでに直門の頃には発生していた微妙な違いが、やがて同門でありながら一緒には修行ができないほどの相違になり、組織運営上の課題にもなっていったのである。だが、細かな違いはあっても、井上正鐵とその後継者たちの活動の根幹は、この〈祓修行〉の行法なのであり、無声の深呼吸である〈永世の伝〉と大声を発して祓詞を唱える行である〈お祓〉から構成される「調息」の行法である。

三　高声念仏と禊祓

井上正鐵自身は「三種祓詞」の一部である「とほかみえみため」を唱えるという神道的な形式で本格的な教化活動を始めたのだが、寺社奉行による取締を受けてから、門中の一部ではカモフラージュとして、あえて仏教的な形式に改めて称名念仏で修行するようになった。実はこれは一種の先祖返りでもあったが、再度神道化して教派神道になっていったグループと、神道化した門中とは合同することなく、そのまま称名念仏を続けたグループがあったのだった。そうした仏教化した流れの一つであり、明治以降は天台宗の講社となった「浄信講社」（真福寺高声《こうしょう》念仏）の行法の一部は現在でも行われている[六]。そこでは、本尊に向かって右側に、〈本番〉が正中に向かって横向きに座る。かつて大人数で行った頃には〈本番〉に対面して〈前打ち〉というサブリーダーもいた。これは先に見た〈おさ〉と、〈かぐら〉や〈ながれ〉の位置関係と同じである。この高声念仏では、鈴や鐘の類は用いず、堅木の柄に糸を固く巻いた〈ばい〉で白木の木魚を激しく打ちながら行をリードしていく。行は〈お祓〉に相当する〈お唱え〉と〈永世の伝〉にあたる〈観息〉の二つから構成されている。

〈お唱え〉では、〈本番〉が〈呼び出し〉といって木魚を●●●～…、●●と打ち、香炉に四本の線香を立てる。三本は仏法僧への帰依を表し、一本は計時用である。〈呼び出し〉に従って一同が座に着くと、●●●…●●と打ってから、「懺悔文《さんげもん》」を唱える。

　我昔所造諸悪業　皆由無始貪瞋痴●　従身口意始所生　一切●我●今●皆●懺●悔●●●〜…、●●

次いで「観経文《かんぎょうもん》」を、

　光明遍照　十方世界●　念仏衆生●　摂●取●不●捨●●●〜…、●●

と唱え、続いて念仏が始まるが、〈本番〉の木魚に合わせて一打ちごとに‘な●ーーむ’‘あ●ーーみ’‘だ●ーーぶっ’と大声で長く引きながら二音ずつ唱える。始めは一息で二十秒程度に長く引き、次第にテンポが速くなると、音はつながって、‘なあー’‘あー’‘だあー’となり、さらには‘あー’‘あー’‘あー’‘あー’のように聞こえる。そして、最後には通常の速度に戻って、

　南●無●阿●弥陀仏

と唱えてから、「回向文《えこうもん》」を、

　願以此功徳　平等施一切●　同発菩提心●　往●生●安●楽●国●●●〜…、●●

と唱えて終了する。この間、線香一本分（約四十分）である。

ついで〈観息〉という深呼吸の行を行うが、念仏を三回唱えたあとに、木魚の合図で口から息を細く吐き出して鼻からゆっくりと吸い、息を下腹へぐっと納めて止める〈たま〉のまま、次の木魚を待って吐くことを繰り返す。また、時々二分程度息を納めて保つ〈おおたま〉も入れてバリエーションを付けつつ線香一本分ほど続け、最後に念仏を三回と「回向文」を唱えて終わる。

また、神道系の井上正鐵門中は、明治五年（一八七二）に教部省から「吐菩加美《とほかみ》講」として布教の公認を受けたが、その後身の教団から坂田鐵安の率いる教会が離脱し、後に独立と管長設置を認められて「禊教」という神道教派になった。その過程で他の教会とあえて明確な相違を打ち出す必要から、自然発生的なリズムやテンポといった微細な相違でなく、「三種祓詞」を止めて、「禊祓詞」を唱えることに重点化した行法が創出された。現在の「神道禊教」や「禊教」がその流れであるが、そこでは、〈おさ〉が拍子を取るのに〈おさ棒〉という音叉状になった木製の法具を使う。行法では、〈おさ棒〉で腿の前面を打ちながら、〝たかまのはらに…〟と、「禊祓詞」を一音一音唱えていく。はじめはゆっくりでだんだんテンポを速めるが、最後の一回は元のスピードに戻して終わる。戦後になってからは、この教会でも鈴を併用して「三種祓詞」を唱えることが復活しているが、戦前においては、「禊祓詞」だけを繰り返し唱えるのが公式見解であった[七]。

四　〈祓修行〉の誦詞とその信仰

〈祓修行〉に用いる誦詞[八]についてもう少し詳しく見ておこう。井上正鐵が天保十一年（一八四〇）に始めた教化活動は、白川家に由来する「禊祓詞」「三種祓詞」「大祓詞」といった神道の祓詞《はらえことば》を数多く唱える行法が中心であった。これは、中世に大祓詞などの祓詞の奏上が祈祷の場で盛んに用いられるようになって、数多く奏上すれば功徳が増大するとされた数祓の伝統を引き継いでいるともいえる[九]。しかし、井上正鐵門中においては、誦詞そのものに対する信仰は、あまり大きくない。なぜなら、リズムやテンポといった唱え方ばかりでなく、誦詞そのものが変更されることもあったからである[一〇]。

ここでは、〈祓修行〉の基本の誦詞である「禊祓詞」「三種祓詞」について、文言を掲げておくこととしよう。

「禊祓詞」は、

高天原《たかまのはら》に神留《かむづまり》まり坐《ま》ます、神漏岐《かむろぎ》・神漏美命《かむろみのみこともち》以て、皇御祖神伊邪那岐命《すめみおやかむいざなぎのみこと》、筑紫日向《つくしのひむか》の橘《たちばな》の小門《おど》の阿波岐原《あはぎはら》に、禊《みそぎ》祓《はら》い給《たま》う時《とき》に生《あ》れませる祓所《はらいど》の大神等《おおかみたち》、諸《もろもろ》の枉事罪穢《まがことつみけがれ》を祓《はら》い給《たま》い清《きよ》め給《たま》へと白《まお》す事《こと》の由《よし》を、天津神《あまつかみ》・国津神《くにつかみ》、八百万神等共《やおよろずのかみたちとも》に聞《きこ》し食《め》せと恐《かしこ》み恐《かしこ》み白《まお》す

また、「三種祓詞[一一]」は、

吐菩加美依美多女《とほかみえみため》　祓《はら》い給《たま》い　清《きよ》め給《たま》う

である。この文言は、昭和の終わり頃に「禊教」（坂田安儀管長）で使われていた『禊教神拝詞』のものである。教会によっては、「日向」を「ひむか」や「ひゅうが」と読んだり「祓い給い清め給う」を「祓い給え清め給え」とするような小さな読みや用字の違いは存在するのだが、あまり留意されてきてはいない。

さて、こうした神道の誦詞でも最重視される「大祓詞《おおはらえのことば》」の中ほどには、「天津祝詞《あまつのりと》の太祝詞言《ふとのりとごと》を宣《の》れ」と命じて、「如此《かく》宣らば…」と受けている箇所がある。そこには本来「宣」られるべき、すべての罪穢れを解除する力を持つ天津

祝詞太諄詞があるはずだとする信仰がある（二）。これについて平田篤胤は『天津祝詞考』で、先の「禊祓詞」とほぼ同様の誦詞を「天津祝詞」と比定しており、今日でも大本系の教団では「天津祝詞」と称して尊重している事例がある（三）。しかし、井上正鐵門中においては、この「禊祓詞」を尊重はしているものの、天津祝詞太諄詞という至高の誦詞とはしていないので、「天津祝詞」と呼んではいない。また、同様に「三種祓詞」についても、明治初期の一時期には、井上正鐵門中は「吐菩加《とほかみ》美講」という名称であったほどに重要な誦詞であり、井上正鐵自身も、

> 夫《それ》、三種の祓ひとて、吐菩加美依身多女と唱ふるは如何成《いかなる》心なるらん。
> 此御祓は天照します太神の皇御孫《すめみま》の尊を以て、此豊原《とよはら》の中津国へ天降らしめたまふの御時、安国の法を伝へ玉ふに、三ツの御宝に譬へ玉ひて、天の村雲の御剣と御鏡と璽《たま》とを伝へ玉ふなり、是を三種の神宝と申奉る。此御宝の神法の威徳をもつて罪咎祟りを祓ひ玉ひて、神とひとしき徳を此身に授け玉ふと申御事にて、当流の神秘の一大事也、此故に唯一心に此御祓の威徳に依て、唱ふる息と諸共に、造りと作る罪咎の胸の雲霧吹祓ひ、はらひ玉ふぞ有難や、あら尊やと歓びて、唯神明の威神力、仰ぎ〳〵て唱ふべし。
> （『遺訓集』一「祝詞歌」）

と述べているほどに尊重はしているが、やはり天津祝詞太諄詞であるとはしていない。でも、教化活動の実態を詳細に見ていくと、井上正鐵もこの信仰を受け継いでいて、その行法の核心としていることがわかるのだが、何を天津祝詞太諄詞としているのかは、後で論じていくこととしよう。

五　入門修行と〈後修行〉

今まで見てきたような修行集会には、原則として入門修行を終えた者だけが参加できる。入門にあたっての修行は

〈初学《しょがく》修行〉〈初学修行座〉〈御修行〉などと呼ばれており、明治半ば頃までは一週間程度を見込んだ無期限、それ以降は三、四泊程度の泊まり込みで行われていた。今では、一日単位の修行の繰り返しで振り替えることも多いのだが、冒頭で紹介した一九会道場における〈初学修行〉は、現在でも木曜日から日曜日にかけての三泊で行っており、かなり古形をとどめているので、一つの例として見ておきたい。

木曜日は〈繰り込み〉といい、夕方に参集して心構えや作法のオリエンテーションを受けて宿泊する。そして、次の日が〈一日目〉となる。五時に起床して、第一座が五時三十分から一時間あり、朝食を取ってから第二座が七時半から四十五分間といったように、食事や休憩、講義を挿みながら行じられ、午後八時に第十座が終了して就寝する。二日目も同様で、最終日の三日目になると、五時に起床した後、午後四時十分に第七座が終了するのをめどにしつつ、一座の途中で修行の仕上げとなる行事を行うために、時間をやや長めに取って進行する。そして全日程終了後には、本来は終了の一週間後に行う〈お七夜祭《しちやさい》〉を繰り上げて執り行ってから、直会《なおらい》となる[一四]。

このように入門修行の期間中は〈祓修行〉に没頭するのだが、〈初学〉と呼ばれる入門者は、麦飯、生みそ、梅干、白湯と決まっている食事の準備や片付けも、蒲団の上げ下げも掃除もしない。そうしたことはすべて〈礼つどい〉と呼ばれる最近修行を終えた先輩の修行者が行うことになっている。実はそのはずで、それは〈お七夜祭〉という祭典の名称からも推測されるように、〈初学修行〉は、古い息を返して新しい息を頂くという生まれ直しを象徴する修行であって、〈初学〉は胎児や乳児の類なのである[一五]。そして、修行成就後も、〝乳ぶさゝえはなれず…二年たち候へバ、ひとりあるき出来申候〟（『遺訓集』七「御祓聴聞」）とあり、乳房を離れぬ〈後《あと》修行〉が必要とされている。

こうして修行を終えた者は、その後の入門修行にあたっては、〈つどい〉として運営の実務に協力しつつ、〈初学〉に付き添って修行に励み、やがてサブリーダーである〈かぐら〉を務めたりして行法に習熟していき、進行役である〈おさ〉が取れるようになるレベルを目指していく。先に紹介した、全員が〈おさ〉と同じように鈴を振る一九会道場の〈一

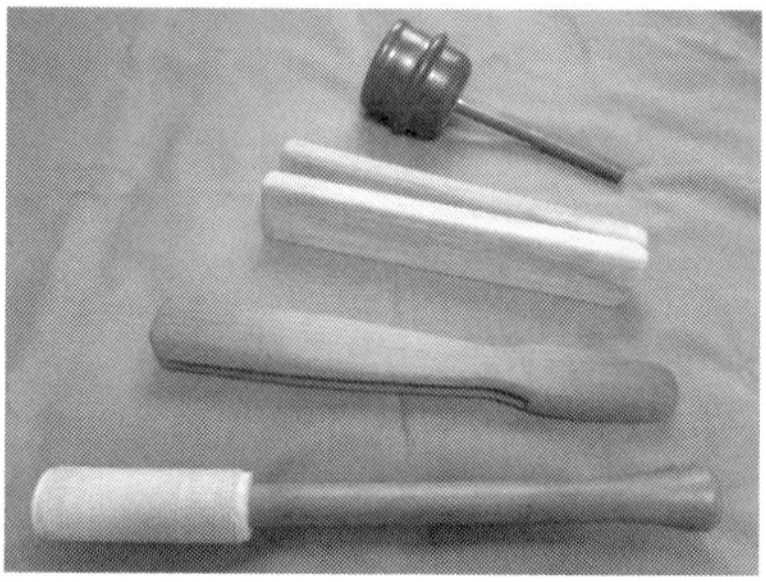

井上正鐵門中の法具：奥から「鈴」、唯一神道禊教の「しゃく」、禊教本院の「おさ棒」、高声念仏の「棓（ばい）」

万度祓〉は、その促進方法の一つであって、修行集会の終了後には「今日はいいお祓いが上がりましたね」などと語り合って、身体感覚を共有し合いながら〈息の術〉に習熟していくのである。

なお、正鐵自身が、この行法について〈禊《みそぎ》〉の語を使った例は残っていないのだが、〈門中《もんちゅう》〉と呼びならわしている井上正鐵の門人たちの間では、正鐵の没後十年ほどのうちには、〝身曾貴《みそぎ》の修行すべし〟[一六]、と記す文書が現れて、次第に〈祓〉と〈禊〉を混用するようになり、明治に至っては、〈禊教〉として講社、教会、教派の名称にもなったのである。

六　まとめ

今日まで残されてきた井上正鐵門中・禊教の行法について、冒頭に引用した古老の分類を活用すると、

A　仏教で修行する一派（高声念仏）
B　神道で修行する一派　1　禊派（「禊教」）
　　2　「とほかみ」派　ア〈五つ祓〉（「一九会道場」）
　　　　イ〈四つ祓〉（「唯一神道禊教」）

となる。また、この行法の全体を「お祓」や「お念仏」と呼んでいるが、

無声の深呼吸である　A〈観息〉
　　B〈永世の伝〉あるいは〈息長〉と

大声で誦詞を唱える　A〈お唱え〉
　　　　　　　　　　B　1〈祓行〉
　　　　　　　　　　　　2〈お祓〉

という二種類の呼吸法からなっている。実はもう一種類あって三種類なのだが、ここでは言及しない。なお、〈お祓〉の語は広義にも狭義にも使われる。

そして、行法を進行するのはリーダーとその対面に位置するサブリーダーのペアであり、その名称と使用する法具は、

A〈本番〉・〈前打ち〉（ばい・木魚）
B　1〈おさ〉・〈むこうざ〉（鈴・おさ棒）
　　2　ア〈おさ〉・〈かぐら〉（鈴・拍子木）
　　　　イ〈おさ〉・〈ながれ〉（鈴・しゃく）

となっている。

このように、流派ごとに用語はだいぶ異なっているのだが、リーダーの進行のもとに集団で、無声・大声の二種類の呼吸法を一定時間繰り返し行うという基本構造は同じである。こうして井上正鐵門中に現存する行法を確認してみると、百数十年を経ても変わらない祖型を推定できる。

註

一　「愚老医談」（『唯一』二巻八号、禊教本院、昭和九年）。

二　菅田正昭『古神道は蘇る』（昭和六十年）二六〇頁にも、この教会の〈お祓〉の様子が描写されている。この「唯一神道禊教」に隣接する「梅田神明宮」でも、毎月十五日に同じ形式による〈お祓〉が行じられている。

三　井上正鐵門中では、二種類の〈印〉が用いられている。統一された名称はないが、人差し指を立てた印を「禊教」では〈唯一の印〉と呼び、人差し指を立てない印を「唯一神道禊教」では〈おのころ島の印〉と呼んでいる。

四　〈しゃく〉というが、厚み一・五センチ、幅六センチ、長さ二十センチほどのほぼ長方形の板二枚であり、通常の笏の形状をしてはいない。材質は梅が多いという。神楽歌などに用いる笏拍子とも形状が異なる。「笏拍子」については、八束清貫『神社有職故実』（昭和二十六年）九八頁に「形は二枚を合すと一笏同形を成し、枇杷を以て良材とする。笏本を分たず、笏末を分ち、鳥が啄むが如くにして相撃つ」とあり、形状は異なっているが、打ち方は似ている。

五　故関口鐵三郎氏は、〈八声〉、〈四声〉、〈二声〉と変化する長さの比率について、「扇子の紙と、骨と、要から後、の割合と同じようにするのです」と扇子に例えて指導していた。

六　真福寺の「読誦会」では毎月一回、川崎市の幸福寺を会場とした在家の有志による「念仏団」では、毎月二回の「高声念仏」が行じられている。

七　明治三十四年（一九〇一）六月に内務大臣の認可を受けた『改正神道禊教教規』の第四十八条「本教修行ハ左ノ順序ニヨリ執行ス」の中には、「次二身曽岐祓ヲ唱フ、一同之ニ応ス、二十五度ニシテ唱ヘ罷メ、二拝拍手シ退座、別席ニ休息ス」とあり、「身曽岐祓」を二十五回唱えることを定め、「三種祓」には言及していない。昭和二年（一九二七）認可の『禊教教規』の第四十八条も全く同文である。

八　本書においては、行における「唱え言葉」を表す語を「誦詞」とした。井上正鐵門中においては、神道系と仏教系の行法がある上に、呪術的効果を期待する「呪文」とも異なっているからである。

九　嶋津宣史「中臣祓」（『神道事典』弘文堂、平成六年）五五七頁。

一〇　小林准士「近世における―「心の言説」―「心法」と「信心」のあいだ」（平成九年）一六六頁。事例としては、取締で所払になった三浦知善には、尼の姿になって、〝日夜念仏御修行〟するように指示（『遺訓集』七「尼法師」「日夜念仏」など）しており、ここから、高声念仏が発生した。本書第三章第五節参照。

一一　宮内庁書陵部所蔵の『神拝次第竝奉幣作法』には、文化九年（一八一二）に資延王が授与した伝書に神拝詞が添えられているが、そこに収録された「三種大祓」には、「天津大祓」として「吐《ト》普《ホ》加《カ》美《ミ》依《エ》身《ミ》多《タ》女《メ》」、「囧津大祓」として「寒《カン》根《コン》身《シン》尊《ソン》利《リ》魂《コン》多《タ》見《ケン》」、「蒼生大祓」として「祓《ハラ》比《ヒ》賜《タマ》比《ヒ》清《キヨ》女《メ》給《タマ》布《フ》」とある（用字とフリガナは底本による）。しかし、井上正鐵がここにある「囧津大祓」を採用した形跡はない。

一二　岡田米夫『大祓詞の解釈と信仰』（昭和三十七年）五九から六五頁。

一三　例えば、『おほもとのりと』では、「天津祝詞」として、「禊祓詞」とほぼ同文の誦詞が掲載されている。

一四　『一九会八十年史』（平成十三年）四七七から四七八頁。

一五　浄信講社の入門修行である〈別時念仏会〉では、修行成就後の〈新行〉が行中に入浴までしたといい、産湯にあたる行事もあったようである。

一六　万延元年（一八六〇）執筆の村越守一「神祇道中興井上正鐵霊神記」。荻原稔『井上正鐵直門歌文集』（平成三年）三二頁。

第二節　井上正鐵の思想と行法の源泉

一　はじめに

この節においては、井上正鐵が自己形成をし、教化活動に取り組むに至るまでの思想と行法の源泉を次の五つにまとめて考察していきたい。

㈠　救済の志の原点である父の安藤眞鐵（一七五三～一八二七）
㈡　具体的な救済方法としての医術の師である磯野弘道（一七七二～一八四七）
㈢　観相と慎食による開運思想の師である水野南北（一七五七～一八三四）
㈣　救済の根元となる〈信心〉の師である未詳の女性導師（「今井いよ」あるいは「ていせう」）
㈤　神道の伝統と神職としての社会的な活動の根拠である神祇伯白川家

文化・文政・天保にわたる時期に、井上正鐵はこうした源泉に触れているのだが、今までは井上正鐵の伝記中の一登場人物や一場面に過ぎなかったし、史・資料の面でも制約が大きかった。

だが、これらについても、近年になって研究の手掛かりが現れてきている。まず、白川家については、昭和後期から宗教史的な研究の蓄積が進んで、神道の本所としては吉田家に比べて後発であることから、吉田家が支配してこなかった身分の宗教者たちまでも、積極的に配下に取り入れようとしてきた実態が明らかになってきた。また、水野南北のような近世の観相術の文献についても、古典文学の注釈のようないわば正統的な古典知ではない「もう一つの古典知」とされる非正統的な古典知へも研究が及ぶ中で、中世の観相との位相の違いといった歴史的評価が示されるようにもなった。磯野弘道については、弘道自身が四世を称する「徳本流一派医学」の五世を許された関根嘉門の資料が八王子市立郷土博物館に寄贈されたことを機会にして研究の可能性が広がったし、今日では井上正鐵の父であることだけが歴史的な位置であるといっていい安藤眞鐵については、荻原が約三十年前に安藤家文書を記録する機会を得たことにより、史料に基づいた理解をすることができる。そして、〈信心〉の師である未詳の女性導師（「今井いよ」あるいは「ていせう」）については、未詳であるが故に無定見な人物造形がなされてきたので、現段階での情報整理をしておきたい。これらをふまえて、この節の考察を進めていこう。

では、はじめに井上正鐵自身が『唯一問答書』上巻「難病人」の章に述べている求道の経歴から見ていくことにしよう。そこでは、まず父の安藤眞鐵について語られる。

我父眞鐵《まがね》成もの、よの人の病にとじられ、貧に苦しミ、家風《かふう》あしく成行、又は産れ付氣質あしく、身治らす、九《きゅう》族《ぞく》を悩すを患て、終に病と成、十ヶ年の間寝食を思す、二揩《にかい》に引篭《ひきこも》りて家内の者にも交らす、昼夜おもひ念《おもい》て、諸書により考を凝す事、長き年月怠らす、かくおもひに沈ミたまはは、病ひ募りて命も危うからんとて、親族種々に諌《いさむ》れとも、改かゆる事なく、終に拾壹年目にて、某《それがし》か兄なるものに番代《ばんだい》を願ひて、世捨人《よすてびと》となり、隠居して老を待のみ。其時、某年六七歳の頃より拾歳に余れるの頃なり。然るに我弟なる者ありて母これを抱寝して、某は父に起臥を同しくなせり。故に父母同居せすして年月を送る。しかるに父の学友三四人常に来て、夜ハ鶏鳴《けいめい》の頃迄も、身を治め、家を齊《ととの》へ、病者、貧者又は老てたつき無ものをたすけ救わん事を論して止す。某し幼くして父の膝を枕とし、或は寝、又は覚て其言を聞、しかれとも其故よし通じかたし。なれ共、自ら其中に成長なせしゆへ、某か性《せい》となりて、終《つい》にさま〱の学ひを好み、貧者、病者、老たる者をたすけんとおもふ心又止時なし。なれとも、若年の頃は色に迷ひ、強気《ごうき》にして人に劣事を嫌ひて迷ひ悩めり。しかしなから、父が志しは習ひ性と成、一日も忘るゝ事なく、諸国を遍歴して、神儒仏の道に達したる大徳の人を尋て教を受、其説を聞、しかれ共、少しも心易《やす》からす、身治らす、貧を免れす、九族睦ましからす、兄弟みな易き事なし。某誠に天になけき、地にかなしミて、我心の悪《あ》敷《しく》、身の勤のつとまらす、惰慢《だまん》にして、愼ミ守る事あたわす。嗚呼《ああ》かなしきかなや、如斯《かくのごとく》にして年月を送らは、老に至る迄、父の志しを続事《つぐこと》ならじと常にかなしむ事久し。

世間の人々の苦難を思う余りに病となり、休職して学友たちと議論を重ねていた父の膝下で育った正鐵は、'貧者、病者、老たる者をたすけんとおもふ'志を引き継いだ。その求道の中で、二十五歳の時に観相の師となる水野南北と出会ったのだった。

伊勢の国に水野南北成者、大神宮へ百日の間、日参をなすに遇て、初て相法の説をきく。勧善懲悪の道をき丶、大に其教への難有事を知りて、京都の宿所に至て奴弟子《やっこでし》と成、是を学に、た丶麁食少食《そじきしょうしょく》にして麁服《そふく》を着る事のミを教、はしめのほとは勤かたく、又如斯《かくのごとく》の事を勤たり共、なとか妙所にいたる事あらんやとおもへ共、師命成か故に、麦の熟《えま》し壹椀を一度の食と定、一日に麥壹合五勺を以食とし、菜大根の外さま〳〵の物を食せず、息を臍下《さいか》に練りつめ、朝はとく起て、身に勤覚なき水を汲ミ、薪を拵へ、奴僕の業を勤め、日々に清水寺音羽の滝にか丶り、夜は薄き蒲団に身をくるみて、つとめ難く凌きがたきを半年計勤けるに、不思儀や、其利益を得る事あり。先麁食をなして腹中よろしきを覚へ、精神健にして惰慢《だまん》の心自ら止み、美食を求る心なく、麁服にして美服を求る心なく、住居の美を好ます、心自ら易く、貧の思ひ失てこ丶ろ福々敷《ふくぶくしく》、身を愼しミ禁《いま》しむる事なし安く、父母の恩、師の恩の尊き事を知る。猶、万病は、心配苦労をなし、七情に破れ、又は美食過食、惰慢にして、身を動かさ丶るか故におこる事を知る。其後、白川殿の御門に入て神道の御教へを学ひて、いよ〳〵其事を弁へ、これに依て常に人に、小食麁食、麁服を勧め、身体を動し、正直を元として、三種の御祓を唱へ候得ば、病苦をのかれ、自ら貧を免れ、心自ら易く正しく、身治り、九族自ら睦ましとて、教へ諭し申候。

伊勢神宮の門前町で南北に出会って、すぐに門下となって修行を始めたが、粗食少食で肉体労働をするという生活習慣と‘息を臍下に練りつめ’る呼吸の行法を通じて、やがて‘こゝろ福々’しく、‘父母の恩、師の恩の尊き事を知る’ことができる境地に至ることができた。その経験をもとに、さらに約二十年間の求道の年月を経て、‘白川殿の御門に入て神道の御教へを学びて、いよ〳〵其事を弁’えることができたのだという。

だから、梅田神明宮での教化活動では、水野南北に由来する‘常に人に、小食麁食、麁服を勧め、身体を動’かす生活習慣と、‘正直を元として、三種の御祓を唱’える神道の教えによって、父の願いであった‘病苦をのがれ、自ら貧を免れ、心自ら易く正しく、身治り、九族自ら睦まし’くなる方法を指導したのである。このように『唯一問答書』では、安藤眞鐵、水野南北、白川家が自らの教化活動の源泉であることを述べている。

また、彼の生涯の中では、具体的な救済方法としての医術の意義もまた大きい。妻の甥であり、のちに久留里藩の医師となった安西一方への書簡には、

我父眞鐵深く医術にこゝろを尽して、なし得る処を我に伝へ、又水野南北先生に相法の術を学び、磯野弘道先生に医術を学び、年来諸国を廻りて諸先生に学び、伝へを受て修行をなし、功を経、其学び得るのあらましを今書につらねて送るものなり。

（『遺訓集』三「医之弁」）

とあって、ここでは眞鐵と南北とともに、磯野弘道の名を挙げている。

そして、壮年になってからの求道の中で〈信心・誠の心〉を授かるという経験をした。それについては、

信心とて神仏より誠の心（傍線―引用者）を授りて後ならでは、何程勤め学ぶといへども益なしといふて教ゆるものあり。此人に逢て問に、唯愚か成事のミいふて其故分り難し。ゆへに其教へ学ぶの師を問に答へず。深く尋るに、漸くにして其故よしを語る。爰に於て行てまなばんとするに、更に教へ諭す事なく、深く慕ひて其故よしを学んと問に、彼人答ていふ。是は愚を教ゆるの道にして、足下の如く多く学びたるものを教ゆるの道に非ずとて、さらに教へず。予退て家に帰りて倩々《つらつら》思ひ見るに、数年のうちさまざまの教へを受、学ぶといへども、父母に仕へて父母の心を易からしめん事を得ず、（中略）能々己をかへりみれば、誠に愚成事我に過たるはなく、嗚呼、古人我愚なるを知る事の難きを教ゆ、身にかへり求るの道を釈、今はじめて諭し得て再び行て、我愚にして善悪是非を弁へず、聖賢の教へを請て及び難きは、愚成けるの験し也。願くば斯愚かなるものに教ゆるの道あらば伝へ玉へとて難き求めければ、彼人歓んで信心といふ事を授け玉ふ。

（『遺訓集』一「皇国伝問答」）

と記している。この〈信心・誠の心〉とは、後で論じるように、呼吸の行法によって至る身体感覚なのであるが、その行法を教えた師の名はここにはなく、伝記によれば、'今井いよ'あるいは'ていせう'とされる未詳の女性導師なのであった。

こうして、父の'貧者、病者、老たる者をたすけんとおもふ'志を引き継いで、求道と修行を進めていき、弘道による古方派医学の〈万病一毒〉と南北による〈慎食〉の教えを包含しつつ、〈信心・誠の心〉という体験と、父の遺言である〈祝詞の事〉という方法を統合する確信を持ったのであった。そして、神職となるために白川家に入門し、その教えの〈心〉を具体的に示す〈式〉である神道の行事作法を授かったのであった。それについては、

爰に、愚父が教ゆる処の神道の祝詞の事（傍線―引用者）を思ひ出て、皇国の尊きを諭し頻りに慕敷、終に上京し

て神祇官白川伯王殿の御門に入て、神に仕ゆるの道を学びて、初て心身易く妻子睦敷、九族と共に楽しむの教へを少しく得る事を得。（「皇国伝問答」）

と述べて、自らの求道にひとつの到達点を得たのである。では、それぞれについてもう少し詳しく見ていくことにしよう。

二　生家安藤家の家庭環境と志の原点

井上正鐵は、寛政二年（一七九〇）八月四日に江戸日本橋浜町（現在の中央区日本橋浜町）にあった山形藩主秋元家の中屋敷で生まれた。父は秋元家家来の安藤市郎右衛門眞鐵、母は井出千代子であり、幼名を喜三郎といった。当時の安藤家には、父母と共に、十歳程度年長の兄教一と姉松子、そして曾祖母（木村岡右衛門女）がいた。正鐵が生まれる前年の寛政元年（一七八九）に祖父の教典が亡くなっており、後に六歳下の弟が生まれている。

父の膝下で成長して、〝さまざまの学びを好み、貧者、病者、老たる者をたすけんとおもふ心又止時なし〟という志を持ったのだが、同時に〝強気にして人に劣事を嫌〟う性格であったという。幼い頃より高い所から飛び降りるのが好きで、呉服橋御門の改修工事の足場や浅草橋御門の土手から飛び降りたという逸話が伝わっているし[一]、十九歳の時の初めての旅では、中山道本庄宿の郊外仁手《にって》村で博徒の用心棒をしたりもしていて[二]、物怖じしない、勝ち気な性格が伺える。

生家の安藤家の祖先は清和源氏に発する鳥山家といい、仕えていた里見家が滅亡したために牢人となって安房国安東村（現在の千葉県館山市）に隠れ住んで「安東」を名乗ったが、さらに江戸時代のはじめには安房国滝田村（現在の千葉県南房総市）に土着していた[三]。

初代の教風（?〜一七二九）は、滝田村の安藤市郎右衛門宗定の次男に生まれ、元禄六年（一六九三）に江戸へ出て、甲斐国谷村藩主であった秋元家に徒士として召し抱えられた。秋元家は徳川家康の関東入国後からの譜代大名であり、本貫地が上総国周淮《すえ》郡であったので、地縁や血縁があったのかもしれないが、幕藩体制の安定に伴って全国的にも行政の整備が進んだこの時代には、秋元家でも、寛永十年（一六三三）の上野国総社藩から谷村藩への加増移封や、元禄四年（一六九一）の下野国都賀郡の加増、元禄七年（一六九四）の河内国八上郡の加増など領地の拡大があり、多くの人材が必要となっていたのである。教風はそれから約二十年ほどの内に、徒士組頭、土蔵奉行を経て、河内国の飛地領の代官にまで昇進したが、享保十四年（一七二九）に任地で亡くなった。

眞鐵の父である二代の教典は、まだ幼いうちに代官在任中の父親が急死したため、しばらく大坂の縁者方に同居してから国元の川越で成長した。そして、川越書役から始めて、徒士目付、代官、勘定奉行、倹約方頭、普請奉行といった役職を歴任して、表御次御番方御番頭となり、寛政元年（一七八九）に没した。この表御次御番方御番頭という職が、この後の安藤家の家職というべき地位となったのであった。

三代である眞鐵は、宝暦三年（一七五三）三月十日に生まれた[四]。父は安藤直左衛門教典、母は笹本代助妹であった。父の教典はそのころ御徒士目付であったが、後に代官、勘定奉行と昇進した。しかし、明和元年（一七六四）の暮れには、領国の川越周辺で「中山道伝馬騒動」が起きるという社会不安に直面し、同四年には、秋元家が川越から山形へと移封されたり、六年（一七六九）の暮れには眞鐵の母が亡くなるなど、安藤家にとっても安穏な暮らしがあったとはいえない。

眞鐵の幼少年期の事績は、ほとんど伝えられていないが、賀茂眞淵の教えを受けたとされており、正鐵も‘父眞鐵の眞の字は和学師眞淵の門人成るによりて也’（『遺訓集』二「鐵一字」）と述べている。「縣居門人録[五]」にその名の記載はないものの、眞淵は明和元年から六年に没するまで、秋元家中屋敷があった日本橋浜町に住んでいたので、そのころに教えを受けた可能性はある。また、同じ中屋敷に住んでいた刀工水心子正秀に入門して刀鍛冶の修業をした形跡があり、そのなごりを「鐵」の一字に残しているようである六。

さて、眞鐵は勘定奉行であった父の下で、十八歳であった明和七年（一七七〇）六月から、御勘定所詰として奉公し、安永元年（一七七二）には、定府（江戸詰）表御次となった。翌二年には藩主への御目見を済ませて、三年には藩主の嫡子であった修朝の御近習となって、御髪役、御判役を兼務しながら天明三年（一七八三）に御免になるまでの九年間を藩の上層部に極めて近い所で勤務した。そうした頃、父の教典は御普請奉行を兼務し、大納戸役席元〆役などを経て、大坂役となっていた。大坂役は年貢米を売却したり、借入金を調達するなど、藩の財政を支える重要な業務を行っていたのであるが、その心労のためか、在勤三年で御免となって、その半年後の寛政元年（一七八九）五月に亡くなった。

父の跡式を継いだ寛政元年には、眞鐵は三十七歳であったが、すでに一男一女の父であり、翌二年（一七九〇）二月には、次男の正鐵が生まれている。だが、同じ月には、幼少の頃から身近に奉仕した十二歳年下の藩主の嗣子修朝が、家督を相続することなく夭折したので、かなりの失意に陥ったと思われる。このころから、眞鐵は根津の鐵興禅尼の庵で黄檗禅の修行を始め、同藩士の刀鍛治荘司美濃兵衛たちと共に参禅し、後には息子の正鐵も同行したという七。

寛政四年（一七九二）九月には御貸付方となり、藩命により大坂に行って掛屋である鴻池屋に資金の借り入れを申し込んだ。だが、眞鐵は便宜のために手代などを接待する慣例に従わなかったので数日間放置されて憤り、切腹でもしそうな切迫した様子にようやく対応されたという。この逸話でも窺われるような我慢ならない職務だったようで、次第に体調を崩し、貸付方となってわずか二年後の寛政六年（一七九四）九月には、病気を理由にして長男の教一への番代を願い出て、すべての職を四十二歳でいったん退いた。こうして、公職から離れて読書や思索に専念し、修行と求道の生活を送るようになったのだった。もともと一本気で世渡り下手な性格のうえに、飢饉や一揆が頻発して生活に困窮した人々が日々に都市に流入するのを見る一方で、豪商の贅沢三昧にも接する職務と、世の人々を助けたいという自分の思いとの食い違いを強く感じたための症状だったのだろう。だが、家庭の状況は、長男がようやく成人したものの、三男は生まれたばかりだったのだ[八]。

こうして、眞鐵は自宅の二階に籠りきりになり、十年間ほど読書や談論をするばかりの日々を過ごしていた。再び公務についたのは、文化元年（一八〇四）二月、五十二歳の時だったが、家職の御広間御番方御番頭に復職したわずか三か月後には、元〆役と御勝手吟味目付を兼務することになった。藩の財政関係では、よほど必要とされていた人物だったと思われる。それから、六十歳の文化九年（一八一二）まで公務を続けた後に、小普請入、山形勝手となって事実上の退職をし、さらに十年後の文政五年（一八二二）四月に、小普請入御免、定府並の通りとして、江戸での生活の許しを得て、翌六年（一八二三）六月に七十一歳で正式に隠居して「一方」と号した。

その間、膝下で育った次男の正鐵は、寛政十一年（一七九九）に十歳で養子に出たものの三年も経たずに実家へ戻ったが、それは武士として奉職することなく、求道に専念できる立場を選んだことであったので、父は「正鐵」という名を与えて「鐵」の一字を譲り、自らの志を継がせる子としたのであった[九]。文化五年（一八〇五）十九歳での初めての旅以降、諸国での経験談を聞くのを父は非常に楽しみにし、息子も旅装のままで二三日も話し続けたことがあったほどだったという[一〇]。

この間に、四代となる長男の教一は、寛政六年（一七九四）の番代以来公務を勤め、文政五年（一八二二）には、その子の教鐵も藩主に御目見を済ませていた。だが、長女の松子は文化二年（一八〇五）に藩主と同姓の秋元常蔵と結婚したものの、八年（一八一一）には離縁していたり、三男の立志は文化四年（一八〇九）に養子に出たが、十年（一八一三）には身持ちが改まらないとして養母からの願いによって久離義絶を申渡されたりしている。正鐵を含めて生活が安定しない妹弟たちと、実直に奉公している長男とは、食い違いも多かったことであろう。この辺の事情が‘九族睦ましからず、兄弟みな易き事なし’という『唯一問答書』の文言にもうかがえる。その上、妻の千代子は、母として子ども達の行く末を案じ、また夫の長い休職中には、家内の苦労を一身に背負ったに違いないが、眞鐵が小普請入して程ない文化十二年（一八一五）九月九日に亡くなった。当時、京都の水野南北の下で観相の修行をしていた正鐵は医師でもあったので、師の許しを受けて急遽帰郷して看病にあたり、母の没後には成子村（現在の東京都新宿区）に住んで、井上周易と称して易者兼医師として生活を立てることとなったのである。

妻を亡くした後の真鐵は、江戸郊外の砂村（現在の東京都江東区）内の亀高《かめだか》村に隠居所を構えていた。文政九年（一八二六）四月十五日には、旅日記「煙草の裏葉」の旅である諸国寺社巡拝に出発する正鐵とその妻が暇乞いに訪れたが、〝夫より門出はべるとて、おひたる父にわかれ告げはべるに、何か心の内涙ぐみはべりて、そこそこに暇乞ひはべりしが…（二一）〟と記しており、老衰の色が濃くなった姿を想像できる。それから旅立った一行は甲斐、駿河を巡って上京し、越後を経て、翌十年の春に江戸へ帰ったが、その頃の眞鐵の歌として、

何事も思ひこしち（越路）のさかさ升、うへ見ぬ鷲（自分）も羽ぬけ鳥哉

老しげり實（身）のなりふりも今日よりは、人のたすけを松（待つ）の花かも

（カッコ内は引用者）

という二首が伝えられている（二二）。おどけた詠みぶりの中にも、正鐵の帰りを待ち侘びる父の気持ちが読み取れる。

江戸へ帰って間もない文政十年（一八二七）六月下旬のある日に、眞鐵は正鐵に対して重大な遺言を残した。それは、かねてより人々が金銀融通に心を奪われて苦しんでいるのを嘆いて、何とか救う手立てはないかと求めてきた結果、ついにその方法を悟り得たといい、実行して人々を導くには年を取り過ぎたので、継承して実践するように命じたのである。『唯一問答書』には、この遺言について、

晩年の安藤眞鐵（『在島記』より）

某が父眞鐵、是を愁る事数年、其道を求る事またとし久し…終に其事を知る。然れどもつひに老年に及び、歳七十五歳、その事を行う事あたわず。某しに遺言していわく、汝この法を能く熟し、能く学び、家を斉よ。若《も》し用る人あらば、其ほふをおしまず伝へよ。家の主じ是をしらば、一家易く、一国の主、是をしらば、一国の民易からん。これ神道の御教（傍線―引用者）、尊むべし用ゆべし。磐栄への法なりとて伝ふ。若、此心ざしを失ひなば、吾子孫にあらず、縦《たと》ひ錦を着て、高位高官に昇るとも、不孝の罪広大なり。又、是を学び、人に伝へて、国家を易んせば身は道路に死すとも吾子孫なりと申したり。

（『唯一問答書』上「金銀融通」）

とある。また、別の文書には、

我父真鐵、国学に心を尽し、心術に精を凝らして、儒仏の道を学び、国家の人の安からんことを思ひて寝食を忘れ、其身を忘れて学ぶ事年久し、既に七十五歳の六月下旬、迷いの心始めて覚め、道の根源に基て、浮世の雲晴れ、七十年来の我過ちを知り、後悔止むことなく、猶今にして此道を悟る事を喜び、予に告て教へ給ひし事有と雖《いえども》、未だ其深き心を悟らざりしに（傍線―引用者）、終に其七月中旬、天然の死を得玉ひしが、誠に朝に道を聞て夕に死すとも可也と云し教の如くなり。

（「神道夢物語」一三）

と記されている。こうして、安藤真鐵は、息子への遺言からひと月も経たない文政十年（一八二七）七月十四日に七十五歳で生涯を終えた一四。

この真鐵が伝えた〝神道の御教〟とは、〝愚父が教ゆる所の祝詞の事〟（「皇国伝問答」）ともあることからして、「天津祝詞太諄詞」のことであろう[一五]。当時三十八歳の正鐵は、まだその時点では〝未だ其深き心を悟〟れなかったと述べているが、その後の求道により、やがて確信を持って教化活動をすることになるのであった。

三　徳本流一派医学と身体観

文化六年（一八〇九）、二十歳の正鐵は、甲斐国の医師磯野弘道（一七七二～一八四七）に入門した[一六]。前年から諸国行脚の旅を続けていたが、〝貧者、病者、老たる者を助けんと思ふ心又、止む時なし〟という彼にとって、医術を学ぶのは当然であったといえるし、養家と離縁した上での職業選択としてもふさわしいことだった。

磯野弘道は、明和九・安永元年（一七七二）の生まれで当時三十八歳であり、甲斐国山梨郡一町田中村（現在の山梨県山梨市）の医師であった磯野原泉（一七四二～一八一七）の子であった。この一町田中は徳川家御三卿のひとつである田安家の領地で、代官が駐在する陣屋が置かれていたが、磯野家は陣屋の隣地に住む村内でも有数の名家であった。父の原泉は寛保二年（一七四二）の生れで、鵠斎、汝行、鶴堂とも号し、壮年になってから江戸や京都で医学を学んで開業し、徳本流医学の再興者としてかなり知られていた[一七]。

この原泉の治療によって快癒した患者の一人に、先祖が武田家の家臣だったという旧家の主人がいて、その家の棟木には厳封された大きな箱が結び付けられていたが、安永三年（一七七四）のある日にその箱が突然落下し、中からは甲冑や刀などの武具や、「甲斐の徳本」と呼ばれる伝説的名医の永田徳本直筆『医之辨』と薬方書三種類が出てきたのである。原泉はそれらの書物を贈られて研究を進め、安永五年（一七七六）には『甲斐徳本翁抄書』を出版し、寛政九年（一七九七）に『十全香』、文化十三年（一八一六）に『麻疹書』、『十九方』などの医学書を著した[一八]。

こうした家に生まれた弘道は、江戸本所で開業して数十人の医学生を指導していたという長門国出身の医師岑貉丘《みねらくきゅう》

（一七四二〜一七九四）[19]に医術を学んだ。この人は、古方派の吉益東洞《よしますとうどう》（一七〇二〜一七七三）の門下であったが、同門の尾台榕堂《おだいようどう》は『方伎雑誌』に「東洞先生ノ腹診ノ法、岑氏之ヲ受ケ、余ガ先人ヨリ授ル所ナリ…[20]」と記していて、古方で特に重視する診察法である腹診に熟達していたことがわかる。

室町時代末期には、明への留学生たちによって、金・元時代に体系化された医学が伝えられて発展を遂げたが、陰陽五行、臓腑経絡説のような思弁的な傾向が強かったため、次第に空論化していき、江戸時代に入ると、そうした医学を「後世方《ごせいほう》」と呼んで批判して、漢時代の『傷寒論』などの古典に基づいて症状と薬方を直結させる実証的な「古方」が興ってきたのであった[21]。その代表者が吉益東洞であり、弘道はその吉益東洞―岑貉丘とつながる古方の流れに属するとともに、父が研究してきた「甲斐の徳本」の医術を継承していたのである。

このような師のもとで診療の実技や基礎文献を学んでいるので、後年の正鐵の手紙（『遺訓集』三「医之弁」）には、読解の指導を受けたと思われる『傷寒論』や『金匱要略』、そして徳本の『医之辨』、吉益東洞の『方極』などの文献についての言及がある。正鐵が一丁田中で修業をした期間ははっきりとしないが、入門から十七年後の文政九年（一八二六）五月には、当時弘道が滞在していた三河の岡崎で再会して技術の向上を賞賛され、「青は藍より出て藍より青し、氷は水より出て水より冷かなり。子は余が門より出て余より勝れり」という文と「師天地（天地を師とす）」と刻んだ印を授けられた[22]。この時の様子を旅日記『煙草の裏葉』[23]で見てみよう。

> 岡崎の宿に到りて磯野先生の宅につきぬ、別れてより久々の対面なれば、たがいにぶじをよろこび、越しかたの事ども語りて、かつは我術の話などなしつるにはや夜も深ぬれば休みにけり。夫より明れば朝より医道物語にていろ〳〵語りあひぬるに、磯野先生、我術自然に叶へるを喜びて大井に喜びてやみ給はず、門人の医師十四五人呼び集めて、か丶る事のありとて日ねもす物語りぬ。誠に先生の大人なるや、能己を捨て丶人の善をあぐ、我また是を尊

で人々に示して、大徳なる事を示しはべりぬるに、先生又我を賞して天地を師とするの印を送り給ふ。猶文を作りて是に添へたまふ。ありがたさうれしさやるかたなくて、涙と、もにうけはべりぬ。

とある。ここで話題の‘我術’とは、この旅日記でしばしば言及される〈息の術〉のことである。それは、文政の初年に江戸の医師浅井仙庵から学んだ〈感通術〉に工夫を加えた療法であり、施術者が患者の腹部や患部に手を当てて呼吸を合わせて行うもので、‘心気顛倒を治する’（『遺訓集』三「医之弁」）ものとされている。旅日記にはさらに続けて、

…夫より病者四五人、且又先生療治を請ひ給ふまゝ、辞するに道なく、術を施しぬるに、何れも其功をあらはしはべりぬ。猶、先生の門人、その術を学ばん事を請ふ。余も伝へん事を思ふといへども、各々うくる事を得ず。陳るに壱人、其妙を察する事を得る者あり。故に大井に喜びて、固く師弟約をなし、必ず我家に来り学ばん事を請ふ。余も其志ざしの深きを感じて、必ず来りたまへとて約しぬ。思はず日数たちて、早十九日になりはべるまゝ、人々のとゞめたまふをふりきりて、いとまをつげはべりぬるに、人々送りたまはりて、よふ〱町はずれにて別れぬるに、寄特《ママ》なるものは、わけて名残りの涙だとゞめかねつゝ、又の時を約しはべりぬ。…

とあって、五月八日から十九日までの十二日間ほど磯野家に滞在して、門人の医師たちと医道物語をしたり、患者の治療もしたのだった。

この訪問の四か月前の文政九年（一八二六）正月に、弘道は遠江国波津（現在の静岡県牧之原市）で一橋家の代官をしていた小島蕉園（一七七一～一八二六）[二四]という人物の最期の三日間の治療にあたっていた。この人は文化二年（一八〇五）から六年まで田安家の代官を勤めつつ、磯野家に出入りして医学を学んだが、江戸に戻って官職を退いてから

は医師となって、文政四年（一八二一）に甲州以来の研究成果を『徳本遺方』としてまとめた。その本の序文には、「…磯氏之子、数年前来于江戸、以醫稍行、惜哉行儀不修、去而周流于四方、恐翁遺方、尽属放逸」と記して、江戸で繁盛をしても定住しない弘道の将来を心配していた。弘道は、おそらく文化十四年（一八一七）に父原泉が没してから、故郷を離れて江戸に出て、文政年間には上京して正親町三条家の家来の身分を得たり[二五]、岡崎で開業したりしていたのである。

天保年間になると、江戸で著名な「学医」になっており、天保七年（一八三六）刊行の『廣益諸家人名録』には「学医　希声　名公道、字弘道、下谷練塀小路　磯野公道」とあり、同じころの『江戸現存名家一覧』にも、その名が見えている。

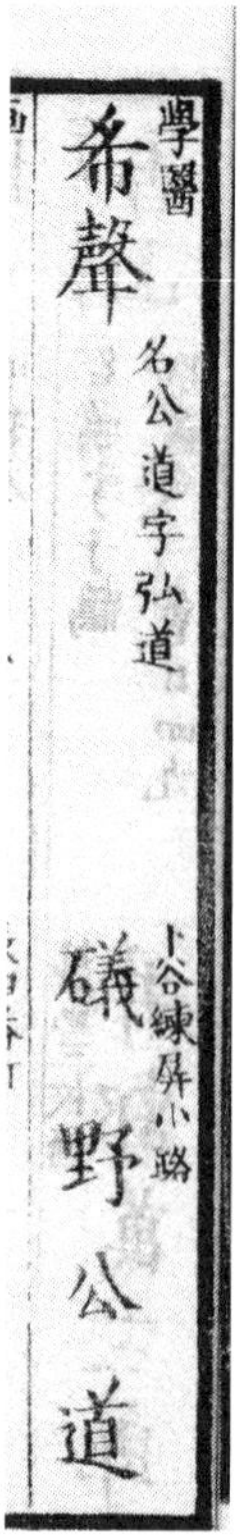

（『廣益諸家人名録』より）

下谷練塀小路（現在の千代田区神田練塀町）は、正鐵が住んでいた神田桧物町にも近いから、師弟で研鑽を続けていたかもしれない。天保八年（一八三七）には、父原泉が徳本の遺文を入手した経緯を記した『得医之辨記[二六]』を著している。

天保十年（一八三九）の逸話として、後に二宮尊徳の高弟となる当時二十七歳の富田高慶が勉学中に憔悴して受診したということがある。その時には休養を促されただけだったのだが、健康を回復してからも、しばしば弘道のもとを訪れて治世の要道や民政のあり方を談論しては師を求める志を語るようになり、それを聞いた弘道の門人から郷里の村を荒廃から復興させた尊徳の事績を紹介されて物井陣屋を訪ね、さらに入門して農村復興の事業に進んだのであった[二七]。

こうした、教育的配慮のある事績が伝わっているのも、当時一流の臨床家として知られていた弘道の逸話として興味深い。

また、学医としての弟子たちの消息が、東京の多摩地区にも伝わっている。その一人は八王子在の栗須村（現在の八王子市小宮町）の関根嘉門（一八一四～一八六九）である。弘道と友人だった嘉門の祖父が、体の弱い孫を案じて医師にしようとして託したのであるという[二八]。天保三、四年頃に入門し、七年三月の祖父伝次郎の死に際して郷里に帰って名主職を継いだが、この時の関根家日記には「江戸下谷練塀小路磯野公道様より孫源太郎事若水帰ル」とある[二九]。この関根家には、「徳本流一派医術秘術奥義免許」をはじめ、徳本流、古医方、蘭学などの多くの医術書が伝えられており、現在は八王子市郷土資料館に寄託されている。また、河内村（現在の奥多摩町）で嘉永六年（一八五三）から開業していた金丸正晴という医師の履歴書には、「…同（天保）十二年辛丑ヨリ東都於玉ケ池磯野弘道ニ従ヒ三ケ年漢方内治学研精[三〇]」とある。このように臨床や指導に高い評価を得ていたが、弘化四年（一八四七）四月一日に七十六歳で没し、江戸本郷（現在の東京都文京区）の常徳寺に葬られた[三一]。

正鐵はこうした磯野弘道の比較的初期の門人であったが、身に付けた漢方医学をその後の教化活動の中で活用した。書簡の中には具体的な症状に対する処方も見られるが[三二]、親族で医術の後継者でもあった安西一方への手紙の中には、古方派の吉益東洞によって唱えられた万病一毒説を自説に取り込んだ疾病観が述べられている。

> 万病一毒の教へよろし、本一ツ《もとひとつ》より発る、其一つは心顛倒《こころてんどう》より起る、此心の顛倒を治するものは、息の術の外有べからず、然共、其元一ツにして、分る処へ至つては千変万化なり、ゆへに其一ツ成る事を知つて、変に応ずべし。
>
> （『遺訓集』三「医之弁」）

万病の根元は〈心顛倒〉であるとし、その毒を去って根本的に治療するには〈息の術〉しかないというのである。さら

に詳述して、

万病、心気顛倒して安からず血気順道せずして後起るものゆへに、少彦名尊《すくなひこなみこと》は禁呪《まじない》の法を伝へて病ひをすくう。心気顛倒して安からざれば、飲食必乱る。飲食みだるれば、食必らず脾胃滞りて、気血廻らず病ひを生ず。故に大《おお》己貴尊《なむじのみこと》八薬の法を伝へて病ひを治る。是医の道の大元也。能其元を知り、自得して学ぶべし。心気顛倒を鎮め定るには、息の術より勝るものなし。故に臍下へ息を下して顛倒を治すべし。自身勤る事あたわざるものは、観通の術をもつて施すべし。又気ものにこりて動かざる時は、禁呪をもつて動かし気を転ずべし。其術さま〴〵に有べし。又香気の剤をもつて散ずべし。飲食乱れて大食美食停滞の症より気血滞りて病ひを生ずるものは、下剤をもつて其停滞を治すれば、自から治す。気を廻せば形ち自から動き、形ちを動かせば、気おのづから廻る。気凝りて形ちを爲し、形ち定まりて気を動かすといふ事を知るべし。気おのづから廻る。気と云ものは息其元也。形ちといふものは血その元なり。然らば血は食に生じ、息は天地大空をもと丶し、食は地に生ず。天地の気は神明成り。故に神明に違わざれば病ひ有事なし。故に神の咎《とがめ》とす。恐れ愼しむべき事なり。故に古人も天地の御心に随ふともいひ、天地の御心に叶ふともいふ。

（『遺訓集』三「医之弁」）

と述べている。ここで〈形〉といわれている身体は、〈地〉を元とした〈食〉による〈血〉の働きであり、〈気〉とされる身体を働かせるエネルギーは、〈天地大空〉を元とした〈息〉がその元である。そして、“天地の気は神明”であるから、“神明に違わざれば病ひ有事なし”として、〈愼食〉と〈調息〉によって病気の原因を排除できると主張したのである。

四　水野南北の慎食相法

磯野弘道のもとで医師の修業をして江戸へ戻っていた正鐵は、文化十一年（一八一四）二十五歳の時に伊勢参宮へと旅立ち、伊勢古市の宿場で大坂の観相家水野南北と出会った。この出会いと修行の様子については、この節の冒頭で『唯一問答書』の記述を見たところだが、『実伝記』によれば〔三三〕、古市で綿屋という宿に泊ったところ、主人の平吉がしばらく逗留して剣道を指南してくれるように頼んできた。さらに、今泊まっている水野南北という人が剣道の奥義を知っているらしいが、大金を出して伝授してもらうのに値するものかどうか探って欲しいという。そこで、下男になりすまして茶を出しに行ったら、何気なく茶碗を手にした南北が、ふと正鐵の顔を見直して、下男でないことを見破り、儒者か医師か剣士であろうと言い当てた。次いで極めて良好な「活相」であると弟子たちに示したが、「惜しいかな。狂死の相あり」と指摘したので、驚いてその意味を尋ねると、限りある身で限りない事をしようと考えているからだという。すっかり心酔した正鐵は入門を願い、神宮への日参が満願となった南北に従って、京都の南北邸へ住み込んだのだった〔三四〕。この時、南北五十六歳、正鐵二十五歳であった。なお、『真伝記』では、この出会いを、「江州醒井の大工某の家〔三五〕」での事としているが、『唯一問答書』に「伊勢の国に…」とあるのと、古市の「綿屋」の実在が確認されているので〔三六〕、『実伝記』の記述を採用することとする。

水野南北は宝暦七年（一七五七）に大坂で生まれた〔三七〕。名を熊太といい、若い頃は繰り返し投獄されるような放蕩で無頼な生活であったらしい。だが、二十一歳の時に海常律師という真言僧から、中国の相書『神相全編』の要点を三日間にわたって聞いて深く心に感じることがあった〔三八〕。無頼漢の熊太にも、災難を予見して避けることができるという教えは、自律的な生き方への意欲を沸き起こさせるものだったのであろう。この改心のあと、大坂を離れて諸国を遍歴したが、二十五歳の天明四年（一七八四）に、奥州金華山で不思議な人物より百日にわたり仙術の伝授を受け、深い確信を得たという〔三九〕。そののちも旅の一宿一飯の謝礼に多くの人の相を見る生活を続けたが〔四〇〕、二十九歳の天明八年

五十歳の水野南北
（『南北相法極意抜粋』より）

（一七八八）には、『南北相法（前編）』五巻を著して観相家として一家をなすに至った。この書は、手や顔面をはじめ、頭部から足先までの体の各部分の様々な状態に加えて、息の仕方や姿勢まで、身体各部の相についてその持つ意味を記述したカタログになっている。さらに、四十三歳の享和二年（一八〇二）には、『南北相法（後編）』五巻を著して気色血色流年法などの新しい相法の技術を明らかにして、「前編」が形態を中心にしていたのに対して、「後編」では、時期や変化ということを重視している。こうして『南北相法（前編・後編）』全十巻を著して観相術の体系を樹立したが、それでもなお、短命の相があっても、長寿であったり、富貴の相があるのに貧窮していたりと、相と現実の生活が異なって明白に吉凶を判断することができないことを追及してゆくうちに、〈食〉を基本とした運命観に達したのだった。

五十三歳の文化九年（一八一二）に『南北相法極意抜粋』、翌十年には、『南北相法極意修身録』四巻を出版したが、「生涯の吉凶悉く食より起る」として、体型、体質などの先天的な素質ばかりでなく、〈食〉に集約される行動の仕方によって運命は変わると教えた。当時の大坂は天下の台所といわれて、全国の物資が集められ、それを流通・消費することによって繁栄する一方で、西日本各地からの生活困窮者が流入していた。こうした不均衡を目の当たりにして、富めるものの奢りを戒め、心の使い方や行動の仕方の基準として、〈食〉に注目したのも当然であった。『南北相法極意修身録』では、「己が飯一杯をひかえて半椀を施す」（巻之二）とあるように、大食美食を控えて、その分を貧窮した人々に回すことを陰徳としているとともに、水や紙などの浪費も慎んで生かして使うことの大切さにも言及し、自律的に人や物を生かして行く生活の中で運命が改善されて行くのだと教えている。ここに至って、来談者の吉凶の判断はほとんど弟子に任せて南北自身はもっぱら慎食の教えを説くようになっていたという。

文化十一年（一八一四）に四天王寺において、執行職の秋野坊当主瑛順法師の招きで、七日間の相法の論議を行った。その時に、秋野坊に伝わる聖徳太子作とされる『相法亦生記』の拝読を許されたので、十行程を写して文章に堪能な門人に見せたが、文字は読めてもその意味を理解することはできなかった。そこで、そこに隠された深い意味を悟ろうと、七日間断食して一心に読み込み、その成果を瑛順法師に報告したところ大いに賞賛され、日本相法開祖たる聖徳太子の真義を再興する者として「日本相法中祖」の名を許されて、『相法亦生記』をはじめとする秋野坊所蔵の聖徳太子作と信じられていた秘書の解読と普及を託されたのだった[四一]。こののち、数年にわたってこれらの秘書の解読に取り組んだが、文政十一年（一八二八）に出版した『相法亦生記』の自序に至ると、「相貌ノ吉凶ハ相者ノ知所ニ非ズ、皆是レ己ガ造ル所ニ従テ、今生ノ吉凶未來ノ善悪ヲ生ズ、相ハ是活物也、飲食ヲ本トス」と述べ、観相による判断を乗り越えて、各人が慎食によって未来を変えることができると説いたのである。そして、天保五年（一八三四）十一月十一日に、七十五歳で生涯を終え、薬種商であった門人小谷喜兵衛により、小谷家の菩提寺である大坂天満西町の浄土宗法輪寺に葬られた。また、一周忌には門人たちによって五輪塔の墓碑と南北の相貌を写した石造の不動尊が建立された[四二]。

正鐵が入門した文化十一年（一八一四）は、まさに南北が『相法亦生記』に出会った年のことだったので、神宮への日参は、その読解にあたっての祈願であったろう。入門後には京都河原町弁天町の屋敷において、食の慎みを基本にした修行を命じられ、大根や菜っ葉だけのおかずに、麦を煮て水にさらした〝えまし〟一杯だけを食事として、様々な労働と清水寺音羽滝での水行や調息の修行を続けたところ、半年後には修行も苦にならなくなり、その効果を実感するに至ったという。ここに至って初めて、易占や観相の技術の基本を学んだらしい。さらに、当時の南北が精神を傾けていた聖徳太子の遺文についての教えも受けたようで、研究の補助をしたこともあったのではなかろうか[四三]。わずかに一年程度の修業であったが、観相の基準となる理想を象徴的に述べた秘伝書『君臣諸侯伝』の筆写を默認され、文化十二年（一八一五）九月に母の病報に接して江戸へ帰るにあたり、奥秘の伝授を願ったところ、すべてを授けたといわれたという。

江戸に戻ってからは淀橋成子村（現在の新宿区）に住んで「井上周易」と名乗って観相と卜筮によって生計を立てた。その後「東圓[四四]」と改名してからは、医師も兼ねて萌芽期の教化活動を始めたのだが、南北との関わりは続いていて、文政八年（一八二五）に、南北が「土御門家との事」で江戸に下ってきた折には、上野広小路の旅館を訪ねて、道友の杉山秀三を紹介して入門させたという[四五]。この時には陰陽師の本所である土御門家と職掌の特権にかかわる訴訟でもあったのだろう[四六]。

このような水野南北の歴史的な位置については、青山英正「古典知としての近世観相学―この不思議なる身体の解釈学」が参考になる。近世における観相の流行は、享保（一七一六～一七三六）頃に京都から始まったのだが、その流行を支えたのは「唐土より渡りし相書」であった。なかでも南北が若い頃に要点を学んだという『神相全編』の和刻本は、早くは慶安四年（一六五一）に出版されて四種以上の版が存在している。宝暦年間（一七五一～一七六四）からは、他の漢籍相書の和刻本とともに、日本人の著作も次々と出版された。それらは、大宇宙としての自然と小宇宙としての人体の構造が同じであるとする天人合一思想などの道教的な知を基本とするところは近世以前の観相譚と共通しているが、「特定の人物や事件における何らかの異常性」が語られている中世の観相譚に対し、近世の観相書は「ある性格や運命を持った人相の典型例が、…固有名詞なしに掲げられ[四七]」ており、「近世日本の相書は漢籍相書と同じく自然とのアナロジーや医学的な知見にもとづく鑑定に教訓性を加え、…人相鑑定マニュアルとしての一面も備えていた[四八]」と指摘している。さらに、『南北相法（前編）』（天明八年刊）の巻之二「頂を論」における南北と弟子との問答を検討して、「南北の観相学が近世以前に流布していた観相譚の単なる延長上にはないこと、また彼の関心が固有名詞によって語られる特定の人物や事件ではなくむしろ当世の不特定多数の人々にあったということだろう[四九]。」と述べ、近世観相術において、不特定多数の誰もが備えている人相をもとに教訓を示す機能が発生したことを指摘している。そののちの南北は更に進んで、〈慎食〉という自律的な生き方によって人生を切り開くことを教えたのであった。

五　信心伝授の行法修得とその転換

正鐵が三十八歳であった文政十年（一八二七）六月に、父の安藤眞鐵は〈祝詞の事〉（「皇国伝問答」）を言い残して死去したが、その時には〝未だ其深き心を悟〟れなかったと述べている。だが、その前後の時期には正鐵は大きな変化を遂げていたのであった。

父の遺言の三年前の文政七年（一八二四）九月にある経験をしていた。『真伝記』は、それを「同（文政—引用者）七年九月四日、松平讃岐守医師今井文徳の娘いよ、于時十八才、より神祖の大道を相承し豁然として大悟徹底し徳義初て全し、或ハ此事天保四巳年とも云[五〇]」と伝えている。しかし、先に見たように、文政十年（一八二七）三十八歳の時点でも、自ら〝愚父が教ゆる処の祝詞の事〟の〝深き心を悟〟れなかったと言っているのだから、「大悟徹底し徳義初て全し」という境地ではなかったはずであるが、このようなリアルな日付で記憶されるような経験だったのである。

そして、その約一年半後の文政九年（一八二六）の旅日記『煙草の裏葉』においては、〝我心もてはからは、いかゞはべるべきなれども、御仏にまかせつる身なれば心も苦しからず、念仏して他力にまかせつゝ、歩み行きはべれば…〟（四月十六日）とか、〝このしやばはあかるき世ぞとおぼしめし候まゝたがへるなり、くらく行く先も知れぬものぞと思ひたまはゞ、心もやすかりなんとはなしはへるに、いとありがたく覚へはへるまゝ、うちつれし人々にも、かねてものがたれる、是こそ仏なれとて、つゝしみておしえをうけたまへと、又さま〴〵のものがたりはべりぬるに…〟（四月十八日）と語っていて、旅の同行の人々に対して、念仏の信仰について指導者的な立場で発言をしているのである。これからすると、「神祖の大道を相承し」たという文政七年九月の経験は、「念仏」の行によるものだったとみるのが妥当だろう。

この経験については、各伝記の伝えるところに相違がある。先に見たように井上祐鐵『真伝記』では、師を「今井いよ」として、その時期を文政七年としているが、鈴木眞年校正『校正眞伝記』には、「同（天保―引用者）四年松平讃岐守殿医師今井文徳の娘いよ女に会て教義の事を尋問せしに父眞鐵大人の遺意に合ひしきりに皇国の教を慕はしく弥思ひ立せられしとぞ[五一]」とあり、師は同じく「今井いよ」だが、時期を『真伝記』で「或ハ…」とされていた天保四年としている。さらに、『実伝記』では、「翌年癸巳（天保四年）九月に至り、一時江戸に復る。爰に下谷池の端秋元家の邸中に一老嫗寓す。相州藤沢驛邉の人なりと云。其名をていせう或はじやうしやうと曰ふ。此の嫗宿徳の聞へあれば、教祖就て神道を聞く。又高松の藩士今井文徳の妻及び女伊豫子はていせうの法弟なり。彼是の間に往来して其蘊奥を極め、豁然として大に悟り得る所ありしといふ」とあり、時期は天保四年だが、師の名を「ていせう」としているのである。『実伝記』では註を加えて次のように詳述している。

> 教祖に神祖の大道を授けたるは、伊豫子に非ずして必ずていせうなるは知るべきなり。しかるに一本に教祖一日今井文徳の女年十八なるいよ子より神祖の大道を受けしとあるは恐らくは誤りならん。唯々いよ子は教祖修行の手引を為たるまでの事なり。其根本は必ずていせうなり。或は曰くていせう持する所の神祖の大道奥義は古へ法然が花山院の宮より受け之を親鸞に傳へ而して暫らく其伝を亡ふ。後又蓮如の代に至り相模の灘に於て船頭金が森の道斎より蓮如に授く。之を下野高田派に転伝して以て今のていせうに伝りたる者なり。当時世に之を称して御庫門徒と云ふ[五二]。

これらの伝記の所伝は、この未詳の女性導師からの相承が、文政七年（一八二四）九月だったのか、天保四年（一八三三）九月だったのかという時期ばかりでなく、その導師は十八歳の「今井いよ」だったのか、老嫗「ていせう」だったのかという人物の問題、そうして『実伝記』では、「神祖の大道」が「御庫門徒」により伝授されたという話になっていて、混乱や矛盾が見える。

ここで、もう少し関連の資料を見てみることにしよう。三田村鳶魚は、大正元年（一九一二）に『日本及び日本人』に連載した論文「調息の獄」の後半で禊教に言及し、当時まだ存在していた杉山秀三の自筆の年譜と、今井いよ自筆の書簡を紹介している[五三]。

> …元来杉山秀三という人は正鐵翁と同じく医家であって、久しい道友なのである。そして後には弟子の礼を執ったのだ。翁は天保四年の春得法して（夢物語）、十月伝授が済んだ（秀三年譜）。秀三氏の得法の年月は知れないが、伝授は五年の春である（秀三年譜）。今日でも禊教の信者の階級は初学（得法）、初産霊（お袴、いざなひ、師脇）、本産霊（本役）、の三箇で、秀三年譜の祝詞伝授といふのは本産霊、即ち印可証明のことだと思ふ。伊予子の手紙で明に秀三から印可証明の祝儀を贈ったものと見える、秀三年譜は自身に手録したもので、文徳及び伊予子より法を嗣いだ記載もあり此手紙もある以上は、真伝記が嫌がっても、違背する訳には往かぬ。…ていせうを伊予子等の師家とするのは、我等も否定しない、そしてていせうが御蔵門徒の流裔だというのも是認する、唯だ杉山氏所伝の手紙がある以上は、秀三年譜に引照して、正鐵翁の伝統を、伊予子に出たものとせざるを得ない[五四]。

ここでは〈得法〉と〈伝授〉の二段階を設定して説明し、現存しない「秀三年譜」によれば、正鐵の〈伝授〉は天保四年の十月、秀三は五年の春と記され、「文徳及び伊豫子から法を嗣いだ」記載もあるという。また、「調息の獄」に所載の「今井」師からの秀三宛書簡には、「私事も老年に相成ふしやうにて何方へも不出申候」とあり、老人であることがわかる。だが、「ていせう」としているのは『実伝記』であって『真伝記』ではないので、その点は鳶魚が混同しているし、正鐵の〈得法〉を「夢物語」によって天保四年の春としているが、入門から指導者になる期間をわずかに半年とするのには無理があり、むしろ『真伝記』の記述にある文政七年を〈得法〉とするのが妥当だろう。

また、はっきりとした日付がわからないのだが、正鐵の書簡には、仏教的内容や表現の書簡も残されていて、〝こゝに弥陀如来は、かゝる凡愚をあわれミて、西方に極楽浄土を構へ、念佛を因として易行の大道を開き、我ら愚悪の迷ひをさまし、限りなき楽しミを受て、神仏とかたをならぶる身と成し玉ふ事忘れかたく、恩徳報じ尽し難し。父母我躰をうミ、師我心を産〟（『遺訓集』五「湖水之海」）とあったり、〝念仏して報土往生をとげ、御礼報謝のみにして安養浄土に生れ、衆生を誘引し、此身の罪障を滅し、虚無の身、無極の躰を得、神通を現じ、本願力に乗して、娑婆世界をして蓮花蔵世界たらしめん〟（『遺訓集』五「無量壽」）といった文言が見られる。

これらの資料を整理して読み取れることは、正鐵は入門修行により文政七年（一八二四）九月四日に〈得法〉（後に正鐵は〈得道〉の語を使っている）し[五五]、さらに修行を進めて天保四年（一八三三）九月か十月に〈伝授〉を受けて指導者となった。その師は「今井いよ」という老人であったが、「ていせう」（貞昌か）とはおそらく「今井いよ」と同一人物で、その法名ではなかろうか。そして、『実伝記』が「御庫門徒」とするこの教化活動は、「隠し念仏[五六]」と総称されている秘儀的な念仏信仰の一派と考えられる。

だから、文政七年（一八二四）の〈得法〉と天保四年（一八三三）の〈伝授〉の間である、文政九年（一八二六）の旅日記「煙草の裏葉」では〝念仏〟が語られ、文政十年（一八二七）の時点では、父の遺言である〈祝詞の事〉の〝深き心〟をまだ悟れなかったし、当時の書簡には念仏信仰に関する話題が書かれているのである。明治期の伝記類は、井上正鐵門中がすでに教派神道の立場を得ていたことから、強く神道であることを打ち出す必要があり、矛盾も承知で「禊教教祖」である井上正鐵は初めから神道家であったように描かねばならなかったのであろう。

さて、その〈得法〉に至る顛末が、『唯一問答書』の「難病人」の箇条にある。〝信心とて神仏より誠の心を授りて後ならでは、何程勤め学ぶといへども益なしといふて教ゆる〟人と出会って、訪ねてみたが、〝是は、愚を教ゆるの道にして、足下の如く、多く学びたるものを教ゆるの道に非ず〟といって教えを授けてくれない。意表を突かれて自分の半生を振り返ってみると、様々の教えを学んできたが、志は少しも成就しなかったことを思えば、〝誠に愚成事、我に過たるはな〟いと気付き、〝願くば、斯愚かなるものに教ゆるの道あらば、伝へ玉へとて、歎き求めければ、彼人歓んで信心といふ事を授け玉ふ〟という。〝若年の頃は…強気にして人に劣事を嫌ひて迷ひ悩〟んだと述懐する正鐵にとって、自らの愚かさに気付いて歎き求めたことは、回心ともいえる画期的な経験であったろう。

そして、この〈信心・誠の心〉に至る行法は、『唯一問答書』上巻の「唯一神道」に、

此誠と申事は、いかやうにして誠に至るものなりやと存じ候処、日夜寝食を忘れ、御祓修行致して、神徳を仰ぎ唱ふる声枯れ、尽き果しとき、突息引息も出兼る時にいたって、身体豁然として快よき事を覚、おしや、ほしや、いとしや、可愛やの迷ひの心もなく、食を思ひ、衣服をおもひ、住所を求るの欲なく、唯国恩、君恩、師の恩、親の恩の広大にして我行ひのあしくあさましきことのみなりと思ひ、後悔の涙膝をひたし、四恩の難有事、身に満て、喜びの涙た断へやらず、此ときよりして、初て誠の心といふは此事成哉とおもひ、夫より後、迷ひの心、又は惰慢の心、恐ろしき心起る時、しきりに三種の祓を唱へ候へば、悪敷心自ら退きて、国恩の広大成事をおもひ出て、飲食の欲を忘れ、迷ひの心も避る事を覚たり

とある。すなわち、〝唱ふる声枯れ〟て〝突く息、引く息も出兼る時〟に後悔と喜びの涙とともに〈信心・誠の心〉を体得するという調息の行法なのであった[五七]。

こうした秘儀的な念仏信仰の活動は、しばしば取締を加えられているが、正鐵より七十四年前の明和四年（一七六七）

の取締で密偵となった立松懐之による『庫裡法門記』という記録には、入門修行についての描写があるので比較してみよう。ただし、同じ江戸での事例ではあるが、正鐵の師となった未詳の女性導師との関係は不明である五八。

渠《かれ》等が人を度すの様、きわめて奇怪なり。済度蔵とて二間に三間ほどの土蔵をたて丶、正面にかくる所の仏像は、例の知識即弥陀とたつる所の影像をかけ、燈一盞、花一瓶、香を焚き、仏前に緞子に縁さしたる藺筵を敷、その度すべき人をこの席上に坐せしめ、智識、その人の左、仏の右に座す。仏の左に高弟のもの座す。爰にて「たすけたまへ」といふ事を、呼吸の間をせはしく唱さす。気脉まさに絶んとし、人事をしらず、忙然たる時、智識引倒して、「御助ありつるぞ」と呼はりて、始めて六字具足の称名を許す五九。

井上正鐵は肯定的な立場で〝御祓修行致して、神徳を仰ぎ唱ふる声枯れ、尽き果しとき、突息引息も出兼る時にいたって、身体豁然として快よき事を覚…〟と記し、立松懐之は否定的な立場で「呼吸の間をせはしく唱さす。気脉まさに絶んとし、人事をしらず、忙然たる…」と書いているのだが、両者とも何かを激しく唱えて意識が変容してくる状態を描写しており、その類似性を見ることができるだろう。

この未詳の女性導師が伝えた〈信心・誠の心〉と、父の遺言である〈祝詞の事〉を何とか統合したいというのが、師と親に対する正鐵の誠意であったのだが、ついに天保四年（一八三三）春に、〝神明の使〟という若い女性から〝迷心の闇を破るの明玉〟を口に投入される〈甘露女の神夢〉という神秘的な経験を経て、確信を持つに至ったのであった。

愚子四十四歳春の頃、観念の床に夢幻の如く、一人の少女子来りて告て云ふ。予れ汝に傳ふる大道あり。汝道を求ること久しくして、其志を得ず。今神明、其志を感ぜしめて、汝が迷心の闇を破るの明玉を與へんとて、我口に向ひて投入すると覚へたれバ、我問て、君は何れより来り、又名は何といひ玉ふやと云ひしに、告て云ふ。我ハ神明の使なりとて、夢覚めたり。誠に不思議の告を蒙りて、有難き嬉しさ中計りもなく、猶今に其時の念を忘るゝ事なし。今に至りて猶、我愚を知り、我思ひの邪まなるを知りて、皇國の御教に基て、王法を守り、他の人の助を待つのみ。爰に於て、愚父の死の近きに至りて悟り得るの道に思ひあたれる事あり。有り難く嬉しく、日夜歓び盡やらず、甘露女の恩を伏し拝むのみ。

（「神道夢物語」六〇）

こうして、すでに秘儀的な念仏信仰の導師となるべき立場にあったはずの正鐵は、天保四年（一八三三）春の神夢の感得により、〈息〉によって〈信心・誠の心〉に至るという宗教経験と‚愚父の死の近きに至りて、悟り得るの道に思ひあたれる事‚である〈祝詞の事〉の統合について、‚迷心の闇を破‚って確信を持ち、同年九月・十月に「今井いよ・ていせう」という未詳の女性導師から〈伝授〉を受けて指導者となり、すぐ翌年の天保五年（一八三四）には白川家に入門した。さらに、天保七年（一八三六）十一月十五日には、「江戸御門人」の立場で京都の白川家に参殿したのである。

六　白川家への入門

天保七年（一八三六）十一月十五日に、井上正鐵は京都の白川家に参殿し、正式に入門して資敬王にも対面のうえ、神拝式を授かって風折烏帽子と浄衣の着用を免許された。『唯一問答書』においては、

麁食をなして腹中よろしきを覺へ、精神健にして惰慢の心自ら止ミ、美食を求る心なく、麁服にして美服を求る心なく、住居の美を好ます、心自ら易く、貧の思ひ失てこゝろ福々敷、身を愼しミ禁しむる事なし安く、父母の恩、師の恩の尊き事を知る。猶萬病は、心配苦労をなし、七情に破れ、又は美食過食、惰慢にして、身を動かさゝるか

故におこる事を知る、其後、白川殿の御門に入て神道の御教へを學ひて、いよ〳〵其事を辨へ、これに依て常に人に、小食麁食、麁服を勸め、身體を動し、正直を元として、三種の御祓を唱へ候得ば、病苦をのかれ、自ら貧を免れ、心自ら易く正しく、身治り、九族自ら睦ましとて、教へ諭し申候。　（上「難病人」）

と述べており、〝小食麁食、麁服を勸め、身體を動〟すという水野南北の教えのうえに、この箇所ではあえて触れていない〈信心・誠の心〉の伝えを受け、白川家入門によって正直を元とする神道の教えと「三種祓」を許されたことで〈祓修行〉が完成したのだと考えていたのだといえよう。だが、同時に〝白川伯王殿御家に相伝る御伝の外の事（上「息の術」）〟は言っていないと強調してもおり、正鐵のいう白川家の「御伝」とは何なのかを確認しておくことにしたい。

白川家の入門時に署名した誓紙というべき『名簿[六一]』の冒頭に記された文言には、伝授の箇条は「神拝之次第」「中臣祓」「三種祓」「祝詞」の四か条であり、「黒心」を祓い「赤心」を以て奉仕することが「天津祝詞太諄辞」の発現である旨が記されている。

まず、最初の箇条の「神拝之次第」とは、「神拝式」の伝書[六二]に、「先　向神前　沓揖、次　着座　座揖、次　二拝、次　中臣祓　一反、次　三種祓　三反　拍手二、次　祝詞、次　三種祓　三反　拍手二、次　二拝、次　退座」とある行事作法である。そこで唱えられる「中臣祓」「三種祓」は、別途に祝詞本で示されているし、伝書にある「祝詞」とは、「掛毛畏幾其神名乃廣前尓實名恐美恐美母申天申佐久天下泰平玉躰安穏家内富貴子孫繁栄仁夜乃守晝乃守仁護幸給江登恐美恐美母申壽」という文言[六三]であって天下泰平から子孫繁栄までを祈念するものである。

この神拝については、

大日本國ハ、神をもて根元とし成り出る國なれバ、此神を祭り奉るばかりにて身も修り、家も齋ひ、國も治るに至る。只其根元にもとずきて其元をたて、其一ツを能保つを以て、唯一の教といふ。其一成ものハ天御中主尊也。其一より出て、天の神七代、地の神五代の徳をなし玉ふに至りて、天の神七代、地の神五代の徳をことごとく兼備へたまふは、天照御太神の御徳なるゆへに、木火土金水の御徳を備へ玉ふと申奉るゆへに、八百萬の神の御徳を備へ玉ふ御太神なり。ゆへに身を修め、家を齋へんと思ふ者ハ、先天照太神の徳を尊とび、朝夕拝し奉るべし。中臣祓一座、東照大權現は其御徳、天照太神に次玉ひ、萬民安全を守り玉ふ御神ゆへ、一座に御恩徳を拝し奉るべし。次に春日大明神、此御神、天照太神の道を傳へ玉ふ御神、神道の祖神なり、故に次に拝し奉るべし。次に産神、氏神、日本六十余州に鎮座し奉る八百萬の御神、次に其家先祖代々霊神、三種祓一座、夜の守り昼の護りに守り幸ひ玉ふ御恩徳、御禮申奉るべし（囲みは引用者）。（『遺訓集』一「神拝式問答」）

とあり、天照大神を拝して中臣祓を唱え、東照宮、春日大明神、産神、氏神、八百万神、先祖霊神を拝して三種祓を唱えることを教えている。すなわち中臣祓や三種祓を唱える〈祓修行〉は〈神拝〉の一環であるとともに、

日夜神明の威徳を喜び、天下泰平にして君恩の廣大成を仰き、三種の祓を唱へ候て、此御恵ミの御禮申上候事に候。（上「難病人」）

とある、歓喜と感謝の〈神楽〉でもあった。

また、'某し其心を傳へて、其式をつたへず'（上「神拝式」）とある。これは、伝授された〈式〉に則って教化活動を行っているが、作法そのものの伝授は白川家の職掌であるので行わない。だが、その〈式〉を生かして意味を与える〈心〉については白川家によって示されていないので、自分は補って教えているだけである。だから、白川家の「御伝」

のほかは言っていないのだというのが正鐵の立場であった。このように、井上正鐵にとっての神祇伯白川家への入門は、神職としての社会的な地位の獲得と、それまでの求道によって到達した〈心〉を形に表すための〈式〉というコンセプトを得ることでもあったのである。

七　まとめ

この節においては、井上正鐵が自己形成をし、確信を持って教化活動に取り組むに至るまでの五つの源泉について、それぞれの歴史的な状況を踏まえながら、井上正鐵自身の思想とその継承関係を確認してきた。まず、正鐵の〝さま〳〵の学ひを好み、貧者、病者、老たる者をたすけんとおもふ心又止時なし〟という志の原点となった父の安藤眞鐵（一七五三〜一八二七）と生家安藤家の家庭環境を見た。次いで、生業であり救済方法ともなった医術の師の磯野弘道と、観相術の師の水野南北について、江戸時代に興ってきた新しい考え方をふまえて位置付けを考察した。それは、古典に基づきながらも症状と薬方を直結させる実証的な医学を志向した「古方」であり、不特定多数の人への教訓を示そうとする志向性を持った近世観相術をさらに展開した「慎食」という自律的な生き方による開運の思想であった。

そして、父の遺言である〈祝詞の事〉と、「今井いよ・ていせう」という未詳の女性導師による秘儀的な念仏信仰の〈信心〉伝授の行法を統合し、神祇伯白川家に入門して神拝式と神職の許状を授かって、誦詞を念仏から神道式の祓に置換して〈信心・誠の心〉を授けるという新機軸の行法を立ち上げた。こうして、自らの求道にひとまずの到達点を得て、本格的な教化活動を開始したのである。

註

一　『真伝記』巻一、四丁オ。

二　『真伝記』巻一、六丁オには「コツテ村」とあるが、『実伝記』上巻十六丁ウには、「仁手村長次」とある。「仁手村長次」は、八丈島流人として実在が確認できるので（『八丈実記』第四巻四四頁）、『真伝記』は、「ニツテ村」の誤写であろう。

三　安藤家歴代の経歴については、荻原稔「禊教教祖井上正鐵の出自について」（昭和六十一年）に史料がある。

四　眞鐵の生年月日は、谷中霊園奥津城の墓碑銘による。

五　「縣居門人録」（『賀茂真淵全集』明治三十九年）。なお、「賀茂真淵縣居の跡」（東京都指定史跡）は中央区浜町一丁目一番にあり、秋元家中屋敷跡のごく近隣である。

六　『新刀銘集録』巻一（安政三年刊、大阪府立中ノ島図書館所蔵）には、水心子正秀の門人として「真風　羽州秋元家士安藤市郎右衛門」とある。これから推測すると、はじめ祖父教風の一字を継いで「真風」と称していたが、刀鍛冶の修業をしたあとに「真鐵」と改名した可能性が高い。ただし、安藤家文書からは確認できない。

七　「根津の鐵輿禅尼の庵室」は未詳だが、江戸府内に存在した黄檗宗の寺院については文政十年（一八二七）序の『江戸黄檗禅刹記』（東京都公文書館所蔵）が最も詳細であり、同書巻之九に所載の「勧学屋」（池之端仲町所在）がそれに該当するように思われる。

八　寛政六年（一七九四）当時の安藤家では、長男の教一が成人していて番代となれたのだが、長女松子は十代前半、次男正鐵は五歳、三男は乳児であった。また、眞鐵の両親は既に亡く、長命であった祖母（初代教風の妻・「浅野内匠頭様御家来義士之内木村岡右衛門女」）も天明七年（一七八七）十月に死去していて、眞鐵が思い通りの行動を取れる条件は揃っていた。

九　『遺訓集』二「鐵一字」。

一〇　『実伝記』上巻一九丁オ。

一一　『翁』教典編九一頁。

一二　『実伝記』上巻一〇丁。

一三　『実伝記』上巻四一丁ウから四二丁ウ。

一四　法名を「慈眼院覚道真鐵居士」と諡られて、菩提寺であった池の端七軒町の曹洞宗慶安寺に埋葬された。明治十二年（一八七九）に禊教門中により谷中霊園乙九号に正鐵とともに改葬されて現在に至っている。

一五　大祓詞に「天津祝詞の太諄詞事を宣れ」とあり、「如此宣らば」と受けている箇所で「宣」られる「天津祝詞の太諄詞事」とは何かということである。国学者の論考としては、賀茂真淵の『祝詞考』や、平田篤胤の『天津祝詞考』、大国隆正の『天都詔詞太詔詞考』などがある。また、信仰上からは、「天津祝詞の太諄詞事」とは、「罪という罪はあらじ」とされるまでに威力ある神呪であるとされる。

一六　『実伝記』上巻一八丁ウ。『真伝記』巻の一、六丁ウから七丁オ。

一七　『日川村誌』（昭和三十四年）六七三頁。

一八　『国書総目録』による。

一九　橘輝政『日本医学先人伝』（昭和四十四年）一四五頁には、「嶺少翁　一七四三（寛保三）～一八一八（文政元）長門（山口県）の人、名は逸、あざ名は斑如、右膳、少翁と変わり貉丘《らくきゅう》と号した。吉益東洞の影響により、傷寒論、金匱要略の唐方医方研究を一生の仕事とした。江戸本所に開業し、診療の一方で門生に講義をし、時に数十人の医生でにぎわった。学問業績のほどは不祥だが、江戸の少翁を京都の村山琴山と対比して、東海に翁あり西州に老ありといったとあるから、少翁の学殖と医術は相当なものであったらしい。文政元年七十五で没す」とある。

二〇　西山英雄『漢方医学の基礎と診療』（昭和四十四年）より重引。

二一　富士川游『日本医学史綱要1』（昭和四十九年、原本は昭和八年）第八章。

二二　この印は、正鐵から杉山秀三に譲られたが、関東大震災で焼失した。

二三　『翁』一〇五から一〇六頁。

二四　『小島蕉園伝』（大正七年）三三頁。小島蕉園は、修身教科書に取り上げられたため、文部省により本書が作成され、弘道の記事も散見する。

二五　新藤恵久「道庵と徳本」（昭和四十九年）。

二六　国立国会図書館所蔵『不忍叢書』第十二冊に所収。

二七　佐藤太平『富田高慶』（昭和十七年）四四頁から四九頁。

二八　『八王子宿周辺の名主たち』（平成九年）四一頁から四七頁。

二九　神かほり「名主家の医者と徳本流」（平成九年）。

三〇　安藤精一「山間部各村の医師・医療について―幕末・明治期の奥多摩町域を中心に」（平成十四年）。

三一　『国書人名辞典』による。常徳寺（文京区本駒込三丁目）には、弘道の墓碑は現存せず、過去帳も昭和二十年五月の空襲で焼失したという。

三二　例えば、『遺訓集』三「自凝島」には、苓桂甘棗湯の処方が記されて、「萬病によろしく候、澤山御用ひ可被成候、能氣血を廻らし申候て、薬毒なき薬にて、常に用ひ候よろしく御座候」とする指示がある。

三三　『実伝記』上巻一九丁オから二八丁オ。

三四　『唯一問答書』の記述によれば、'日々に清水寺音羽の瀧にかゝり' とあり、『真伝記』には、'下河原弁天町' とあって、清水寺にも近い現在の京都市東山区下河原町・下弁天町あたりに京都の南北邸があったらしいのだが、他の史料による確認はできていない。

三五　『真伝記』巻之一、七丁ウ。

三六　野村可通『伊勢古市考』（昭和四十六年）巻末付録「天明文政古市廓住居対比図」の文政十三年の項目。

三七　没後二十年ほどの安政二年（一八五五）刊行の『浪速人傑伝』には、「水野南北は幼名熊太と称す、浪速の人にて阿波座の産なりと云、鍛治の業をせられしが、若年の間は頗放蕩無頼にして、他の誹謗を受けられしが、中年の後、轍をあらため、改心して、人相而已を研究して終身是を所作とせり…」とあり、同年刊行の『大聖歓喜天霊験経和訓図絵』中巻には、「摂州大坂の乾なる下福嶋の産にして至つて卑賎の者の子なりし…」とあって、出身地は大坂の阿波座とも下福嶋ともあって判然とはしない。南北の伝記については、牧野正恭・田中一郎『浪速の相聖　水野南北とその思想』（昭和六十三年）を参考にした。

三八　『相法早引』序文には、「海常先生とは相者に非ず、密教の能化の大徳の人なり、予、若年の時は不孝不義なる者にて五常は勿論、人の道たる事を知らず、然るに不思議の因縁にや、海常先生我を招き、相法に事よせて我を諫言し給いける、その時より心意を変じ、先生に随って忠孝を聞き感じて相法を学ぶ、時に先生の俗姓水野の名字を我に許さる、嗚呼、不思議なる哉、我が父の姓も水野なり…」とある。また、『南北相法（後編）』の自序にも、「嘗テ海常先生ニ随テ神相全編ノ穴所ヲ聞ク事纔ニ二三日、サレドモ心ニ得ルモノハ思ヒモ又深ク、是ヨリ相法ニ心ヲヨスル事多年ナリ、然ドモ一文不知ノモノナレバ、世ニ多ク相法ノ書アレドモ、ミル事ナク、又師ヲモトムル事モナク、只思ヒヲ工夫スルノミ…」とある。

三九　『南北相法極意修身録』巻三。

四〇　『南北相法（後編）』自序には、「衆人ヲ看相セン事ヲ欲シ、乃チ一箇ノ相者ニヤツシ、諸国ヲ歴遊ス。然ルニ我生得外相卑陋ニシテ最醜シ。コ、ヲ以テ何国ニ行トイエドモ、誰有テ看相ヲ請フモノナシ。強テ看相ヲナサント欲スレドモ、人ノ肯ガハザルヲ如之何セン。サルニ依テ漸零落テ、一宿ノ謝、一飯ノ報ニカヘテ看相シ、凡十年ヲ経タリ。コレニ因テ看相頗多ク、大ニ此道ヲ発明シ、未古人今人ノ言ザル所ヲ得タリ…」とある。

四一　『相法亦生記』（京都大学付属図書館所蔵、荻原所蔵）は、文政十一年（一八二八）に四天王寺秋野坊より水野南北自筆の版下で出版された。解読にあたる経緯については「自序」にある（本書巻末、資料三）。

四二　この不動尊は、「出世不動」として多くの人の崇敬を集めてきたが、昭和八年（一九三三）になって同型の青銅像に作り替えられ、昭和三十八年（一九六三）に法輪寺と共に兵庫県尼崎市武庫之荘に移転した。また、墓は浄土宗金戒光明寺（京都市左京区黒谷）の北墓地に改葬された。

四三　後に正鐵は、〈神の御誓ひ〉ということを説いた。例えば、「神明の誓ひと申す事は、御祓修行致し、聴聞だにいたし候は、、我身の罪咎めつし、神明の加護にて、心も明るく成、運もよろしく相成可申との御約束を、御誓ひと申事にて御座候。必らず〳〵我が計らひを捨て、神明に御任せ候べし」（『遺訓集』四「家業ハ萬人融通」）とあるが、南北が研究した伝聖徳太子の遺文においても、「天の蒼人等よ、よく聞けよ。前生の罪咎深き者といえども、唯誠を以て、大元尊神の神号を申せば、其誠に従って、前生の罪咎を免し、後生の果楽を与うるとの神の御盟あり…」（『安心辨論抜粋』）とあって、〈神の誓《ちかい》（盟）〉の語が共通して見られる。

四四　坂田鐵安『道廼栞』（明治十八年）一九丁には、「東圓とは水野南北大人の稱けられし名なりといふ」とある。

四五　『真伝記』一の巻九丁ウから十丁オ。

四六　土御門家は、興隆してきた観相術を自家の職掌として確定するために訴訟を行っていた。例えば、安永八年（一七七九）九月に、土御門家の関東総奉行吉村権頭が、医師で観相家であった三代目石龍子を訴えたが、翌九年三月に寺社奉行により観相学は医学の範疇であるとした判決が下されて、敗訴したという。中山茂春「石龍子と相学提要」（『日本医史学雑誌』五五巻三号、平成二十一年）による。

四七　青山英正「古典知としての近世観相学――この不思議なる身体の解釈学」（平成二十四年）二一一頁。

四八　同右書二〇九頁。

四九　同右書二一〇頁。

五〇　井上祐鐵『真伝記』巻一、九丁オ。

五一　井上祐鐵著・鈴木眞年校正『校正眞伝記』巻一、五丁オ。

五二　『実伝記』上巻四〇丁オから四一丁オ。

五三　杉山秀三の自筆年譜からは部分的な引用だけだが、伊予子の自筆の書簡は、写真と全文の解読が掲載されている。

五四　三田村鳶魚「調息の獄」（大正元年）一一〇頁から一一三頁。

五五　小栗純子『妙好人とかくれ念仏』（昭和五十年）一三七頁では、寛政年間の取締を描く中で「救われた日を自分の命日とするかくれ念仏の思想は、救われた瞬間、その刻限を自覚すること、回心の時点を、かくれ念仏がいかに重要視しているかを如実に物語っている」と述べている。また、石田充之『異安心』（昭和二十六年）でも、「秘事法門的入信時の年月日覚知説…」（一一二頁）と入信の年月日の重視に言及している。このように、秘儀的な念仏信仰では修行成就の日付の克明さには重みがあることが多い。

五六　かくし念仏、秘事法門についての研究では、高橋梵仙『かくし念仏考第一』（昭和三十一年）及び『かくし念仏考第二』（昭和四十一年）が知られている。そこでは、東北地方に広く伝播していた「かくし念仏」は、本来真言秘密念仏に起源するものであり、浄土真宗の異安心、邪義とされる「秘事法門」とは異なるとし（『かくし念仏考第一』一一頁）、「鍵屋流伝『かくし念仏』」がその起源であるとしている（同書九二頁）。しかし、その見解については、門屋光昭『隠し念仏』（平成元年）は、「淵源がどうであろうと『隠し念仏』は幕藩体制の中で『カクレ信仰』として育ち、しかも近代になってもなお隠すことで、自らの信仰を維持し続けた念仏信仰である」と述べて、「浄土真宗御内法」と自称し、多くの分派を通称で呼び分けている実態からは、一つの起源を定めるような「厳密な区別などできようがない」（四一頁）と批判している。これは東北地方の事例であるが、井上正鐵が伝承した秘儀的な念仏信仰についても、浄土真宗の異端に起源する可能性ばかりでなく、三浦知善の門下が、〈弾誓流念仏〉として高声念仏を復活させたことなどからも、中世末期以来の念仏集団が本山の支配を受けることなく秘密化した流派などの存在を想定することもできるのではないかと思われる。

五七　鼎談「井上正鉄と禊教」（『禊教の研究』昭和四十七年）における西田長男の発言（二九七頁）に次のようにある。

陰士源貞昌との交遊の間に越《ママ》った、かの「夢物語」の話も、本願寺の一派に御蔵門徒というのがあるが、その系統の信仰を正鉄翁が受けられたものでなかろうかと思う。この御蔵門徒も新しい宗派なので、江戸幕府から厳禁された宗派ですね。禊教の修行の方法でも、御蔵門徒のやり方と非常に似ている。殆んど一致している。最後にパッと救われるやり方なんかは、その通りですね。禊教の行の最後に、何というか、禅でいう心身脱落する時が来る。そのやり方も御蔵門徒のやり方ですね。江戸幕府はなんでも新しいものが嫌いで、御蔵門徒は邪教として厳禁された。そのやり方と禊教のやり方が似ているところから、いろいろスパイを入れて調べさせたら、矢張り一致する点が多い。そこで御蔵門徒の一派ではないかという疑いを持たれたのではないかと思います。教祖が捕えられた第一の原因は、そこにあろうと思います。今日から見て、御蔵門徒のやり方が間違っているというのではなく、江戸幕府の施政方針からいかんというわけです。正鉄翁に反幕思想があったとなど、と考えるのは、私はどうかと思はれます。

五八　高橋梵仙『かくし念仏考第一』五頁では、三田村玄龍（鳶魚）『信仰叢書』（大正四年）緒言の「江戸の御庫法門は明和の大獄により滅尽せず、いはれん講となり吐保加美講となり、種々変体異形して今日に行はる、…」という言及を「誤りである」としているが、その根拠は正鐵が三種祓を唱えさせているということだけであり、誦詞を変化させた可能性については理解がない。

五九　立松懐之「庫裡法門記」（『日本思想体系17.　蓮如一向一揆』昭和四十七年）四七八頁。

六〇　『実伝記』上巻四二丁オ。『真伝記』巻一、三二丁では、「心の闇を破るの明王（みゃうわう）を覚（おぼ）へん」（カッコ内は底本のふりがな）とあり文面の相違がある。

六一　本書第二章五節二に所載の「名簿」（金光図書館所蔵）。

六二　同右の本荘宗秀宛伝書。

六三　『神拝次第竝奉幣作法』（宮内庁書陵部所蔵）所載の文化九年（一八一二）の資延王による伝書。本荘宗秀宛伝書と形式はほぼ同じであるが、祝詞の文言がある。

第三節　教化活動の準備と展開

一　はじめに

この節では、井上正鐵の二十代から五十代半ばに至る約三十年間にわたる教化活動の成立と展開の過程を見ていくこととしたい。すでに、二十代後半には医術と観相術によって指導的な立場に立って、萌芽的な教化活動を開始していたが、さらに求道を続ける中で、父の遺した〈祝詞の事〉と未詳の女性導師から伝承した〈信心〉伝授の行法とを統合し、白川家配下の神職として教化活動を行っていく方向を定めた。そして、各地に地方拠点となる門中の育成をしつつ準備を進めて、天保十一年（一八四〇）四月に日光道中最初の宿場である千住宿に近くの梅田神明宮を本拠地にして本格的な教化活動を開始した。しかし、入牢期間を除くとわずか二年半足らずの実働の後には、三宅島に遠島に処せられたのである。

二　萌芽期の教化活動

水野南北のもとでの修行から江戸へ戻り、文化十二年（一八一五）九月九日に角筈（現在の新宿区）の藩邸で母の最期を看取ったのちに、当時二十六歳の正鐵は、井上周易と名乗って、青梅街道筋の成子村（現在の新宿区）に住んで卜筮と観相で生計を立てることにした。それから本格的な教化活動への確信を得るまでの文化・文政・天保にわたる十数年間を、萌芽期の教化活動の時期とみなすことができる。この時期には、まだ求道と修行の途上であったとはいえ、後の門中の中核となる人脈を築いてもいたのである。

まず、近所の住人だった中川富之進との易学を通じての交際が始まった。この人は御三卿のひとつである清水家の家来であり、後に正鐵の内弟子となる野澤鐵教の父であった[一]。数年後の文政初年になると浅草橋辺や両国若松町へと転居して、井上東圓の名で医業を営むようになったが、そのころには浅井仙庵という医師から〈感通術〉を習得して、父の眞鐵とともに研鑽を加えていた[二]。

文政五年（一八二二）には、宮津藩主の嗣子である当時十二歳の本荘秀次郎（後の宗秀）から使者が遣わされて、教えを受けたいとの申し出があった[三]。その使者は正鐵の従弟の野村六蔵（一説に六郎）であったので、この人が秀次郎に相法、易学、医学などの教授を受けさせようとして引き合わせたのだろう。この時から明治六年（一八七三）に八十三歳で没するまでの一生涯にわたって、本荘宗秀は井上正鐵門中の有力な支援者であった。

文政七年（一八二四）九月四日に、三十五歳であった井上正鐵は今井いよという未詳の女性導師から、『真伝記』では「神祖の大道」の相承とする、後の展開の端緒となる重要な経験をした。これは、〝願くバ斯愚かなるものに教ゆるの道あらば伝へ玉へとて嘆き求めければ、彼人歓んで信心といふ事を授け玉ふ〟（『遺訓集』一「皇国傳問答」）と記された〈信心得道〉の秘儀であったと思われる。

この時期の資料には旅日記『煙草の裏葉』がある[四]。これは、文政九年（一八二六）四月十五日に、正鐵と妻が何人かの同行者とともに江戸を旅立ってから、甲斐、駿河などを経て、五月二十日に尾張の桶狭間に至るまでの記録である。この旅は〝妻なるものをうち連れて、神社仏閣を拝みまいらせん〟とあって諸国の寺社順拝が目的であったし、裏表紙には、〝御穢土（江戸―引用者）をは今日立出て罪とがは水無月頃に帰り木曾路か〟とあり、歌枕の宇津の山を通った時にも、〝今われは都にのぼる身なるのにことつてたもふ人はなきかよ〟という歌を詠んでいることからみて、当初の計画では四月に出発して上京し、六月には江戸に帰るという二か月程度の予定だったようである。出発時には正鐵と妻の他に、信仰心の厚い複数の人物が同行しており、一緒に念仏を上げたりしているが、身延山参拝後の四月二十七日に別れているので、その後は夫婦で旅を続けたのであろう。だが、伝記によれば、この旅は、京都どころか加賀、越後方

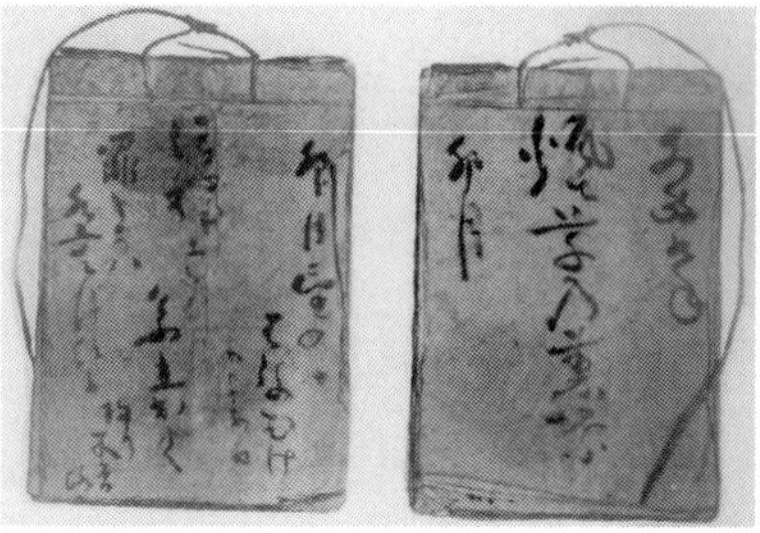
『煙草の裏葉』表紙（『翁』より）

面まで足を伸ばすことになり、新井在の広島村（現在の新潟県妙高市）にいた弟の高橋熊蔵と再会したり、近くの道庭村摩尼王寺で祖超和尚に参禅したりして、翌年になって越後から江戸へと戻るという長旅になったのだった[五]。『煙草の裏葉』には、当時の正鐡が、〈念仏〉の信仰と〈息の教〉をもち、指導者的な立場だったとわかる記事があるが、『真伝記』のいう文政七年九月四日の「神祖の大道」の相承が、実は秘儀的な念仏信仰の〈信心得道〉であって、それから約二年を経過して境地と立場が進んだのだとすればこの記述と符合する。なお、この旅では身延山や七面山といった日蓮宗の寺院にも参拝しており、かなり寛容な念仏信仰であった。

　この約一年にわたる長旅から戻った直後の文政十年（一八二七）の七月十四日に、師であり同行でもあった父の安藤眞鐵を亡くした。眞鐵は文化十二年（一八一五）に妻に先立たれたあと、亀高村（現在の江東区）で隠居暮らしをしていたが、文政十年（一八二七）〝七十五歳の六月下旬、迷ひの心始めて覚め、道の根源に基て、浮世の雲晴れ、七十年来の我過ちを知り、後悔止むことなく、猶今にして此道を悟る事を喜び〟[六]（「神道夢物語」）、正鐡に対して〝汝、この法を能く熟し、能く学び、家を斉よ…これ神道の御教、尊むべし、用ゆべし、磐栄への法なり〟（『唯一問答書』「金銀融通」）と言い残した。〝この法〟とは、〝神道の御教〟であり、さらに後年になって立場を確立した正鐡が〝愚父が教ゆる処の祝詞の事を思い出て…〟（「皇国伝問答」）と述べているように、〈祝詞の事〉であったのだが、この時点では〝未だ其深き心を悟〟れなかったという。しかし、この父の〈祝詞の事〉と念仏信仰の師より得道した〈信心〉とを統合したいという志向を持ったのだろう。そうした模索の一つであろうか、天保二年（一八三一）二月二十三日に平田篤胤の「気吹舎」を訪れた記録がある[七]。

　父を亡くした文政末年から天保の初年には、神田岩井町、深川薮の内、日本橋桧物町と、しばしば引っ越ししているが、天保三年（一八三二）十一月には江戸の家を引き払って、正鐵の家族は道友の杉山秀三と一緒に信濃国佐久郡追分宿（現在の長野県北佐久郡軽井沢町）の姉の松子の家に間借りした。この時から六年（一八三五）三月に江戸に帰るまでの二年半ほどの間には、ここを拠点にして江戸や京都へ往来しつつ、大きな信仰上の展開をすることになる。

天保四年（一八三三）の春のある日には、神の使いの少女〈甘露女〉から〝迷心の闇を破るの明玉〟を口に投げ入れられるという神夢を感得した。これにより迷いを乗り越えて、その年の九月には〝ていせう〟なる未詳の女性導師から、指導者としての〈伝授〉を受け、翌年の天保五年（一八三四）には白川家に入門しており、〝迷心の闇を破〟った後には、秘儀的な念仏信仰を徹底したうえで神道に進んでいったのである。五年の入門については現存する白川家の記録には残っていないのだが、さらに二年後の天保七年（一八三六）十一月十五日には、京都の白川家に「江戸御門人」として参殿し、資敬王にも対面して神拝式を授かり、風折烏帽子と浄衣着用の許状を受けている。こうして〝皇国の尊きを諭し、頻に慕敷《したわしく》、終に上京して、神祇官白川伯王殿の御門に入て、神に仕ゆるの道を学びて初めて心身易く、妻子睦敷、九族と共に楽しむの教へを少しく得る事を得〟（皇国伝問答）たといい、後に『唯一問答書』で語ることになる〈式〉と〈心〉が一貫する境地に立ったのである。すでに天保六、七年のこの時点で、天保十三年に取締を受けた時に〝かかることのあるは七年以前より覚悟いたしおり…〟（『遺訓集』二「御難」）と記すような、取締の可能性をも含めた教化活動の実践者としての決意を固めていることがわかる。

かくして梅田神明宮での教化活動へとつながる求道と準備を進めていたのであるが、明治期に刊行された伝記類では、すでに井上正鐵は神道教派の教祖とされていたから、重要な経験については、どうしても神道的であることを強調する。しかし、先の「煙草の裏葉」やいくつかの書簡など当時の状況を物語る資料からは、萌芽期の教化活動と宗教経験は秘儀的な念仏信仰によるものだったことは否めない。そして、それと父の遺言である〈祝詞の事〉とを統合していこうとするところに、正鐵自身の求道による境地の深化と活動の展開があったとみることができよう。

三　教化活動の開始準備

天保六年（一八三五）三月に、信州追分宿から江戸へ戻って日本橋桧物町に住んだが、この時期以降、やがて主だった働きをする弟子たちの育成が進んだ。その筆頭は、梅田神明宮での門人の幹事をすることになる野澤主馬（後の鐵教）だった。当時二十二歳の主馬は、二十年来の易学の学友である中川富之進の息子だが、複雑な家庭状況と進路の悩みを乗り越えようとして、父に連れられて入門を願い出たのだった。しかし、すぐには許さず、成子村（現在の新宿区西新宿）の実家から日本橋までを毎晩通学させてその覚悟を試み、養家からの離縁金を返却する条件も実行したので、その本心を見込んで入門を許し「麁鐵（あらかね）」の名を与えた。また、翌七年七月には、妻男也の甥である安西正直も入門した。この人は、後に眞鐵の号を継いで一方と称し、久留里藩の医師となった。

この頃には、すでに白川家の許状を受けてはいたが、表向きは町医者であることに変わりはなく、公然と教化活動を行うのは憚られ、〈祓修行〉は成子村の野澤鐵教の実家で行い、さらに用心して隣接する崖に洞穴を掘って道場としたという。成子村は郊外だったので日本橋周辺とは違って人の耳目に触れにくく、大声を発しての〈祓修行〉をするには適していたのだった。

天保八年（一八三七）六月十五日には、内弟子の野澤麁鐵に伝道の補佐を許す〈伝授〉を行ない[八]、三浦政吉（後の隼人）夫婦も入門したので、教化活動を拡大していくことになった。その年の冬には、武蔵国秩父郡の大宮郷（現在の秩父市）を訪れ、医師として治療を施しつつ神道を説いたが、近郷の日野沢村（現在の埼玉県秩父郡皆野町）に住む中庭西二が二晩にわたる大論戦の末に入門した。この中庭西二は、文化十二年（一八二五）の生まれで、この時二十三歳であり、後には蘭渓と号して塾を開き、多くの門人を育てている。そして、日野沢村をも訪れて山中に道場を開いて〈祓修行〉を立て[九]、さらにその紹介により秩父から神流川を越えた上野国甘楽郡法久村（現在の群馬県藤岡市）にも行って教化し、新井平太夫家の人々も入門した。ここでは断崖上の小さな家を滞在中の居室としたという[一〇]。

天保十年（一八三九）四月には、かねて道友であった杉山秀三に対して、次のような切紙を授けて、改めて門人とした。

天御中主尊　天御柱　無碍
高産霊尊　上帝
神産霊尊　因縁
思學
國常立尊　國御柱　信
伊弉諾尊　誠
伊弉冊尊　機法
道心人心
天照皇太神宮　身御柱　慈悲
素盞烏尊　仁
慢
私

皇國傳和光同塵之教依㆓執心積之功㆒令㆓切紙伝授㆒者也
天保十亥年四月　日　井上東圓正鐵（花押）[11]

これにより、自らの教化活動を〈皇国伝和光同塵之教〉と称していたことがわかる[12]。

この年の七月には、阿玉ケ池（現在の千代田区岩本町）にあった自宅を引き払い、秩父の日野沢村にしばらく滞在してから、知己の祖超和尚を頼りにして越後国刈羽郡坪野村（現在の新潟県柏崎市高柳町）の広済寺を訪ねているが、すでに初冬の頃になっていただろう。

祖超と初めて会ったのは、『煙草の裏葉』の旅に続く文政九年（一八二五）の秋ごろだった。新井（現在の新潟県妙高市）在の広島村に住んでいた弟の高橋熊蔵宅を訪問した時に、近くの道庭村の摩尼王寺にいた祖超に、庭掃除の下僕となって近付いて禅の指導を受けたのである。当時はまだ求道の途上であったが、今度はひとつの境地に達しての十三年ぶりの再会である。祖超は広済寺の住職となっていたが、来訪を歓迎して禅への厚い志を称えて授戒し、正鐵も奥義を伝授したという一三。そして、同村の農家村田喜三郎家に寄寓することになった。

冬の越後は数メートルの豪雪に閉ざされるが、この時期はかえって人々にとっては時間の余裕があり、〈神書講釈〉を聞こうとする人々も集まりやすいし、〈祓修行〉の大音声は雪に吸収されて、外へ漏れることもなかった。村田家は広済寺の隠居所の堂に隣接しているので、そこを道場としたのだろう一四。『実伝記』によると、七日間連続の説教を行い、多くの人々で賑わって、住職の祖超をはじめ、見性院児玉智貫や光明院といった山伏、村田喜三郎と弟善彌、有阪大蔵、藤巻小右衛門、関谷儀兵衛、大倉常吉といった近在の人々が熱心に教えを受けた。特に村田善彌はそれ以来深く傾倒し、その後も付き添って江戸に出て、遠島後には梅田神明宮を守り、後に井上の名跡を継いでもいる。この越後への旅は、取締からの避難でもあったようだが、農閑期を見込んでの積極的な地方拠点の設定の活動であったのである。そして、翌十一年の三月の雪解けのころに江戸に戻って、ひとまず難波町の三浦隼人宅に仮住まいし、四月十五日に梅田神明宮の神主となった。

このように、正鐵は江戸での本格的な教化活動開始の準備を進めながら、各地に伝道して地方拠点を作ってきたが、これまでに見た成子村（現在の新宿区西新宿）の中川家、武蔵国秩父郡日野沢村（現在の埼玉県秩父郡皆野町）の中庭家、上野国甘楽郡法久村（現在の群馬県藤岡市）の新井家、越後国刈羽郡坪野村（現在の新潟県柏崎市高柳町）の村田家の他にも、武蔵国横見郡一ツ木村（現在の埼玉県比企郡吉見町）の原家、幡羅郡西野村（現在の埼玉県熊谷市）の高橋家、上野国新田郡平塚村（現在の群馬県伊勢崎市）の渋沢家などが、開教以前からの地方拠点であり、取締の時には避難所となるはずだった。こうした準備の上で次の展開を進めたのである。

四　梅田神明宮での教化活動

天保十一年（一八四〇）四月十五日、井上正鐵は武蔵国足立郡梅田村（現在の足立区梅田六丁目）の梅田神明宮の神主となり、正鐵の家族四人と三浦隼人の家族四人、そして内弟子の野澤鹿鐵たちが梅田村に移り住んだ。梅田村は、江戸日本橋から二里半、日光道中の千住宿に隣接し、『新編武蔵風土記稿』にも「水旱共に患あり」とある、豊かとは言い難い江戸近郊の農村だった。神明宮については「神社　神明社　神主朝日出羽と云、吉田家の配下なり」と記載されているが、この朝日出羽の子孫と思われる朝日左近より神明社の権利一切を金三十両で譲り受けた。その時の書類の日付は八月になっているので、仮の契約で移住してあとから正式の手続きを進めたのだろう一五。

譲渡し申家屋敷畑證文之事

一　屋敷壱畝拾五歩　村之内太夫名所

一　上畑五畝分　同所同人名所

一　藪拾八分　右同断

一　宮　一宇

一　梁間四間

桁行六間半　　建家壱ケ所
并ニ立木竹共
屋敷畑藪合七畝三分

右者、我等取持来ル屋敷畑、御水帳書面之通、此度親類五人組年寄名主江相談之上、其元儀者素より縁合有之候間、前書之通、貴殿江譲渡申所実正也。然ル上は當子ノ八月より御年貢諸役入目等其元ニ而御勤可被成候。家屋敷畑ニ付、少茂差構等一切無御座候。為後日譲渡申證文仍而如件。

天保十一子年八月

梅田村
神主
譲主　左　近㊞
神田雉子町
白石重郎左衛門㊞
梅田村
五人組　紋三郎㊞
年寄　庄治郎㊞
名主　太郎右衛門㊞

同村　式部殿

また、別紙で三十両の領収証もあるが、神社の売買は禁止されていたので、「為祝金三拾両」とあり、譲渡の祝いとして受け取ったという建前がとられている。

覚

一金三拾両也

右者、私取持之神明社并家屋敷立木共、本紙證文之通、相譲申候ニ付、為祝金三拾両、慥ニ請取申候。然ル上は、何事不寄御勝手次第御計可被下候。勿論地所之儀ニ付、彼是差妨無之候。以上。

天保十一子年八月晦日　　　　朝日左近㊞

井上式部殿

証文にあるように、当時から本殿と屋敷はあったが、土台は腐り、屋根はひどい雨漏りで、とても住めるような状態ではなかったという。創建年代ははっきりしないが、もともと地主神を祀ってあった場所に、大火に類焼した芝神明宮の御神体を遷座したのが始まりであるといわれている[一六]。また、かつての神主には暴悪人といわれた山之井某という人物がおり、村人や信者の反感を買って参る人がいなくなったといい、このあたりの事情であろうか、「先年、梅田御宮も不浄の交り候と存候、夫故繁盛せぬと覚え候、民の血にてぬりちらしては、法を学び申家には成不申候」（『遺訓集』五「福之神」）と述べている。朝日出羽の名前が入った文化十二年（一八一五）の手洗鉢が現存するので、信仰が盛んになった一時期もあったようだが、やがて朝日家でも神社を放置したようだ。そのような状態であったから、新たに神主が住んだからといって急に参詣者が増えるはずもなく、移り住んだ門人や家族たちはたちまち困窮に陥った。

初夏の四月に神主となってから、夏中はほとんど人も訪れない寂しい状況であり、秋の七月にも入る頃には、ようやく参詣する人々ができてきた。それは夏の間に教化活動を進めた成果であり、その一人が、武蔵国葛飾郡下木下川村の名主で、当時四十一歳の村越正久である。村越本家は代々「治郎兵衛」を襲名し、正久で十九代目の旧家であって、「梅屋敷」と呼ばれる広大な屋敷に住んでいた一七。

正鐵は、梅田村から七キロほど離れた梅屋敷の堀まで釣りに行き、梨畑を手間をかけて上手に作っているのに事寄せて話し掛けた。はじめは怪しんでいた正久も、やがて屋敷に上がらせて話を聞くようになり、その人となりと教えに心服して入門したのだった。こうして、この地方随一の名家の主人の入門を契機に、その親類縁者の人々が次々と梅田へ参って来るようになってきた。村越正久の入門後ほどなく、二歳下の弟の坂田正安とその長男の慶次郎が親子そろって入門した。坂田家は、足立郡保木間村では「西の旦那」と呼ばれ、「権左衛門」を襲名する名家であったが、跡継ぎが無かったために、村越家から正安が養子に入っていたのである。また、慶次郎は当時二十歳で、和算を得意とし、近所の渕之宮に算額を納めるほどの実力があった。そのように研究熱心で理解力が高いうえに、修行にも懸命に取り組んだので、まもなく信頼厚い弟子のひとりとなった。この人が、後に「信殿」という愛称を授かり、「禊教」の基礎を作った坂田鐵安である。村越氏、坂田氏の入門に引き続いて、その人たちの〈手引き〉によって栗原村の水野弥三郎、竹之塚村の河内久蔵、といった近在の名主クラスの人々の入門が続いた。

こうして指導的な立場にある有力農民たちが入門したことで、一般の村人たちも神明宮で教えを聞く者が増えてきた。また、貧しい者には、まずその生活を扶助して心を開かせてから教化するという方針をとったので、神明宮に住み込んで修行する浪人や無宿人たちも多くなってきたのだった。そのための費用は、有力農民たちをはじめとする経済的に余裕のある人たちからの‚神明へ初穂米又は初穂料そなへ候を某か身につけさるよふに心かけ'（『唯一問答書』上「難病人」）て賄っており、裕福な門人が増えれば、それだけ貧しい人たちへの教化を進められたのである。『唯一問答書』には、こうした寄宿の門人たちについては多く言及されているので、そこに力を注いでいたことがわかる。たとえば、‚老て子なく、たつきなく、又は病者、いとけなくして父母なきもの、生つき惰慢にして、事を動がたきもの、不孝にして、九族に捨てられし者、若き血気にまかせ、色に迷ひ、酒に乱て、身をおさむる事ならさるものを、あわれに思ひて、助け養ひおき、神明の御教をもつて諭し、やすからしめん事を願ふ〉（下「妻子の事」）といい、〈其睦ましき事、水魚の如く、世間の父子といへとも、およはさるのむつましきなり、よの人しる処なり〉（上「仁義礼智信」）と語られている。

これらの門人たちについて、『実伝記』には、十八人の名前があり、いくつかの逸話が伝えられている。たとえば、正鐵が一首の歌を詠んで祓詞を唱えただけで狐つきが即座に治った重兵衛や、本人に作らせた木刀に一首の歌を記すことで、抜刀して暴れる酒乱が止まった津南治太夫など、生活上の困難さが大きい人々も、衣食を与えて生活を共にしつつ指導していたのだった。寺社奉行の申渡しには「重兵衛外一人ハ、銘々病身或は惰弱の性質にて、産業をも営み難く候とて、式部方え寄宿致し、同人教の趣異流等帰依致し、蔀は式部申に任せ、名字を名乗り神職の姿に仕なし、所々徘徊致し、私欲の為に仕なし候儀はこれなく候へども、米銭等貰受け候段、不届に付」云々ともあって、これらの門人の中には、正鐵の指示によって神職の姿をして、近隣に布教に出掛けたりしている者もいたのだった。

こうして、天保十一年（一八四〇）も秋を迎える頃になると、梅田神明宮には多人数での〈祓修行〉の声が絶えなくなっていたようであり、宿願の教化活動が軌道に乗りつつあった。しかし、そうした状況は、各地で打ち壊しや一揆が頻発したり、天保初年以来は大塩平八郎や生田万のような下級武士の主導による事件も発生している中では、幕府にとって見過ごせない事態だったのだ。

五　天保十二年の取締

幕府は、井上正鐵の教化活動の実態を把握するために密偵を送り込んでいたが、その一人の伊藤常吉が転向して入門し、熱心に修行するようになっていた。それもあってか、天保十二年（一八四一）になると、取締が近づく気配がしてきたらしい。そこで、天保十二年閏正月には、入門して一年も経たない伊藤常吉に皆伝を許し、この道の要となれという意味で「要人《かなめ》」の名と神号幅を授け、故郷の信濃国飯田へと帰って地方拠点を構えることを命じた一八。次いで、同年四月には野澤麁鐵に次のような文書を与えて、浪人出身の数人の門中を連れて伊藤家へ向かうよう命じている。

此度、神明宮御つげにて、野澤主馬并妻女両人、信州伊那要人方、夫より越後国江修行に旅立候よふ神ちよくに候也。かならずむけたひらげたまへ、おこたることなかれ。

正　鐵

皇御孫あまくだします御心は、じひかなさけかあはれなりけり

（『遺訓集』三「神勅」）

こうして、近いうちに取締があることを予想して高弟たちを避難させ、活動継続のための方策を進める一方、正鐵自身は三浦隼人と共に捕らえられる覚悟を決めて梅田村で教化活動を続けていた。後に野澤鐵教に与えた手紙には、

貴様事は神明の思召にて其地に無難に御残し、身代りに隼人を御立被成候事と存候。其故は隼人事は多くの人を教ゆる事ならず、志し深き計り故、末世末代迄の手本になり、法の為に死し霊神と成、後の世まで大明神ともあがめられ可申候。貴様は愚生、嶋の留守を守り候役に御当被成事に候を…。

（『遺訓集』五「霊神と崇」）

とあって、その思いがうかがえる。しかし、その年の秋までには、まだ特別な事態もなく、一旦去った野澤も江戸に戻ったりしていたらしい。

冬になり、取締への緊張感が高まってくる一方で、妻の男也は臨月を迎えて十一月十九日に女の子を出産し、法子《のり》と名づけた。しかし、まだ五歳の鶴子もいたので、生まれたばかりの子どもを亡くした安西一方夫婦に法子を預けることにした。嘆き悲しんでいた一方に、「蘇らせてやろう」といってその子の遺体と交換に我が子を託したという逸話が伝えられている[一九]。

数日後の十一月二十三日には、古参の門人である宮津藩主本荘宗秀が家来を従えて梅田神明宮に参詣した。これは、寺社奉行による取締が必至となっていたので、それを少しでも遅らせるとともに、入牢の際の各種の便宜に必要な費用を提供するための行動であった[二〇]。すでにこの時点では、反抗に備えて近隣の千住、草加、鳩ケ谷、新宿《にいじゅく》などの宿場に、町奉行配下の与力や同心たちが待機していたという[二一]。そして、翌十一月二十四日の早朝、寺社奉行の命により、正鐵と妻男也と高弟三浦隼人と妻采女の四人が捕らえられた。その直前には、正鐵は装束を着用して神明宮を拝したといい、事態は混乱なく進行した。

取り調べにおいては、正鐵は、‘某全く私の意を以、神道の教をせす。勿躰なくも皇国の御宝なる神代巻…白川伯王殿御家に相伝る御伝の外の事を申さす’（『唯一問答書』「息の術」）と述べて、自分は白川家から伝えられた教えを説いたのであり、異説ではないと主張した。そこで、寺社奉行から白川家へ照会があり、十二月二十六日付けで、白川家の使者として関東執役南大路左兵衛によって「同人教導の趣旨に於ては、全く神祇道相伝人に相背け候義は無之候」と回答があった。

捕らえられてからひと月ほど経った年末の十二月二十二日には、大牢に入れられた三浦隼人が五十一歳で獄死し、遺体は村越正久らが引き取って村越家の菩提寺である木下川村の浄光寺に埋葬されたらしい[二二]。そして、翌々日の二十四日には、男也と采女の二人の女性が釈放された。

正鐵だけは獄中で越年し、天保十三年（一八四二）二月十六日になって、村預として帰村した。この時、寺社奉行阿部正弘からは、このまま江戸を去るならば、不問に付そうという内意が伝えられ[二三]、帰村したら速やかに釈疑書を執筆して提出するようにも命じられたのであった。阿部正弘は、この三年後には水野忠邦に代わって老中首座となり、開国を進めるなど多難な幕末の政局を担当した人物であるが、後に〝書上候問答書、阿公（阿部正弘―引用者）御聞済相成、申口相立、其後水公（水野忠邦―引用者）思召にて、流罪に相成申候。神慮御聞済候阿公、又其節掛りの高柳、佐々木両人、神明の御心叶ひ候と相見へ昇進の事に候〟（『遺訓集』二「流罪」）と書いており、阿部正弘が寛大な措置を取ろうとしたのに対し、水野忠邦の判断によって厳罰に処せられたと正鐵が理解していたことがわかる。

六　『唯一問答書』の執筆と内容

井上正鐵の主著というべき『唯一問答書[二四]』は、寺社奉行の命により、天保十三年（一八四二）二月に執筆された。小伝馬町の牢屋敷から帰ってからの三日間は休養と準備に充て、二十日の早朝から神明宮の本殿に籠もって、一日一夜のうちに、二十か条の問答からなるこの書を書き上げたのである。この事情については、『唯一問答書』の中にも、

> 此度、御奉行所より書物差出候様被仰付候に付、某事難有恐入候事に御座候間、精進潔斎いたし、神明の御宮え籠り相認候得は、家内の男女、愚なる婦女子に至る迄、一同或は水をあび、齋《ものいみ》し、或は断食し、塩を断ち、他に在る門人も又如斯…。（上「水魚の交」）

とあり、門中の人々も皆で祈念する中で、精進潔斎して執筆したのであった。

この『唯一問答書』には、幕府への弁明書であり、門中への教義書であるという二つの性格がある。まず、弁明書としては、一貫して〝白川伯王殿御家に相伝る御伝の外の事を申さず〟（上「息の術」）と主張している。一方、教義書と

しては、著述家ではない正鐵にとって、奉行の命によるこの問答書の執筆は、自己の教説をまとめておくにはまたとない機会であり、後に三宅島からの書簡の中にも、

　唯一問答抄《ママ》は、我等神明の加護にて相認め候事故、朝夕神拝の節御読可被成候。正鐵全く私の心をもって認候に無御座候。神明の加護にて一日一夜に認め申事にて御座候。（『遺訓集』二「理屈」）

とあって、教義を書き残そうという強い意思があったことがわかる[二五]。だから、門中には『唯一問答書』を繰り返しよく読むようにと教えており、〝朝夕御祈願のせつ小子御対面申候と思召、御読上可被成候〟（『遺訓集』七「酒之事」）とか、〝朝夕御先祖代々霊神祈念之節、問答書壱ケ条ヅツ、御読可被成候〟（『遺訓集』四「金銀録」）というように、〝読み上げ〟ることも勧めている。もともと正鐵の教えは、神書講釈として口頭で語られていたことであり、文字の読めない人たちへの実践家らしい配慮の指示でもある。

『唯一問答書』は、上下二巻二十か条の問答からなり、後に遠島後に書き送られた問答体の文書を編集した「書継」を加えて全三巻本にされた。また、版本では二十か条の問答には、その章の代表的な語句による表題が付いているが、古い写本類にはなく、版本でも異同があるので、出版時に付けられたものである[二六]。これらの問答は自伝的内容や教義を論じているが、なかにはほとんどが『倭論語』の引用だけの章もあったりして、〝一日一夜〟という短期間で書き上げたための精粗と、テーマの大小による位置付けの違いはあるものの、第一条で〝唯一神道と申事〟として求道の大きな目標を提起し、第二十条の終章で、当時の神道家にとっての大きなテーマでもあった〈天津祝詞・太諄詞〉に言及して締めくくっており、大きな構成を練っていたことがわかる。

この書には、明らかに引用の形をとっている箇所が上巻・下巻で三十五か所ある[二七]。これらの出典は、神託の類十

六か所はすべて『倭論語』巻一神明部であり、天皇勅二か所は、同じく『倭論語』巻二人皇并親王部からの引用である。また、下巻「唐の書」は、『論語』、「唐国の書」は『大学』の一節である。いくつか出典が不明なものはあるが、多くを『倭論語』から引用し、『日本書紀』『旧事記』『万葉集』などの神典・国典や、『論語』『中庸』などの漢籍から引用している。これらは正鐵の読書の範囲を示すものであるのはもちろんのこと、執筆の際に手元において参照していた可能性も高いだろう。

最も多く引用している『倭論語』は鎌倉時代の清原良業ほかの人々の編に仮託されているが、実際の著者は、江戸初期の近江の人、澤田源内であった。この書は、教訓書として百数十年にわたって刊行され続けていて、江戸時代には大変広く流布していた書物であった[二八]。遠島の申渡しには「神書講釈に事寄多人数相集め」とあるが、多くの人々が知っている『倭論語』の文言に演題を取った講釈もしていただろう。また、引用文は正確で、執筆時には『倭論語』の本が手元にあったことは確かであり、中傷になるかもしれない微妙な表現の箇所については、用心深く削除しているのである[二九]。だが、この『倭論語』という書物自体への評価としては、

和論語御覧のよし、和論語は人々の心々を申候ものにて、善も有、悪敷《あしき》もあり候ものゆへ、皆よきと申事にてなく、我心にて善悪を定め候へば、我好む方計りよろしく思ひ候ものにて、我心に叶ひ不申候事は悪敷思ひ申候、実の善悪分り兼申候間、和論語はあてに相成不申候。只尊き人の古語を見出し申候には、宜敷御座候。

（河内武胤宛『遺訓集』六「世界の霊」）

と述べていて、これらの神託とされる文言を無批判に尊重していたわけではなく、正鐵の規準により選ばれた文言について、その真意を解説するというスタイルで教えを説いていたのであろう。

では、『唯一問答書』の論旨のあらましを見ておくことにしよう。まず、自らの立場については、

某全く私の意を以、神道の教をせす。勿躰なくも皇国の御宝なる神代巻、旧事記、古事記、又は、日本六拾余州の、八百萬すの御神の御神託、天津兒屋禰命の御子孫、天種子命、大中臣大連、白川伯王殿御家に相伝る御伝の外の事を申さす。（上「息の術」）

とし、神道古典の教えを根幹にして白川家に伝承される事項以外は教えていないと主張している。だからといって、文献などによる根拠が明確にされているわけではない。むしろ、白川家には教義書のような体系だった教義が存在していないことは承知の上であったのである。

そして、その指導方法は、

某し人を教るに、神拝の事を教へて、朝暮祈念せしむるに、三種の祓、中臣祓《なかとみはらえ》を唱へさせ、又太鞁を打、鈴をふり、幣帛《へいはく》を持て神楽を勤る。此法調《ととのう》れは、身易く家斎ひ、子孫長久にして睦ましく、榮へさかゆる事うたかひ有へからす。是神徳のなさしむる處也。（上「仁義禮智信」）

と述べ、三種祓や中臣祓を唱える〈神拝の事〉と、太鞁を打ち鈴を振る〈神楽〉であると説いている。そして、この〈神拝の事〉と〈神楽〉には、〈式〉と〈心〉という二つの側面があり、特に〈神拝の式〉については、白川家の職掌であって、自分は門人として伝授は受けたものの、再伝することはできないので、その〈心〉を教えているのだという。

神拝の式の事は、白川殿御伝授の事にて、某し抔御噺し申上候事にはこれなく、たゝ一通りを申候得ば、神をはいし候事の致し方にて御座候。然共、世間に神を拝のに、三種の祓、中臣祓をとなへ候得共、おかむ心か違ひ申候。

（上「神拝式」）

そして、その〈神拝の心〉も、一般の世間では〝拝む心が違〟っていて、賄賂や呪詛にも等しいことまで祈願をするが、本来の〈神拝の心〉は〝御礼〟であって、感謝と歓喜の思いに満たされて〝喜び謡い舞い遊ぶ〟まさに〈神楽の心〉なのだと説く。

某人に教るに、日本大祖、天照太神宮、天下泰平の基をなし玉ふ、東照宮大権現、御威徳広大、御恵ミの内に、かく易く住居仕候御礼并家々の祖神に御礼申上、天下泰平、家内安全に、夜の守り、昼の守りに、護り幸ひ給ふ。あら難有や、嬉しや、国恩、主恩、親の恩、師の恩なればこそ、たすけたすかる此身よと、喜び謡ひまひ遊ふ。是神拝の心とも、神楽の心ともいふ。猶式の事は、白川伯王殿の御家の伝へなれは、あらはには申かたく、某し其心を伝へて、其式をつたへず。

（上「神拝式」）

こうして、〝其心を伝えて、其式を伝えず〟と述べて、白川家の職掌である〈式〉を伝えるのではなく、その〈式〉のもつ〈心〉を伝えるのが自分の職務であると繰り返している。つまり、白川家の伝承を補完するものでこそあれ、逸脱するものではないというのが、弁明にあたっての主張であったといえよう。

教義書として『唯一問答書』を見ると、〈心〉についての二つの対応した構造が読み取れる。一つ目は、第一章の〈唯一神道〉と最終章の〈天津祝詞・太諄辭〉の対応である。冒頭の第一章（上「唯一神道」）では、まず〈唯一神道〉とは何かと発問しているが、それは正鐵の神道流派の名称ではなく、広大な天地の働きを表しており、その働きに合致した〈心〉である〈唯一の誠〉を得るならば、〝そのなす処、行う所〟のすべてが神慮に叶うのだという。この〈唯一の誠〉〈誠の心〉という境地には、〝御祓の徳、息の妙要〟によって至るのであるが、〝此息は身躰の根元〟であって、すべての人に本来備わっている〝命の元〟なのである。そして、対応する最終章（下「祝詞」）では、信仰的には、それを〝宣れ〟ば罪という罪が消除されて、本来の清浄に立ち返ることができるはずの〈天津祝詞・太諄辭〉について述べている。〝天津のりと、申は、天徳に乗り、太諄辭と申は、地の徳に乗り候と申事にて、天地の気にのり候と申事なり〟とし、その〝のる〟（宣・乗）べき祝詞とは、〝ふ・ね〟であって、その〝ふね〟とは〝ふと申は、日の本の教の言葉の大事、天地の気の、めくりて留らず、止る事なきをいふ。ねと申は、根元を申にて、木根抔申意にて、人のこゝろの法命の根と申事なり〟とある。第一章と最終章を対応させてみれば、〈身躰の根元〉である〈息〉の〝ふ（呼気）〟と〝ね（吸気）〟こそが、〈天地の気〉にのる〈天津祝詞・太諄辭〉であり、〈誠の心〉に至る方法であることを示唆している。

二つ目は、上巻の〈神拝・神楽の心〉と下巻の〈天地の心〉の対応である。まず、上巻において、〈神拝〉とは、『旧事記』巻第三の天照太神が天忍穂耳尊に鏡を授けて「吾兒視二此寶鏡一、當レ猶レ視レ吾、可三與同レ床共レ殿以爲二齋鏡一」という「神鏡奉斎の神勅」として示されているが、それは鏡に映る自分の姿が天照太神の似姿であるように努力すること、すなわち精神的な向上を指した比喩である。また、〈神楽〉とは、天照太神が天の岩戸に隠れた時に神楽を奏したことが起源であり、暗黒の絶望の中でも光明を期待して希望を持つことを指しているといえる。そして、下巻において、〝天の心と申候は、天照します太神の御心に叶ふをいふなり。地の心と申は、大国主尊の御心叶を申なり〟（下「天地の心」）として、〝天照太神は、天か下の蒼生を、子のごとく思召て、愛み恵み玉ふをいふなり〟とあり、〝大国主尊ハ、身に八坂霊をかけ玉ふて、道の街々にかくれ玉ふとて、人のしらぬようにふかくかくれまして、罪咎つくる者をあわれみ玉ひて、おもてにあらわれざるよふに、すくいたすけ玉ふ〟とあって、〈天の心〉とは〈愛《いつくし》み〉と〈恵み〉であり、〈地の心〉とは、〈すく（救）い〉〈たす（助）け〉ることであるという。このように‘その心を伝え’るという通り、上巻においては、内に向かう心の在り方である〈神拝・神楽の心〉を説き、下巻では外に向かう心の使い方である〈天地の心〉を語っているのである。このような構造を想定して解読すると、言葉足らずな感じもするわずか二十章の中に、教えを書き込もうとした努力を読み取ることができよう。

七　天保十三年の取締と遠島

二月十六日に村預になって、教化活動を再開したが、それも長続きすることなく、出牢後わずか七か月の後の九月二十三日には再び捕らえられ、取調中は揚屋入りを命じられた[三〇]。寺社奉行阿部正弘が示したという「密に立退バ其まゝゆるし玉はんの御内意」も意に介せず、梅田神明宮での活動を続けていたのだから、かねて予想された事態であったろうが、避難所となるべき地方拠点を各地に設けておきながら退避しなかったのは、三浦隼人が獄死したからには、自分も痛みを共にしようとした行動だったのではなかろうか。

この事態を受けて、村越氏や坂田氏などの有力農民の門中は、近在の村々にも呼び掛けて、連名で「御慈悲願[三一]」を出しているし、本荘氏や興津氏などの上級武士の門中は、白川家に改めて入門して、礼金として多くの金員を贈り、武家伝奏を通じて、身柄を揚屋入りから白川家関東執役所預けとされるよう働きかけてもいる[三二]。だが、そうした門中の組織的な努力の甲斐もなく、何等の対応も引き出せないまま、年が明けたのであった。

このあたりの事情については、関東執役南大路左兵衛の依頼により、白川家の職掌についての上言書作成を進めていた平田家で、鉄胤が秋田の篤胤に宛てた天保十四年（一八四三）正月二十五日出の手紙に次のようにある。

一、昨年中も繁多故、南大路氏を訊ひ不レ申候所、去ル十六日年禮に罷越、緩々面會仕候、彼井上式部事、去秋より再吟味に相成、又々入牢、舊臘口書に相成申候、右の趣は「伯家より相傳と偽り、自分の所存を申弘メ候段、甚以恐入候」と申越に相成候に付、重くは遠流、軽くて追放と申事に御座候、此節牢名主に相成居候由、右に付最早伯家よりの縁もキレ候譯に御座候、仍ては彼御上言書も、式部事には少しも不レ拘、御差出御座候様子、但し右落着以前は不レ宜、尤も不レ遠内必片付可レ申候、一旦ン許され候所、又々右様相成候ては、昨年中申上候彼者の著述と申候唯一問答と申もの二冊有レ之、誠にシドケなきものに御座候得共、儒佛の道を借事なく、天下は治まる事と申事は、返ス〱申出有レ之候、右を書物故、林家の調べにて、ケ様相成候事なるべくとの評判にて御座候[三三]。

これによれば、二月に提出した『唯一問答』が、大学頭である林家で審査され、正鐵の教説は白川家伝来とはいえないと判断されて、秋から再吟味となった事情が分かる。そして、十二月中の取り調べにおいて、「伯家より相伝と偽り、自分の所存を申し弘め」たと認める口書に正鐵は署名させられたのである。

そうした一方で、牢内の正鐵は「隅の隠居」という牢役人となり、門中からの差し入れを分け与えつつ教えを説いて聞かせており、囚人の中でも人望を集めていた。この隅の隠居は元の牢名主などの牢の掟に詳しい者がなるという習いであったが、正鐵はすでに二回目の入牢でもあり、他の囚人たちから推挙されたという。この二回目の入牢の時には、墨や筆の持ち込みも禁止されているはずの牢内から、「正」とだけ署名したかなりの数の手紙が発信されているが[三四]、牢役人になったことで他の囚人にも遠慮する必要はなく、牢屋同心に依頼して便宜を図って貰うことができたのであった[三五]。

天保十四年（一八四三）二月九日、寺社奉行戸田忠温の屋敷で正鐵、妻の男也、故三浦隼人の妻采女、梅田村役人やそのほかの関係者に対して申渡しがあった。そこでは教化活動の来歴と実態についての事実認定をし、その行為は白川家伝来の神祇道から外れた「新義異流」であると断定して、遠島と申渡したのである。そして、男也は所払、采女は江戸払を命じられ、加藤鐵秀と坂田鐵安に引き取られた。

この量刑であるが、江戸中期に制定された刑法典である「御定書百箇条」の五十三条には、「新規の神事仏事いたし候もの、出家社人に候は丶、其品重きは所払」とあって「新規の神事」では遠島とされるには及ばない。むしろ、五十二条の「三鳥派《さんちょうは》不受不施類の法を勧め候もの、可致改宗由申候共遠島」とあるのに等しい処分であって、江戸時代初期からの禁教と同様の扱いであり、「新義異流」という罪名にしては重い刑といえる。これは三田村鳶魚の言う「調息の獄」の判例に従いつつ、水野忠邦主導による「天保の改革」の厳しい宗教政策を受けたものであったといえよう。

八　まとめ

文化年間の末に江戸に住んだ井上正鐵は、卜筮と観相を仕事にして萌芽期の教化活動を始めたが、その初心である〝貧者、病者、老たる者をたすけん〟という願いを持ち続けて求道してもいた。やがて出会った秘儀的な念仏信仰の未詳の女性導師から〈得道〉した〈信心〉の伝えと、父の遺言である〈祝詞の事〉を統合しようとする模索が続いたが、天保四年の春に神夢を感得して迷いが消え、仏式の念仏による〈信心伝授〉を、神道式の祓詞に交換して行うだけでなく、〈息〉により〈祝詞〉の本義が明らかになると確信を持ったのである。そして指導者としての〈伝授〉を受けたうえで、白川家に入門して神拝式の伝授と神職の免許を受けたのであった。こうして、新たな行法を確立し、江戸近郊で開教することを意識しつつ、各地に地方拠点となる門中を育成していったのである。

天保十一年（一八四〇）四月に、千住宿に近い梅田神明宮を本拠地として本格的に教化活動を開始し、有力農民から教化を進めて、一年のうちには多くの門人で賑わうようになったが、二度にわたる取締によって、十四年（一八四三）五月には三宅島に遠島とされた。

その間、天保十二年（一八四一）の取締から帰村する際に、教化活動の内容を書面で提出するように命じられて、天保十三年（一八四二）二月に二十か条の問答からなる『唯一問答書』を執筆した。これは神道講釈の題材を活用したものであり、〈祓修行〉によって〈信心・誠の心〉の境地に至り、〈神拝・神楽の心〉や〈天地の心〉を体得させようという教えだった。これは、白川家が伝える神拝の〈式〉の〈心〉を説いて補完しているのであるから「白川家伝来」を逸脱しないというのが正鐵の論理だったが、寺社奉行によって否定されて、終に「伯家より相伝と偽り、自分の所存を申し弘め」たと認めさせられたのであった。

註

一　『真伝記』が、この人を田安家の家臣とするのは誤りである。「白川家門人帳」の野澤主馬（鐵教）の項目には「江戸四谷通鳴子町住　清水小十人　中川吉右衛門倅」（『白川家門人帳』三七二頁）とある。

二　〈感通術〉とは、寝かせた患者の腹部に施術者が指先を当てて行う療術であり、禊教の一部の教会では昭和前期ごろまで門中を対象にして行われていた。

三　『実伝記』上巻三四丁には、「宮津の城主伯耆守の嗣子秀次郎は、教祖の道義に高名なることを聞き、之を慕ひて其家臣教祖の従弟野村六郎を遣はして、教義の疑を質問せられたりき。時に歳十四なり」とある。また、『真伝記』巻一、九丁オには、「松平秀次郎殿、時に十四才、深く先考の道名を慕ひ玉ひて、先考の従弟なる野村六蔵を使として法義の疑を質問し玉ひき」とある。荻原稔「禊教祖井上正鐵の出自について」（昭和六十一年）所載の「資料三」の系図（八七頁）によると、眞鐵の妹にあたる「女子」が「松平伯耆守家士野村源次右衛門妻」となっており、野村六郎（あるいは六蔵）は、その人の子であろう。

四　『煙草の裏葉』はかつて平塚河岸の渋沢家に明治二十五年（一八八二）まで保存されており、麻生正一が譲り受けて『神道家井上正鐵翁』に全文を翻刻したものであり、口絵には表紙と裏表紙、本文一枚の写真が掲載されている。なお、原本は、昭和二十年（一九四五）三月に戦災で焼失した（故麻生昌孝氏談）。また、『実伝記』では、この旅を「文政八年」とするが、この『煙草の裏葉』の表紙の日付により「文政九年」に訂正されるべきである。

五　『実伝記』上巻、三八丁ウ。

六　『実伝記』上巻、四一丁ウから四二丁ウ。

七　井上正鐵の現存する遺文には、平田篤胤について言及した記事はないが、「気吹舎日記」には、天保二年（一八三一）二月二十三日に「井上東円来ル」という記録がある。熊澤恵里子・宮地正人・吉田麻子「気吹舎日記（天保二〜三年平田銕胤日記）」（平成十八年）三六頁。

八　荻原稔「井上正鐵直門野澤鐵教の生涯」（平成二十七年）一九九頁。さらに、岸本昌熾『井上祐鐵先生年譜稿』二丁ウには、「是年三月先生教祖に従ひ鳴子村に抵り野澤鐵教齋主と為り教祖後見して道の修行を為す」とあり、天保九年（一八三八）三月に当時十三歳だった正鐵の養子井上祐鐵が、野澤の指導で修行を成就しており、指導の実践を進めていたことがわかる。

九　石灰石に彫刻した神号石は、昭和八年（一九三三）以来、重木（現在の秩父郡皆野町）の諏訪神社境内に神明社として祀られて現存している。

一〇　『実伝記』上巻六一丁オ。

一一　『真伝記』巻一、一七丁ウから一八丁オ。底本における切紙の表記は、本文の引用の通りだが、引用の時点ですでに意味が不明になっていたと思われ、次の試案のように構成し直すと解読の可能性があると思われる。

天御柱
天御中主尊　　無碍
上帝
高産霊尊　　因縁
神産霊尊　　思學
國御柱
國常立尊　　信
誠
伊弉諾尊　　機法
伊弉冊尊　　道心人心

身御柱
天照皇太神宮　慈悲
仁
素盞烏尊　慢
私

正鐵の遺文でみると、〈天御柱〉の天御中主尊、高産霊尊、神産霊尊の三神は〝信心定る前〟であり、まだ人とは隔絶した至高のものだが、〈國御柱〉については、〝國常立尊の生れませる時〟が〝信心得道の位〟とされ（『遺訓集』一「得道ノ位問答」）、〝岐美両神の神わざより凡躰凡心の生じ始たり〟（『遺訓集』六「気息」）とあって、信心の境涯を表しているといえよう。また、〈産霊の伝〉三か条の一つ〈神水の事〉は、國常立尊から伊弉諾尊・伊弉冊尊までの神々を降神する作法になっており、〈國御柱〉に関わっている。〈身御柱〉は、天照大神と須佐之男神が〝両神誓ひの子をうみ玉ふ神わざ、神道の信心の教への伝のはじめなり〟（『遺訓集』六「気息」）としていることから、行法の起源を表していよう。したがって、この伝書は井上正鐵における行法と神観の対照を示したものであるといえる。

一二　『遺訓集』五「豊葦原之教」において、高橋亀次郎が「和光同塵之教」と揮毫するよう所望しており、井上正鐵門中の自称であったようである。なお、この書は梅田神明宮に現存している。

一三　『実伝記』上巻六三丁オ。この逸話の典拠は、万延元年（一八六〇）七月執筆の村越守一『神祇道中興井上正鐵霊神記』にある。荻原稔『神道及び神道史　別冊　禊教直門遺文二「村越守一筆記集」』（昭和六十三年）及び、荻原稔『井上正鐵直門歌文集』（平成三年）に所収。

一四　昭和五十九年（一九八四）八月の現地調査による。

一五　個人蔵。平成十一年（一九九九）八月記録。

一六　『実伝記』中巻一から二丁。

一七　現在では、旧下木下川村のほとんどが荒川の河川敷となっているが、梅屋敷の西端のわずかの部分は江戸川区平井七丁目に残っている。『平井梅屋敷について』（昭和四十一年）。

一八　伊藤常吉については、荻原稔『伊那と岡山の禊教』（平成十年）、本書第二章第六節を参照。

一九　『実伝記』中巻二三丁。法子は自分の出自を十数歳になるまで知らずに育ち、後に加藤鐵秀の子の直鐵と結婚した。

二〇　舞鶴市立図書館所蔵『本荘家譜　宗秀朝臣之譜第二』（天保十三年十一月二十三日の条）には、「一　同廿三日卯刻　御出駕、千住明神江御参詣、夫より同所神職井上式部方江被為入候。御略供御馬。右ニ付神前江御備左之通、雄劔　一振、龍蹄　一疋代金十両、別段　銀　拾枚」とある。この奉納金のうちの千住明神分と梅田神明宮分の内訳はわからない。

二一　『在島記』十一頁。

二二　『萬世薫梅田神垣』には、三浦隼人についての話題の中で、「浄光寺の御墓の前へお知らせ申て…」とある。川尻寶岑『萬世薫梅田神垣』（明治二十年）十一頁。

二三　『真伝記』巻一、一五丁オに「勢州（阿部伊勢守―引用者）慈仁密に立退バ其ま、ゆるし玉はんの御内意なるよし」とある。

二四　『唯一問答書』の自筆本は発見されていない。年代のはっきりした最古の写本は、万延元年（一八六〇）写の皇學館大學所蔵本であるが、版本としては、明治七年（一八七四）刊の横尾信守による『唯一問答書』が最も早い。

二五　この他にも、“唯一問答書、御繰返し何篇も御覧可被成候。不文故通じ兼候へども、心をこめて神明の加護にて書取申候間、深く思召候はゞ、御通し可被成候”（『遺訓集』五「父母の国」）や、“唯一問答書は我心を書、朝暮れ身をはなたず読たまへ、読書百篇意おのづから通ずといへり、我心を知るものは此書なり、かならずかならずおろそかにすべからず”（『遺訓集』五「御血脈」）といった記述がある。

二六　明治七年刊行の横尾信守開版の版本（横尾版）では、上巻「唯一神道」「息の術」「難病人」「仁義礼智信」「水魚の交」「神拝式」「麁衣麁食」「金銀融通」「息の教」「礼楽」下巻「正直」「正直成者」「金銀米銭」「神職」「祓を唱」「妻子の事」「天地の心」「十種の神宝」「我親族」「祝詞」とされている。

二七　正鐵が引いたままの順で列挙してみると、上巻「春日大明神の神託」「古き神語」「万葉集大伴宿祢家持卿の歌」「中庸」「氷川大明神の託」「旧事記」「神代上巻」「孟子の序」「旧事本紀」「論語」「孔子もこれをいふ」、下巻「（上巻の旧事本紀と同じ）」「天照皇太神宮宝勅」「三上大明神々託」「南宮大明神々託」「新羅大明神々託」「多武峯大明神の曰」「建石勝大明神々託」「杵築大社神々託」「住吉坐荒御魂大明神々託」「城山大明神々託」「三島大明神々託」「唐の書」「吉備津彦大明神々託」「八幡宮神託」「倭文大明神々託」「仲哀天皇勅曰」「嵯峨天皇勅曰」「竹生島大明神々託」「唐国の書」「古歌に」「歌に」「はせをの句に」とある。

二八　加藤玄智「倭論語本文の批判的研究」（大正四年）。勝部真長『和論語の研究』（昭和四十五年）。

二九　『唯一問答書』下巻「正直成者」に引用された「城山大明神々託」には、「もろ人が、わか神明のおしへを失ひて、人の國法をあがめ、あらぬ思ひに、身をやつしぬるゆへに、今の世にハ、人のよしあしをわくるに、そのよしあしをバいはず、ひんとふくとの二つをもつて、人をとるゆへに、悪人ハ日に月におほく、善人ハ日々月々にかくれ、よこしまハいよ〳〵あらはれ、法は法なきに、無理は理にかち、神明のゆへ、人間にあるハ、その性まことに有がたきも、いやしきがしたに立、王法おとろへ、家法正しきはいやしきにくだる、なげきてわれつねに是を思ふ、宗廟も是をなげきおほしける故、今より後、かならすその性正しきもの、國のつかさになさんとのたまふなり」とあるが、原文では、「王法おとろへ」の次に「武法も次第にいやしきがあがり」という文があり、引用ではその文言を削除しているのである。

三〇　この天保十三年の取締の日付については、『真伝記』は九月二十三日とし、『実伝記』では、十一月二十八日としている。天保十四年正月二十五日出の平田鉄胤の書簡には「去秋より再吟味に相成、又々入牢」とあるので、「秋」ならば「九月」であること、『白川家日記』（天保十三年十二月七日の条）には、「其後當十月中、関東執役被呼出、御尋之筋在之…」とあって、十一月に関東執役が呼び出されていること、十一月二十八日に捕らえられて、十二月上旬に京都の白川家へ保釈の取次ぎを依頼するのでは期間が短すぎると思われることの三点により、『真伝記』の「九月二十三日」を採りたい。

三一　『翁』五七頁から五八頁。天保十四年二月一日付の牢内からの加藤鐵秀宛書簡「御慈悲願」には、〝梅田村御慈悲願今日罷出候よし…隣村栗原、保木間、木下川、追々願出候趣…〟とある。だが、正鐵自身は〝萬一悪しく御上思し召し候はゝ如何〟と懸念を示してもいる。

三二　本書第一章第五節を参照。

三三　天保十四年正月二十五日出の篤胤宛の平田鉄胤の書簡（篤胤は朱書を加えて二月に返送した）。渡辺金蔵『平田篤胤研究』（昭和十七年）七八四頁。

三四　天保十四年正月二十日の加藤鐵秀宛書簡（『遺訓集』二「鐵一字」）や、『翁』では二月一日の「御慈悲願」、二月十日の「梅田の夢」など。

三五　石井良助『江戸の刑罰』（昭和三十九年）Ⅱ牢屋。

第四節　井上正鐵の教化活動

一　はじめに

井上正鐵の梅田神明宮における教化活動については、当時の状況が具体的に記録されたものはほとんどないので、天保十四年（一八四三）二月九日の寺社奉行による申渡しをベースにして、正鐵の著作やその他の資料を照合しつつ、その実態を描き出していくことにしよう。

まず、申渡しの主文には、

其方儀、父安藤市郎右衛門相伝の趣と符合致迚《いたすとて》、俗人の身分伝来不慥《たしかならざる》義を猥《みだり》に諸人え教導致し、白川家門人神主に相成、中臣三種祓《さんしゅはらい》伝授を受け、右祓の趣意と是又呼吸の法同様の意味に心得、兼て自得致候神儒仏を符合致し、神書講釈に事寄せ多人数相集め、大音に息の続候迄、昼夜祓唱させ、呼吸の法を伝へ、息一通りの修行を以て、病気本服、君父国恩をも自然と相弁へ候旨教遣し、熟練の者には祓の意味、又は自己の発明を以て、御法と名付、白川家奥義の由申為及二伝授一、無宿又は放蕩の者、或は、病者等に医薬も不施、久々止宿、悪念病質穢等消散致抔申勧め、身元の厚薄に応じ、米金等貰受、其上法の浅陋《せんろう》を厭ひ、一人別に神前に引入、密に及二伝授一、宅に差置候門弟の内、武州網《ママ》島村円蔵悴重兵衛等、最寄村々え差出候砌《みぎり》、神職の姿に仕成、苗字名乗せ、剰《あまつさえ》病気快癒に趣候者共、歓喜の余り祓を唱へ踊り出候義等、其儘《まま》に打捨置、全一己の癖《へき》を似て、白川家伝来にも無之、新義異流を執行ひ衆を為惑《まどわせ》候致方、右始末不届に付、遠島被仰付者也。

とある。

ここには正鐵自身の経歴として、

㈠「父…相伝の趣」と符合するとして「伝来確かならざる義」を教導した。

㈡「白川家門人神主」になり、「中臣三種祓伝授」を受けた。

㈢「祓の趣意」と「呼吸の法」が一致するとした。

とされ、梅田神明宮における教化活動としては、

㈠　多人数を集め「神書講釈」を行った。

㈡「大音」に一日中「祓」を唱えさせて「呼吸の法」を伝えた。

㈢　熟練の者には「祓の意味」などについて「伝授」をした。

㈣「無宿」「放蕩の者」「病者」などを「止宿」させて指導した。

ということが挙げられている。そして、寺社奉行は、正鐵が説いた指導内容は「白川家伝来」でもない「新義異流」であり、指導に伴う諸活動は「衆を惑わせ」る「不届」な行為であったとして遠島を申渡したのである。

二　開教以前の教化活動

冒頭には、「其方儀、父安藤市郎右衛門相伝の趣と符合致すとて、俗人の身分伝来慥かならざる義を猥りに諸人え教導致し」とある。正鐵は父安藤眞鐵の遺した〈祝詞の事〉の教えと符合するとして、俗人の身分で伝来のはっきりしない教義を布教したとされる。これらの「伝来慥かならざる義」とは、水野南北の観相術も含まれるかもしれないが、特に秘儀的な念仏信仰の行法を指していると思われる。それに引き続いて「白川家神主に相成り」とされているので、白川家入門以前の活動も調査によって把握されていたものであろう。

正鐵の求道の出発点は、父の安藤眞鐵（一七五三〜一八二七）にあり、父と学友たちが常に〝身を治め、家を齊へ、病者、貧者又は老てたつき無ものをたすけ救わん事〟を論ずる中で成長したので、〝さま〳〵の学びを好み、貧者、病者、老たる者をたすけんとおもふ心〟（『問答書』「難病人」）が、自分の〈性〉となったと述べている。そして、文化十一年（一八一四）二十五歳の時には、観相家水野南北（一七五七〜一八三四）の門人になって〈麁食少食〉という慎食の生活習慣の形成や、〝息を臍下に練りつめ〟という調息の行法など、後の教化活動の基本的な構成要素を修得した。そして、翌年江戸に戻ってからは、卜筮や観相術と医術を職業としながら萌芽期の教化活動を始めたのである[二]。さらに、文政七年（一八二四）には「今井いよ[三]」から〈信心〉を〈得法〉（得道）した。文政十年（一八二七）には父が〈祝詞の事〉を言い残して没したが、その後の数年の修行によって天保四年（一八三三）春には〝迷心の闇を破〟る〈甘露女の神夢〉の感得により、〈信心〉と〈祝詞の事〉の統合を確信し、同年九月には「ていせう[四]」という未詳の女性導師から指導者としての〈伝授〉を受けたのである。

このような一連の宗教的な境地の進展から、本格的な教化活動の開始を目指して、白川家による公的な資格の取得と神道の行事作法の修得に向い、「白川家門人神主に相成、中臣三種祓伝授を受け」て、「右祓の趣意と是又呼吸の法同様の意味に心得、兼て自得致候神儒仏を符合」する教えを説くことになる。伝記では、天保五年（一八三四）に白川家から初伝の式を受けたとあるが[五]、『白川家門人帳』には、天保七年（一八三六）十一月十五日に白川家に参殿して神拝式を伝授され、風折烏帽子と浄衣の着用を免許されたのが初出である[六]。こうして、白川家から神職としての立場を認められて中臣祓や三種祓を授かり、〈祓修行〉として神道の誦詞による行法を行う根拠を得て、水野南北への入門から重層的に形成してきた慎食・調息・信心の教義と呼吸の行法をもつ新たな神道系の教化活動を開始したのであった。

三　神書講釈から祓修行へ

ついで「神書講釈に事寄せ多人数相集め、大音に息の続候迄、昼夜祓唱させ、呼吸の法を伝へ、息一通りの修行を以て、病気本服、君父国恩をも自然と相弁へ候旨教遣し、熟練の者には祓の意味、又は自己の発明を以て、御法と名付、白川家奥義の由申為及二伝授一」とあり、当時の教化活動の核心が記されている。

まずは、〈神書講釈〉として、聴講者を集めての講義を行ったが、『唯一問答書』には、『古事記』『旧事記』などの神典や、『和論語』巻一の神祇部の多くの神託、また『論語』や『中庸』などの漢籍からの引用があることからも、よく知られた書物の記事を題材にしていたことが推測される。そこから進んで、〈病苦〉と〈貧〉を免れて、心身と生活の安定と自律を可能にし、家庭の円満が得られる方法は、‘小食麁食、麁服を勧め、身体を動し、正直を元として、三種の御祓を唱へ’（上「難病人」）ることだと教えた。すなわち、衣食を質素にし、体を動かして勤労する望ましい生活習慣を身に付け、神道の教えに則った行動をして、呼吸の行法を勤めることが幸福になる方法であると指導したのである。

ここに、‘正直を元と’するとあるが、これは、嘘をつかないといった一般的な意味ではない。‘正といふは、皇国の祖神、天照太神の御教を本とし、其外諸善神の伝へ玉へる教を、正しと申なり。直といふは、其教にもとらす、まもり守りて疑ひのなきを、直といふなり。此疑ひなきを信心といふなり。信心を誠とも申なり’（下「正直」）と述べており、‘正’である神々の教えを‘直’に守るのが〈正直〉であるとする正鐵の重要な教義である。

その‘正’である神の心は〈天地の心〉であるが、‘天の心と申候は、天照します太神の御心に叶ふをいふなり。地の心と申ハ、大国主尊の御心叶を申なり’という。〈天の心〉とは‘天照太神ハ、天か下の蒼生を、子のごとく思召て、愛ミ恵ミ玉’い、〈地の心〉とは‘大国主尊ハ、身に八坂霊をかけ玉ふて、道の街々にかくれ玉ふとて、人のしらぬようにふかくかくれまして、罪咎つくる者をあわれミ玉ひて、おもてにあらわれさるよふに、すくいたすけ玉ふ’心である。すなわち、〈天地の心〉とは、本来の良さをそのまま大切にする‘愛しみ’、良さを伸ばせるように援助する‘恵み’、困難さを除去する‘救い’、困難さを克服できるよう支援する‘助ける’ことであって、そのような‘正’である神の心を、そのまま自分の心として疑いなく実践する生き方が‘直’な生き方であり、〈信心・誠の心〉であるとしている。この〈正直〉な生き方を体得するには、〈三種祓〉を唱え続ける〈祓修行〉が必要なのである。

　こうした道筋で〈神書講釈〉から‘大音に息の続候迄、昼夜祓唱させ’る〈祓修行〉に進んでいくのだが、〈祓修行〉には多人数で一緒に行じる部分と、一人一人の修行の深まり方によって個別に行う部分が存在する。その個別に行う部分が、申渡しにある「熟練の者」に行う〈信心伝授〉であり、修行者にとっては〈得道〉である。そこで‘神徳を仰き唱のふる声枯尽果しとき、突息引息も出兼る時にいたつて、身体豁然として、快よき事を覚、おしや、ほしや、いとしや、可愛やの迷ひの心もなく、食を思ひ、衣服をおもひ、住所を求るの欲なく、唯国恩、君恩、師の恩、親の恩の広大にして忘れかたく、我行ひのあしくあさましき事のミなりと思ひ、後悔の涙た膝をひたし、四恩の難有事身に満て、喜びの涙た断へやらす’（上「唯一神道」）という〈信心[七]〉すなわち〈誠の心〉を得るのである。

〈祓修行〉については、前に現存の行法の諸相を描いたが、一九会の永井了吉が大正頃の〈祓修行〉における息の行法の段階について記している。

> みそぎ祓の修行は正味三日間で前夜に繰り込み、修行がすんで翌朝帰るのです。朝は四時起き、夜は九時に寝る。その間に線香二本（約四十分）祓の行をつとめ、約二十分休む。それを繰り返して一日中行ずるので、勿論一歩も外出はゆるされない。食事は日に三食ですが麦飯と塩湯と梅干だけです。祓の方法は息の修行です。勿論正座して行ずるのですが、修行は三段に分かれます。第一段は静かにゆっくり息を鼻から吸いこみ、腹一杯になったところで、全身に息が行きわたるまで呼吸を止める。しばらくしてから、これも徐々に息を口から吐き出すのです。吐き出して全身の内から息をスッカリ抜きとるまで吐き出すのです。それからまた徐々に鼻から息を吸うということを

繰り返すのですが、これをおきながとも永世の伝とも言います。第二段は遠つ神笑い給えという言葉を詰めて、トホカミ　エミタメと大声に力一杯となえるのですが、これは息を吐きだす修行です。一般の人は普段浅い呼吸をしているから、肺の中に濁った息がいつまでも滞っている。それをスッカリ吐き出すのです。全身の力をしぼって息を吐き出す稽古をつづける、これを約四十分やるわけです。第三段は息吹といって、ハッハッと一気に息を吐き出し、もう息が出なくなるまで吐きつけてしまうのです。この三段を行ずるのですが、これを三日間ぶっとうして修行すると体の調子がスッキリいたします。無駄な食事はとらないし、正坐ですから内臓は正常な状態にととのうし、老廃物や悪気は体中からスッカリ出てしまうのですから、身体の生理的状態は実の健康状態になり、身体の生理的機能の統一中枢が臍下丹田にしっかりと決まります。息吹は最後に内陣でやるのですが、このときは全く息を吐きつくしてしまう。今までの穢れた身体から完全に脱却するのであります。ここで人間が再生するわけであります[八]。

ここでは修行の展開によって用いられる〈永世の伝〉〈祓〉〈息吹〉の三種の呼吸法を示している。そして、〝息吹は最後に内陣でやる〟とあるが、この〈内陣〉という別室で行う行事が〈信心・誠の心〉を伝授される〈信心得道〉なのであった。

四　産霊の伝のうち〈神水の事〉

内陣における伝授は、多人数で〈祓修行〉を継続している最中に、新規の修行者が一定の段階の境地に達したと〈産霊役〉（指導者）が見定めて、個別に行われるものである。この伝授の方法が〈産霊の伝〉であり、それを行うのが〈産霊役〉であり、〝あしきむすびに結ばれて生れ申霊を、よく結び直し申候事〟（『遺訓集』二一「産霊直」）とされている。

ここでは、指導者として伝授を授ける側にとっての〈産霊の伝〉をふまえておこう。

正鐵が直接に指導していた時には、実技による口伝で伝承され、明文化されることはなかったと思われるが、遠島後の弘化二年（一八四五）の指導体制の指示において、〈産霊の伝〉の箇条が明示され、伝書も作成されることになった。その指示によれば、〈産霊の伝〉とは、

一　神水《じんすい》の事
一　喜悟信《きごしん》の事　　是は法《ほう》を授《さずけ》候《そうろう》人《ひと》の見方
一　法止《のりと》の伝の式　　伝方《でんぽう》の仕方

右三ヶ條に御座候。委細は書面にいたし免状取添差出し可申候。尤此後法を授け候人有之候ハヽ、初産霊《ういむすび》のもの両人立会の上御伝へ可被成候。

（『遺訓集』三「法止之式」）

とされた。

〈産霊の伝〉は、〈神水の事〉と、〝法を授候人の見方〟である〈喜悟信の事〉、また〝伝方（法）の仕方〟である〈法止の伝の式〉の三か条によって構成されている。ここに〝委細は書面にいたし免状取添差出〟すとある伝書については、〈神水の事〉と〈喜悟信の事〉の二か条については自筆本及び確実な写本により内容が確認できる。だが、伝授の次第である〈法止の伝の式〉については、井上正鐵門中の一部では現代まで継続して実施されてきているものの、正鐵が著した伝書の存在は未確認である。

まず、〈神水の事〉から見ていこう。この〈神水〉は、後に述べる〈法止の伝の式〉の中で修行者に授与する作法が

あるのだが、指導者である〈産霊役〉は、〈祓修行〉の実施に先立って、伝授を実施する内陣の神前において、ひとりで神水を調製するのである。この〈神水の事〉は、世界の始原と生成を象っており、神々の事業の最前線にこれからの〈祓修行〉があることを象徴するものであろう。なお、井上正鐵門中においては〈水〉を尊重する伝統があって、正鐵の教化活動の本拠地であった梅田神明宮においては、一社の故実として、神饌の最上位に水を置いていた。

〈神水の事〉の伝書については、正鐵の自筆本は未確認であり、伝来が確実で最も詳細な写本は、直門杉山秀三の孫にあたる杉山元治が大正十一年（一九二二）六月に筆写して磐田の大場長平に授与した写本[九]である。これは、象徴的な文言からなる本文と具体的な作法を記した〈神水製法式〉の二つの部分で構成されている。まず、本文の全文を掲げよう。

神水の傳

夫、水ハ形ある物の始にて、萬物水の化物なり。此水◎の如此廻れハ萬物を生し、◎如此めくれハ、萬物をめつす。萬物水より生し形をなし、形滅して水となる。此水、天御中主神の徳より生いつるなり。故に水中主とも云、身中主とも云。みハ神のみなり。かはかゝやくの徳、みハ形をなす始、よく〳〵考へし。◎かく廻るものハ日徳に随ひ廻るなり。◎かく廻るものハ日徳にさかひめくるなり。逆にめくれハ災ひを生し、随て廻れハ幸を生す。故に、始神水ハ◎如此めくらすへし。後◎かく廻らすへし。生してハ滅し、滅してハ生し、生滅する事三度にして始て陰陽の躰を生す。

このように本文は、宇宙の始原である天御中主神の働き〝徳〟によって生じた〝形ある物の始〟である〝水〟が、右旋しながら万物を生成し、左旋しながら消滅して、生滅すること三度にして陰陽の〝体〟ができあがったという。なお、ここに描かれる右旋と左旋の渦巻は、中心から巻き出している形状だが、これは井上正鐵においては重要な図形であって、伊藤祐像へ皆伝を許した時に授与した神号幅一〇（口絵写真）にも、四つの渦巻が描かれている。

次に〈神水製法式〉では、象徴的な本文を行事作法として具体的に示している。

神水製法式

清水を器中に入れ神前に備、三種祓三返唱、後、神代巻を唱、天地未剖より化為神國常立尊申奉ると唱ながら、幣串を両手に持、次國狭槌尊、次豊斟渟尊と唱なから、如此なる紙を如此に折、幣串に如此ニはさみ、凡三神矣、乾道獨化、所以成此純男、次有神埿土煮尊ト唱なから、ノ幣にて水中を如此に数返かき廻し、沙土煮尊ト唱、如此に数返かき廻し、次大戸之道尊ト唱、如此に数返かき廻し大苫辺尊ト唱如此に数返かき廻す。次有神面足尊ト唱如此に数返かき廻し、惶根尊ト唱如此数返かき廻し、次有神伊弉諾尊ト唱、水を入候器の外を如此廻し置くへし。伊弉冉尊ト唱、如此廻し、如此置くへし。拍手を打、幣を両手にて持、凡八神矣乾坤之道相参而化所以成此男女、自國常立尊伊弉諾尊伊弉冉尊、是神代七代者矣。ト唱、手に持幣、器中へ手本より入納る也。此事ハ書にかきとるへからす。口傳なれともやむ事なく書おくるものなり。此水を神水として病人又ハ地祭ヲニ用ヘシ。

このように、器に水を入れて、御幣を持って『日本書記』の神代巻を唱えながら、神代七世の神々を降神しつつ、御幣で右旋左旋する作法になっている。また、別の口伝では紙と幣串に代えて榊の枝で行う作法もあるが、それでは紙を折って幣串に挟む作法はできないので、おそらく略儀であろう。この行事作法の由来は未詳だが、本文には‘天御中主神’とあり、〈神水製法式〉には‘国常立尊’とあって、『古事記』と『日本書記』とを行事作法によって統一している趣がある。こうして調製された〈神水〉は〈法止の伝の式〉の最中に修行人に飲用させるが、〈神水製法式〉の文中にも、「此水を神水として病人又ハ地祭ヲニ用ヘシ」という用途の指示が書かれている。

五　産霊の伝のうち〈喜悟信の事〉〈法止の伝の式〉

つぎに、〈喜悟信の事〉を見ていこう。これは正鐵の直筆が確認できている[一一]。

産靈之傳

喜悟信之三ツナリ。此三ツニ至ルヲ信心ヲ得道之者トイフナリ。喜心ト云フハ、此葦原之國ニ生テ苦悩ニシツミシ身ノ、天照太神ノ御傳ニヨリテ安國トナシタマイテ、天津御國生、神ノ数ニ入ト聞テ喜フ心ナリ。悟心ト云ハ、我智慢心ニテハ安キ身トナル事ナリカタキヲサトリテ、神ノ教ニシタコウ心ナリ。是ヲ悟心ト云ナリ。信心トイフハ、誠之心トイフ事ニテ、生々世々不變心ナリ。天津祝詞太諄詞之傳をウケシ者ナラテハナキ心ナリ。其傳之時ノ心相續シテウシナハサルヲ、信心ノ人トイフ。此人、心安身安家安國安ニイタリテ、國津神天津神トナルヘシ。此喜悟の心をおこさしめんためにさま〳〵方便をもつて、ときさとすなり。喜悟の心おこり候ハヽ、祝詞の傳をさつくへし。此とき信心をうるなり。ゆへに喜悟信の三心をうるなり。喜心のおこり候を見とゝけ候ハ、よろこひてなみたをもよふし、顔に紅色をあらハす。悟心のおこり候へハ、頭をたれ又ハうなつき、或ハためいきし或ハ片身にあせをなかし、我身の上こふかひし、かくのことくならハ、其時をうつさつ、ほうをさつくへし。其時をうしなひ候へハ、又うたかひの心おこり、心散するものなり。祝詞の法をさつけし時、息つきはてゝこゝろよくねむることきを誠ニいたるといふなり。法をつとむるもの、よく〳〵心をつくすへし。一大事の事なり。此術に妙をうるを産靈といふ。むすひハ、よき縁を結といふ事なり。いままてあしき縁を結ひ候をとき、よき縁をむすふをいふ。一念のおこるところ天水中主の神徳、其念をもつて人におよほすを結ひの神徳といふ。其一念のおこるところ、其結ふところによつて善悪吉凶出るの門なり。是を一貫といゝ、一玄といゝ、妙と古人いゝつとふ。當流唯一是也。是一、萬物にむすひそめ、人にむすふゆへに、善悪おのれよりいて、己にかへる、神書ニかへり矢いむへしといふ事のもとなりとあり。是をいましめよ。是をいましめよ。なんしにいつるものは、なんしにかへるものなりといふも、此義なり。又其獨りを慎むといふも同し故に、正しく立て南面すとも云。たゝこゝにいたるの術、八声の祓をとのふるの外あるへからす。吐菩加美依身多女。音にいださつしてとのふるハ、永世の傳とこゝろふへし。日夜をこたるへからす。

この〈喜悟信の事〉は〝法を授候人の見方〟とあるように、〈祓修行〉の進行の中で、修行者の心理的な変化を〈喜心〉〈悟心〉〈信心〉の三段階とし、その段階への到達を確認する身体的な特徴を記している。それによって〝喜悟の心おこり候わば、祝詞の伝を授くべし〟とあるように、〈祝詞の伝〉を行うタイミングを見極める基準にもなっている[二二]。また、〈産霊役〉に対しても〝一〟である〝天御中主神の神徳〟を〝万物に結ぶ〟こと、すなわち〝産靈神の神徳〟を体現するのが役割であるから〝一人を慎〟しみ、〈祓〉と〈永世の伝〉を怠らぬよう指示している。

こうして〈神水の事〉により開闢以来の生成を象徴して道場が開かれ、〈喜悟信の事〉により〈信心〉を修行者に授けるタイミングの基準も明らかにされた。そして〈信心〉を伝授する次第と手順が、次の〈祝詞の伝の式〉である。だが、正鐵直筆の伝書は発見されていないので、明治五年（一八七二）の吐菩加美講の公認申請の時に教部省に提出した『禊事規則』の一部である「禊成就之式」と、昭和三十一年（一九五六）に休止した「神道北海道禊教会本院」において行われていた伝授の次第書[二三]（以下「内山伝」とする）により、〈祝詞の伝の式〉を明らかにしていこう。

『禊事規則』は、「禊神事ノ條」「禊脩行伝ノ式法」「禊成就之式」「禊ノ事」の四か条からなっているが、そのうち内陣での伝授の次第が書かれているのは「禊成就之式」であり、その全文は次の通りである。

禊成就之式

一、千坐置戸ト云伝フテ禊成就ノ次テ、神前ト斎キ祭ルハ幣三本、前ニ神鏡ヲ置、白木三宝ニ神酒洗米ヲ備ヘテ、其下ニ氣吹ノ幣トテ榊枝ニ幣ヲカケ正面ノ机ニ置キ、左右ニハ榊ヲ建ル、斎主并ニ見習ノ者正服着用ニテ敬坐ス、内斎主一人ハ八ツ足机ヲ控、祝詞ノ書ヲ置、案内ノ者初学ヲ誘ヒ右机前ニ坐サシム、斎主祝詞ヲ読ミ、穢ノ息ヲ吹払フ仕方ヲ教ヘテ神前ニ向ハシメ、一同慎ンデ神拝シ、右氣吹幣ニテ左右左ト払ヒ、初学ノ左右ヘ斎主并ニ見習両人附添テ、諸共ニ息ヲ臍下ヨリ悉ク吹払ヒ、百念尽テ真心ノ一ニ止ルヲ禊成就トナス、其穢ノ息払ヒ尽シタルヲ見届ルヲ斎主ノ役トスルナリ、其上　敬神ノ事、朝旨遵守ノ事、土地所ノ掟可守事、各々事業ヲ励ムヘキ事、猶又後々脩行大切ニスヘキ事ヲ申渡シ候也

まず、斎主が祝詞を読んで「穢ノ息ヲ吹払フ仕方」を教えて神拝し、〈気吹幣〉で左右左と祓った後に、指導者も一緒になって「息ヲ臍下ヨリ悉ク吹払」って「百念尽テ真心ノ一ニ止ル」を〈禊成就〉とし、その「穢ノ息払ヒ尽シタルヲ見届ル」のが「斎主ノ役」であるとする。ここで「息ヲ臍下ヨリ悉ク吹払」う呼吸法が、永井了吉が記している「息吹といって、ハッハッと一気に息を吐き出し、もう息が出なくなるまで吐きつけてしまうのです。…息吹は最後に内陣でやるのですが、このときは全く息を吐きつくしてしまう。今までの穢れた身体から完全に脱却するのであります。ここで人間が再生するわけであります」ということであるとわかるだろう。

では、「内山伝」をベースにして『禊事規則』と対照しながら詳細に見ていくこととしよう。まず、内陣の設備については次のようにある。

○　内陣又は鎮魂産霊殿は暗く閉ざし、周囲に四垂の下幣の〆縄を張りめぐらす。総て幽玄荘厳を期すべし。神前の両側に榊を立て、案上に・御食・御酒・水塩を献供し、蝋燭台二基を置く。別の小案に、小さき榊枝に祓い幣を作り、神前に仕整らへ置く。下座の隅に小枕を用意する。

これは、「禊成就之式」の「千坐置戸ト云伝フテ禊成就ノ次テ、神前ト斎キ祭ルハ幣三本、前ニ神鏡ヲ置、白木三宝ニ神酒洗米ヲ備ヘテ、其下ニ氣吹ノ幣トテ榊枝ニ幣ヲカケ正面ノ机ニ置キ、左右ニハ榊ヲ建ル」にほぼ対応する。〈内陣〉は、〈祓修行〉をする場所〈祓場〉とは別室であり、〈産霊役〉によって〈喜悟信の伝〉の基準により〈喜悟の心〉の境地に達したと見定められた修行者は、一人ずつ告知されて瞑目したまま、〈手引き〉〈指導者候補・紹介者〉に手を引かれて〈祓場〉から〈内陣〉へ移動する。かつては、教会などの常設の場所ではなく、一時的に民家を道場として実施されることも多かったが、そうした場合でも適宜の別室に設置されていた。

○　禊司、副禊司は精進潔斎し、衣冠束帯・掌笏す。右両者並びに手引人は内陣に参進する前、塩水にて含嗽・手水す。三者徐に内陣に参進し、所定の座に着く。

○　禊司、燭台に点火し、二拍手、祓詞を奏し、献供並びに副禊司、手引人を祓い、小案の祓幣を自座の右側に直し、着座す。

○　手引人が修行人の手を曳き内陣に導き閉扉。

○　副禊司　修行人に神前に進み拝礼を命じ、修行人を禊司に向かって正座させ、低頭を命じ、笏で修行人の上体を押さえる。

○　禊司　先ず修行人を修祓す。修行人の耳許にて、前諭しを宣ぶ。

御修行もお進みになり、御心のお運びも見えたにより、只今より神道大切の御神傳を御取継ぎ致しますから謹んで御聴聞なさい。…

この部分は、「禊成就之式」の「斎主并ニ見習ノ者正服着用ニテ敬坐ス、内斎主一人ハ八ツ足机ヲ控、祝詞ノ書ヲ置、案内ノ者初学ヲ誘ヒ右机前ニ坐サシム」にあたる。なお、ここで〈禊司〉〈副禊司〉とあるのは、「禊教」（坂田管長）の用語であり、正鐵以来の用語では〈産霊役〉のうち〈本産霊〉と〈初産霊〉に相当する。

次いで「内山伝」では、〈前諭し〉という説諭になる。それは、'其術を伝るにハ、人情をよくときつくし、根国におち入の事をしめし、後是をのがるゝにハ祝詞の外なしと教へさとし、恋しとふ心をおこさしめて、祝詞の伝さづくるものなり。猶産霊の伝なり'（『遺訓集』六「気息」）ということに相当し、これにより〈喜悟信の事〉にある'喜心ト云フハ、此葦原之國ニ生テ苦悩ニシツミシ身ノ、天照太神ノ御傳ニヨリテ安國トナシタマイテ、天津御國生神ノ数ニ入ト聞テ喜フ心ナリ。悟心ト云ハ、我智慢心ニテハ安キ身トナル事ナリカタキヲサトリテ、神ノ教ニシタコウ心ナリ。是ヲ悟心ト云ナリ'という〈喜心〉〈悟心〉を徹底するものである。

〈前諭し〉は、「高天原に神詰り座す神漏岐神漏美の命もちて…」と祝詞の文言を引いてその解説を行う形式で進められるが、そこでは森羅万象の悉くが神々の働きであって、その一環である息と食とによって人間も生きており、本来は感謝報恩の生活を送るべきであるが、世の移り行きによって人心が荒廃して罪穢れが積み重ねられてきたために、自分が犯した罪だけではなく、人間の宿業によってもあまたの不幸が生じていることを述べる。そして、「爰に天津祝詞太祝詞言を宣れ、斯く宣らば今日より始めて罪と謂う罪はあらじと斯様あります。この天津祝詞・太祝詞こそ神隋等の御神伝であって白川伯王家に伝承された神秘であったが、井上神社の御丹精によって、その神儀が傳えられ、この身に背負う一切の罪穢を取除いて戴く洵に大切な神儀でありますが、お心の運びが視えましたによって、只今お取次ぎいたしますから神前に真直にお向きなさい」といって、「天津祝詞太祝詞」の功徳を告げて神前に向かわせ、さらに「人体は上下の差別なく男女の愛念の氣を取結んで出来るもの」として、父母から伝わる「気血」すなわち身体にその宿劫を受け伝えていることと、出生後はその置かれた環境によって個性を創ることを述べる。そして、「穢れとは氣の涸れることと、息の汚れることで、その息に罪穢れが伝っていると言うのが神伝であります。身に追ひし一切の罪障は息吹き祓うことによって元津神霊に還えし日止たらしめることこそ、鎮魂産霊の神伝であります。その息吹の致し方を今其方の方がお示し仕ますから、目を開き、頸だけそちらへ廻して覚えて下さい」として、これから行う行事が〈鎮魂産霊の神伝〉であり、〈息吹〉によって'身体の根元'(『唯一問答書』上「唯一神道」)である「息」に伝わっている罪穢れを祓うのだと告げて、息吹の仕方を示し、最要祓を奏上して前段の「天津祝詞太祝詞言を宣れ」の後に〈息吹〉を行ずる。

○　副禊司　一揖の後、息吹の型を示す。

○　禊司

今其方の方が示された通り息吹祓うのである。爰で私たち祝詞を奏上致します故、貴方はその儘目を閉じ、心の中で吐菩加美依美多女を繰返し唱えて居ればよい。

○　禊司及び副禊司は一拝し、中臣祓要詞を宣る。

高天原に神詰り座す神漏岐神漏美の命以ちて、八百萬の神集へ集ひ給い、神議り議り給いて、吾が皇御孫の尊は、豊葦原の瑞穂の國を安國と平らけく治食せと斯く依し奉りし四方に、天津祝詞太祝詞言を宣れ。一拝

○　禊司　修行人の下肢の間に腰を据えさせ、瞑目させ、正座を命ず。

今其方の方が型を示した通り息吹祓うのであるが、始め鼻から息を吸い、そして口から静かに息を吹きます。段々息を詰めてゆき、最後は吐く息、吐く息ばかりに致します。苦るしくとも息を吹つ切る様に、息が残ると穢

れが残りますから、精魂罩めて力めて下さい。我々が左右から一諸に力めますから、我々の調子に違わざるように、我々の調子に違わざるよう力めてください。

○　禊司・副禊司　修行人の耳許近く口を寄せ息吹を行う。

○　禊司　修行人の口を閉じさせ、この儘、静かに後ろへ倒す。

○　手引人　修行人の後頭部へ枕を配す。

ここでは修行人は、激しく〈息吹〉をすることで‚息つきはて、こゝろよくねむる‚ような身体感覚を体験する。これが〈信心・誠の心〉であって、言葉で表現できない、生きていることそれ自体の身体感覚である。そして、このような瞬間的な極限状態から、日常生活へと戻る道筋は、祝詞の後段から始まるが、「内山伝」では、まず八神殿の祭神である産霊の神々を修行者の身体に降神する鎮魂の作法が示され、〈鎮魂産霊の神伝〉として、〈鎮魂〉の面が強調されている。

○　禊司　修行人の前頭部または下腹部に手を当て、産霊五神と御食津神、大宮媛神、事代主神三神を招霊す。

（神語）布留倍由良由良、布留倍由良由良、是の中府にとどまり座せ　一揖

一、二、三、四、五、六、七、八、九、十。

と誦唱し、神宝を念じ祈る。

修行人の目を開かせ、正座に直し、中臣祓要詞の後の條を宣る。

斯く宣らば今日より始めて罪と云う罪は有らじと祓ひ清むることを平けく安らけく聞食せと畏み畏みも白す。

二拍手、一拝、一揖。

このように祝詞の前段の〝天津祝詞太諄詞を宣れ〟と後段の〝斯く宣らば〟との間に〈信心〉を経験することになる。つまり、〈信心〉に至る手段が〈息〉であり、それこそが〈天津祝詞太諄詞〉であって、『唯一問答書』では、〝ふ〟〝ね〟という〝乗（宣）〟り物になぞらえられているのである。

この部分は、「禊成就之式」では「斎主祝詞ヲ読ミ、穢ノ息ヲ吹払フ仕方ヲ教ヘテ神前ニ向ハシメ、一同慎ンデ神拝シ、右氣吹幣ニテ左右左ト払ヒ、初学ノ左右ヘ斎主并ニ見習両人附添テ、諸共ニ息ヲ臍下ヨリ悉ク吹払ヒ、百念尽テ真心ノ一ニ止ルヲ禊成就トナス、其穢ノ息払ヒ尽シタルヲ見届ルヲ斎主ノ役トスルナリ」とあることに相当する。「禊成就之式」の「初学ノ左右ヘ斎主并ニ見習両人附添テ、諸共ニ息ヲ臍下ヨリ悉ク吹払ヒ」と、「内山伝」の「我々（禊司・副禊司）が左右から一諸に力めますから、我々の調子に違わざるように、我々の調子に違わざるよう力めてください」というのは、同一の作法である。〈息吹〉を修行者とともに行って〝穢ノ息払ヒ尽シタルヲ見届〟けることが、〈産霊役〉のなすべき役割の核心である。

そして、ここには明示されていないが、神前に供えられた〈神水〉をかわらけに注いで修行者に与え、落ち着いたところで、〈後諭し〉になる。

> 只今禊司（某）慎み畏みて、天照御大神の傳え賜ひし十種の神寶による鎮魂と、浮かる産霊の神霊を、御身の中府に招き留むる神儀をお取次ぎ致しました。今の心を真心とも信神とも申します。これから自宅へ戻られても、この真心を穢さないため、神を敬ひ、道を守り、身の本分を竭されることが肝要です。迷ひとは道にまよる事であります故、誠一筋であれば神々の御護りによつて、一切の災厄が除かれ、奇しき和魂幸魂の徳により、運命は開き、萬事が必ず幸栄えます。これを以て鎮魂産霊盤栄の儀を終ります。改めて神前に向って御禮の御拝をなさい。

○　修行人　二拝二拍手一拝。

○　副禊司

禊司の先生に礼をなさい。

○　禊司　修行人の置かれた現況に対して、激励、説諭、又病癒等を注意する。

其方の方へ御礼なさい。そして、手引きの方へお礼しなさい。

〈後諭し〉では、伝授の守秘と今後の修行の精進を命じ、「禊成就之式」に「其上、敬神ノ事、朝旨遵守ノ事、土地所ノ掟可守事、各々事業ヲ励ムヘキ事、猶又後々脩行大切ニスヘキ事ヲ申渡シ候也」とあるように、その人に必要な訓戒を申し付ける。そして、〈後諭し〉が終わって、副禊司や手引き人にもお礼の挨拶をし、祝意を受けてから、また〈祓場〉へ戻り、他の修行者を妨げることのないように、守秘したまま修行を続けるのである。

こうして、国学者たちが何を「宣れ」なのかと論じてきた「天津祝詞太諄詞」について、正鐵は特定の文言ではなく、言葉と生命の根元である〈息〉としたのである。この行法の核心においては、〈息吹〉によって息を吐き切って、〈信心・誠の心〉という自分の生命そのものに直面する身体感覚を経験させ、そこから戻って来る中で「斯く宣らば今日より始めて罪という罪はあらじ…」という運命改善の確信を持たせるのである。だから、この修行の〈成就〉は「誕生」であって「命終」ではなく、秘事法門などの秘儀的な念仏信仰で行っていた初七日に代わって〈お七夜〉の祝いをするのだと考えられる。こうして、秘儀的な念仏信仰の〈信心伝授〉の行法の構造はそのままにして、神道の誦詞に置き換えた行法により、さらに踏み込んで「天津祝詞太諄詞」を伝えようとしたのである。

『唯一問答書』の最終章では、〈祝詞〉とは‚宣‚であり‚乗‚であり、‚則‚、‚法‚であるという意味の幅を積極的に位置付けして、‚乗‚の意味から「ふ・ね」という乗り物になぞらえている。そこでは、「ふ」は‚天地の氣のめくりて留らず、止る事なき〝ものであり、「ね」は〝根元を申にて…人のこゝろの法、命の根〝であるとしているが、行法の上からは「呼吸」そのものであって、「ふ」である呼気は〝天地萬におよぼし〝、「ね」である吸気は〝我腹内の寸分の内に納る〝（『遺訓集』七「身之柱」）という壮大な伸縮の働きである。もともと全ての人に備わっている〈息〉が、〈祝詞の事〉すなわち「天津祝詞太諄詞」であり、その〈息〉という〈ふね〉に乗って〈信心・誠の心〉という根源的な身体感覚を得る〈信心得道の位〉すなわち〝國常立尊の生れませる時〝（「得道ノ位問答」）とされる始原の境地から生まれ直しを経験させる行法を立ち上げたのである。このように、国学者たちが「天津祝詞太諄詞」を、文献上の特定の文言として比定しようとしたのに対して、知的な理解力によらず、誰にでも備わっている身体的な〈息〉であるとして、全ての人にその功徳を受ける可能性を開放したのが、正鐵のオリジナルな宗教性である。

だが、これとて三田村鳶魚が、「調息の獄」で論じているように、「（一）前行の日数は不明だけれども、前行のあることは相違ない。そして最後に付法する、之を成就という。（二）前行は専ら『助けたまへ』と声の限り命の限り唱へさせ。（三）求法の為めに身命を惜まざるべきよしの宣誓、これに由つて法成就を命終の時に擬し、七七日周忌等の法要を営む。（四）伝法は土蔵の内にてせられ之が為めに土蔵相伝、または御蔵門徒という名目が起こった。[一四]」といった特徴から大きく外れるものでもなく、こうした特徴のある宗教活動に対しては、幕府は一貫して「御定書百か条」の「三鳥派不受不施派御仕置之事」を適用する厳罰で対処してきたのである。

六　更生指導と医療

「新義異流」と断定する事実認定の中核である「伝授」についての解説が長くなったが、続いて申渡しには余罪といえるいくつかの事実が記されている。その一つには、「無宿又は放蕩の者、或は、病者等に医薬も不施、久々止宿悪念病質穢等消散致抔申勧め、身元の厚薄に応じ、米金等貰受」とある。これは、生活に困難のある人たちを寄宿させて指導していたことが問題視されたものである。『唯一問答書』には、〝某が家には、病者又は貧にしてたつき無もの、親族に見捨られし者、皆多く集り居とも、其睦ましき事水魚の如く…〟（「仁義礼智信」）とあり、〝貧にして学びがたく、またハ病に苦悩を受、世渡り成難き者を助けて教るに、祓の修行をもつてし、神明の利益を受、誠の人に成玉へと諭し候なり〟（「難病人」）とあるように、生活困難者を収容して教育する近代の感化院に先駆けた活動を試行していたのである〔一五〕。その費用については、梅田神明宮の五畝（一五〇坪）ばかりの畑では、寄宿の門人たちが暮らせるような生産はできないので、〝某しか宅に無禄にして多くの人を養ふ事は、福貴にして病苦ある者、又は子孫身持あしくして家を乱し、九族に見放されし者も、三種の祓をとなへ、神明に祈願の（を）こめ、麁食、麁服をなして、日々にあゆミをはこひ教へを受候得は、病は快よきを覚、心は易く、自ら身治るをもつて九族喜ひ、神明へ初穂米又は初穂料そなへ候を、某か身につけざるよふに心がけ、麁食、麁服を着し…〟（「難病人」）と記して、裕福な門人からの寄付を活用しているのだと述べている。それに引き続いて「其上法の浅陋を厭ひ、一人別に神前に引入、密に及伝授」とあるのは、前に述べた、「白川家奥義の由申為及二伝授一」と同じ意味であるが、改めてこれらの「無宿又は放蕩の者」にも〈伝授〉を行っているということを述べたものであろう。

そして、「宅に差置候門弟の内、武州綱島村円蔵悴重兵衛等、最寄村々え差出候砌、神職の姿に仕成、苗字名乗せ、剰病気快癒に趣候者共、歓喜の余り祓を唱へ踊り出候義等、其儘に打捨置」とあるが、弟子に苗字を名乗らせて免許なく神職の姿にして布教にあたらせたり、病気が治ったのを喜んで踊り出した者たちを制止しなかったというのである。

また、申渡しの中に「病者等に医薬も不施《ほどこさず》」とあるが、もともと医師である正鐵が病人に対して治療そのものを全く行わなかったとは考えにくい。実際、遠島後の三宅島からの手紙には、薬種の送付を依頼したものもあるので〔一六〕、漢方の湯液治療も行っているのである。しかし、梅田神明宮での短い活動期間に限って考えれば、活動資金もわずかであったから薬を施すことはせず、〈祓〉と〈永世の伝〉による治療効果を中心に置いたのであろう。だからこそ、「病者等に医薬も不施」にもかかわらず、「病気快癒に趣候者共、歓喜の余り祓を唱へ踊り出候」とまでの効果も記されているのである。ここでは、当時の梅田神明宮で行われていたと思われる治療法の一端を見ておこう。

正鐵の医学は、古方派医学の流れにあり、古方派のテーマである〈万病一毒〉の考えに基づいている。〝磯野先生の曰く、万病疾より起ると教へたまふ、濕は萬の物滞るゆへに腐る、くさるものハ疾なり、故に疾を元とする事、疾治する上利あり、考へ見るべし〟[一七]、と書いていて、磯野弘道の教えによる、〝湿〟を除くための荊防肺毒散加大黄という処方を示している。さらに、正鐵自身は〝本一ツより発る、其一つは心顛倒より起る、此心の顛倒を治するものは、息の術の外有べからず、然共、其元一ツにして、分る処へ至つては千変万化なり、ゆへに其一ツ成る事を知つて、変に応ずべし〟と述べて、〈心顛倒〉を一毒とし、それを治療するには〈息の術〉しかないという説を立てているのである。そ

現在の梅田神明宮

して、〝心気顛倒を鎮め定るには、息の術より勝るものなし、故に臍下へ息を下して顛倒を治すべし、自身勤る事あたわざるものハ、観通〈感通の当て字―引用者〉の術をもつて施すべし、又気ものにこりて動かざる時は、禁呪をもつて動かし気を転ずべし、其術さま〴〵に有べし、又香気の剤をもつて散ずべし〟とあって、〝臍下へ息を下〟すには、〝息の術〟である〈祓〉や〈永世の伝〉を自分で行うか、〝自身勤る事あたわざるもの〟には、〝感通術〟や〝禁呪〟を施すか、〝香気の剤〟を処方するということになる。これでいえば医薬を施すのは治療の第一選択ではなく、〈息の術〉を自分でできない病状の者に限られることになる。特に、衰弱した者や修行前の者には、〈感通術〉が治療の第一選択になったことだろう。

この〈感通術〉とは、『真伝記』に「浅井仙庵先生に従て感通療治の妙術を伝へ玉ふて…[一八]」とあり、『実伝記』には、「浅井仙庵なる医士あり、従いて感通

療治の妙法を受く。教祖此術を父眞鐵大人に告ぐ。又高弟等に授けたり。後其妙を得て専ら業と為す者は並木松圓なりと云ふ（一九）」とあるように、浅井仙庵という医師から教えを受けた療術であった。その実技としては、「其法は右手の三指頭を以て心下を抑圧し、恰も船の波間に泛ぶが如く、其動静に従ひ其手を少しも鬆緩せざれば、久くして我が全體の氣力指頭より脈々として患者の神経に感通すと云ふ（二〇）」とあり、指先を患者の腹部に当てて、呼吸の動静に合わせるものである（二一）。また、三田村鳶魚は、「法華三昧」という随筆に、

　四五十年前まであつたが、禊教の教師が感通ということをする。その指先を病人の患部に触れて、自分の気息と病人の気息と合はせる。それで苦痛が鎮まる。又睡つてゐる枕許に坐して気息を合はせ、うんと強く息を励すと、睡つてゐた者が目を醒す。声を出さずに起した（二二）。

と書いている。

正鐵は、『黄帝内経』を下敷きにして、〝上医ハいまだはつせざる病を治す。中医ははつするを治す。下医は病ひを募らす。誠にしかり、能心得べき事なり。難病の出来るは、下医の多くなす業也。すべて毒の外へはつするものを、外より直し候は、病ひを募らすなり。下医の業なり、永世の傅、貫通療治よく未だはつせず、身内に有病ひを治す、上医の業也（二三）〟と述べており、〝未病を治す〟ための〝上医の業〟として〈永世の伝〉と〈感通療治〉を勧めているので、当時の梅田神明宮でも行われていたはずだが、薬を使わないので「病者等に医薬も施さず」とされたのであろう。

七　まとめ

寺社奉行は、井上正鐵に提出させた『唯一問答書』を審査したうえで取調や調査によって、この教化活動は、幕府が

一貫して厳罰で取り締まってきた「呼吸の法」による秘事法門の類に起源があると判断し、「全一己の癖《へき》を似て、白川家伝来にも無之、新義異流を執行ひ衆を為惑《まどわせ》候致方、右始末不届」であるとして、「遠島」に処すると結論付けた。ここでは、そのような寺社奉行の申渡しが、当時の井上正鐵の教化活動を理解するためには、かえって客観的な手掛かりになると考えて検討してきた。

教化の入口である「神書講釈」では、衣食を質素にして勤労するという望ましい生活習慣のもとに、自らは向上心と希望を持ちつつ、他者の良さを伸ばして不足を補う生き方を教え、さらにその根本的な体得のためには、〈息〉の行法である〈祓修行〉を勧めた。それは、父の遺言である〈祝詞の事〉すなわち〈天津祝詞・太諄詞〉とは、古典の特定の文言ではなく、生命の根元である〈息〉であって、〈息〉の行法によって〈信心・誠の心〉という自分の生命そのものに直面する身体感覚を経験させ、そこから「斯く宣らば今日より始めて罪という罪はあらじ…」という、人生改善の確信を持たせる方法だったのである。このように井上正鐵の教化活動の核心は、秘儀的な念仏信仰に由来する〈信心・誠の心〉という身体感覚に至る行法を〈産霊の伝〉として神道化した新機軸の行法にあったのである。

註

一　寺社奉行の申渡しについては、原本や当時の写本等は確認できないので、『在島記』九四頁から一〇一頁による。また同時代の記録としては、本書に引用した平田鉄胤の書簡以外には、当時の江戸市中の噂や評判まで詳細に収集していた『藤岡屋日記』にもその記載は見られない。

二　『真伝記』巻一、九丁ウには、「字を井上周易と号し、売卜を以て世の営をなし玉ふ」とある。また、観相術については「水野南北先生、土御門家との事により下向し玉ひ、上野広小路の旅店に寄留し玉ふ」（『真伝記』巻一、九丁ウ）ともあって、師の水野南北も文政八年（一八二五）に土御門家との争論と思われる所用で江戸を訪れており、本所の支配権との関係ではトラブルもあったらしい。このあたりも、「俗人の身分、伝来不慥義を猥に諸人え教導致し」という文言の表している内容に関係するかもしれない。

三　『真伝記』巻一、九丁オ。

四　『実伝記』上巻、四〇丁。

五　『真伝記』巻一、一〇丁ウ。

六　『白川家門人帳』、『白川家日記』など。

七　井上正鐵の行法における「信心」は、「産霊の伝」三か条の一つ「喜悟信の伝」に、行法中の境地として「喜心」「悟心」「信心」の三段階が示されており、一般的な「信仰心」という意味ではない。また、「然るに信心とて、神佛より誠の心を授りて後ならでは、何程勤め学ぶといへども益なし…」（「皇国伝問答」）とあり、〈信心〉と〈誠の心〉は同義であるので、本書では〈信心・誠の心〉とした。

八　永井了吉『調和の哲学』（昭和三十九年）三一一頁から三一二頁。

九　故池田俊次氏所蔵。平成二年（一九九〇）三月記録。この写本（大正十一年六月、杉山元治筆写）の底本（杉山秀三に授与された正鐵直筆伝書と思われる）は、筆写の翌年である大正十二年（一九二三）九月の関東大震災で焼失したらしい。

一〇　井上正鐵から伊藤祐像へ授けられた神号幅（岡山市個人蔵）は、伊藤門下の坂牧惣助より山上勘吉へと継承された。ほぼ同じ意匠の神号幅（故前田長八氏旧蔵）が、新島村郷土博物館に所蔵されているが、伝来経路は不明である。

一一　杉山秀三に伝授された井上正鐵直筆伝書。故杉山雄氏所蔵。昭和六十二年（一九八七）六月記録。

一二　明治の中頃までは、この〈喜悟信の事〉の基準によって、修行の成就を見定めていたので、修行期間が無制限だったが、時代の変遷により短縮されることで、〈喜悟信の事〉の意義が希薄化し、忘れられていった。

一三　神道北海道禊教会本院の最後の教会長であった故内山弓男氏が、坂田鐵安の門人であった父内山竹次郎氏より、昭和三年・四年（一九二八・一九二九）の二回の三宅島伝道に同行した時に伝承し、戦後この教会で実施していた作法を昭和六十年（一九八五）に筆記したものである。昭和六十二年（一九八七）八月三十一日に荻原稔が授与され、後事を託された。神道北海道禊教会本院の展開については、荻原稔「札幌の禊教」（平成十六年）。

一四　三田村鳶魚「調息の獄」（大正元年）五八九号、一〇五頁。

一五　感化院の起源としては、明治十六年（一八八三）に大阪市天神裏で、神道教師池上雪江によって設置された私設感化院が知られている。厚生労働省『児童自立支援施設運営ハンドブック』（平成二十六年）一五頁。

一六　荻原稔『井上正鐵真蹟遺文』（平成七年）には、四通が収録されている。

一七　『遺訓集』三「醫之辨」。

一八　『真伝記』巻之一、八丁ウ。

一九　『実伝記』上巻二九丁オ。

二〇　『実伝記』上巻七丁ウから八丁オ。

二一　唯一神道禊教の教長故関口鐵三郎氏の夫人故とき氏が、「感通術で手を当てるのは、お臍のわきの脈を打つところですよ。今度主人によく聞いておいてください」と話されたことがあった。鐵三郎氏は「昔この教会で、若い神職が過ちを犯したことがあり、それ以来感通術は止めております」と言って教えていただけなかったが、まだ乳児だったダウン症の長男を連れて訪問したところ、抱き上げて「元気になれよ」と言って、指先を立てて腹部に当てる様子をしばらく見せて下さった（平成七年ころ）。また、故内山弓男氏は、「上野の本院に感通術を仕事にしていた杉田種吉という人がいました。私はこの人から感通を学びました。患者の正面に座ると悪気を受けるので斜めに座り、合掌して十分ほど永世の伝を勧めます。そうしてからおなかに手を当てて相手の息に合わせるのです。相手の息が「ハァハァ」と速ければ速くします。そして、ぴたっと息があったところで手を引きます。それだけです」と語っていた（昭和六十一年八月談）。

二二　『三田村鳶魚全集』二七巻、四三七頁。

二三　『遺訓集』三「自凝島」。

第五節　白川家との相互関係

一　はじめに

これまで井上正鐵の教化活動の経過とその実態について述べてきた。ここでは、白川家への入門や二度にわたる寺社奉行の取締への対応や請願の扱いなど、井上正鐵の存命中に行われた白川家との相互関係に注目して、その具体的な事例を見ていくことにしよう。そこには江戸時代後期の白川家と、民間宗教者の一人である井上正鐵との間で期待されていた機能と役割のあり方を見ることができるだろう。

江戸時代は神祇伯家としての白川家と、神祇管領と称した吉田家が、神祇道の本所として全国の神職を支配したのであるが、寛文五年（一六六五）七月に発布された「諸社禰宜神主法度」には、「装束は、以吉田之許状、可着之事」とされて、吉田家により有利な法的根拠が与えられていたために、江戸前期までは吉田家がほぼ独占的に全国の神職支配を行ってきた。だが、考証主義的神学者の研究により吉田家の正当性に疑問が出されたり[1]、神道説や行法の伝授などに掛る費用負担や干渉を脱しようとする中で、江戸時代半ばになると白川家への期待が増大して、宝暦年間（一七五一～一七六四）から配下となる門人が急増した[2]。そうした動きを受けて、白川家では文化五年（一八〇八）に「諸国門人帳」（以下『白川家門人帳』とする）を作成して全国を国ごとに四分割して四人の雑掌で分担し、本所としての体制作りを進めた。また、後発であったために、すでに吉田家の支配を受けている神職とは異なった層の人々も積極的に取り込む動きを取っており、宮座や宮守などの百姓身分の神職や様々な民間宗教者たちを配下とした事例が知られている。

『白川家門人帳[3]』は、文化五年に作成した甲乙丙丁の四冊と、それよりも前に入門した人々を古帳から書き写した首巻、明治維新期の慶応四年から明治二年までの二年間の入門者を記載した尾巻からなっている。現在では金光図書館が所蔵する『白川家門人帳』と、宮内庁書陵部が所蔵する『白川家日記』や『白川家武家伝奏職事往来留』を照合していくと、細かい交渉の様子や動機などについても見えてくる。

『白川家日記』は、貞享三年（一六八六）から明治五年（一八七二）までの百八十六年間の三百二十一冊からなる白川家の表日記で、毎朝の八神殿御代拝や内侍所での奉仕などの祭儀の事から、伯王の外出や参殿者まで詳細に記録されている。また、『白川家武家伝奏職事往来留』（以下『白川家往来留』と略）は、宝暦三年（一七五三）から慶応四年（一八六八）までの百十五年間の百六冊があり、武家伝奏をはじめとする、諸機関と往復した公文書の控えである。

こうした史料を用いつつ、文化年間に白川家がその支配下の神社・門人を管理する体制を整えてから、ほぼ三十年が経った天保年間における井上正鐵に関わる白川家との交渉経過を見ていくことにしよう。

二　白川家入門と神主就任

正鐵が初めて白川家に入門したのは、未詳の女性導師より〈伝授〉を受けた翌年の天保五年（一八三四）であり、当時住んでいた信濃国追分宿から上京して初伝を授かったと伝記は伝えているが、現存する白川家の記録には残っていない。その二年後の天保七年（一八三六）十一月十五日に白川家に参殿した時には、神祇伯である資敬王にも対面して正式に神拝式を授かって、装束の許状を受けている。こうして、神拝の〈式〉と神職としての資格を得て、本格的な教化活動の準備をしていったのである。

白川家は、各地の民間宗教者の入門に際しては、それぞれの活動の独自性に寛容な態度を示していたことが伝えられている。例えば、正鐵より約三十年ほど時代は下るが、元治元年（一八六四）四月に、金光教祖の金光大神が神拝式許状を受けた際には、代理で参殿した金光石之丞（後の萩雄）らに対して、雑掌の村上正武らは「吉田家では遠路の人でも、二十日も三十日もとめおいて礼拝・諸礼のことを教えるそうなが、この方には、人を止めて入用をつかわせるようなことは、させませぬ。地頭のねがいどおりの免許をだしましょう」と言ったという[四]。そのほか、如来教の金木大隅や、黒住教の赤木忠春に影響を与えた尾張の日比野應輔など、各地の民間宗教者が白川家へ入門して活動を権威付けつつ、かなり自由な布教形態をとることができている[五]。井上正鐵は父の遺言である〈祝詞の事〉と未詳の女性導師の〈信心〉とを統合したのだが、白川家から授かった〈式〉によって、「三種祓詞」の一部である「吐菩加美依身多女」を〈祓修行〉の誦詞としたものであろう。このような独自の伝承や行法などの布教形態には干渉されることなく、厳密な祭式も要求されない面からも、白川家への入門は好都合であったと思われる。

では、井上正鐵の入門の様子を見ていくことにしよう。まず、『白川家日記』の天保七年十一月の条には次のようにある。

十四日
一　御門人上京　　江戸　井上東圓
右之者、此度上京ニ付罷出候て御対面之儀相願候ニ付、明日巳刻迄可罷出旨申達候、但シ右井上東圓上京ニ付、関東執役所より之先触一両日以前、大津宿より届来候也

十五日
一　参殿　　江戸御門人
　　　　　　井上東圓
右之者、此度上京ニ付、御対面被仰付、御口祝、御流盃被下之候也

十一月十四日には、上京の挨拶をして翌十五日巳の刻の参殿が指示された。そして翌日十一月十五日には、神拝式許状の授与と風折烏帽子と浄衣の着装の免許を受けたが、その折には資敬王にも対面して、御口祝と御流盃を受けている。また、『白川家門人帳』には、次のようにある。

天保七年十一月十五日　江戸住日本橋檜物町岸
一　入門　神拝式許状　井　上　東　圓
風折浄衣　申次　関東役所
御菓子料三百疋
御礼ハ関東役所差出ス　秋元但馬守家来
安藤市郎右衛門
二男井上東圓

右東圓義、天保十一年四月
武州足立郡梅田村江引越同村
神明宮神主ニ相成井上式部と改(六)

これらの手続きは、関東執役所の申次であり、今回は「御菓子料」として三百匹（金三分）を白川家に納め、「御礼ハ関東役所差出ス」とあり、すでに江戸執役所において費用は納入済みで、上京時の伯王との対面まで手配されていたらしい。『白川家日記』には、身分は「江戸御門人」とあり、すでに門人としての扱いを受けたうえで、正式に伯王に御目見するという設定になっていた。十月中に「神祇官の支庁より神職免許牒を授かる[七]」という伝記の記事がこの上京にあたっての手続きであったのだろうし、正鐵入門の半年前の天保七年（一八三六）五月には、門人の杉山周三（秀三）が関東執役所で許状を受けている記録が『白川家門人帳』にあるので[八]、すでに関東執役所とはかなり密接な関係になっていたと思われる。

さて、参殿した十一月十五日には、白川家備え付けの『名簿[九]』に署名をした。その、巻頭には次のようにあって、伯王により示された祭祀の本義及び伝授の箇条と守秘についての誓紙となっている。

夫礼、神祇乎祭祀留仁奉仕良牟事波、黒心乎解除比赤心於以天為乎元本登須、中臣乃阿満古登、忌部乃都都志美毛即知是奈利、天津祝詞能太諄辞母亦於此仁發留、能久思倍、今神祇乎拝牟禮乃法等於授與久

一　神拝之次第
一　中臣祓
一　三種祓
一　祝詞

右是礼伯家乃傳流奈利、敢弖勿疎慢仁須留、又授與乃后固久不許私傳乎、縦比父子及比兄弟能親岐尓毛須久緘口女、此條乎違背加牟者波、天神地祇仁罪乎蒙良牟曽、門人等慎而勿怠矣

神祇伯王

これに続けて入門者は順次に署名しているが、井上正鐵は、「同年（天保七年）十一月十五日　謹奉　秋元但馬守家門井上東圓源正鐵（花押）」（写真）と自署した。

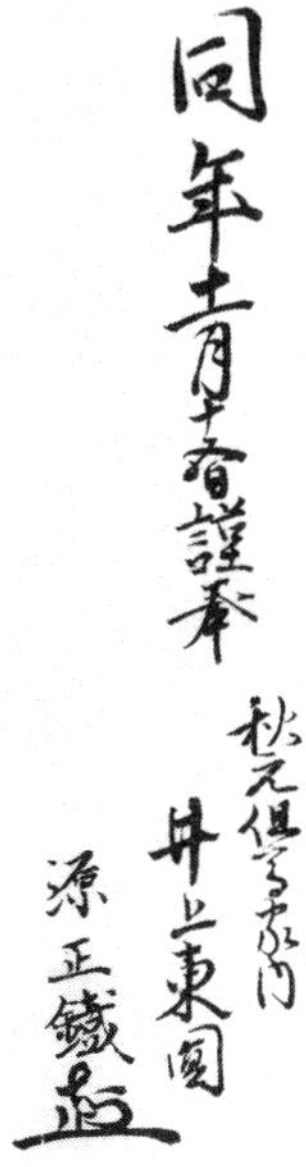

（金光図書館蔵）

井上正鐵自身に授与された免状や伝書は現存していないが、門中の一人でもある宮津藩主の本荘宗秀が、正鐵の六年後の天保十三年（一八四二）十二月に授与された神拝式の伝書と祝詞本が、舞鶴市立図書館糸井文庫に現存していて、その内容がわかる[10]。なお、宗秀はこの他に弘化元年（一八四四）十二月十日には「神饌供進式」「解除式」も授与されており、祓具の実物も保存されている。

神拝次第

先　向神前　　沓揖
次　着座　　　座揖
次　二拝
次　中臣祓　一反
次　三種祓　三反　拍手二
次　祝詞
次　三種祓　三反　拍手二
次　二拝

次　退座　　　　　　座揖
　　　　　　　　　　沓揖
　　　　　　　　　　如初

右令授與訖
天保十三年十二月十一日
印　神祇伯資敬王
松平伯耆守殿

こうした「神拝次第」すなわち作法が伝授され、装束着用の免許により、正鐵のいう〈心〉に対応する〈式〉である神拝式と、神職としての資格を得るのである。

そして、この白川家参殿から三年半の後の天保十一年（一八四〇）四月十五日に、井上正鐵は梅田神明宮の神主となって、本格的な教化活動を開始した。この神社は、『新編武蔵風土記稿』の梅田村の項に「神社　神明社　神主朝日出羽と云。吉田家の配下なり」とあり、朝日出羽の子孫と思われる朝日左近から、敷地と建物を三十両で譲渡された。だが、井上正鐵の神主就任に関しては、『白川家門人帳』に「右東圓義、天保十一年四月、武州足立郡梅田村江引越、同村神明宮神主ニ相成、井上式部と改」と追記があるだけで、白川家では補任などの手続きをした形跡がない。白川家の側としては、吉田家配下の神主持ちの神社の譲渡を受けるという変則的な事態に対応し難かっただろうし、井上正鐵の側としては開教の後には経済的に逼迫していたので、費用の掛かる正式な手続きは見送ったのだろう。

三　天保十二年の取締と『神祇伯家学則』の作成

井上正鐵は、〈神書講釈〉を入口にして〈祓修行〉の実践に進むように教えたが、病気や貧困などで生活が困難な人たちに対しても、門中の喜捨を財源として、一緒に生活しながら指導していた。やがて、これらが不審な行為とみなされて調査が進められ、ついに活動開始から一年七か月経った天保十二年（一八四一）十一月二十四日に、寺社奉行の命によって、井上正鐵は妻の男也と弟子の三浦隼人、采女夫妻と共に捕らえられた。取調においては、自分の教えは白川家の神祇道から逸脱するものではないと、一貫して主張していたので、寺社奉行から白川家に照会が行われ、十二月二十六日付で、白川家の使者南大路左兵衛から次のような口上書が出された。

當家門人、武州足立郡梅田村神明宮神主井上式部儀ハ、先年上京の砌、當家へ罷出、懇願に任せ許状相授け、神祇道相伝へ及び門人教諭の義も免許致置候。其後同人儀も御地へ罷下り、當家神祇道旨趣を以て、諸門人教授致候處、今般蒙二御不審一、追々御吟味筋御坐候趣、右教授の仕方異る様に相聞へ候儀は恐入候へ共、同人教導の趣旨に於ては、全く神祇道相伝人に相背け候義は無レ之候。此段厚く聞食被レ分、格別の御仁恵の御取扱の程、使を以て偏に奉二願上一候。以上。

天保十二年十二月廿六日　　白川殿使　南大路左兵衛

寺社御奉行所三

この文書では、正鐵の「教導の趣旨」は、全く白川家の「神祇道」に反するものではないと表明してはいるが、その根拠が明示されているわけではない。でも、ひとまず口上書は採用されたようで、年明けの天保十三年（一八四二）二月十六日に正鐵は村預けとして帰村を許され、その時に釈明の書面の提出を命じられたので、二月二十日より神明宮の本殿に籠って二十か条の問答からなる『唯一問答書』を書き上げた。

ここで「白川殿使」とされる南大路左兵衛は、白川家の関東執役であった。関東執役は一定レベルまでの免許の授与[一三]や本所への取次など門人の支配にかかわる事項のほか、訴訟などでは幕府や領主などとの交渉の窓口となっており、幕府からの諮問や通達に対応する立場にもあったようで、正鐵の吟味筋（裁判）にあたっても、関東執役の役割は少なくなかったのである。

この関東執役が所管する役所を関東執役所、あるいは江戸執役所といい、仏教諸宗派が元禄から宝永年間に江戸触頭を設置したのに対して、神祇道家では権限ある江戸役所の設置が行われたのが百年近く遅れており、吉田家では、寛政三年（一七九一）十二月に江戸役所を設置し[一四]、白川家でも、『白川家門人帳』の寛政四年入門の遠江国の神職の記事に「江戸役所より申来ル」との文言が見られるので、吉田家とほぼ同じ頃に成立したらしい。なお、正鐵の頃の白川家関東執役所は、本所押上法恩寺通御徒士町（現在の墨田区）にあったが、天保十二年（一八四一）六月の「出家社人山伏修験神職町住居禁止」によって、浅草鳥越（現在の台東区）に替地と手当金を受けて移転した。この時の記録によれば、執役には四十五坪、そのほかの二十九人の下役の者には計五百八十三坪の土地が与えられており、執役所の規模がうかがえる[一五]。南大路左兵衛は、天保十一年（一八四〇）十一月に執役代となって、後に執役に昇進したのだったが、この移転の折に、手当金を受けていながら配下に助成金を申し付け、それを普請や自分の雑用に使ったという罪によって、十四年（一八四三）閏九月には重追放に処せられた[一六]。短い在任期間ではあったが、ちょうど正鐵の吟味筋に重なっているのである。

井上正鐵への天保十二年の取締が、『唯一問答書』の執筆と提出によって無難に終結したかに思われた天保十三年（一八四二）の夏に、関東執役の南大路左兵衛は、気吹舎の平田鉄胤に白川家の職掌に関する上言書作成への協力を依頼していた[一七]。先の天保十二年十二月二十六日付の回答では、説得力が不十分だったので、さらなる上言書の必要性を感じていたらしい。

このころ平田篤胤は天保十一年（一八四〇）十二月の著述差し止めなどにより、秋田の国許へ退去していたのだが、鉄胤は手紙で南大路からの依頼について知らせており、その返事の天保十三年（一八四二）六月六日付の書簡には、「一南大路氏、井上式部儀に付奉行所へ出候節、伯家御職掌の筋御尋有之候付答趣、至極面白ク、右に付上言書被差出度思はれ、我等に認メ候様被申、貴様も同意に思はれ候段、我等も同意也…[一八]」とある。篤胤自身は、著述差し止めを命じられているが、この機会ならば自分の意見をまとめて表明することもできるし、上言書であるから「ヒョット樹君（将軍）の御目に入り候事[一九]」もあるかもしれないと考えた。同じ手紙で書籍などの参考資料の準備を指示していて「右の書類此方へ着の上、早々取掛り相記し可申候」と意欲を示しており、『気吹舎日記』の六月二十五日の条には「御飛脚出立ニ付伯ト両家之書記類幷医書類上ル[二〇]」とあって早速白川家・吉田家に関係する書類を送っているのがわかる。そして、九月七日の書簡では「其成文は此次の便までに可遣候[二一]」とあって、かなり熱心に執筆に取り組み、すでに草稿ができているようでもある。

白川家関東執役の南大路の依頼により、江戸の平田鉄胤と秋田の篤胤とがそうしたやり取りをしている最中の天保十三年（一八四二）九月二十三日には、井上正鐵は再び捕らえられた。そして、天保十三年の「十月中」には、関東執役が寺社奉行から再度の呼び出しを受けたが、そこでも「式部義、當家伝流之法ニ違候者ニは無之」と回答したと白川家雑掌の時岡肥後は記している[二二]。まだ、上言書は完成してはいなかったので、昨年末同様の回答をする以外にはなかったようだ。

そして、十一月二日付の篤胤の書簡では、「上言書故伯王様御撰の風に致すべしとの事承知。乍然、御門葉老功の者共、伯王様御命によりて記シ候體に、もはや大半脱稿にも及ぶべく相成候所…[二三]」とあって、先代の白川資延王の著作の形式にしてほしいという依頼ではあるが、伯王の口述を高弟が筆記した形式でほぼ書き上げているという。さらに、翌十四年（一八四三）正月十九日の書簡になると、「一　伯家御口授漸に出來候間遣はし候、右ヲ文化十三年の頃、官裁を願はれ候程の事と致し候には、深キ存意アリテ講義に大議論ヲ発スルコト也。サテ御自記のツモリに致し候所、又々案ズルニ、モシ公より、然ラバ御直筆アル乎と問はる、事のアラムモ知ラズ、其時コマル譯故に、御口授ヲ御門葉にて筆記のツモリに朱ヲ入レ候也…[二四]」とあって、伯王の著作とすると直筆の確認を要請されると困るから、口述筆記の形式にしたのだと述べて江戸からの要望を押し切っている。ここに仮託された「文化十三年」とは、文化十一年（一八一四）の吉田家との争論を経て「諸国附属神社帳」を作成し、全国の神職支配を組織的に進める体制を確立した年なのであった。

こうして、寺社奉行の下問への「上言書」として南大路の依頼から始まったはずの文書は、二十七年前の文化十三年（一八一六）に白川資延王の口述を門人が筆記したという体裁に仮託された「伯家御口授」として篤胤が執筆し、天保十四年（一八四三）正月三十日に鉄胤のもとに到着している[二五]。だが、吟味筋にあたっては、すでに前年十二月中に正鐵は口書（調書）に署名をし、十二月二十七日には老中堀田正睦から寺社奉行に対して遠島に処するように指示があったので、この上言書が影響する余地はなかった。

鉄胤の書簡では「彼御上言書も式部事には少しも不レ拘、御差出御座候様子、但し右落着以前は不レ宜、尤も不レ遠必ず片付申候[二六]」とあり、井上正鐵の件には関係なく提出の方向だが、この件が落着するまでは静観しておく段取りであるという。しかし、篤胤はその後にも、二月晦日には、「御上言書のコトいかゞ相談決し候哉、少しも早く出して見度ものに候[二七]」とか、五月十一日には「伯家上言の模様ドウゾ聞度モノ也[二八]」と書簡に書いており、提出を熱望している様子がわかる。しかし七月初め頃から体調を崩し、閏九月十一日に死去したので、「伯家御口授」を存命中に寺社奉行に提出することは実現しなかった。

このように「伯家御口授」は、著述差し止めの命を受けていた平田篤胤が、井上正鐵の吟味筋に関わって天保十四年（一八四三）正月に書き上げた平田篤胤の最晩年の著作であり、文化十三年（一八一六）の口述筆記に仮託された偽書であった。この書の作成にあたって、京の白川家がどの程度関与したのかは未詳だが、『白川家日記』（天保十三年十二月七日の条）には「執役所よりも、先頃来毎々文通」とあるので、少なくとも了解はされていたのではなかろうか。不遇の中にあった最晩年の平田篤胤としては、上言書でもあるので、将軍の目に留まる可能性をも期待して意欲的に執筆し、やがて、『神祇伯家学則[二九]』とされて後世に残ったのだが、正式に寺社奉行に提出されたかどうかもはっきりしない。これは井上正鐵の新義異流一件に関わる副産物であった。

四　天保十三年の取締と保釈への対応

天保十二年の取締においては、正鐵も天保十三年（一八四二）二月十六日に村預として梅田村に帰り、二月二十日に『唯一問答書』を執筆して提出できたのだが、奉行の内意に従って立ち去ることもなく教化活動を続けていたので、再度の取締に向けて事態は進行していたのだった。寺社奉行は、関東執役の「全く神祇道相伝人に相背け候義は無之候」とする根拠も示さない回答への対応として、『唯一問答書』を大学頭林家で審査した結論を受けて再吟味を始めることになったらしい。そうして、天保十三年（一八四二）九月二十三日に、井上正鐵は再び捕らえられた[三〇]。

今回の二度目の取締にあたって、白川家への最初の行動を起こしたのは野澤主馬だった。野澤主馬は、取締の可能性が出てきた前年の天保十二年（一八四一）四月中旬に、正鐵の命により寄宿していた浪人たちを連れて江戸を去り、丹波国綾部で教化活動を行っていた[三一]。この時点でも綾部にいたと思われるが、天保十三年（一八四二）十一月十五日に白川家に参殿した。『白川家日記』には、

一　参殿

江戸御門人

野　澤　主　馬

右者、先年於江戸執役所、仮許状相請罷在候處、此度参宮旁上京罷出、本御許状幷奉幣式御傳授等之儀、兼而願出候之處、御許容ニ相成、則今日夫々御傳授、且御目見等被仰付候事

とある。ここでは「参宮旁上京」とあるが、前年天保十二年（一八四一）九月に江戸で受けた仮許状の本許状への差し替えと奉幣式の伝授を願い出た。『白川家門人帳』にも「諸社為順拝上京」とあり、奉幣式の御礼金として金三百疋と役方への礼金の金百疋の合計四百疋（一両）を納めている。伯王への御目見もしており、再吟味となって捕らえられた井上正鐵への対応の依頼などがなされたかもしれない。

野澤の参殿の翌月には、保釈のための働きかけが、はっきりと開始された。これも表向きは宮津藩主本荘宗秀たちの入門という形式であったが、その際に献納した金品は、太刀三振、銀二十六枚、金十両余という、かなり大規模なものであった。

まず、天保十三年（一八四二）十二月七日に、加藤弥八（後の鐵秀）が上京して白川家に参殿し、雑掌時岡肥後に面会して、内願の趣を伝えている。『白川家日記』（天保十三年十二月七日の条）には、

一　参殿

松平伯耆守殿内々使者兼

御簱元奥津左京殿家来

加　藤　弥　八

右弥八義、年来神祇道信仰ニ付、於関東毎々執役所江罷出、南大路左兵衛懇意ニ相成居候由ニ而、此度同人より添

状を以上京、今日参殿ニ付、肥後及面会候處、松平伯耆守殿并御舎弟本庄四郎殿、且自分主人奥津左京殿等、是又兼而神祇道御執心ニ付、右御三人此度御入門被成度、尤近々表向使者を以、御頼ニ可相成候得共、以前内々御頼込置之由ニ而、則今日弥八、執役所より之手續を以、内々御頼之使者相勤、且自分義も、今度入門相願度、右等之趣申出候ニ付、早速及言上候處、内々御領掌故、此段及即答、猶又伯耆守殿兼而御信仰有之候、御家御配下、江戸近在武州足立郡梅田村神明宮神主井上式部義、自分門弟江祓詞教授、且病者抔江祓唱させ候儀ニ付、従公儀蒙御不審、去丑年十一月より寺社御奉行所江被呼出、御吟味中揚屋入被仰付、其後當十月中、関東執役被呼出、御尋之筋在之、其砌御答書差出、猶又御使者を以被　仰立置候處、其以来何之御沙汰も無之、然る処式部義、元来病身ニ付、永々牢中ニ罷在候而は、寒気之節凌之程も難計ニ付、御吟味中執役所江御預ケニ相成候様、御本殿より傳奏辺を以、被仰立被成遣度段、極内々伯耆守殿より御頼、尤式部よりも弥八を以、今度内々出願之趣意在之、元来右式部義ハ、神道格別相心得居候ニ付、諸侯并御籏元衆御家人諸士町人等ニ至迄、信仰甚敷、仍之自分門弟等も多有之、顕ニ伯州侯も内実御門弟ニ付、今般前件内々御頼、且執役所よりも、先頃来毎々文通、彼是無拠訳柄故、於御家も何卒程能御取扱被成遣度、右ニ付猶御勘考不遺、可然御取扱ニ可相成之段、今日弥八江、肥後より右及返答候事

とある。すなわち、この日の用件は、松平伯耆守（宮津藩主本荘宗秀）とその弟本荘四郎、旗元奥津左京、及び加藤弥八自身の入門についての内諾を得るとともに、吟味中の井上正鐵の身柄が小伝馬町牢屋敷での揚屋入から、執役所預けとして牢を出られるように武家伝奏を通じて働きかけて欲しいという保釈の請願でもあった。

この文書からは、井上正鐵門中に対する白川家の評価と、この吟味筋への白川家の対応が読み取れる。まず前者については、この加藤弥八は、関東執役の南大路左兵衛と懇意で、「執役所よりの手続きを以って内々御頼みの使者相勤め」ているとあり、井上正鐵門中は、関東執役所においてかなり有力な勢力になっていたことがわかる。また、正鐵に対し

ても、「元来右式部義ハ、神道格別相心得居候に付き、諸侯ならびに御旗元衆、御家人、諸士、町人等に至る迄、信仰甚敷く、これに仍って自分門弟等も多くこれ有り」という高い評価がされているのである。また、「当十月中関東執役被呼出、御尋之筋在之、其砌御答書差出、猶又御使者を以被仰立置侯」とあって、天保十三年十月中には関東執役が呼び出されて御答書を提出しており、これらの動きについては「執役所よりも、先頃来毎々文通」とあり、関東執役所から京の白川家にも頻繁に報告が行われていたようだ。

そして、翌八日には、本荘宗秀の使者藤田源之進と、奥津左京の使者加藤弥八、付添として宗秀の弟本荘四郎の三人が参殿して、雑掌の時岡肥後と面会した。入門については即座に了承され、十二月十一日巳の刻に行われることとなり、本荘宗秀は「此節御在国には侯得共、容易に上京も難被有」、奥津左京は「在府の事」を理由にして代人への伝授が認められている。また、本荘宗秀と奥津左京は親類である由が『白川家門人帳』に記されており、上級武士の間での正鐵の門中の形成要因が伺える。さらに、その翌日の十二月九日には、本荘四郎、本荘家京留守居の増戸剛平、加藤弥八の三人で参殿し、「彼是内談の為」に時岡肥後と面談している。こうして三日間をかけて打ち合わせを行い、十一日の入門の件を表向きにして、正鐵の保釈依頼の段取りなどについて話題にされたのであろう。

当日の十一日には、松平伯耆守の使者としての藤田源之進と、副使として京留守居の増戸剛平が参殿し、神拝式の御礼に「御太刀一腰、御馬一匹（代白銀拾枚）」と、奉幣式の御礼に「白銀　五枚」を献納し、そのほか「雑掌両人江　金五百疋ツヽ、御用人三人江　金三百疋ツヽ、取次中江　金三百疋」を贈っている。次に本庄四郎は、神拝式の御礼として「御太刀　一腰、御馬　一匹（代白銀弐枚）」と「奉幣式御礼　白銀弐枚、解除、清祓、神饌式三ケ条御礼　白銀三枚」を献納し、そのほか「雑掌両人江　金百疋ツヽ、御用人三人江　金五拾疋ツヽ、学頭稽古料　金百疋、取次中江金五拾疋」を贈っている。また、奥津左京の使者として加藤弥八が参り、神拝式の御礼として「御太刀　一腰、御馬一匹（代銀三枚）」を献納し、ほかに「雑掌両人江　金弐百疋ツヽ、御用人三人江　金百疋ツヽ、取次中江　金百疋」を贈っている。そして、加藤弥八自身も、「白銀　壱枚」を納めて神拝式を授かり、「雑掌両人江　金百疋ツヽ、御用人三人江　金五拾疋ツヽ、取次中江　金五拾疋」を贈っている。このように、これらの献納を合わせると、今回の入門にあたっては、太刀三振、銀（御馬代含む）二十六枚、金四千百五十疋（十両一分二朱）を納めたことになる。なお、この時の御礼金の額などについては、『白川家日記』にも『白川家門人帳』と同様に掲載されている。

さて、『白川家日記』によると、この日の入門の次第は次のようだった。

一　前件ニ付、於奥御座敷、伯耆守殿使者藤田源之進江御対面、御口祝被下之、御直答被為有、次ニ本庄四郎江御対面、御口祝御流等被下、夫より伯耆守殿江之御伝書、神拝式、奉幣式等弐通、且四郎江之御伝書、神拝式、奉幣式、神饌式、解除式、清祓式等五通、御直ニ御渡、委細は雑掌より内々可相伝之旨被為仰聞、四郎退座、次ニ奥津左京殿使者加藤弥八江御対面、御口祝御流等被下、夫より左京殿江之御伝書、神拝式壱通、弥八江之御伝書、神拝式壱通等、是又御直ニ御渡、前条御同様、雑掌より内々可相伝之由被為仰聞、孰茂退座後、於表御客之間ニ、本庄四郎江、御伝書五通之次第、時岡肥後より、委細相伝、猶伯耆守殿江は、四郎より宜伝達可有之旨申述、次ニ加藤弥八江も同断、肥後より相伝、右相済於使者之間、本庄四郎、藤田源之進、増戸剛平、加藤弥八等、右之輩江、一里第蛤吸物ニ而、御祝酒被下、一汁三菜ニ而御飯御茶菓等被下、畢而各同伴退出之事、但時刻ニ付、供之もの共江も、御湯漬被下、凡一五人計也

このように、奥座敷で資敬王より直に伝書を授けられたあと、表御客之間で雑掌時岡肥後から伝授を受け、使者之間に移って食事をして退出しているのである。また、この四人のほかに十五人の供がいて、昼食時のため湯漬を与えられている。

そして、十四日には、白川家雑掌の時岡肥後から武家伝奏の日野前大納言へ、寺社奉行阿部伊勢守正弘への通達を依頼した次のような書面が出された。これは、今回の多額の献金を伴う入門のもう一つの目的である正鐵の保釈についての願いに対応したものである。『白川家往来留』天保十三年十二月十四日の条には、

當家門人
武州足立郡梅田村、
神明宮神主
井　上　式　部

右之者江、神祇道相伝、自分門人江、天津祝詞太諄辞唱方教授、且病者抔江、祓唱させ候儀、兼而被致免許置候処、右教道之義ニ付、蒙御不審、去丑年十一月より、寺社御奉行所江御呼出ニ相成、御吟味中揚屋入被仰付、其後當十月中、関東當家執役之者御呼出ニ而、御尋之筋在之候ニ付、其砌御答書差出、猶又式部義、當家伝流之法ニ違候者ニは無之段、先頃使者を以、被申立置候通、相違無御座候。然ル処同人義、元来病身ニ付、永々牢中ニ罷在候而は、寒気之節、凌之程茂難計被存候間、何卒格別之御仁恵を以、御吟味中関東當家執役所江、御預ケニ相成候様被致度、此段被相願候。右之趣、阿部伊勢守殿江、宜御通達之儀、頼入被存候、以上

白川神祇伯殿家
十二月十四日
時　岡　肥　後　印

徳大寺大納言様御内
物加波周防守殿
滋賀右馬亮殿

日野前大納言様御内
河野丹後介殿
山中右近衛曹殿

とある。これでは「去丑年十一月より…御吟味中揚屋入被仰付」と、天保十二年十一月の初回の取締に始まり、「当十月中」（天保十三年十月）には、関東執役が呼び出されて「式部義、当家伝流之法ニ違候者ニは無之」と回答していたことを記し、「病身ニ付、永々牢中ニ罷在候而は、寒気之節、凌之程茂難計」として関東執役所預となるよう嘆願している。そして、十二月十五日には加藤弥八が参殿して、江戸へ帰る暇乞いをしているが、内願の趣についての武家伝奏への書面が、前日の十四日に白川家から提出されたことを確認して感謝の意を表したことだろう。また、この日には、加藤弥八が「当家家来、執役所下役」として東海道を公用で通行する旨の届が武家伝奏に対して出されており、帰路の便宜が図られている。しかし、こうした活動も功を奏することなく、小伝馬町の牢屋敷に入れられたまま、天保十四年（一八四三）二月九日に、井上正鐵は遠島を申し渡された。

井上正鐵に遠島が申付けられたのを知って、宮津周辺にいた野澤主馬は妻と共に江戸に帰ろうとした。そこで、天保十四年（一八四三）二月二十四日に白川家に参殿して、妻の女通証文の発給について京都所司代への取り次ぎを願い出た。これについては、『白川家往来留』（天保十四年二月二十六日の条）には、「但右女義、江戸表御門人野澤主馬妻ニ而、先年来丹州宮津江、主馬召連罷越居候由之処、此度帰府ニ付御證文之義、相願」とあり、二月二十六日付で資敬王の名義による京都所司代の牧野備前守忠雅に宛てた文書を作成して、翌二十七日に雑掌時岡肥後からの文書を添えて武家伝奏に差し出している。

一　女壱人　前髪切
右者、當家門人野澤主馬妻ニ而、此度従京都、江戸本所押上法恩寺橋通御徒士町、當家執役所、南大路左兵衛方江差下候、依之今切御関所、無相違罷通候御證文申請度候、以来右女ニ付出入之儀茂有之候者、下官方江可被仰聞候、為後證如是候、以上
天保十四夘年二月　白川神祇伯㊞
牧野備前守殿

この手続きにより、京都所司代から次のような女通証文が発給され、三月一日に武家伝奏を経て下付された（『白川家往来留』天保十四年三月朔日の条）。

前髪切女壱人、今切御関所無相違可被通候、是ハ白川神祇伯殿門人、野澤主馬妻ニ而、此度従京都、江戸本所押上法恩寺橋通御徒町、神祇伯殿執役所、南大路左兵衛方江、差下之由、神祇伯殿依断如斯候、以上
天保十四癸夘年三月朔日　備　前㊞
今切女改中

そして、その日のうちに白川家では所司代の役宅へ御礼の使者を差し向けており、かなり丁重な対応をしているのである。この証文は、翌二日には野澤主馬が参殿して受け取った。

この女通証文の発給を受けて、三月二日付で「当家用向」により、野澤主馬が東海道を公用で通行する旨を武家伝奏に届け出たが、何らかの差し支えにより、九日に京都出立延期になっている。これは野澤主馬に「白川殿門人野澤主馬」

と記した木札を与えて、給符荷（公用荷物）の扱いをする旨の届けに対して、武家伝奏から御附（武家）、京町奉行と決裁されて行く中で差し戻しになったためだろう（『白川家往来留』天保十四年三月八日の条）。

白川家書付致一覧候処、門人野澤主馬、身分難相分、殊ニ右様門人江、用向被申付、致旅行候之儀を、給符荷之取扱ニいたし候而は、外々闇ニも相成、宿方江難申付候、右書付致返却候事

三月七日

このように、直近に寺社奉行から遠島を申し付けられた者の縁者にも京都所司代への女通証文の下付申請を取り次いでおり、そのうえ、却下されたとはいえ公用としての給付荷の扱いまで申請して便宜を図っているのである。

しかし、三月十九日になると、三月七日付で寺社奉行から御附衆（武家）へ出された通達が、武家伝奏徳大寺大納言より白川家に伝達された。これは正鐵への遠島の申渡しがなされて不要になった前年十二月十四日付の保釈についての願書の返却であった（『白川家往来留』天保十四年三月十九日の条）。

白川家被差出候書付一覧いたし候処、井上式部義、去寅十二月廿七日、備中守殿依御差図、去月九日、遠嶋申渡候、依之御差越之白川家書面、返払いたし候、此段其筋へ御通達御座候様存候事

三月七日

これには、前年末の十二月二十七日に備中守すなわち老中堀田正睦により寺社奉行に対して遠島に処するようにとの指示があって、天保十四年（一八四三）二月九日に遠島を申し付けられたことが明記されている。これに対しては、雑掌

時岡肥後が請書を差し出し、井上正鐵の入門から吟味筋に関わる白川家との関係は終結したのであった。

五　まとめ

江戸時代における神職の支配は、「諸社祢宜神主法度」に基づいて行われ、吉田家が先行していたのだが、文化年間には白川家も「諸国門人帳」を作成して四人の雑掌が国別に担当する体制を整備した。既成の社家の多くはすでに吉田家の支配を受けていたため、後発であった白川家は社家ばかりでなく、各種の民間宗教者も支配下に置く方向で動いたが、そうした中の一人に井上正鐵がいたのだった。

ここでは、天保年間における井上正鐵の白川家入門と神主就任、天保十二年と十三年の二度にわたる寺社奉行による取締を経て「新義異流」として遠島を申渡されるまでの、白川家と井上正鐵門中との関係を具体的に跡付けてみた。井上正鐵門中の側からは、入門や伝授の謝礼という形での多額の献納を行う一方で、白川家においては、保釈に向けて実行可能な手続きを迅速に進めており、女通行手形の発給や給符荷の取り扱いについても便宜を図っていた。また、関東執役への寺社奉行からの下問に対応する上言書作成の中で、文化年間の筆記に仮託された『神祇伯家学則』が、平田篤胤によって作成されるという副産物もあった。こうした具体的な事例により、白川家とその門人との相互の期待と対応の一面が明らかになってきたであろう。

註

一　井上智勝『近世の神社と朝廷権威』（平成十九年）第二編第二章　吉田家批判の思想と論理に詳しい。

二　近藤喜博、金光真整「白川家門人帳について」（昭和四十七年）五七六頁。

三　原本は、白川家が絶家した後、戦後になって金光図書館に所蔵され、昭和四十七年（一九七二）には翻刻された。この資料の

四　書誌的事項や内容の分析については、同書の解説である前掲「白川家門人帳について」に詳しい。

五　『金光大神』（昭和二十八年）一六〇頁。
金木大隈については、神田秀雄『如来教の思想と信仰―教祖在世時代から幕末期における―』（平成二年）二九二頁から二九九頁。日比野大輔については、荻原稔「黒住教と日比野派の周辺」（平成二年）を参照。

六　前掲『白川家門人帳』三六九頁。
なお、『白川家門人帳』には、この天保七年十一月十五日の井上東圓（正鐵）入門の記載に続けて次のような記事があり、これを井上正鐵への「本免許」の授与とする見解があるが、誤りである。

天保九年八月十五日　巫職也
一　入門　神拝式　千早舞衣紅差袴　江戸住　式　部
申次　関東御役所より

この「千早、舞衣、紅差袴」は明らかに女性の装束であり、また七年の正鐵の記事の追記には「天保十一年四月…井上式部と改」とあるのに、そのすぐ後に記された九年入門の「式部」をも、正鐵とみなすのは不自然である。これは、後に井上式部と改名した天保七年入門の井上東圓（正鐵）と、九年入門の女性巫職の「式部」とは、たまたま同名の別人であるとみなさなければならない。この九年入門の「式部」については、明治期の伝記『真伝記』や『実伝記』では全く触れておらず、昭和八年刊の『翁』三六頁に、当時帝国博物館に寄託されていた『白川家門人帳』の文面を紹介した記事が初出するが、そこでは引用されただけで、解説や解釈は付けられていない。天保九年八月に本免許状が授与されたとする見解は、松井嘉和「井上正鐵の生涯」（『禊教の研究』昭和四十七年）で初めて記述され、それが『神道大系・二十八巻・諸家神道（下）』（昭和五十七年）の坂田安儀による「解題」や「禊教に関して」（昭和五十九年）に引き継がれて定着してしまった。また、荻原も『井上正鐵門中史便覧』（平成二年）において、この誤りを引き継いでいるので訂正しておきたい。

七　『実伝記』上巻、五二丁オ。

八　『白川家門人帳』五六六頁には、杉山周三（秀三）が慶応四年（一八六八）五月七日に、「初入門　神拝式　自宅風折浄衣」の免許を受けた記録があるが、「天保七年五月附、先年江戸ニ而焼失ニ付如此」と但し書きがあり、天保七年五月の免許状の再発行であった。

九　金光図書館所蔵。

一〇　舞鶴市立図書館糸井文庫所蔵。立命館大学糸井文庫閲覧システム「本庄宗秀神官就任中諸式書類」で閲覧できる。

一一　『白川家門人帳』には、神主の補任の記事は多くあるが、ここでは井上正鐵門中の二例を挙げて神主補任の手続きを見ておこう。弘化四年十二月八日付で、武蔵国幡羅郡西野村稲荷社守護職として、神職許状を願った加藤力（鐵秀）の場合は「同所地頭前田兵部殿家来陣屋詰高橋亀次郎より執役所へ向、奥印之願書差出」とある。地頭の家来である高橋亀次郎は、井上正鐵門中であった。また、文久元年五月二十五日に、武蔵国多摩郡今寺村神明宮神主として、入門した村越大和（守一）の場合は「別當天台宗報恩寺、名主清助連印願書差出候由、尤地頭江者、別當より社人差置候旨申立候筈之由也」とある。別當の報恩寺（青梅市今寺）は、守一が高声念仏で教化した堯欽が住職をしていた深大寺（調布市深大寺元町）の末寺であった。

一二　『在島記』一六から一七頁。

一三　例えば、井上正鐵の門人伊藤祐像は、天保十三年（一八四二）八月に、関東執役から神拝免許状として、神前拝揖之式授与、中啓扇子木綿浅黄差袴着用の免許を受けている。山上勘吉『吉備の真柱』（昭和十三年）には、写真が掲載されている。

一四　椙山林継「吉田家関東役所の創立と初期の活動」（昭和五十五年）。

一五　「寺社奉行書留」（『東京都神社史料・五』昭和四十三年）四〇頁。

一六　同右書、一四七頁。

一七　小林裕八「伯家神道と平田篤胤――『神祇伯家学則』の作者及びその成立時期について」（昭和四十九年）。「気吹舎日記（三）天保十三年～弘化元年平田銕胤日記」（平成十八年）の四月二十八日の条（一六八頁）には、「南大路方へ行く」とあり、五月十三日の条には「南大路佐兵衛入来」とあって、しばしば往来して鉄胤の白川家学師職代勤の手続きが進んでおり、その中で上言書の話題が出てきたのだろう。秋田には五月十八日に飛脚が出立しているので、その便で手紙を受け取って六月六日付の篤胤の返事が書かれたと思われる。

一八　渡辺金蔵『平田篤胤研究』（昭和十七年）六七八頁。

一九　同右書、六八〇頁。

二〇　「気吹舎日記（三）天保十三年～弘化元年平田銕胤日記」（平成十八年）一六九頁。

二一　渡辺、前掲書、七二六頁。

二二　『白川家日記』（天保十三年十二月七日の条）や『白川家往来留』（天保十三年十二月十四日の条）には、「當十月中関東執役被呼出、御尋之筋在之、其砌御答書差出」とある。
二三　渡辺、前掲書、七四七頁。
二四　同右書、七七一頁。
二五　前掲「天保十三〜弘化元年平田銕胤日記」の天保十四年正月三十日の条（一七六頁）には「伯家御上言書御案来」とある。
二六　渡辺、前掲書、七八四頁。
二七　同右書、七九一頁。
二八　同右書、八〇四頁。
二九　「神祇伯家学則」は、國學院大學所蔵本を底本にして、『神道叢説』（明治四十四年）四二六から四三一頁に収録されている（国立国会図書館デジタルコレクションで閲覧可能）。
三〇　『真伝記』による「九月十三日」を採る。『実伝記』は「十一月二十八日」としているが、後出の平田鉄胤の書簡には「去秋中再吟味に相成、又々入牢…」とあるので、すでに晩冬の「十一月二十八日」でなく、晩秋の「九月十三日」とする。
三一　岸本昌熾『先師野澤鐵教先生眞傳記』による。翻刻は、荻原稔「井上正鐵直門野澤鐵教の生涯」（平成二十八年）。

第六節　三宅島での活動と門中

一　はじめに

井上正鐵が遠島に処せられた三宅島は、房総半島と伊豆半島の沖合に点々と連なる伊豆諸島の一つである。この伊豆諸島は、江戸幕府の直轄領であって韮山代官の支配を受けたが、古くからの流刑地として知られ、なかでも三宅島、八丈島、新島は明治維新に至るまで流人が送り続けられた。

この三宅島において、井上正鐵は天保十四年（一八四三）六月から嘉永二年（一八四九）二月に六十歳で没するまでの五年九か月を過ごした。そこでは、医療を施すことから始めて、養蚕や製紙の技術を教えたり貯水池を試作したりして、生活向上の手立てを示しながら徐々に信頼を得て教化活動を進めていった。また、多くの書簡によって本土の門中にも指導を続け、それが後に集成されて正鐵の教えが残された。日常生活では、経済的に余裕のある流人の例により、島民の女性を水汲み女に迎えて身の回りの世話を受け、余暇には山中での狩りや海辺での釣りなどをして過ごした。ここでは、三宅島での門中形成の状況を中心に、生活や活動の拠点となった住居との関連をふまえながら、井上正鐵最晩年の活動を見ていくことにしよう。

二　三宅島への到着と水汲み女お初

井上正鐵は、天保十一年（一八四〇）四月に梅田神明宮の神主となったが、わずか二年のうちに二度にわたる取締を受け、天保十四年（一八四三）二月には、寺社奉行から遠島を申し渡された。そして、五月二十五日に深川万年橋から出帆し、浦賀、伊豆八幡浜、大島波浮港、新島・式根島を経て[1]、六月七日に三宅島伊ケ谷村へと到着した。挨拶廻りや振舞いなどの新流人がなすべき一通りの手続きが終わると、江戸の門中へ手紙を書いて、船頭に託したのであった[二]。

船中無事にて六月七日、三宅嶋伊ヶ谷村へ着船いたし、流人頭世話にて其夜は寺へ参り一宿いたし、其上流人頭八蔵と申ものかたへ参り、三日の内、村内に罷在候流人五十一人と申候者へ振舞いたし、夫より二三日、村流人家持の分へ世話人同道にて参り、諸入用向勘定致し、家持流人へ遣物いたし、又家もたず小屋と申候処へ集り居申候者へ米を遣わし、其上御船手御役人御世話にて、御船手役所留守居致し申候恵教方へ十四日に同居仕、猶又昨日、神着村と申候処伊ヶ谷村より三里大難所を通り参り、世話人同道にて右村方役人、流人頭等へ遣ひ物致し、振舞にあひ罷帰り申候。是にて、先一通り相済申候事に御座候へども、当年冬に新流人参り候迄は、何の彼のと申、流人又は其外の人々より無心致し候事に御座候。右の振舞等出来不申候ものハ、持参いたし申候諸道具、衣類迄、流人頭取上げ諸勘定致し、其上流人小屋へ下げ申候事に御座候。右遺物等いたし、振舞、諸勘定相済候者へは、借宅又ハ家等と、のへ住居致させ候事に御座候。其上、水汲女と申ものを付置申候事に御座候。少子事ハ恵教方へ同居致居申候間、借宅も不仕候へ共、当秋御船手御役人参り候節ハ外へ引越申候事故、借宅にても致し不申候ては相成不申候。然る処、当村先年焼失にて借宅無之困り申候。其節に相成候ハヽ、又々致方も有之可申と存候。先、当時の処、恵教方へ同居ゆへ安心に御座候。

（『遺訓集』二「初便」）

着船したその日は、伊ヶ谷の浄土宗大林寺に泊まり、翌日からは、流人頭に挨拶の上、村内の五十一人の流人に三日間の振舞い。次に家持ちの流人をまわって贈り物をし、小屋住みの流人に米を与えたりした。さらに島の精神的中心地ともいうべき神主壬生氏の住む神着村の島役所まで挨拶に行って、ようやく一段落した。このようにしきたり通りに行なえなければ、「小屋」での集団生活をしなければならないが、門中からの援助された資金や物資によって無事に終えられ、当面の住まいも、牢内で教えを授けた羽黒山の修験者恵教が留守居をしていた御船手役所に同居できたのだった。しかし、秋の末になると、船の往来が止まって御船手役所に役人が住むようになるので、九月上旬には桜田伝右衛門の持ち家を借り、九月七日には、隣村阿古村の飯村三左衛門の娘で十九歳のお初を水汲女として養うことにした。伊豆諸島のうちでも、三宅島は特に水が不自由なところで、水汲みは大変な仕事であった。そうした当時の島の生活の様子を、次のように書いている。

当所には、しいのみ、しいたけ、さつま芋、さと芋、此品は沢山に御座候。其外の品は一切無御座候。一切江戸より取寄申候事に御座候。男の渡世は鰹を釣申候。女の渡世は八丈木綿織り申候。又山へ籠を持行、薪を取、さつま芋又は里芋を作り申候。水ふつていの処にて、女は水を汲申候が第一の役にて、是は男にはとても出来不申候。其故は誠に足場あしく、けんその山中ゆへ、頭の上に水桶をのせ、半道もある処より汲取申候。其妙術、其所の女ならでは出来不申候。山中水の出申候所と申も、牛のよだれ程出申候水を村中にて飲水にいたし候事ゆへ、半日位はかゝり申候。すべて女の働きにて薪を取、さつま芋を作り申候事に御座候まゝ、女に男があやまつて居る事にて、男はいつこうつまらぬ事にて御座候。誠に女の姿は、かみはおどろに乱し、湯水は遣わず、身にはつゞれを着、野山のはたらき故、手足はおそろしく、居るといふ事なく、足はなげ出し、口には悪言上手にて、目をおどろかし候事に御座候。

（『遺訓集』六「門中心得方」）

遠くの山中の湧水から水を汲んでくることが最大の家事であったので、家持ちの流人は村人の娘を水汲み女として養い、生活全般の世話を受けていた。そんな中で夫婦となり、家庭生活を送ることも多かったのである[三]。このお初も、生活全般の世話をしたばかりでなく、門人としても常にそばに付き添い、最晩年のほとんどの時間を共に過ごした。やがて、本土の門中と手紙のやり取りもできるほどの読み書きの力を身に付け、最後には正鐵の訃報を伝えたのであった[四]。

さて、正鐵は病気や家内のもめごとなどを‘よき修行の種’といい、その困難を動機にして〈祓修行〉に精進するよう門中に対して教えを説いたが[五]、この若い島娘のお初との生活の中で思ってもみなかったような‘修行の種’をつかむことになった。そうしたエピソードの一つに、自ら麁食少食に加えて麁服を説いているにもかかわらず、門中に対し絹の服を所望してしまったという痛恨の失態があった。取り消しの手紙を書いて反省し、それを教えに説いている。

水汲初事、兎角とし若ゆゑ着ものがほしくてならず、少子まで申出し候に付、扨はわが心の置どがまちがひしとかんがへ見候所、我身にかやうなるふらちな心をもち候事ゆゑと明らかに知れ、眼前にかくうつり申候事ゆゑ、其御地御同門中へも定めてうつり候事とぞんじ候へば、扨々おそろしく、まことに世の中は御教へのごとく明鏡にて御座候、おきつ鏡、辺都鏡の御おしへ有がたく存候。

（『遺訓集』五「要石」）

お初が着物を欲しがったりすることも、自分自身の祓いが足らないからであり、本土の門中へもその心が映っていっているであろうから、気を付けて精進するようにというのである。ここにある‘おきつ鏡、辺都鏡’の教えは『唯一問答書』にも述べられており、自分の心が外へと映り、自分をとりまく状況になってゆくのであるから、まずは自らの心を祓い清めなければならないのだとする正鐵の中心的な教説である。

またある時は、お初の歌を聴いて、はたと悟ることもあった。

当所女のうたひ申候うたを、お初事、手紙書候せつ、糸とりながらうたひ申候、

可愛をとこと河内のゆづは

身より皮いじやないかひな

斯神の告に御座候、天に口なし、人をもつていわしむる、あら有難や、神の御告を聞く耳をいたゞき申候事よと、よろこび申候。

（小西おつた宛『遺訓集』七「罪の河原」）

同じ手紙に〝恋の情けは人を歓ばして後に、我よろこぶものに御座候〟とあり、この歌の〝身（自分）より、かわいい〟というところに〝我身の為〟ではない〝神の恋〟の心が述べられているというのである。お初との暮らしは正鐵にとって様々な〝修行の種〟を授けられる場でもあった。

三　教化の開始と門中の成立

お初と暮らし始めた桜田伝右衛門家の隠居所には、天保十四年（一八四三）の九月から、弘化三年（一八四六）までの二年半ほど住んだ。この時期には、医療を取り掛かりとして、〝村中にても、神明の守護の身のうへなる者と存付よふす…〟[六]となり、ひとかどの人物であると認められるようになったのである。

島に着いた翌年の弘化元年（一八四四）夏から秋にかけては、痘瘡や熱病が流行したが、感染を恐れて交通を遮断され、死を待つばかりの状態であった村人への治療を行なった。伝記には、子どもが痘瘡となった高松与平治家や、一家九人が熱病に倒れた笹本久右衛門一家などの治療にあたったことが記されている[七]。また、難産にあたって、「あき」という老女に助産術を教えている[八]。こうした治療や医術の教授によって助けられ、教えも受けるようになった村人たちが次第に正鐵宅に集まってきたのであった。

弘化二年（一八四五）春頃の手紙には、のどかな島での暮らしぶりとともに、徹夜で語り明かす四、五人の熱心な門人がいたことが記されている。

少子楽しみと申は、日夜いろりのはたにて、しぶ茶のみ、芋さつまを甘んじ、昼は書物を見、むかしの人を友とし、又は其方御門中の御書面など取出し、繰返し〳〵思ひを古郷に通はし、夜は四五人の此方同門参り候を友とし、家津とりの鳴まで咄しあかし、又は其方より御送り候もろこしこがし、かきもちなどの珍味を食し、御門中の文ども此方門中に読聞せ、厚き御信心の程を語りあかして歓喜の涙に呉れ申し候。

（『遺訓集』五「真如之月」）

このように一年ほどの内に門中が少しずつ形成され始めていた。しかし、島の門中もはじめから信心堅固というわけにもいかなかったようで、生まれたばかりの門中を子どもに例えて、食べ物を送ってくれるようにと頼んだ手紙もある。

当地にも生れ子供多く御座候。乳ばかりにてひざつこは世話多く、母ばかりの手にてそだて候には困り申候。何卒、此子供ちよろ〳〵あるき致し候迄は、喰物御送り被下候よふに、御門中御相談被下候て、御計ひ可被下候。

（『遺訓集』六「門中心得方」）

とあり、時々は施しを与えて心を引き付けておかなければならなかった。

弘化二年（一八四五）の夏は四月上旬から七月下旬まで（新暦では五月中旬から八月下旬）日照りが続き、作物は枯れ、人々は困り果てていた。三宅島には雨乞の行事があって、まず女性たちが海岸の小石を拾って神社に供えてまわり、次に「川ざらい」をし、それでも雨がなければ、「山焼」といって島の中心にある雄山の頂上で一昼夜、火を燃やし続けるのであった[九]。おそらく、こうした行事をすべて試みた後であったろうが、地役人はじめ島の役人たちが揃って、神職である正鐵に雨乞の祈祷をするよう求めてきたのであった。そのときの様子を、じかに見聞していた神着村の浅沼元右衛門が、『三宅島年代見聞記[一〇]』に次のように記している。

　此年ハ、四月初旬より七月ニ至る迄、雨降らず、依之嶋民旱損を嘆き、井上大人へ雨乞を頼ム。大人も兼て心痛致されし事なれバ、我が流義ニハ適セざれども、天下泰平の御祈念なれバ、早速ニ承諾致され、神明加護無キ時ハ、再ビ活て帰らじと死を決し、泉津山ニ登られ、聊の平地へ祭場を構へ、丹誠を抽で、日夜御祓執行成しけれバ、同月廿八日、満願の当り、大雨降りけれバ、伊ヶ谷村の人民一同迎ニ行キ、大人を伴ヒ帰村成し、其後作物蘇生して、嶋民の悦ビ一方ならざりし。

ここに「我が流義ニハ適セざれども…」と述べられているように、正鐵の教えは、祈祷に重きを置くものではなかったが、ここは島の人々のための〝天下泰平の御祈念〟であるとして引き受け、十日間にわたり祈祷を続けて成就した。そして、九月になってから、江戸の門中への手紙の中で、次のように振り返っている。

　七月中、当嶋大日でりにて、作物皆かれ、暑気強、のみ水にもこまり申候。右に付、村役人中より、少子に神徳をあらはし、雨乞いたし候よふ被申付候。多くの人々をたすけ申候事故、早速承知いたし、七月十九日よりものいみいたし、七日の内、鎮守后大明神へこもり、廿六日より断食にて、仙都と申、山中へこもり、天の神にちかひたてまつり、天下泰平、国土安全、萬民安穏なさしめたまハヽ、此度の雨乞納受あつて、感応ましましたまへとねんじ、我、神慮に叶ひまいらせずは、此山中にうへ死まいらせんと、身命をなけ捨、いのりけるに、神明あはれみをたれ玉ひ、山中なりうごきて感応ありしと嶋人ども申たり。其夜、少々雨ふり、廿七日、晴天なるゆへ、いよ〳〵丹精をぬきんで、吐菩加美依身多女と唱へやまざるところ、廿八日、東南の方より黒雲出きたり、雷鳴して大雨ふりくだり、然るに村人各々よろこび、お丶ぜい迎ひに来りて、かんぎして舞うとふて、一同に吐菩加美依身多女ととなへ申候。猶又江戸表より着船、書状当来の由申来、扨々少子も神徳の難有事申尽しがたく、歌よみて后大明神へ奉納なしはべる。

あしきなき我ねき事もきこしめし
　雨くだします神ぞとふとき

流人の身なれば、嶋人にもいやしめあなどられはべりしに、此度神明のおたすけにて、人々の心をおどろかしめ、法をも聞もの多御座候。御よろこび可被下候。

（『遺訓集』二「雨乞」）

まず、七月十九日から二十五日までの七日間、伊ヶ谷村の鎮守である后大明神（式内社、祭神伊賀牟比売命）に籠って物忌みし、二十六日から〝せんず〟という山中に入っての祈祷が始まった。〝せんず〟は、伊ヶ谷村の南東にあたる雄山の中腹の山中で、溶岩の層から水がわずかに湧き出している水源地である[一]。沢の突き当たりの山が迫った所であるが、狭い平地に祭場を設けて、いつもの〈祓修行〉そのままに、ひたすら〝とほかみゑみため〟と唱えての祈念を続けたのであった。山中に籠って三日目の二十八日、ついに大雨が降り、村人たちが大喜びで迎えに行った時には、力尽きて流れる沢の水に浸っていたといわれている。

こうして、雨乞成就の後の弘化二年（一八四五）の九月には、

当嶋にても不相替神道口釋いたし、日々鎮守后大明神へ参詣、御祓修行仕候。門人もおひ〳〵出来、毎朝七八人参詣おこたりなく〳〵修行いたし申候。只今の様子にては、おひく門人も多相成、心願も相達し可申と存候。

（『遺訓集』二「雨乞」）

とあるように、毎朝一緒に〈祓修行〉を行う七、八人の門人ができ、お初もまたそのころに修行を成就している[一三]。この雨乞祈願の成就は、多くの島人に感銘を与え、今日でも〈とほかみどん〉と愛称されるほどに井上正鐵という人の存在を知らしめた。そして、流人頭にも選ばれて、一般の流人には着用が許されていなかった羽織を着て弘化三年の正月を迎えることとなったのである。

四　門中の増加と転居

在島四年目になった弘化三年（一八四六）三月には、

此御法がなくば、わたしなぞはいまごろは、さぞ人にいやがられ可申候。夫が神明さまの御法の御かげ、かよふなるしまへ参りおり候ても、みんなにこいしがられると申事は、ありがたき御法ゆへに御座候。たゞ〳〵御法の外にたよりにいたし申候ものなく候。当嶋へまいり候ても、法の子十五六人でき、そのうちには老人もあれば、若きもあり、みんな私しを恋しがり、朝夕に御法相ぞくにまいり申候。たゞいまわたしの朝夕のかいほふをいたしくれ候ものは、おはつとて当年二十二歳に成申候女にて御座候。是も法の子ゆへに、私よりよい男はないとぞんじ、かわゐがつてくれ申候。

（『遺訓集』三「男ぶり女ぶり」）

と書いている。ここに〝法の子十五六人〟とあるように、門中も増えてきて、今までの家では手狭になったのと、借家の期限が弘化二年暮れまでの約束だったので[一三]、この年には、（亀島）藤内右衛門の地所に移転したとある[一四]。また、『実伝記』には、〝浅沼藤七所有の家屋を借り[一五]〟たとあり、この後書簡にはしばしば隣家の船頭亀島藤内右衛門のことが話題になっているので、おそらくは、亀島家隣りの浅沼藤七所有家屋ということだろう。

また、お初についての言及がしばしば見受けられるようになる。先の書簡にも'かわゐがってくれ申候'と述べられているが、三浦知善[一六]に宛てた手紙では、

少子事、おまつが恋しくてならぬゆへ、日夜に思ひが起り候間、此方にて、おはつと生れかわらせて、朝夕ニ楽しミ居申候。それゆへ、お松が名日（命日―引用者）にハ、お祭をいたし、お初が前生と思へと申付置、修行いたさせ申候。おまへも、おまつを生れ替らせ、法の子を御こしらへ可被成候。いつまでも死なせおいてハ、なさけなく候。元たましいハ、たつた一ツにて御座候。生れかわらせ候へバ、じきにでき申候。必らず〳〵法の子を御こしらへ、御喜びの様子御申越可被成候。

（『遺訓集』七「そもじ命」）［弘化三年三月］

三浦夫妻の子である故'お松'について触れつつ、お初が生活の世話ばかりでなく、門人として修行もするようになったとある。また、知善とも文通によって親しくなったようで、後に'はつよりも、よろしく申上候よふ申聞候[一七]'といった伝言のある手紙も見られる。こうした頃、正鐵は体調もよく、日中は釣りを楽しみ、夜は門中と話し込んで、朝寝坊してはお初に叱られていたという。

少子も当年五十七歳に相成申候へども、信心の徳にて身躰すこやかにて、其御地に罷在候節より若やぎ候よふ覚へ申候。日日毎海辺へ釣に出申候て、ゑびす様の業をつとめ、岩石はげしき所をかけあるき、養生のみに御座候。…兎角筆ぶしやう、其上咄しずき、釣用、いろ〳〵にていそがしく、夜分は門中咄し、枕を付候と能く臥り申候、扨々いまだ老人のよふになく、困りものにて御座候。

朝おきをしおぼへにけり四十雀

と申句御座候へ共、兎角に朝起出来申さず、困り申候。五十七歳に成ても二十歳位なもの、ごとく、廿二歳になる水汲み初女にしかられおり申候、御笑ひ草に申上候。

（『遺訓集』六「蓬莱」）［弘化三年閏五月］

正鐵の書簡や伝記の記述には、島人との様々な関わりが記されているが、お初の身内については、特に具体的な状況が述べられた事例がある。たとえば、「夷の業」として、しばしば釣りに出かけたが、釣り道具を持って同行したのが、甥の清松だった。流人は船に乗ることを禁じられていたので、磯からの竿釣りが主だったが、いろいろな工夫もしていて、帆を取り付けた三尺ほどの板に釣り糸を仕掛けて海面に漂流させて大物を狙い、糸を片足に結んで引きを待ちながら、煙草をくゆらせるのを楽しみにしていたという。ある時、強い引きに足を取られて倒れたが、清松に助け起こされて二人で引き上げたところ、五尺もある黒ザメが獲れたという逸話がある。こうした獲物があると、隣家の石井定之助に頼んだり、自分で調理して門中を集めて振舞いをし、教えを説いたという[一八]。

本土からの送り物を、島の人々に別け与えることは、教化の手だてとしても重要であったし、物資の不足している島にあっては期待されてもいた。そうした中、粟は炊くと量が増えて食料の足しにするには好都合なので、お初の伯父の飯村政之助（書簡には叔父の政五郎とある）を使者にして粟を島へ送る手配させたが、本土の門中には正鐵の名を語る詐欺だと疑われて、要望が叶わなかったという[一九]。

ある時には、いとこの亀太郎の奉公先の紹介もした。

当地にて少子かひほふ人初女身内の者伜にて當年十一歳に相成申候もの、江戸表へ奉公に出し度之由申候。もし御見世にて御遣ひ被下候て御都合にも相成候はゞ、御頼申上度候。御世話被下候はゞ、難有存候。色々申上度候へども、又々後便申上候。

（『遺訓集』三「痔之病」）［小栗喜平治宛、弘化三年頃］

このように紹介しても何かと問題があったようで、主人の側の苦労は絶えなかった。亀太郎の奉公先となった小栗家の主人へも、自分とお初との暮らし振りを引きながら励ましを送っている。

亀太郎事段々厚き思召之由、少子始め両親歓び申候。…少子も、水汲に貰ひおき候亀太郎いとこ、はつと申候もの、いろ〳〵教へ候へども、身ニ神徳薄く候間、当人修行埒明不申、日々夫を引立申候ニて、少子修行出来、難有存候。もし此ものなくバ、修行も怠り可申と存候。扨々、神明の御計ひは難有存上候。貴兄の亀太郎、少子のおはつ、よき手習草紙にて御座候。せいだし真黒に成候て、紙もやぶれ、煩悩のかげも形ちもなくなり候やうに、御修行可被成候。

（『遺訓集』四「手習草子」）［弘化四年三月］

このようなお初の身内との関わりにも、流人と島人との関係が窺える。

島の産業にするために、上州の門人より取り寄せた「白竜」という蚕種の普及もした。浅沼元右衛門の『三宅島年代見聞記』には、「弘化三年神着村百姓利八同寅吉之両名白龍といへる繰糸用の蚕を飼ヒ初ム。此種ハ井上正鐵大人内地より取寄せ神道の門人神着村仁杉鹿之助へ與ウ。仁杉一年是ヲ養ヒ其翌弘化三年利八寅吉両人へ其種を分與ス。両人是を養ヒ試ミしに果して利益有り。夫より両家ニて盛大ニ此蚕業を行ウ…」とある。島の在来種は黄色の大きな繭で真綿にしてから織っていたが、白龍は明治の中頃まで多く作られていた当時最新の品種であり、繰り糸に引くことができるものだった。それを御家人出身の流人仁杉鹿之助や上州出身の流人いね、笹本久右衛門の妻等に飼育させ、絹織物の製法を指導したという[二〇]。

五　神明宮の建立と梅辻規清との出会い

在島五年目の弘化四年（一八四七）になると、

少子のたべ候は麦飯か粟の飯二碗ツヽ両度、昼は処に出来申候芋さつま二、三本にて事済申候。御送りもの多く御座候へば、此方は難儀なる処に御座候間、門中へもほどこし、家内にぎやかに、月に四度の御祭り等致し申候。

（『遺訓集』三「海苔之舟」［弘化四年二月］

とあり、亀島家の隣の正鐵宅では本土の門中から送られた物資をもとに〝月に四度の御祭り〟が行われるようにもなっていたのであった。こうした組織立った活動もなされてきた三宅島の門中にとっては拠り所となる活動場所が必要であると考え、弘化四年（一八四七）春に神明宮を建立することを発願して本土の門中に寄進を呼び掛けた。この背景には、江戸で弘化三年三月と四年正月に赦免願を提出したことがあり、赦免によって帰国する可能性も視野に入れた行動でもあったのである[二一]。

別紙申上候。当地え参り候事、不思議の因縁の地と存候間、何卒末世末代迄も、神明宮御宮残し、永く当地に神徳を残し、萬人信心得道の為にも仕度奉存候心願に御座候。何分地所無之候へば、御宮建候事も出来不申候。何卒地所求め候て、神明宮御宮建申度御座候。左様有之候へば、愚生当地へ参り候甲斐も御座候。只今住居致居申候所は仮（借り——引用者）地面にて御座候間、後々までの用には成不申候。神明宮も後々跡方も無成可申と存候。右に付き何卒御両人様御骨折、其方御同門中御相談、地所整ひ申候て如何様に麁末にても、神明宮御宮建申候様仕度候。

（『翁』「永代地[二二]」）［弘化四年三月］

そして、この呼び掛けに応えた寄進が早速送られてきて、秋には手付を支払い、冬十一月一日には新居が完成して引越したのであった。

去霜月朔日、引越申候。右住居を移し申候入用等かゝり申候に付き、地面売主へは半金渡置申候。地面は平地十間四面、山地十間ほどにて御座候。左様思召下さるべく候。

（『翁』「水溜三三」）［嘉永元年三月］

だが、そうした好事にも、様々な思惑が絡み合う。仲のよい隣人であったはずの亀島藤内右衛門が、新居に転居すると今まで隣人として得られたいろいろな便宜を失うと考えて、お初に何かを入れ知恵して邪魔に入ったらしい。

亀嶋藤内右衛門殿の御はなしも、夫ニハ段々しさい御座候事にて、其訳からは中々筆紙にては申尽し難く候。然しながら、御安心の為め、あらまし申入候。藤内右衛門殿は、よき人にハ御座候へとも、利欲には深き人にて、此度永代地へ移り申候と、藤内右衛門殿の宅より離れ、遠くなり申候。夫にてハ、自分勝手にあしく、萬事不都合ゆへ、おはつをだまし、いろ〳〵と悪しき事とも教へ、邪まに入申候事にて御座候。凡夫と申者は、我身の為め、欲には忽ち悪心おこり申候ものにて困り候。夫故にいろ〳〵と其方へ申遣候事と存候。右の儀に付き、おはつ事も、しばら〳〵里方へ遣し置きて引越後また〳〵呼戻し、此節はよふすよろしく候。

（『翁』「水溜二四」）［嘉永元年三月］

とあり、様々な問題が起きて、お初もいったん阿古の実家に帰されたことがあったのである。

こうして神明宮の建設の事業を進めているのと同じ頃、またと得難い人物が三宅島にやってきた。それは、江戸で「烏伝神道」を説いて、遠島に処せられた京都の上賀茂社の社人梅辻規清が、八丈島へ向かう途中の弘化四年（一八四七）十月十四日に三宅島に上陸して、その後約半年ほど滞在することになったのである。ちょうど、前月の弘化四年九月には、村越正久のために作成していた古事記神代巻の読み下しの下書きができたところであり、正鐵の研究意欲も高まっていた時だったのだ[二五]。

梅辻規清は、正鐵より八年ほど若く、寛政十年（一七九八）の生まれである。京都の上賀茂神社の社家であったが、若い頃から諸国を遍歴し、天保の末頃には「烏伝神道」を唱えて江戸池の端に瑞烏園という塾を開いて、神道講釈と多くの著述による独特の教化を行っていた。著書には、『生魂神供次第記』『三宝荒神真向鏡』といった日常平易の中に神拝の心掛けを説いたものや、『烏伝白銅鏡』『陰陽外伝磐戸開』『常世長鳴鳥』といった世界観に関するもの、『火の用心仕方』『蟻の念』『太平の船唄』といった社会改造に関するものなどがあり、すこぶる多岐にわたる多くの著述を残している[二六]。弘化三年（一八四六）に捕らえられ、翌四年四月十八日に「異説一件」として遠島の申渡しを受けて、八丈島に流される途中の風待ちだったのである。風待ちとは帆船が航行するのに適した風を待つことであるが、規清の乗った御用船は三宅島の船だったので、冬の強い西風のために、八丈島から回送できなくなることを恐れて、三宅島止まりとなったのであろう。

梅辻規清（『陰陽外伝磐戸開』より）

風待ちのうちは神着村に割り当てとなったが、ねずみの害に困っていた村人の願いを受けて、弘化五年（一八四八）正月二十八日には、村の神職たちを介添として指導して「神籬の祭事」を行った。この祭事は大変効果があって、鼠の害はぱったりと止み、村人たちはそれから数年間、八丈島まで毎年麦一俵を送って感謝したという。この祭事のために書き上げた「天下太平風雨時順五穀成就村内安全并鼠柘虫除祈祭文[二七]」が残されている。

このように、たちまち神職としての面目を表わしているほどだから、島に着いてほどなく正鐵と出会ったのも当然だったろう。おそらく、この二人の出会いは規清が三宅に着いて間もない弘化四年の冬のことではなかろうか。また、言い伝えによれば、その場所は神着村の神主壬生家の屋敷であったらしい(二八)。

規清が八丈島へ去った後に正鐵が書いた手紙には、

少子事、当地に参り六ヶ年に相成候へ共、扨々なにもなしたる事もなく、空敷過ぎ行、甚以なさけなき事にぞんじ候所、当夏中八丈に参り候流人、当地へ船掛り致し候其内に、梅辻飛騨と申候もの参り、此人は其御地に居候節に、名前はきゝおり候へども、かく別の人とも不存候間、尋もいたさづ居り申候処、対面致し、神道の事を承り申候所、よき学者にて、其上京都加茂神職にて、神代よりの古き伝へとも、其家に伝り居申候に付、さて〳〵難有事、小子当地へ参り独学を、神明宮あわれみたまひて、梅辻をもつて御伝へとよろこび、三日三夜飲食をわすれ、いぬる事もなく相続を致し、猶加茂分雷皇太神宮の神徳、祭礼の節、神事大事承り、発明致し申候事多く…。

(『遺訓集』二「布斗麻迩」)〔嘉永元年九月〕

と、その顚末を述べている。江戸にいるときには、名前は知っていたものの、面識を持とうとも思わなかったが、直に会って神道を談じあっていると三日三夜が経ってしまうほど、二人の話は弾んで熱を帯びたという。その話題の一つに「布斗麻迩《ふとまに》」のことがあった。

先年より布斗麻迩と申事、神道の大切の伝と承り居り候間、色々心をつくし候へども、其道理は分り申候へども、其式わかり不申、又先年、言霊の奥伝布斗麻迩と申事ゆへ、菅沼庄助が言霊の奥伝布斗麻迩の伝受候へども、御存の通り、信の伝へなき人ゆへ、只道理はおもしろく候へども、日本の易術のよふなる事にて、国家を治め、安国の用にもたち兼申候。然るに、分雷皇太神宮の神伝、梅辻より伝り申候処、布斗麻迩と名付申さず、分雷皇太神宮神伝と申候。則、布斗麻迩の事にて、その式あきらかに相分り、さて〳〵有り難き事に御座候。

（『遺訓集』二「布斗麻迩」）

この布斗麻迩について、正鐵は諸家を尋ねては研究していたが、納得のいく答えがなかった。しかし、規清の伝承する「分雷皇太神宮の神伝」によって、ようやくその核心を把握できたというのである。『古事記』にも「布斗麻迩に卜相《うらない》て…」とあるように、一種の占いの方法であり、鹿の肩甲骨を焼いて、その割れ方によって吉凶を読み取るというのが一般的であるが、正鐵によれば、〝布斗麻迩の法と申候ハ、往古天子日々神拝の式にて、此式を日々に御勤被遊候間、天照太神の御神徳顕われ申候事に御座候〟といい、〝神拝の式〟であって、いわゆる占いの方法ではないらしい[二九]。

このように、規清に出会うことによって、大いに得る所があったのだが、その人物には何か物足らないものを感じたようである。〝梅辻も信の伝へなき人故に、唯々式は心得候へども、夫は只分雷皇神事の節計り致し来り候事とばかり存居り、一向用には立不申候様子にて御座候。猶、学文も道理を尽し候計りにて、今日の用には立不申候様子にて御座候〟と述べており、さらには、

神代の伝へ、今に明らかに御座候へども、信心の伝へのなきもの故に、盲目をめくら馬に乗せ、目くらが口を引申にて、困り申候、たとへて申し候へば、大燭台に蝋燭を立て、先祖より伝り居り、宝物に致し居り候へども、火を火打にて拵へて、火を附る事をしらず、闇路にて宝に致し居り申し候事と同様にて御座候。その燭台を小子貰ひ、火を打附候へば誠に暗を照し申し候。

（『遺訓集』四「三日三夜」）

とも述べている。正鐵は、形である〈式〉に〈祓修行〉を通じて伝えられる〈信心〉が加わらなくては生きた力になってこないという信念を持っていたので、いわば知識が空回りをしているような印象を持ったのであろう。とはいえ、正鐵最後の学友となった梅辻規清は嘉永元年（弘化五年二月二十八日改元／一八四八）の夏五月に八丈島へ発った[三〇]。

六　正鐵の最晩年と三宅島門中のその後

弘化四年（一八四七）の冬には、三宅島門中の拠点ともなる神明宮を祀る新居を完成させ、弘化五年（嘉永元年）の春には〝松苗を植てかぞふる年月に、我身の老を忘れぬるかな〟と詠んで喜びを表しているが[三一]、この時期には、流人頭を勤めて医師・神職としても人々から重んじられ、門中も段々と育成できつつあり、学友にも恵まれるというひとつの絶頂期でもあった。その上、島人の生活向上のためには、女性たちの水汲みの労を何とか軽減しようと、嘉永元年（一八四八）三月の手紙で[三二]、江戸から石灰と粘土を取り寄せて、その夏には屋根に降った雨水を溜める〝水溜〟（貯水槽）を自宅の裏手に試作した。それが成功したので、秋にはさらに拡充を計画して物資を送るように頼んでいるのである。

一、水溜に致候に付、敲の品々御頼申上候処、御送り被下忝へ申し候。能く出来候へ共、品々不足に御座候間、又々敲度候。…右の水溜出来申候て喜申候。国益に相成、後々には一統の喜びにも相成可申と存じ候。当地は誠に水に困申候所にて、水切に成候へば、山中へ遠く行き、少々の沢水を汲取、女の頭の上へ桶をさゝげ、足場悪敷岩石の難所を持参候事にて、一碗の水も骨折候事を思ば、呑兼申候。

（杉山秀三宛「国益」[三三]）［嘉永元年九月］

この年の冬には病に倒れてしまうのだが、嘉永元年には比較的多くの手紙が残されている。その中には、先の貯水槽の築造や、梅辻規清について述べた手紙などがあり、「唯今迄の少子用ひ候本を捨て大関公の御板の本を用ひ可申と存じ[三四]」ともあって、梅辻が協力して元黒羽藩主の大関増業が開版した『日本書紀』を所望しており、衰えることのない向学心が伺える。そして、十月には妻の男也宛てに「当流要問答」という文書を示し、あらためて〈信心〉について強調している。そして、執筆日が判明している最後の手紙は、嘉永元年（一八四八）十二月十一日の「得道ノ位問答」であるが、これも〈信心〉の境地について述べたものである[三五]。

嘉永元年の暮れに至るまで、貯水槽の築造や執筆とかなり精力的な活動を続けていたようだが、年の瀬も押し迫ったある日、中風（脳血管障害）の発作が起きたが、お初や久右衛門たちの看病の甲斐もあって、小康を保って春を迎えたらしい[三六]。しかし、嘉永二年（一八四九）二月十八日の早朝に再び発作が起きて、その日の夕刻に井上正鐵は六十年の生涯を終えたのであった。この最期の様子をお初は次のように書き送っている。

わざ〳〵使札を以て申し上げ参らせ候。左様に御座候へば先生御事、當二月十八日、日の出の頃より御様子相変り、昼過より言舌も相分り不申、平生の如く大鼾にて、蒲団によりかゝり、終に暮六つ時、神去り被成候。此段取り急ぎ御しらせ迄申上参らせ候。かしこ

三月十八日　はつ

男也さま

返す〳〵も私事、未だ修行未熟ゆゑ、何共申上候様も御座なく、唯茫然として、ましゝむかしの事ばかり思ひ出し、明暮泣くらし居参らせ候。御まへ様にも、さぞかし御愁もじ様の御事と御察し申上参らせ候。乍末筆、御子達えも宜敷〳〵願上申上参らせ候。[三七]

流人が亡くなった場合には流人塚に合葬することになっていたが、門中の人たちは役人の許しを得て、大林寺境内の笹本久右衛門家の墓域に墓を用意し、神着村妙楽寺（明治初年に廃寺）の僧を導師に頼んで、翌日の十九日に葬儀を執行した。大林寺の過去帳（阿古円徳寺保管）には、

金一両弐分　祠堂　　徳定充満信士　二月十八日　　流人　伊之上紫きぶ

とあり、祠堂金を納めて、戒名も受けているのである。

また、島役人が韮山代官所へ送った公文書の控えには次のようにある。

三宅島流人死亡御注進書

関保右衛門御代官所
武州足立郡梅田村
神明神主
一　天保十四卯年六月流罪　井　上　式　部
酉六十才

右式部儀、去冬中より中風にて打臥候に付、薬用手当為仕候得共、次第相重り、養生不叶、当二月十八日病死仕候。右之もの儀、役人共立会、見分仕候処、全病死ニ相違無御座候ニ付、同人居所、浄土宗大林寺え、土葬ニ為取置申候。尤、同人所持袷壱枚単一枚帯壱筋も同寺え相納申候。

右之通、相違無御座候。依之御注進奉申上候。以上

嘉永二酉年二月

三宅島　役人

江川太郎左衛門様　御役所

（東京都三宅支庁蔵『御用留』）

これは決まった形式どおりの文書であるが、「去冬中より中風にて打臥候」とあり、発病の時期や症状がわかる。十二月十一日には、「得道ノ位問答」を執筆できたのであるから、十二月中旬以降の発病である。

正鐵の没後、明治の初年までの約三十年間の本土の門中との交流については、全く記録がない。しかし、笹本久右衛門は、〈産霊の伝〉を許されたという伝承もあり[三八]、明治になって交流が再開されたときには、すぐに組織だった対応がなされているので、おそらく門中として独自の活動が維持されていたと思われる。

明治十一年（一八七八）五月には、東京の門中十三人が三宅島へ渡り、笹本久右衛門家の墓域に葬られていた正鐵の遺骨を発掘して本土に改葬したが、その時に島の門中のために伊ケ谷村（現在の三宅島禊教会境内）と阿古村のお初の自宅の隣に墓所が築造されることになった。阿古の墓域は、「ヨーハイジョ（遥拝所）」と通称されていたが、明治十七年（一八八四）十月十八日には、平山省斎の筆による正鐵と父安藤真鐵の石碑が建立された。また、『在島記』の挿絵には、正鐵の早世した子どもたちとみられる、梅吉、敬日子たちの木製墓碑や、正鐵の後を継いだ善彌や祐鐵の子の鐵男の石碑など、井上一族を祭祀していた様子が描かれている。お初は正鐵の没後、売り払われた遺品を買い戻して故郷の阿古村へ戻り、「井上」を名乗って暮らし、明治になって教団が成立してからは、自宅を「大成教禊教東宮本院三宅分院」とし、権訓導の階位を受けて分院主事となっていたのであった[三九]。本土の教師や門中が来島する時には、宿の世話をしたり、逸話を語ったりしていたが、明治二十四年（一八九一）一月十七日に六十七歳で没し、教会は明治四十年に廃止された[四〇]。

伊ヶ谷の教会は、笹本久右衛門が明治十三年（一八八〇）三月二十五日に七十三歳で没した後も維持され、戦後は「三宅島禊教会」として単立の宗教法人となって現存している。

七　まとめ

三宅島に流された正鐵は、赦免を念願しつつも、島での教化活動と拠点作り、医療や技術指導など島民の生活向上へ尽力、本土の門中への書簡による指導と、ひるむことのない努力を続けていた。これは正鐵が梅田神明宮を拠点として行おうとしていた事業を、場所と形態を変えて継続していたといえる。存命中に〈身分赦免〉（帰郷）と〈法赦免〉（布教許可）の二つの赦免は実現されることはなかったが、明治になって門中の努力で成し遂げられた。その上、三宅島では今でも教会が存続しており、正鐵は「とほかみどん」と呼ばれて敬愛され、その教化活動の痕跡を見ることができる。

註

一　「三宅島流人帳」（原本は東京都公文書館所蔵）池田信道『三宅島流刑史』（昭和五十三年）五二八から五三三頁。三宅島への最終経由地である新島の「新島島役所日記」『新島村史　資料編Ⅳ　新島島役所日記　天保年間』（平成十五年）三〇九頁によると、この時の流人船は、新島権左衛門船に流人十五人、三宅島五左衛門船に九人、三宅島新兵衛船に六人、三宅島亀松船に六人が収容され、四隻に流人三十六人の船団であった。そして、正鐵が乗船していた新島船は、「北風、日和」であった六月五日に三宅島の新兵衛、五左衛門船と共に、「午ノ下刻嶋着、式根江廻ス」とあり、翌日もう一隻が遅れて到着して、「北風、薄曇」であった翌々日の七日に「御用船四艘式根より三宅嶋へ出帆」したのだった。

二　流人と本土の人々との通信は、正規の手続きを経たもの以外は厳禁されていたのであるが、次の書簡にあるように、実際には書簡や物資の送付はかなり容易だったようだ。

当地への便り愚生より差出し申は、伊ヶ谷村船伊勢丸船に差出し申候へとも、当嶋五ヶ村有之、夫々船有之、十そふ計に御座候。江戸へ往来いたし居申候間、急き御用の節は、鉄砲洲三宅船宿へ御相談被下候へは、常に此方船参り居申候間、船頭へ御相談被下候へは、いつれも伊ヶ谷村流人と申候へ、分り申候。尤、流人便りと申候とゆゝの事故、取計いたしにくゝ、御座候間、愚生となりに船頭、藤内右衛門と申者居申候。此ものは甚以むつましき中に御座候間、上書三宅嶋伊ヶ谷村伊勢丸船頭藤内右衛門と御書、嶋宿へ御頼候へは、一向差支無之、早速のたよりも有之候、兼て左様思召おき可被下候。

（『遺訓集』六「御宮地」別御文）［弘化四年三月］

なお、正規の手続きによる正鐵宛の書簡の記録は、弘化元年三月に梅田村の卯助が差し出した一件が見出せるのみである（東京都三宅支庁所蔵『御用留』）。

三　正鐵の場合は、『真伝記』下巻三丁には、「おはつといふ島女を妾とし玉ふ」とあり、『実伝記』下巻二丁オにも「阿古村の飯村三左衛門の女を納れて婢となす。其名を初子と曰ふ。即ち妾なり」とある。

四　「お初」は、明治二十四年（一八九一）一月に没したが、前年の明治二十三年四月の梅田神明宮の祭典時には、東京に出て正鐵の晩年について語っていた。荻原稔「禊教祖井上正鐵の流謫生活と水汲み女お初」（平成十四年）参照。

五　用例は多数あるが、たとえば、『遺訓集』三「湿瘡」（河内正常宛）や、二「信心ト家業ト一ツ」（中川御内室宛）などの書簡が挙げられる。

六　杉山秀三宛の書簡断片（三六号）。荻原稔『井上正鐵真蹟遺文』（平成七年）一五〇頁。

七　『実伝記』下巻六から七丁。なお、これらの人々の子孫は宗教法人「三宅島禊教会」（単立）として今日も門中を維持している。

八　『実伝記』下巻八丁オ。

九　池田信道『三宅島の歴史と民俗』（昭和五十八年）「雨乞の信心」。

一〇　三宅村神着、故浅沼健一郎氏所蔵。

一一　泉津山には、この雨乞成就を記念した石碑が、明治十八年（一八八五）六月に建てられた。また、簡易水道の水源地として活用されたこともあったが、平成十年（一九九八）頃に山津波で崩壊したらしい。

一二　弘化二年に示された「四命四恩」に言及した書簡の中に〝はつ事も信心成就ニ相成申候〟（『遺訓集』七「尼法師」）とある。

一三　『遺訓集』一一「雨乞」には、〝御船手役所ニ罷在候所、又々流人参り候ゆへ、御役所入用ニ御座候間、無據伝左衛門と申百姓の隠居かりうけ罷在申候。是も当暮迄のやくそくにて御座候間、是非家作りいたし不申候てハ、なり不申候間、何分ニも御相談御計可被下候」とある。

一四　『翁』一四三頁。

一五　『実伝記』下巻二十五丁。

一六　三浦知善については、本書第二章第三節、及び荻原稔「禊教祖井上正鐵と門人三浦知善」（平成六年）参照。

一七　『遺訓集』四「子者三界」（弘化四年九月）。

一八　『翁』一一七頁。

一九　『実伝記』下巻二十八丁。また、江戸で送り物の取りまとめ役であった杉山秀三宛の書簡（前掲『井上正鐵真蹟遺文』所収）には、「此度、政五郎と申者、其御地へ参り申候ニ付、一筆申し上げ候。此者ハ少子介抱人ニもらひうけ申候初女叔父ニて御座候。生付愚ものにて御座候へ共、たしか人ニ御座候間、其思召ニて御取計被可下候。何卒、此度参り候ハヽ、御法を御すゝめ被可下候。」（弘化二年と推定。四三号）という紹介があるとともに、「政五郎事、御骨折御苦労相掛候段、気之毒御座候。誠ニ愚人ニもこまり申候」（一一号）とあって、粟の件の交渉だけでない何らかの不都合も生じていたようである。

二〇　『在島記』一三二頁。

二一　弘化三年（一八四六）三月には、足立郡十二か村連名で寺社奉行への赦免願が出され、翌四年正月には、梅田村役人と杉山秀三が東叡山役所へ赦免願を出している（『在島記』一九九頁から二〇四頁）。

二二　『翁』一五八頁。「永代地」。

二三　同右書、一八一頁。「水溜」。

二四　同右。

二五　『遺訓集』一「流罪」、四「甘露水」。

二六　梅辻規清については、末永恵子『烏伝神道の基礎的研究』（平成十三年）が詳しい。

二七　三宅村神着、故井上正文氏所蔵。

二八　昭和初期に三宅島で禊教の伝道にあたった内山弓男氏が、当時島民から聞き取った伝承による。

二九　禊教系教団で〈布斗麻迩の法〉とされてきた行事は、規清と会う二年前の弘化二年に明示された〈産霊の伝〉の三か条のうちの〈神水の事〉と同じ行事である。これは、産霊役が幣串を旋回させつつ神代七代の神々を降神して神水を作る作法であるが、梅辻の「分雷皇太神宮神伝」との関連ははっきりしない。おそらく、すでに〈神水の事〉としてほぼ確立していた行事を、梅辻からの伝えを得て、改めて詳細に確認したのではなかろうか。

三〇　「流人明細帳」（近藤富蔵『八丈実記』第四巻（原本第二十二巻））所載。

三一　村越正久宛書簡（『遺訓集』七「神之恵」）［嘉永元年三月］。

三二　『在嶋記』一四四頁、杉山秀三宛。

三三　『在嶋記』一四五頁から一四六頁。

三四　栖原庄助宛書簡（『遺訓集』二「燈火」）［嘉永元年九月］。

三五　この日付は、版本の『遺訓集』などにはないが、幕末の写本と思われる國學院大學所蔵の『井上正鐵翁御文』（通称「黒川本」）に記されている。

三六　『在島記』一七二頁には、正鐵が「世は変る浮世静に官軍（みいくさ）のむかし神代のしるしなりけり」と詠んで、秘密裡に笹本久右衛門に付嘱したとあるが、同時期に現地調査した『実伝記』にはその記述はなく、用語も異質であるので、麻生正一による潤色と思われる。しかし、禊教独立・管長設置に向けた『神道禊派由緒書』（明治二十六年）に坂田安治が記載し、公式的な見解になっていった。

三七　『在島記』三四九頁から三五〇頁。

三八　故内山弓男氏談。

三九　「大成教禊教各教会位置及教職員数一覧表」（『在島記』付録）。

四〇　『伊豆諸島文化財総合調査報告　第一分冊』（昭和三十三年）三〇九頁。なお、「訓導」に昇級したお初の霊璽は、遥拝所隣の佐々木政一家で祭祀していたが（昭和五十八年現地調査）、噴火後の所在は未確認である。

第二章　初期井上正鐵門中の展開

第一節　初期井上正鐵門中の活動の概要

一　はじめに

第二章では、まず第一節で、梅田神明宮での教化活動の開始から、三度にわたる取締を経て明治初期の公認申請に至るまでの、初期井上正鐵門中の活動の概要を確認する。まず、正鐵の遠島によって直接の師弟関係から変容して、有力な教師を中心にした教団組織が形成され始めたが、やがて緩やかに連合しながらも形態が多様化して、差異が広がっていった。しかし、明治初期の布教公認によって近代的な教団運営が要請されると、それが大きな困難さになったのであった。第二節以下では、正鐵の後継者たちの教化活動のうち代表的・特徴的な事例の実態を見ていきたい。

初期井上正鐵門中の幕末・維新期の約三十年間については、

㈠　梅田神明宮で井上正鐵が直接に指導した三年間
㈡　三宅島に遠島となった正鐵が存命中の六年間
㈢　活動沈滞の五年間
㈣　安政の復興後の八年間
㈤　文久の取締から布教公認までの十年間、の五期に分けられる。

まず、梅田神明宮での教化活動は、天保十一年（一八四〇）四月に開始されたが、翌十二年（一八四一）十一月、十三年（一八四二）九月と二度にわたる取締により、正鐵自身が直接指導できたのは二年半に過ぎない。天保十四年（一八四三）五月に遠島になってから、嘉永二年（一八四九）二月に没するまでの存命中の約六年間は、三宅島での生活と活動を支える物資の送付と書簡の往復を維持するネットワークが機能しており、弘化二年（一八四五）二月に、本土の門中の指導・運営体制が指示されたことにより、初期の教団組織が立ち上げられた。

正鐵の没後の五年間は、物資の送付と書簡の往復がなくなることで門中のネットワークが衰退して活動が沈滞してしまったが、安政元年（一八五四）頃に三浦知善が江戸近郊に戻って修行の復興を呼び掛けた〈安政の復興〉によって活動が再開した。その時の修行形態はおそらく〈高声念仏〉と〈祓修行〉が併存していたと思われるが、安政三年（一八五六）二月に知善が没してからは、神道への方向が強まって白川家への入門者が続き、杉山鞆負の梅田神明宮の跡目相続も認められた。しかし、文久二年（一八六二）三月に寺社奉行による三度目の取締を受けて梅田神明宮を本拠地とする活動はまた沈滞したのだが、白川家家来となって東海道の周辺など広域に教化を進めた坂田正安と鐵安の父子や、同じく白川家とのつながりを強めつつ江戸・伊那・京都・岡山を結んで教化を進めた伊藤祐像、下野・常陸を中心に北関東に多くの拠点作りを進めた村越守一と東宮千別《ちわき》の師弟、浮岳《うきおか》堯欽、森證善、入《かえる》亮伝らによる〈高声念仏〉の展開など、多様化と広域化が進んだのであった。そして、十年後の明治五年（一八七二）には、東宮らが主導する申請が認められて「吐菩加美講」としての布教公認がなされた。また、仏教系の門中の多くも天台宗の講社などとして活動を続けていったのである。

二　正鐵存命中の初期門中の指導体制

天保十一年（一八四〇）四月からの梅田神明宮での正鐵による直接の指導については、第一章第三節で見てきたところだが、ここでは、遠島に処せられた天保十四年（一八四三）六月以降の門中の活動のあらましを押さえておこう。

井上正鐵は、天保十四年（一八四三）六月七日に三宅島に到着し、ようやく諸手続きを終えた六月二十日に、江戸の門中一同に向けて初めての書簡（『遺訓集』二一「初便」）を書いたが、それ以降亡くなるまでの約五年間に現存するものだけでも約二百通を越える手紙を書き送って指導した。当初は遠島の期間はあまり長くならないと予想したようであり、本土の門中には、さらなる取締を招くことのないように積極的な教化活動を控えて、現状の維持を第一にする〈忍修行〉を命じた。それでも、入門を希望する者があれば、地方拠点の秩父の日野澤で入門修行をさせていたようであるが、「秩父まで御出に不及」という書簡もあるので、江戸近郊でも目立たない程度には行っていたようである。

ところが、妻の安西男也が、高弟の杉山秀三を「先生とあがめ何事も指図うけ候」とまでに依存したことから、坂田正安や村越正久などを巻き込んだ混乱が生じたので、弘化二年（一八四五）二月に、門中の指導・運営体制とその序列を指示した。そこでは、新規に六人の〈初産霊〉を命じて教師の増員を図るとともに、男也を正鐵の〈名代〉と定め、教師である〈初産霊〉と運営にあたる役員である〈法中御世話御目付〉を指名して席次を示したのだった。

また、〈初産霊〉を今後増員していくことを想定して、伝授の内容と手続きを定めた。この〈産霊の伝〉の伝授は、「神水の事」「喜悟信の事」「法止の伝の式」の三か条とし、「委細は書面にいたし免状取添差出し可申候」と述べて伝書に文書化した。さらに「此後法を授け候人有之候ハヽ、初産霊のもの両人立会の上御伝へ可被成候」として、再伝をする場合には、〈産霊役〉二人が立ち会いの上で、〈名代〉の男也から伝授を行うという手続も定めたのであった。その書簡には、

一　杉山秀三殿　　一　志賀久司殿　　一　樗澤岡右衛門殿
一　並木松圓殿　　一　堀留お喜代殿　　一　木下川治郎兵衛殿

右六人追々御修行も出来候様存候間、此度初産霊をゆるし申候。左様御承知可被下候。御伝の義は男也より御受可被成候。その節此母も心得居候間、立会申候様ニ存候。併ながら男也事も只一度伝への儀申聞候計りニ御座候間、定めて分り兼可申候間、委細書面に跡舟に可申入候。

一　神水の事　　一　喜悟信の事　　一　法止の伝の式

是は法を授候人の見方　　　伝方の仕方

右三ヶ條に御座候。委細は書面にいたし免状取添差出し可申候。尤此後法を授け候人有之候ハヽ、初産霊のもの両人立会の上御伝へ可被成候。

一　野澤　加藤　志賀　杉山　智善　長沼　此母　瀬下　吉水　樗澤　並木　木下川　お喜代

右之人々は初産霊の事ニ御座候間、万事法の事取計ひ可申候。尤男也事ハ修行も行届不申候者ニ御座候へ共、少子名代と思召可被下候。猶又法の節席順も名前書付の通御心得可被下候。此度定め申候間、左やう御承知可被下候。杉山事ハ此度初産霊ゆるし候得ども、古き弟子ゆへ志賀の次に相定め申候。長沼は当時差支、吉水事ハ一向ニ書状も参り不申如何にて居り候や、御申越可被下候。

一　樗澤　庄司　木下川　池田屋　花尾屋　栖原　四方清兵衛殿　〃爲次郎殿　お喜代　坂田

右拾人の御方、別段法中御世話御目付の儀御願申上候間、其方様子万事御申越被下候様奉頼候。又初産霊男也行届不申候事候ハヾ御遠慮なく御申聞可被下候。奉頼候。

（『遺訓集』二「法止之傳」）

とある。この指示により、弘化二年時点の江戸近郊の門中は、正鐵の〈名代〉安西男也の下に、教師である〈初産霊〉の野澤鐵教、加藤鐵秀、志賀久司、杉山秀三、三浦知善、長沼澤右衛門、池田此母、瀬下瀬平、吉水掃部、樗澤岡右衛門、並木松圓、村越正久、堀留喜代の十三名によって教化活動を進めていくことになったのである。なお、〈産霊役〉には〈本産霊〉と〈初産霊〉があるが、この段階では全員〈初産霊〉とされている。また、役員である〈法中御世話御目付〉は、樗澤岡右衛門、庄司直胤、村越正久　池田屋小兵衛、花尾屋、栖原庄助、四方清兵衛、四方爲次郎、堀留喜代、坂田正安の十名とされ、'木下川' こと村越正久と 'お喜代' こと堀留喜代の二名は双方を兼任している。この〈法中御世話御目付〉は、'お喜代' 以外は男性とみられ、経済的な支援も含めた委嘱であったと思われる。

この後にも、弘化三年（一八四六）に坂田鐵安[三]、弘化四年（一八四七）に大木野主計[四]と、同年九月に上州門中の渋沢六左衛門、高橋亀次郎、田部井伊惣治の三名に〈初産霊〉を許しており、天保十二年（一八四一）閏正月に皆伝されて信州伊那に帰郷を命じられた伊藤祐像も既に〈初産霊〉と思われるので、正鐵存命中に〈産霊役〉とされた者は、記録上では十八名ということになる。こうして、正鐵遠島後の教化活動の指導・運営体制が確立したのであった。

ここで初代の〈初産霊〉たちの概況をひとまず押さえておこう。

正鐵の妻安西男也は次の第二節、三浦知善については第三節、野澤鐵教と加藤鐵秀の二人については第四節、伊藤祐像については第六節で詳しく見ていくことにしたい。

次の志賀久司については未詳。杉山秀三[五]は、秘儀的な念仏信仰の未詳の女性導師からの〈得道〉や〈伝授[六]〉もともに受けている井上正鐵の古くからの道友であり、境涯の深化に従って門人となった人物である。文政十二年（一八二九）に正鐵夫婦が結婚したころや、天保三年（一八三二）十一月から天保六年（一八三五）三月までの約二年半は信州佐久郡追分宿の正鐵の姉松子の家で同居していたし、松子の娘の八重子を妻とした。天保五年（一八四三）春に未詳の女性導師の「今井」師より〈伝授〉を受けたのちには、正鐵とともに神道に進み、天保七年（一八三六）五月に白川家に入門して神拝式を受けた。天保十年（一八三九）四月には、正鐵から「切紙伝授[七]」を受けて門人としての立場を取り、越後国高田には指導下の門中がいたらしい[八]。往来はしていたようだが、天保十四年（一八四三）の遠島の直前に越後から江戸に戻って、その翌年には男也に関わるトラブルが起きている。俳諧で教化を行い、「二条家侍[九]」の身分を持ち「花廼下准宗匠[一〇]」の称号を受けている。

長沼澤右衛門は、宮津藩士であるが、藩主の本荘宗秀とは別の経路の関わりであり、京都で水野南北から観相を受けた際に江戸の井上東圓を紹介されて、文政十三年・天保元年（一八三〇）に入門した[一一]。池田此母は、日本橋亀井町の両替商で酒屋である池田屋小兵衛の妻であり、天保十三年（一八四二）に入門した。瀬下瀬平と吉水掃部は、『実伝記』

に「寄寓の門人〔一二〕」とあり、浪人であったと思われるが、天保十二年（一八四一）四月に野澤とともに関西に避難して現地で解散した時のメンバーであろう〔一三〕。樫澤岡右衛門は、秋元家の家来であったが、後に心学の教師として活躍した〔一四〕。並木松圓は、感通術に熟達していて、天保八年（一八三七）の秩父への布教の時に同行しており、感通術を施して布教するよう命じられたという〔一五〕。'木下川'こと村越正久は、葛飾郡下木下川村の村越本家の十代当主であり、天保十一年（一八四〇）七月に入門し、近隣の農村に大きな影響力があった。堀留お喜代は未詳である。

また、〈法中御世話御目付〉であるが、〈初産霊〉と兼任の樫澤岡右衛門、村越正久、堀留喜代、の外に、「大慶直胤」として知られる刀鍛冶の庄司直胤、〈初産霊〉の池田此母の夫である日本橋亀井町の池田屋小兵衛、未詳の花尾屋、深川の栖原庄助、浅草山之宿の四方清兵衛と四方爲次郎といった商家の主人と思われる人々がおり、'坂田'とあるのは村越正久の弟である保木間村の坂田正安であろう。

三　初期井上正鐵門中の活動拠点

井上正鐵は、天保十一年（一八四〇）四月に梅田神明宮を本拠地として教化活動を開始したが、天保十三年の取締のちには「三種祓固く禁制之事」と表示されて活動は停止した〔一六〕。しかし、各地の支援者の居住地などの地方拠点での活動は継続されていた。それらには、江戸郊外では木下川村の村越本家、江戸市中では日本橋亀井町の池田屋などがあったし、関東一円では、日野沢門中（現在の埼玉県秩父郡皆野町）、上州門中（現在の群馬県伊勢崎市や埼玉県熊谷市）、一ツ木村（現在の埼玉県比企郡吉見町）があった。また、遠隔地では、梅田開教直前に滞在していた坪野村（現在の新潟県柏崎市）や杉山秀三が指導していた高田門中（現在の新潟県上越市）、さらには伊藤祐像による伊那門中（現在の長野県飯田市）や岡山門中（現在の岡山県岡山市や倉敷市）、野澤鐵教による丹波国神宮寺村〔一七〕（現在の京都府綾部市）でも活動が行われていた。

村越本家は、「梅屋敷」といわれ、天保十一年（一八四〇）の夏に教化した村越正久の居宅である。現在では、大部分が荒川の河川敷となっているが、江戸川区平井七丁目に旧跡の一部が残っている。中川の蛇行部に半島状に突き出た微高地にあって、船で対岸の亀戸側から渡ることも可能であったし、梅田村同様に江戸市中からの徒歩で向かうのも容易であった。明治期まで残っていた母屋は二階建てで隠し階段もある奇妙な形状であったといい、秘密集会の実施には都合が良かったのかもしれない[一八]。この村越本家は、「西葛西領小梅村外三十三ヶ村ノ名主戸《ママ》（取か―引用者）締ヲ命セラレ、飛鳥モ落ス勢力、玄関ニ平素高張ヲ立テ、二人交タイニテ付張番ヲ成シ、其昔鶴御成ノ時ハアヲイ紋ウラ金ノ陣傘大小ヲハサミ御供ニ先ブレヲ成ス[一九]」といわれ、近隣農村に隠然たる勢力があったので、容易には干渉しにくい立場にあったと思われる。

また、池田屋は亀井町（現在の中央区日本橋小伝馬町）で、酒屋を兼ねた両替商を営んでいた[二〇]。町中なので大音声での〈祓修行〉の実施は困難だが、各種の連絡には便利だっただろう。弘化二年の指導体制の指示では、当主の小兵衛が〈法中御世話御目付〉、妻の此母が〈初産霊〉とされている。その頃には安西男也や三浦知善の子の二代目隼人が池田屋に住んでいたし、嘉永元年ころには、正鐵の長女鶴子もいた可能性がある[二一]。このように江戸の中心地の日本橋にも活動拠点が存在していた。

日野沢門中は、天保八年（一八三七）冬に秩父大宮郷で行った教化活動の際に入門した中庭西二（蘭渓）の居村であり、現在の埼玉県秩父郡皆野町下日野沢重木である。荒川左岸の山中の村であるが、さらに奥まった外出《そとで》という場所に正鐵が刻んだ神体石を祀った道場があった[二二]。また、中庭西二の紹介により秩父の北部から神流川を越えた対岸である上野国甘楽郡法久村（現在の群馬県藤岡市坂原）の新井家にも訪れて教化したので、同家では正鐵のために断崖上に小さな家を作って道場とし、明治中期にはまだ残っていたという[二三]。明治前期にはその地に「禊教坂原組」が設置された[二四]。

上州門中は、渋沢六左衛門家や田部井伊惣治家のあった平塚河岸（現在の群馬県伊勢崎市）と対岸で高橋亀次郎家のあった西野村（現在の埼玉県熊谷市）を指しているが、この三人がどのような経路で入門したのかは未詳である。弘化四年（一八四七）に正鐵が三宅島に神明宮を建立しようと計画したときには、依頼に応じて資金を提供するほどの経済力があり、同年秋には、この三人に〈初産霊〉が許されている。三浦知善は〈安政の復興〉の直前までは、この人たちの支援を受けて生活していた。また、加藤鐵秀は弘化四年（一八四七）十二月八日に、「幡羅郡西野村稲荷社守護職」として白川家から許状を受けており、この門中を拠点にしていたらしい。

一ツ木村（現在の埼玉県比企郡吉見町）は、本荘宗秀の親類とされる旗本興津家の領地であり、名主の原作兵衛（照胤）と兄の彦七は、領主からの紹介によって門中になったと思われる。所払に処せられた直後の三浦知善はしばらくこの村の観音堂に住んでいた。このほかの遠隔地では、梅田開教直前に滞在していた坪野村（現在の新潟県柏崎市）は、明治になるまで梅田神明宮を守っていた井上善彌の故郷であり、兄の村田喜三郎の家や正鐵が禅を学んだ祖超和尚が住職をしていた広済寺があったが、井上正鐵門中による教化活動の記録はない。杉山秀三が指導していた痕跡のある高田門中（現在の新潟県上越市）は未詳である。伊藤祐像[二五]による伊那門中（現在の長野県飯田市上郷飯沼）や岡山門中（現在の岡山県岡山市や倉敷市）については、第六節で詳しく述べる。野澤鐵教による丹波国綾部の神宮寺村（現在の京都府綾部市）での活動については、最近史料が発見されたので、今後の研究成果が期待できる。

正鐵の存命中には、江戸周辺の門中やこうした地方拠点を結んで、書簡や援助物資が送られるネットワークが機能しており、門中の行き来もあったはずである。だが、嘉永二年（一八四九）二月に正鐵が没した後の動きは全く知ることができない。

四　安政の復興と文久二年の取締

正鐵没後約五年の沈黙ののち、安政元年（一八五四）の頃に、三浦知善が上州から江戸近郊に戻り、かつての主だった門中の家々を回って〈祓修行〉を促した。その結果、遠島の申渡し以来約十年ぶりに梅田神明宮での〈祓修行〉が再興する〈安政の復興〉があった。この三浦知善の晩年の生活を支えた村越守一による『神祇道中興正鐵霊神記』には、次のように記されている。

采女は女性たりといへども、信心剛勇成事、男子にこへ、先師、彼国に至りたまひし後は、姿をかへて尼と成、知善と名を改めて、諸国を行脚し、木食し、断食し、寒中水行し、一食にて昼夜念仏を誦し、永世をつとめ玉ふ事、永き年月怠らず、或時は上州の山中に草庵を結び、観念の床にさし入る月を見て、心をすまし、霊神の御正意拝せんと、日夜心根をくだき、勤行の間に、こはか丶る山中にて、いたづらに過なば、霊神の御意に叶まじ、いざ、諸人を導かんと、草庵をうちすて、又々行脚の身となり、安政のはじめ、奥州の駅路保木間といへる所に草庵をもとめ、先師の御門人なる家々に至り、か丶る逢難き大法にあひ、かかる得がたき大道を得て、徒らに忙然とすくる事はおしからすや、いざさせ玉へと、法の友だちをさそひ玉ひて、諸国行脚せし事、難行苦行せし事など語りて、後悔のなみたをなかし、かかる無善造悪の身なからも、信心の徳とて、修行の内に難有事度々あり、あはれ各々も並々の住居にて、互につみを犯しおふものなげかわしさよ、霊神の思召忘れ玉ふか、いかによと御催促に、我らをはしめ、眠し門中一同目をこすり、そろそろ起あかり、あら浅間しや、君なかりせは、闇路の夢はさめざらまし、助け玉へと申せしかば、法尼甚たよろこびて、さあらば神明の社に籠り、身曽貴の修行すべしとて、旧友をいざなひ、弱肩に太たすき取かけて、太祝詞に宣玉へば、黒く穢心もいつしかみがけ、亦真こころあらわれしかば、神明の御徳を仰ぎ、まことなる哉、罪咎を払へば、もとの明玉と再びすめる真如の月、俄にめくらの目のあひたる如く、歓ひあひる事限なし、忝なや尊とや、夫より信心盛になり、霊神御在世の如く、聞つたへて来る人、言伝へて参る人多なり、信心の誠を受るものおひた、しくなりにける。

上州を出た知善は、坂田家のある保木間村に一時住んで、かつての門中の家を訪ねては修行の再興を促し、ついに梅田神明宮で〈祓修行〉を復活させたのである。その後、木下川村の村越家に住んで、獄死した夫が葬られていた村内の天台宗浄光寺を道場として指導した。知善自身が正鐵から〈念仏修行〉を命じられていたのと、浄光寺の前住職諶長（改め但唱）が門下となったことにより〈祓修行〉を仏教化した〈高声念仏〉が発生した[二六]。だが、わずか二年程度の活動の後の安政三年（一八五六）二月二十五日に、三浦知善は五十九歳の生涯を終えたのだった。

この復興の後には、しばらく黙認状態が続いたようであり、安政六年（一八五九）十二月には杉山靭負が男也と同道して上京し、白川家から梅田神明宮神主の跡目相続を認められて神拝式の伝授を受けた[二七]。また、初期の教学の形成も始まって、万延元年（一八六〇）には村越守一の『神祇道中興井上正鐵霊神記』が著され、その年に野澤鐵教が上州平塚河岸の渋沢家で行った講義をもとに『中臣祓略解』が著されている[二八]。

しかし、こうした活動の活発化により、文久二年（一八六二）三月九日には、寺社奉行の命により三度目の取締が行われた。杉山靫負ほか門中の主だったもの二十六名が召し出されて、審問中は村預などを申し付けられ、四月十三日になって村越正久、村越守一、坂田正安、坂田鐵安、安西一方、杉山靫負（一説には含まれない）の六人（一説には五人）が所払に処せられた[二九]。またもや井上門中は衰退の危機にさらされたのだが、白川家家来となった坂田正安・鐵安父子や伊藤祐像、高声念仏の導師から白川家の家来に転じた村越守一、俳諧の宗匠として教導した杉山秀三、心学の教師となった樗澤岡右衛門、梅田神明宮を守った井上善彌など、それぞれの立場を活用した教化活動が続けられた。また、本荘家が藩主の宮津藩では、武士であった野澤鐵教、加藤鐵秀らが家来となって明治に至っている。

さらに、村越守一の門下からは、東宮千別が、下野国芳賀郡小宅村（現在の栃木県芳賀郡益子町）を拠点にして、下野、常陸、下総方面に教化活動を行い、明治初年には公認申請の準備を進めて、明治五年（一八七二）八月に、教部省より「吐菩加美講」として布教許可が与えられたのであった。

五　まとめ

二度にわたる取締によって井上正鐵は三宅島に遠島となり、残った〈門中〉は〈忍修行〉として目立った活動を控えていたが、弘化二年（一八四五）春には、有力門中の確執への対応を契機にして、指導・運営体制の指示を行い、教師である〈初産霊〉と役員である〈門中御世話御目付〉の序列を示し、〈初産霊〉に伝授する〈産霊の伝〉の法式を定めて持続可能となる教団体制を整えた。

嘉永二年（一八四九）二月に井上正鐵が三宅島で没した後には、本土の門中の活動は衰退したが、安政元年（一八五四）頃に三浦知善により復興がなされて、梅田神明宮をはじめ木下川浄光寺など各地で〈禊修行〉が再開した。さらに、杉山靫負は、男也と共に上京して白川家より梅田神明宮神主の跡目を認められたり、野澤鐵教による上州平塚河岸での大祓詞の講義や、村越守一による初の正鐵の伝記の執筆など活発な活動が展開された。また、三浦知善の門下からは〈高声念仏〉が興って教化活動の多様性の幅も拡がっていった。さらに、文久二年（一八六二）には、寺社奉行による三度目の取締を受けたことにより、神道系の門中では、白川家との関係を深めていった坂田正安・鐵安父子や、伊那と岡山という遠隔地の門中を指導した伊藤祐像、〈高声念仏〉から転じて、北関東の東宮千別や南関東の小川実らを指導した村越守一など、いくつもの有力教師ごとのグループを形成しつつ明治維新を迎えた。そして、政府の宗教政策の下で、明治五年（一八七二）八月に教部省より「吐菩加美講」として布教の公認がなされたのであった。

註

一　荻原稔「新発見の教祖遺文について（一）」（平成二十年）所載の、弘化元年春に執筆された坂田鐵安宛の書簡（『霊神御文章』第七号書簡）には、「御親類半蔵殿と申候仁、御信心御願之よし、野澤取計之儀委細ニ承知仕候。ち、ふまて御出ニもおよひ申間敷、御宅にて男也野澤参り静に御伝申候てもよろしく奉存候」とあり、ここでは、入門の修行を特例で坂田家において行う話題になっているが、凡そは秩父で行われていたことが推測される。

二　『遺訓集』六「様々之夢」。

三　弘化三年春頃と推定される『遺訓集』六「后之月」には、「此度初産霊御伝可申候」とあり、五月の四「我計ヒ」では若干のためらいを伺わせるが、『霊神御文書』第十二号書簡（荻原稔所蔵）には、「六月十三日御書面相届披見致候…御伝之儀、早束男也方へ御出にて御請被成度之由御申候之由、難有御事に御座候」とあり、同年夏ぐらいには伝授を受けたようである。「新発見の教祖遺文について（二）」（平成二十年）。

四　『遺訓集』六「方便」には、「初産霊の御伝申候に付、およろこびのよし御申越、此上産霊御修行専一に御座候」とあり、この書簡には神明宮敷地の手付金についての話題があるので弘化四年の秋の執筆と推定される。「三月」付の六「世界の霊」には、「此度主計へも初産霊ゆるし申候」とある。

五　荻原稔「井上正鐵と杉山家所蔵真蹟遺文―直門杉山秀三への文書」（『井上正鐵真蹟遺文』平成七年）。

六　三田村鳶魚「調息の獄」（大正元年）五九四号一二頁に、「伝授は五年の春である。」とある。

七　『真伝記』巻一、一七丁ウから一八丁オ。

八　荻原稔『井上正鐵真蹟遺文』（平成七年）六頁に所載の、杉山秀三宛の書簡に「高田門中之儀御申越、是又難有く、へつして婦人御道引のよしよろこひ申候」とある。

九　『真伝記』巻一、九丁ウ。これは、「二条家俳諧」に関わる身分ではないかと思われる。

一〇　『神道禊事教導心得』付録。

一一　『実伝記』上巻三九丁ウ。

一二　『実伝記』中巻八丁オ。

一三　荻原稔「井上正鐵直門野澤鐵教の生涯」（平成二十八年）二〇〇頁に、逃避行の一行は「先生夫婦と従者神代左門、四分一傳、森斎宮他二名合せて總て七名なり」とあり、『実伝記』の記述と対照すると、瀬下瀬平と吉水掃部は「他二名」に該当するようである。また、二〇三頁には、「嚮に京師に於て別れたる浮浪士等が復た來りて先生を訪ふに會す。先生又之を従へ秩父の山中に入りて将に同門を聚めて教會を開かんとす」とあり、〈初産霊〉として野澤の助手を務めた可能性は高い。

一四　石川謙『石門心学史の研究』（昭和十三年）の一〇六八頁には、「安政元年四月に藩士樗澤岡右衛門・磯太郎兵衛が入門したのをきっかけに館林家中の入門するもの相次ぎ年の中に八名を算するの盛況であった。…岡右衛門は致風と號し、慶應元年五月に三舎印鑑を受領して参前舎講師となり、明治初期の心学界に貢献した」とある。

一五　『実伝記』上巻五八丁ウ。中巻三五丁ウ。

一六　前掲、三田村、第五九四号一〇一頁の松井信一の談。

一七　前掲、荻原（平成二十八年）二〇一頁。最近の調査（平成三十年）によれば、綾部市資料館所蔵の「沼田家文書」には、野澤主馬（鐵教）についての藩主九鬼隆都の書簡や「唯一問答書」の断片などの文書があることが確認できた。

一八　松平義人・茂呂修一『平井梅屋敷について』（昭和四十一年）、別所光一「亡んだ木下川梅屋敷資料再見」（昭和五十一年）。

一九　村越伊三郎『心覺記』（昭和初年の執筆か）。

二〇　『真伝記』巻一、一五丁ウには「亀井町の人」とあり、天保十三年の入門とされている。亀井町は現在の東京都中央区日本橋小伝馬町の一部であるが、嘉永二年（一八四九）三月刊の『両替地名録』（国立国会図書館所蔵）の九丁には「六番組」「亀井町　酒　三右衛門地借　池田屋小兵衛」という記載がある。

二一　男也については『遺訓集』五「法命」（弘化三年三月）、「（二代目）隼人」については七「そもじ命」（弘化三年三月）、鶴子については四「三日三夜」に記事がある。

二二　神体石は、明治期までは中庭家の屋敷内にあったが、やがて放置されて所在不明になった。昭和七年（一九三二）に郷土史家の菅原一により再発見されて、重木の諏訪神社境内に神明社として社殿が建立され、現在でも十月十日に祭典が行われている。

二三　『実伝記』上巻六〇丁ウから六一丁オ。

二四　『実伝記』上巻六〇丁オ。『神道禊派職員録』（明治十八年）六七頁。

二五　伊藤要人祐像の活動については、荻原稔「禊教備前開教者伊藤祐像とその一門」（平成二十一年）、荻原稔『伊那と岡山の禊教

―井上正鐵直門伊藤祐像と門中たち」（平成十年）、及び本書第二章第六節参照。信濃国飯田の伊藤家は、明治に至るまで、江戸の門中が上京する際の経由地となっていた。

二六　浄光寺は、葛飾区東四つ木一丁目五番九号に所在。高声念仏については、荻原稔「禊教の初期門中と弾誓流高声念仏の復興」（平成二十三年）及び本書第二章第五節参照。

二七　『白川家日記』安政六年十二月朔日の条。『白川家門人帳』丙巻。翻刻は、近藤喜博『白川家門人帳』（昭和四十七年）三八四頁。

二八　野澤鐵教の講義は、『中臣祓略解』（京都大学附属図書館所蔵）所載。版本では『井上正鐵翁遺訓集』巻之八（明治三十年）及び『中臣祓略解』（昭和三年）に所収。京都大学本には他本にない序文があって本書の成立過程がわかる。村越守一の著作は、『村越守一筆記集』（東北大学附属図書館所蔵）に所収。これらの翻刻には、荻原稔『禊教直門歌文集』（平成三年）がある。

二九　文久二年（一八六二）の取締では、杉山靫負、坂田正安、村越正久、村越守一、坂田鐵安、安西一方、村越鐵久、村越鐵善、福田信義、福田鐵知、宮城耕堂、河内久蔵、石渡又七、伊藤栄吉、磯野良哉、辻八五郎、辻又四郎、辻又兵衛、辻又吉、辻喜助、辻徳兵衛、辻岩次郎、平兵衛、久之助、熊吉、徳次郎の二十六人が指導者とみなされて捕らえられた。このうち、杉山靫負、坂田正安、村越正久、村越守一、坂田鐵安、安西一方の六人は所払に処せられ、他は構いなしとされた。なお、杉山靫負については、所払に処せられた人々に含める『在島記』（明治二十三年）と、含めていない『校正増補真伝記』（明治二十一年）がある。

第二節　妻安西男也の生活と活動

一　はじめに

井上正鐵は、天保十一年（一八四〇）四月に梅田神明宮の神主となり、自分の家族と高弟野澤主馬、三浦一家とともに移り住んで、〈神書講釈〉と〈祓修行〉を中心とする教化活動を本格的に始めた。しかし、わずか二年足らずのうちに二度にわたる寺社奉行の取締を受けて、天保十四年（一八四三）二月に遠島とされた。同時に妻の男也も、所払に処せられて梅田村を退去せざるを得ず、一家離散の厳しい生活を送ることになった。また、教化活動自体も沈滞を余儀なくされたが、三宅島への物資の送付と書簡の往復のためのネットワークによって、かろうじて活動を維持することができた。そうした中で、妻の男也は弘化二年に正鐵から〈名代〉に指名されて、明治十一年（一八七八）十月に生涯を終えるまで門中統合の中心としての役割を担った。この節では、この安西男也の生涯をたどりながら初期井上門中のあり方を見ていくこととしよう。

二　生い立ちと正鐵との結婚

安西男也《おなり》は、夫の正鐵より十三歳若く、享和二年（一八〇二）に上総国久留里藩士安西常助正久の三女として生まれた。もとの名を糸子といい、男也の名は、正鐵が神主となって式部と称した時に、そろって改名したものと思われる。糸子と結婚したころの正鐵は、当時の江戸ではよく知られた磯野弘道門下の医師であり、水野南北門下の観相家でもあったから、仕官はしていないものの恵まれた立場の職業に就いていたのである。

さて、二人が結婚した時期は、「文政年間」としておく。『真伝記』では、天保元年（一八三〇）に、亨子という人の

安西男也
（『校正増補真伝記』より）

媒酌で結婚し、深川薮の内（現在の江東区三好町四丁目）の杉山次郎兵衛（後の秀三）の家に同居し、その年に正鐵の弟井手立志（高橋熊蔵）の遺児である立太（後の祐鐵）を引き取って養子にしたとある。また同じ事項が、『実伝記』では、一年前の文政十二年（一八二九）とされている[一]。だが、実際の結婚が、この文政十二年か翌天保元年のことであるとは確定できない。それは、これらの年以前の「文政九年」（一八二六）の日付が記された旅日記『煙草の裏葉』には〝妻なるもの〟を同伴して旅していた記述があるからである[二]。

また、この〝妻なるもの〟については、糸子ではなく前妻だとする説があるが[三]、筆者は前妻ではなく糸子（男也）であると考えている。それは、二人が結婚したとされる年（文政十二年か天保元年）に養子にされた立太よりも先に、幼くして亡くなった東太郎と栄五郎の二人の養子がいたし、その上、正鐵と男也の間の一男三女の実子のうち、長男と長女は早世しているという状況からすると[四]、数年前から結婚していたが妊娠せず、生まれた子も育たないので、養子を取ったりしていたのではないかと推測されるのである。これは『煙草の裏葉』に〝妻なるもの〟が〝持病に苦しむまゝ…[五]〟とあったり、ある書簡に〝男也事も、年とり候まて子なく候処、小子永世伝をつとめさせ、腹内の病気去り申候へは、出産いたし候…[六]〟とあるのにも符合する。「前妻」と断定する根拠はないうえに、正式の届が結婚の数年後になるということはあり得るので、伝記にあるのは届出の年であって、旅を共にしたこの〝妻なるもの〟は、当時二十四歳の糸子であろう。

さて、この二人の実子一男三女のうち、成長したのは天保八年（一八三七）に生まれた次女鶴子と、天保十二年の一回目の取締のわずか五日前、天保十二年（一八四一）十一月十九日に生まれた三女法子の二人であった。早世した長男、長女については、はっきりした記録はないが、明治十一年（一八七八）に改葬した「阿古村奥城之図」（『在島記』）

には「井上梅吉敬日子之墓」が描かれており、この長男長女以外には、該当する人物は考えにくいので、長男は梅吉、長女は敬日子という名であったろう。

糸子と正鐵の結婚初期の時代に重なる文政末年から天保の初年には、神田岩井町、深川薮の内、日本橋檜物町としばしば引っ越ししているが、さらに天保三年（一八三二）十一月には、正鐵一家は門人の杉山秀三を伴い、江戸の家を引き払って信濃国佐久郡追分宿（現在の長野県北佐久郡軽井沢町）にいた姉の松子の家に移り住んだ。この追分でも、正鐵は医師として生計を営みつつ、六年三月に江戸に帰るまでの二年半を過ごしたが、その間には、いくつもの求道上の進展があった。天保四年（一八三三）春には〈甘露女の神夢〉を感得して、文政七年（一八二四）九月に今井いよから授かった「神祖の大道」とされる〈信心・誠の心〉と、文政十年（一八二七）六月に父が言残した〈祝詞の事〉を統合する確信を得て、天保四年（一八三三）九月にはいったん江戸に戻って、‘ていせう’なる人物から〈伝授〉を受けたうえで、翌五年には白川家に入門した。こうして本格的な教化活動が準備されていったのだが、妻の糸子にとっては、苦難の始まりでもあった。

天保六年（一八三五）には、江戸へ戻って再び日本橋檜物町に住んだが、ほどなく野澤主馬が入門して同居を始め[七]、翌七年十一月十五日には、正鐵は上京して白川家に参殿して神拝式を伝授され、風折烏帽子と浄衣の着用を許されている[八]。八年には、次女の鶴子が生まれたが、その年の冬には秩父に布教し、さらに十年には秩父を経て越後国刈羽郡を訪れて雪国の冬を過ごしているのであった。そして、天保十一年（一八四〇）三月に越後国刈羽郡から戻り、いったん門人の三浦政吉の家に同居してから、四月十五日に梅田神明宮に入ったのであった。

三　夫正鐵の教化活動

梅田神明宮の神主に就任するにあたり、正鐵は井上式部と称したが、この時に糸子も男也を名乗り、同じように隼人、采女と称した三浦夫妻、そして内弟子の野澤主馬たちと共に教化活動を中心にした生活が始まったのである。

夏のうちは、参詣人もほとんどなく、真夏に綿入れを着ざるを得ないほどに生活が困窮したが、秋からはのちに門中の中心となる近在の村越正久や坂田正安らの有力農民が入門したことで、経済的な支えができてきた。しかし、'家内の暮しも某は存せず候て…,（『唯一問答書』上「難病人」）とあるように、夫は、家内のことを妻に任せて教化活動に専念しており、次々と貧しい者や病人を連れてきては、一緒に生活しながら修行をさせていた。'神明の加護にて今日迄米銭に尽る事なく、又貯わうる事なし…,とも述べているが、そうした活動を支える男也の尽力は並々でなかったであろう。

天保十二年（一八四一）になると教勢は発展し、梅田神明宮には、祓の声が絶え間なく響くような有様だったというが、取締の手も確実に伸びてきたのを察して、活動の継続のために、高弟の伊藤要人（祐像）を信州の故郷に帰らせ、さらに野澤主馬（後の鐵教）も江戸から離れさせた。その頃、男也は身重になっており、十一月十九日に三女の法子《のり》を出産したが、産後の体力の回復を図る間もなく、取締はほぼ確実になっていたので、子どもを亡くしたばかりの甥の安西一方夫妻に法子を託した。そして、十一月二十四日には、寺社奉行の命により、正鐵、男也、隼人、采女の四人が捕らえられて、取調中は入牢を申し付けられたのであった。

男也は、采女ともに女牢に入れられたが、産後わずか五日目の身には、冬の牢はかなり厳しかったに違いない。大牢に入れられた隼人は十二月二十二日に獄死し、男也と采女はひと月後の二十四日に村預となって梅田村に帰ることができた。また、正鐵は年を越して二月十六日に帰り、二十日には本殿に籠って奉行所から命じられた釈明書として『唯一問答書』二巻を執筆した。そして、四月六日には三浦隼人の霊祭を執行して活動を再開したのだが、帰ってからわずか七か月後の天保十三年（一八四二）九月二十三日には二度目の取締を受けることになった。そして、翌十四年二月九日には、遠島とされた正鐵とともに、男也もまた、夫井上式部より、兼て呼吸内外へ通わし候教を受、全人白川家門下神主に相成り候後、同家伝来の趣も式部自得致し候呼吸の法、同様にこれ有候旨申聞、弥々尊信致し、追々白川家伝授奥義由にて三種中臣祓等の意味をも伝授を受、異流とも不存相持罷在、式部儀神道講釈に事寄せ、数多の門弟を集合致し、或は身元不知者止宿致させ候義等、都て全人取計ひに随ひ候義とは申ながら諸世話役重立取扱候九

として所払とされて、身柄は旗元興津家の家来加藤力に引き取られたのだった一〇。

夫の正鐵とは、三宅島へ向けて出船する五月二十五日に両国万年橋の御船手役所の見張場で面会したのちにも、門中たちの手配により小船で御用船に近付くことが黙認されたのだったが、二十九日の品川沖での最後の別れの時の様子が次のようにある。

天津罪、地津罪の身曽岐にや、此度、公の禁しめ玉ひて、三宅なる島に流し玉ふに逢奉りて、五月末の九日船出しに、うからやから門中の者ども、別れをつげはべらんとて送りけるに、妻なるものを始めとして、別れはつらけれど、神の恵みに身曽岐玉へるなれば、共に歓びぬるよと、嬉し涙だにくれ侍るまゝに…なごりはつきじ、いざかへりたまへ、かゝるわかれのあればこそ常におもひをつくし、教へ諭ぬるよと、また打わらひて、立別れぬ、その夜は、神奈川なる沖に、ふねをとゞめて、東のしらむまで、神徳の深きを歓び、此身の浅はかなる思ひに、ゆきつもどりつ、なやめるをはかなみ…。

（『遺訓集』二「身曽岐」）

「かゝるわかれのあればこそ、常におもひをつくし、教へ諭しぬよと、また打わらひ」て強がる夫の姿を見送りつつ、家族と門中育成の重責を抱えて、行く末に不安を持ったことであろう。

四　〈忍修行〉から指導体制の確立へ

男也は所払となって梅田村には住めなくなったので、一里半ほどはなれた下木下川村の村越家に身を寄せたようだ。この取締によって「男也は子を捨て、夫を捨て申候まゝ、法子を子と思ひ、天地を家と申事が少々はがてんがまいるであろふと存候まゝ…」（『遺訓集』四「天地を家トス」）と書かれているように、取締によって一家離散の境遇になったのであるが、幼い子供を抱えた母親としては、非常に大きな生活難があったに相違ない。この天保十四年には、男也は四十二歳、次女鶴子は天保八年生まれで七歳、三女法子はまだ三歳だったのだ。

さて、取締にも転退しなかった門中には、当面は〈忍修行〉が指示されていた。その時期の手紙には、

…古しへより法の為に流人に成り玉ふ人々も多く候へども、神明の御心に叶ひ候はゝ、遠からず時節来り可申候。其節こそ四方の千里も春となり可申候と楽み罷在候。神明の御誓ひ頼母敷事に候。それまでは冬籠りのありさまにて御座候間、御身のつゝしみ大切にて、能々御心掛け可被下候…

古人の句に、

枯れたかとおもへば梅のつぼみかな

実に枯れてもゆかず、唯々壱人〳〵の修行専一に、外へもらさず、門中を能々御相続、外へもれざるよう被成可然候。おもひを深くして外へあらわれざるやう、専一の御事に候。外へあらわれ候へば、必ず〳〵災ひに逢ひ可申候。又捨置候へば、信心おこたりに相成可申候。…門中の外へは法のはなしふかく御つゝしみ可被成候。当三宅は根に御座候間、法をほどこし候てもよろしく御座候へども其御地にては枯たるごとく御慎しみ可被下候。

（『遺訓集』三「忍修行」）

とあり、当面は三度目の取締を招くことのないよう、外には布教せずに取締をかいくぐってきた人々だけで活動を維持して行くよう指示しているのである。

　そして、男也には、正鐵の赦免と帰国の祈願だけをするようにとの指示がなされていた。

　其方御同門中相続も出来候の由、大慶存候。しかしながら我御赦免無之内は、天のゆるさぬ事に御座候間、唯今までの門中堅固の信心のみにて外へ法を伝へ申候事災ひの本に御座候…御同門中相続の事は秀三、野澤、加藤、木下川、池田屋抔に御まかせ置、そもじには御構ひなく只々我帰国信心に骨折、身も命もおしまず日夜に祈念、梅田へも内々参詣いたし、身を捨て、命をおしまず、帰国の事のみ思召候はゞ、天照す太神の御心に叶ひ、日本六十四州の神の御心に叶ひ門中内も自から感応いたし、法も相続出来可申候。此儀、一心に御心掛なくば、正鐵が妻にては有まじく候。

（『遺訓集』三「法赦免迄」）

でも、ここでは「梅田へも内々参詣いたし…」とあり、所払として本来は立ち入りを禁じられている梅田神明宮にも参拝して、祈念をするようにとある。門中の指導や連絡は他の主だった人々に任せよとあるが、男也が禁を犯して神明宮に参っているだけでも、その存在感は表現されていたのである。

〈忍修行〉により活動を維持していた門中だったが、弘化元年の暮れに近い頃になると、杉山秀三をめぐって、有力な門中たちの間に齟齬が現れてきたのだ。たとえば、坂田正安が秀三を嫌って安西一方のみに自分の治療を依頼したり[二]、三宅島への送り物の世話役について、村越正久では不行届きであるとして、秀三がその役を引き受けて交替するなどという事柄が書簡に見えている[三]。その上、男也が何かにつけ秀三を「先生とあがめ」るまでに依存するようになったので、問題が複雑化しそうだったのである。

そのころには、'おつる事も上州へ遣し置申候様、加藤より申来候。如何に候哉。是等の事くわしく御申越可被候'（『遺訓集』六「様々の夢」）とあり、男也は上の子までも上州平塚河岸の名主渋沢家に預けるざるを得ないような困難な状況にあったらしい。そんな中で、男也が杉山秀三を頼るようになったのも無理のないことではあった。秀三は正鐵の修行と思想の遍歴を一緒にたどってきた人物であるとともに、男也にとっても結婚当初や信州追分では同居していたから気心が知れた仲だったのだ。しかも正鐵の姪の八重子を妻としていたので親類でもあった[一三]。だが、その依存ぶりを如何なものかと心配をする向きもあったのである[一四]。

門中の人々からの手紙でそんな様子を知った正鐵は、男也に厳しく注意を与えた。

一、先達而中、木下川へ何事も任せ相談致し申候よふ申遣し候処、此節秀三え任せ候の由、何分わかり兼申候。たとへ女と申者は、如何様の事を得道致し候とも、杖柱と頼み候人無之候而者、何事ぞ有之候節、差支困り申候ものゆへ、木下川を少子より頼み遣し候事に御座候。法の事は御同門中、何れにても発明致候人により相続致し可申候へ共、身分の処は慥に引受申候者無之候へば、差支御座候事に御座候。然るを秀三引受候と申事、一向分り不申候。秀三えは御門中法の相続の事頼遣し候。そもじ身分の事は、一向申遣し候事無之候。夫ともそれには色々わけあいもある事と存候。此度の便りに委敷御申越可被下候。秀三よりは、そもじも此度安心致し、悦び申候由申越候へ共、何分わかり不申候…只、秀三を先生とあがめ、何事も指図うけ候との事、一向に分り不申候。譬、何事の候とも、そもじは法の上にて産霊にも致し置候事故、其処をもわきまへ不申候と、法を軽ろしめ候様に相成申候。

（『遺訓集』六「様々之夢」）

こうした状況を放置しておくと、門中の解体を招きかねないと正鐵は考えたようだ。これを受けて弘化二年（一八四五）

の春の船便の再開を待って、本土の門中に対して、初めて明確な組織確立の指導をした。三月に、「御同門中」一同に宛てて「四命」（『遺訓集』二）という綱領的な文書を出し、その中で〝神にゑんをむすび霊を産出す〟〈産霊〉、〝神の教へをとき聞せ、いざなひ導引く〟〈伊佐那井〉、〝とき聞せ候人へ手引して、教へに入れ候〟〈手引き〉という役を示し、それぞれに対応した門中の席位を定めることとした。そして、別の書簡「法止之伝」（『遺訓集』三）により、男也を正鐵の〈名代〉とし、野沢鐵教を筆頭とする十三人の〈初産霊〉が指導を取り計らい、十人の〈法中御世話御目付〉を置いて運営する体制を指示したのである[一五]。

こうして〈忍修行〉から方向転換して、男也を正鐵の〈名代〉とする指導体制の指示により、杉山秀三への依存は戒められ、外への教化活動も再開された。弘化四年（一八四七）九月には、男也は野澤鐵教とともに上州平塚河岸（現在の群馬県伊勢崎市）を訪れて、〈初産霊〉を許された高橋亀次郎、渋沢六左衛門、田部井伊惣治の三人へ〈産霊の伝〉伝授を行うなど[一六]、各地への伝道も行っている。

五　男也一家の動静

前に述べたように、天保十二年に生まれた三女法子はすぐに安西一方に預けており、弘化二年頃には、二女の鶴子までも上州平塚河岸の名主渋沢家に預けざるを得なかったようであり、正鐵の手紙には、〝おつる事も上州へ遣し置申候様、加藤より申来候。如何に候哉。是等の事くわしく御申越可被候〟とか、〝おのり事も追々生長致候事故、いまに一徳世話致しおり候哉。是も子供出来、両人にては困り申候。様子御申越可被候〟（『遺訓集』六「様々の夢」）とあって、子どもたちの様子が伺える。そして、弘化三年三月付けの手紙には、

此節都合もよろしきに付、此母方え御住居の由御申越至極宜敷存候…江戸大火のよし、日本橋辺も焼申候よふに

承わり申候。此母方も類焼致し候や案事申候。おつる事は如何致し居候や、御申越可被下候。

（『遺訓集』五「法命」）

とあって、男也自身は日本橋亀井町の池田屋此母の家に仮住まいしていたのであった。また、'そもじ事病気のよし、扨々難儀の事と存候。しかしながらこの節は全快のよし…'（『遺訓集』二「養生」）とあり、弘化四年の春頃には体調を崩してもいたらしい。

だが、上州に預けられていた鶴子は大切に養育されていて、弘化四年二月付けの書簡には、'鶴事段々厚き御介抱にて成長、其上手習等御骨折御教、書面も見、喜び申候。何分可然よう御願申上候'渋沢六左衛門宛（『遺訓集』六「御宮地別御文」）とあり、成長が伺える。その後、嘉永元年六月に正鐵の手元に届いた手紙の返事には、

おつる事、智善同道にて、五月十九日亀井戸へ参り候のよし、御申越承知致候。如何致し可申哉と御申越、少子存寄には木下川御夫婦へ相頼ミ置がよろ敷と存候。そもじもよろしくと存候ハヾ、少子より申遣し候の段、御噺し御頼ミ可被成候。池田屋もよかろふかと存候。併しながら、女子の事に候間、そもじ存寄次第ニ御計ひ可被成候。女子は母親のこゝろにて宜しきよふ御計ひ可被成候。

（『遺訓集』四「三日三夜」）

とあり、十二歳になって江戸へ出てきていたようである。

三宅島の正鐵は弘化四年（一八四七）に八丈島に流される途中の梅辻規清と出会って境地が深まり、嘉永元年にはいくつもの重要な文書を書いた。男也宛には、十月に「当流要問答」、十二月十一日に「得道ノ位問答[一七]」を書いているが、「得道ノ位問答」執筆のおそらく数日後に中風を発症し[一八]、「当流要問答」にある'此度の問答書は当流の要にて候まゝ、

産霊の人々会合致し御相続の上、人々の領解の趣、来春便りの節、御申越候様可被成候。待入申候」という願いを成就することなく、年明けの嘉永二年（一八四九）二月十八日に六十歳の生涯を終えたのであった。

その最期を看取った水汲み女のお初は、船便を待って男也に宛てて訃報を書き送った。

御しらせ迄申上参らせ候

わざ〳〵使札を以て申上参らせ候。左様に御座候へば、先生御事、当二月十八日、日の出の頃より御様子相変り、昼過より言舌も相分り不申、平生の如く大鼾にて、蒲団によりかゝり、終に暮れ六つ時、神去被成候。此段取急ぎ

かしこ

三月十八日　　　はつ

男也さま

返すぐも私事、未だ修行未熟ゆゑ、何共申上候様も御座なく、唯茫然として、ましゝむかしの事ばかり思ひ出し、明暮泣くらし居参らせ候。御まへ様にもさぞかし御愁もじ様の御事と御察し申上参らせ候。乍末筆御子様等えも宜敷〳〵願上参らせ候[一九]

こうして、男也は夫の最期から一か月以上経ってから、訃報を手にしたのであった。

六　男也のその後

正鐵が亡くなったという知らせを受けて、門中の活動は一気に沈滞した。遠く離れているとはいえ、書簡の往復や物資の送付の活動が門中を結び付けていたのであるから、そのネットワークが停止してしまうのは避けられないことだっ

た。

江戸周辺の門中に、再び活気が戻ったのは、正鐵没後五年ほど経った安政元年頃に上州から戻った三浦知善の呼び掛けで、梅田神明宮に〈祓修行〉が復活した時のことであった[二〇]。しかし、この時期になっても、安政元年（一八五四）十二月には、駿河台に潜伏していた男也に追手が付き、養子の祐鐵が同伴して上州平塚河岸の渋澤家へ避難したり、安政三年（一八五六）四月にも、大久保の長沼澤右衛門家から武州幡羅郡西野村の高橋家へ避難するなど、繰り返し干渉を受けた記録がある[二一]。だが、安政四年（一八五七）には坂田正安、翌五年には村越守一や河内武胤が上京して白川家に入門し、六年（一八五九）には、岡山の中山一郎が白川家公用として江戸に来ていて、梅田神明宮の跡目のことも含めて交流が持たれたようである[二二]。こうした盛んな活動状況から、時として小さな干渉はあるものの、もう事実上〈法赦免〉（布教公認）されたという意識があったのではなかろうか。

こうしたなか、杉山靫負[二三]が上京して、梅田神明宮の跡目を相続した。その時には男也も後見役として同道しており、安政六年（一八五九）十二月朔日には白川家に参殿して資敬王に面会したうえに、宮中の内侍所も参拝した。白川家の記録には

一　参　殿

武州足立郡梅田村
神明宮神主
杉　山　靫　負

入　門

江戸御門人井上式部後家
男　也

右者此度上京ニ付、御対面御手熨斗御流等被下候。於対客間ニ男也へ者、御茶菓被下候事。

一内侍所江　　御添使

右者前両人参拝相願候事　（『白川家日記』安政六年十二月朔日の条）

とある。

ところが、復興から七、八年ほど経った文久二年（一八六二）三月九日には、三回目の取締を受けた。この時は主だった門中二十六人が召し出されて取調中は宿預けなどとされ、四月十三日には、梅田神明宮神主を相続していた杉山靫負をはじめ、坂田正安、鐵安、村越正久、守一、安西一方の六人が所払となり、他の二十人は構無しとする申渡しがなされたのであった[二四]。この取締によって、再び江戸の門中は沈滞を余儀無くされたが、門中の主だった者たちは、地方へ出向いて教化活動を進めるようになって、沈滞するばかりでない新たな展開の契機ともなったのであった。だが、この〈文久二年の取締〉の時を含めて、しばらく男也の動静はつかめない。

慶応四年（一八六八）正月十五日に大赦令が布告されたのを受けて、翌明治二年（一八六九）二月五日、刑法官支庁権判事坂本三郎より、梅田村名主に宛てて、男也と釆女の縁者の出頭が命じられた。当時、井上家を相続していた井上善彌は、村役人と杉山秀三の付添いのもと、二月九日に会計官訴訟所に出頭し、次のような達しを受けた。

去明治元年正月十五日、天皇御元服の大礼被為行、御仁恤の聖慮を以て天下一般、朝敵を除の外、一切大赦被仰付候に付、故式部及び男也釆女儀、赦免申付る者なり[二五]。

こうして、正鐵は没後二十年目にしてようやく赦免され、そのころには二女鶴子の嫁ぎ先である武内時鐵[二六]のもとに身を寄せていたらしい男也も、公然と梅田村に帰ることができたのだった。その後、次の文書により人別も正式に梅田村に戻された。

人別送り之事

井上式部并妻男也御赦、帰住被仰付候処、其後是迄拙者方同居罷有、当時善哉住居内々引移、向後式部後家令住居善哉方より人別差出候処可然候。為念此度人別送り証文如件。

明治四年未二月七日

宮津藩士族　加藤勇司　印

小菅県御支配所

武州足立郡梅田村　役人衆中[二七]

大赦によって男也と正鐵の罪は許されたが、布教の許可までを得たわけではなかったので、正鐵の念願でもある〈法赦免〉に向けての動きが、活発になっていった。そうした中で、明治四年（一八七一）十一月十七日に、布教公認への準備を進めていた村越守一の門人東宮千別に対して、男也は野澤玄昇（鐵教）と連名で道統の由来を示した文書を与えている。これはかつて正鐵が定めた席位の通りに名代と産霊役筆頭が、布教公認の手続きに承認を与えたということであろう。

そして、翌五年（一八七二）三月には教部省が設置されて教導職の制度も置かれ、五月には東宮千別たちが布教公認の願書を提出して、八月には教部省から「吐菩加美講」の名称で布教する許可が下りた。こうして、門中の教師たちは教導職に補せられ、晴れて公に布教を進められるようになったのである。この時すでに男也は高齢であって教導職の補任は受けていないが、正鐵の名代としての指導は続けていたのであった。現在のところ「詫ぬれば直にゆるしのあるものをわびぬ心ぞくるしかりける[二八]」という遺詠の他に著作は発見されていないが、「息吹の屋大人は其息吹の術業を伝へず。然りと雖龍田の風の神の祝詞に曰く、禍神のなさん禍事を息吹拂はん云々と此祝詞を教祖の室男也刀自能信徒に示されたり[二九]」という記事があり、風神祝詞を引いて平田篤胤の教えと比較する得意の説教の様子が回想されていて、生前の様子がわずかに伝えられている。

さらに、正鐵の念願であった身分と布教の赦免がともに成就したうえで、男也はじめ遺族や直門たちは、三宅島に埋葬されたままの遺骨を故郷に迎えるために、明治十一年（一八七八）三月六日に東京府知事より改葬許可を受けた。願書には「…王政御維新ノ神聖復古ノ聖代ニ相値偶スルヲ得テ、式部冤罪大赦ノ恩命ヲ蒙リ、妻子及ビ親戚等雀躍ス、雖然未ダ情ノ上ニ於テ不虞スル所ノ者ハ、遺骸ノ此地ニ在ラザルヲ憂フ、殊ニ養母儀七十五年十ヶ月ノ老衰ニ及候所、方今病ノ床ニ臥シ、朝暮悲泣シテ病ヒ募ラントス…[三〇]」とあり、衰弱してきた男也の様子がうかがえ、改葬を急いだようだ。しかし、三宅島に向かう直前の四月一日に善彌が急逝したので、祐鐵が遺志を継いで三宅島に渡り、六月十八日に梅田村へ遺骨を持ち帰った。男也はそれで安心したのか、四か月後の明治十一年（一八七八）十月十八日に七十七歳の生涯を終えて、「桜間能男也大刀自」と謚号をおくられ、梅田村遍照院内墓地に正鐵とともに葬られた。

さて、男也の子孫であるが、武内時鐵の妻となった二女の鶴子は、鐵成（録弥）、鐵氏の二人の子を産んだ。万延元年（一八六〇）に直門加藤鐵秀の子加藤直鐵と結婚した三女法子は、道太郎を産み、大正十四年には八十四歳で存命であったことがわかるが[三一]、その後は未詳である。法子の夫の加藤直鐵は大成教本部に勤めて、明治二十三年（一八九〇）には「大成教禊教総本院事務所」に監督権中教正として在職であったが、二十八年（一八九五）一月には「井上神社」の社掌となった。三十一年には四谷区東信濃町に住んで『神道唯一問答書合巻』を刊行している。

七　まとめ

武士の三女であった安西糸子は、医師で観相家でもあった井上正鐵と結婚した。ところが夫は求道を続けて独自の境地に達し、白川家に入門して梅田神明宮の神主となり教化活動を開始した。だが、わずかな活動の後に寺社奉行の取締を受けて遠島となり、自らも所払に処せられて一家離散の苦難の生活が始まったのだが、門中に支えられながら夫から委嘱された〈名代〉としての役割を持ち続けた。明治に至って、念願であった〈身分赦免〉と布教公認である〈法赦免〉の成就を見届け、遺骨となった夫との対面をして間もなく、その生涯を終えたのであった。

註

一　『真伝記』巻一、十丁オ。『実伝記』上巻三十九丁オ。結婚と同年とされている立太の養子については、実父の高橋熊蔵は文政十三年（＝天保元年・一八三〇）正月二十三日に亡くなったことが、安藤家文書により判明しているので、『真伝記』が妥当と思われる。

二　『翁』教典編九〇頁から一〇七頁。

三　西田長男「井上正鉄の著書おぼえがき」（『禊教の研究』昭和四十七年）七七頁。

四　『実伝記』上巻三十九丁オ。

五　『翁』教典編九十六頁。

六　渋沢ひさ宛自筆書簡。前掲『禊教の研究』一二四頁。

七　荻原稔「井上正鐵直門野澤鐵教の生涯」（平成二十八年）。

八　金光図書館所蔵『白川家門人帳』ならびに宮内庁書陵部所蔵『白川家日記』に記録がある。また、近藤喜博『白川家門人帳』（昭和四十七年）三六九頁に翻刻がある。

九　『在島記』九十六頁。

一〇　同右。

一一　『遺訓集』五「迷之御諭」（弘化元年）九月十五日付、保木間権左衛門（坂田正安）宛には、
貴兄兎角御持病にて御難儀之由、扨々御困りの御事と存候。先達而も申上候通り、秀三方へ御りやうじに御出、猶又御相

談候はゞよろしく存候。若又、秀三事、思召に叶ひ不申候事も有之候はゞ、同門中の事に御座候間、御心中有の儘に御咄

御相談候はゞ、秀三もたすかり貴兄も御みがきに相成可申と存候。

とある。

一二　『遺訓集』五「真如之月」（弘化二年）二月付、治郎兵衛（村越正久）宛には、

御送り物義、去暮は秀三え御任せの由、是又御尤の事に御座候。但し秀三力にては行届申間敷存候へども、先々御任せ置

候はゞ、相訳り可申候。其内間違ひ候ては、少子困り申候。其節は可申上候間、御骨折可被下候。

とあり、いったん杉山秀三に役を交替したのであれば、まずはやらせてみるが、不都合が生じると困るので、協力してほしい

といっている。

一三　『真伝記』巻一、三丁ウ。

一四　註（一二）と同じ書簡に

一、男也一条之儀、御申越被下、委細御尤の事に御座候。此度四命四恩の儀、御一統へ申上候。此書にて御察し可被下候。

但し、人々の一時開け候時節には其事のみ思ひつゞけ候て、外々闇く相成申候ものにて御座候。又々其内には前後の弁へ

も出来申候事に御座候。秀三始め皆々、一方の開け申候と其歓びにて方角を失ひ申候事に御座候。又々日月たち申候に付、

一段明るく成り申候ものに御座候。

とあり、村越正久からも様子が伝えられていたのがわかる。

一五　『遺訓集』三「法止之伝」。

一六　『遺訓集』六「御宮地」。

一七　『遺訓集』に収録された「得道の位問答」には日付の記載がないが、國學院大學図書館所蔵の写本『井上正鐵翁御文』（黒川真道旧蔵本）所載の同書では日付が書かれている。

一八　東京都三宅支庁所蔵『御用留』に記載された井上正鐵についての「三宅島流人死亡御注進書」には、「右式部儀、去冬中より中風ニ而打臥候ニ付、薬用手當為仕候得共、次第相募り養生相不叶、當二月十八日病死仕候」とあり、嘉永元年の暮から体調を崩していたことがわかる。

一九　『翁』二二一頁。

二〇　三浦知善の生涯については、荻原稔「禊教祖井上正鐵と門人三浦知善」（平成六年）。本書第二章第三節参照。

二一　岸本昌熾著『井上祐鐵先生年譜稿』七丁ウから八丁オ。

二二　伊藤要人の生涯については、荻原稔『伊那と岡山の禊教』（平成十年）、荻原稔「禊教備前開教者伊藤祐像とその一門―教派神道成立前後の神道講社」（平成二十二年）及び本書第二章第六節を参照。要人の門人中山一郎は、安政六年（一八五九）五月に白川家の公用として江戸へ向かい、八月に京都に戻っている（『白川家往来留』）。

二三　杉山靫負については未詳の点が多いが、明治初年まで梅田神明宮を管理した井上善彌であろう。井上善彌は、越後国刈羽郡高野村坪野の村田喜三郎の弟であり、伝記には「同（天保十二）年十一月村田善彌得道し、後に杉山氏を称し、また井上を称す」（『真伝記』巻一、一四丁ウ）とある。杉山姓であることから、この杉山靫負を杉山秀三とみなす説もあるが、秀三とは考えられない史料が存在する。詳しくは、荻原稔「杉山靭負について」（『井上正鐵真蹟遺文』平成七年）を参照。

二四　文久の取締の史料としては、『校正増補眞傳記』一巻三二丁ウから三三丁オ、『在島記』三五一頁、坂田安治『神道禊派由緒書』（明治二十六年）一二丁オから一五丁オ、「坂田安治管長年譜略」（『天津菅曾』第二号、明治三十二年）付録三頁、東宮鐵眞呂『東宮千別大人年譜』（明治三十四年）五頁など。

二五　『在島記』三五七頁。

二六　『翁』一二七頁。二女鶴子と夫の武内時鐵（明治十五年九月二十八日没）の墓は、谷中霊園乙九号十六側に存在するが、武内家については詳しくわからない。武内時鐵の子の録弥について、大植四郎『明治過去帳』（昭和十年・昭和四十六年復刻）には「待命海軍主計中監従五位勲四等功五級、千葉県平民にして…明治十四年頃…主計副を拝命…」という記事があり、時鐵の墓にも「正八位」と刻まれているので、平民で叙位を受けているところからみると、維新に際しての功労があったような千葉県内の有力農民などなのかもしれない。

二七　個人蔵（平成十一年八月確認）。加藤勇司は、加藤力（鐵秀）であり、所払の時の身柄引受人であったが、自らが宮津藩士となり、嗣子の直鐵が男也の子の法子と結婚するに及んで、人別も引き受けたのであろう。

二八　『校正増補真伝記』口絵。

二九　杉村敬道「天津祝詞太諄辞」（『みそゝき』五〇号、大成教修道館、明治二十七年）。

三〇　『在島記』三八五頁。

三一　禊教本院所蔵の文書に次のようなものがあった（昭和四十年代に記録）。なお、当文書および文中の直筆の「唯一問答書書継」ともに現在所在不明。

記

井上神社祭神井上式部正鐵大人真筆

一　唯一問答書書継　一巻

由来

本書は父正鐵天保十三年奉行所禊道教義の査問に対し提出致候唯一問答書上下二巻の書継として伊豆三宅島流謫の後六年目嘉永元年春の島便にて母男也へ寄越され後萬延元年私事加藤喜太郎（直鐵）へ嫁ぎ候時母より伝へられ候ものに御座候

右奉納候也

大正十四年二月

東京府南足立郡梅島村梅田

加　藤　の　り

八十四才

男道太郎・代筆

禊教本院　御中

第三節　三浦知善の活動

一　はじめに

三浦隼人とその妻采女（後に知善）は、高弟として教化活動の早い時期から関わって労苦をともにしてきた。取締により夫は獄死したが、妻は所払となって各地の門中の支援を受けて暮らし、安政元年頃に江戸近郊に戻って〈祓修行〉の復活を果たして、安政三年（一八五六）に生涯を終えた。この三浦知善による〈安政の復興〉がなければ、井上正鐵門中は、そのまま消滅していっただろう。ここでは、正鐵の書簡をはじめ、残された資料を紹介しつつ、ごく一般の庶民であった三浦隼人と知善が、正鐵とともに大きな困難に直面しながらも教化活動を進めて行った跡をたどってみたい。

二　三浦夫妻と寺社奉行による取締

夫の三浦隼人は、寛政三年（一七九一）の生まれで、もとの名を政吉といい、越前出身といわれている[一]。三浦の姓はもちろん私称であり、「隼人」は梅田村での教化活動の開始にあたって正鐵が与えた名前であろう。知善[二]は、寛政十年（一七九八）の生まれで、夫とともに「采女」の名を授かったが、生国やもとの名もわからない。難波町（現在の中央区日本橋富沢町）に住んでいたこの夫婦は、天保八年（一八三七）頃に神道を説く神田の町医者であった井上正鐵に入門したのだった。入門のきっかけは病気の治療だったかもしれないが、不作や飢饉が各地で頻発していた時代に、何かの訳があって故郷を離れて江戸へと出てきた庶民の夫婦だった。そして、天保十一年（一八四〇）四月十五日に、井上正鐵が梅田神明宮の神主になって正式に教化活動を始めた時には、三浦夫妻も一家を挙げて移り住んだ。この時、隼人五十歳、采女四十三歳であり、一男一女がいた。その直前には、ひと冬を雪深い越後で過ごして江戸に帰ったばか

三浦知善（『校正増補真伝記』より）

りの正鐵一家は、三浦夫妻の家に仮住まいしていたという。
天保十一年の夏のうちは、参詣人もなく閑散としていたようだが、秋になると下木下川村の村越次郎兵衛、保木間村の坂田権左衛門、栗原村の水野弥三郎、竹ノ塚村の河内久蔵といった近在の名主クラスの有力農民から、浪人や無宿人までも入門してきた。その中には、病気や生活困難から寄宿する者もあり、半年もしないうちに、梅田神明宮は〈祓修行〉の声と人の出入りが絶えない、賑やかな場所に変ったのである。そのなかで三浦夫妻は、幹事役の高弟野澤鐵教とともに、門人たちの指導や管理を行っていたのだが、何よりも食料の調達や食事の準備が大仕事であったろう。

ところが、こうした賑わいもそう長くは続かなかった。天保十二年（一八四一）十一月二十四日に寺社奉行の命により、正鐵夫妻と三浦夫妻の四人が召し捕られ、小伝馬町の牢屋敷に入れられた。そのうち女性二人はひと月後の十二月二十四日に釈放されて、采女は木下川に蟄居したという[三]。だが、隼人は大牢で惨い扱いを受けたらしく、十二月二十二日に五十一歳で獄死した。牢死の者の遺体は千住小塚原に捨てる定めではあったが、村越正久らが手配して遺体を引き取り、村越家の菩提寺である木下川村の浄光寺に埋葬したらしい[四]。

この隼人の遺文は「み教へにこゝろ任て身は安し、たる事を知る梅の花笠」という一首が伝えられているばかりであるが[五]、正鐵の書簡には隼人の人柄への言及を見出せる。たとえば、酒好きだったらしい高弟野澤鐵教が教化活動を怠りがちなのを戒めた手紙の中には、

貴様（野澤鐵教―引用者）事は、神明の思召にて、其地に無難に御残し、身代りに隼人を御立被成候事と存候。其

故は、隼人は多くの人を教ゆる事ならず、志し深き計り故、末世末代迄の手本になり、法の為に死し、霊神と成、後の世まで大明神ともあがめられ可申候。貴様は、愚生嶋の留守を守り候役に御当被成候事に候を、酒食の為に其役を御勤め不被成、夫故に御罰を受候と存候。…貴様は、愚生御召捕の節、人相書被仰付候所、愚生心に叶ひ不申候事有之に付、勘当致し置申候間、住所知れ不申候よし申上候に付、隼人を召捕候事に御座候。能々御考へ可被成候。

（『遺訓集』五「霊神と崇」）

と書いているし、門中一同宛に弘化二年（一八四五）春に出した書簡の中にも、

三浦隼人事は学問もなく、ものの道理をもわきまえがたき程の者なれど、法の為に身命をおしまず候ものゆへに、産霊をゆるし候事に御座候。尚、法の為に命を失ひ候事故、跡に残り候妻子を隼人になりかわり、あわれみ可申候と存候へども、今遠くわかれ居候へば、夫も心にまかせず、御門中の人々能々御あわれみ御取立の程頼入候。

（『遺訓集』二「四命」）

ともある。知識もなく口下手ではあるが、厚い信仰心を持った篤信の人柄に深い信頼を寄せていたことがうかがえる。
また、『唯一問答書』のなかには、〝隼人なる者、法の為に去冬牢中に死すといへとも、其妻子うらむる事なく、我に仕る事、弥誠を以す。是水魚の交りにあらすや〟（上「水魚の交」）と記しており、百日祭にあたる四月四日には、次の祭文を奏上して隼人の霊祭を行った[六]。それ以来、井上正鐵門中では、〈三浦霊神〉として尊崇されることになった。

生としいけるもの、何れか終りなからんや。たとへ百年の齢ひをふるとも、過なば一朝の夢の如し。いたづらに世

をおくらんよりは、君父の為に命を捨るは、いとも目出度事なるべし。今、爰に三浦隼人は、天照太神の傳へ玉ふ御法の為に身を投げ打ちて、人の苦悩を救ひ候わんが為、命を捨てぬるは、いとも尊とし。我門人なれど、我に先立て、我を道引くは、萬人の手本として、萬世までも鏡なるべし。嗚呼、人の命は上なきの宝なり。然るを空しく老に至りて、世の人にもうとんぜられながらも、世をうらミかこちて生ながらへんこそ、いとなさけなかるべし。若、神の御誓ひにて、長く此世に止りなば、我父の口ずさみし如く、

世になかいせバ、かく匂へ、秋茄子

斯よミしは、いとも尊としと思ひ出しはべる。古き昔しより、知らぬ唐国、又は見も聞もせぬ異国の教へなどに心迷ひて、後の世の為とて命を捨にし人はあれど、皇国のもとひを起し、人の助けに成んとて、神の御教への為に命を捨、世の為になれかしと思ひし人は、千年の古しへに伝へ聞はべらず。ゆへに、今神徳を歓びて、霊を祭て、永く此の教への守り神と成し侍る。正鐵、慎み〳〵て其事をあげ、門人子孫の栄へたらん事を願ふもの也。

愚かゆへ　神の誓ひに　法りの舟　天照します　神のまに〳〵

（『遺訓集』二「祭文」）

三　江戸払による一ツ木村隠住

正鐵たちが帰って、一時の復興を見せた門中であったが、天保十三年（一八四二）九月二十三日には、再び正鐵は捕らえられ、翌年二月九日には、寺社奉行によって、正鐵は遠島、男也は所払、釆女は江戸払に処せられたのであった。江戸払となると、品川、板橋、千住、両国橋、四谷大木戸より内側に住むことが禁じられるが、二月十八日には、門中の原作兵衛[七]をたよって中山道を下り、鴻巣在の横見郡一つ木村[八]（現在の埼玉県比企郡吉見町）に身を寄せた。この村は、荒川の中流域にあり、かつての流路の跡が池のようになって残っていたりする平地の村だが、原家は屋敷森が茂る小高い丘の上にあった。

この一つ木村は名主の作兵衛とその兄彦七ばかりか、領主の旗本興津左京も門中であるので、取締のほとぼりを冷ますには、好都合であった。そこで、牢内で近況の報告を受けた正鐵の返事には安堵の様子がうかがえる。

ようこそ〳〵御ふみ遣はされ喜び申候。十八日、一つ木へ落着の由、我らに於ても安心致し候。隼人事、未だ幼年とは申ながら、父の心中常々能く申聞かせ候て、後々は父の名をも顕はし候ように、御心掛け御教へ御育てなさるべく候。三月末には、出船にも相成り申すべくと存候。神明の誓ひなれば、必ず〳〵再会の時を待申べく候[九]。

三月末と思われた出船は五月にまでずれ込んだが、そのために牢内から細やかな指導を受けられた。その一つに病気がちだった娘のお松の養生についての指示がある。毎日背骨の両側へ灸を据えるとともに、畑仕事をするように勧められたのだが、それから一年くらいのうちに亡くなったようである。

五月六日御文相届まいらせ候。私事も当月廿五日、出船に相成申候の由御座候。嶋わりも三宅嶋にて御座候間、度々たよりも出来候間、御文下され候よふ存候。

おまつ事、兎角病気にてこまり申候のよし、灸治よろしくと存候。日々三回りも御すゑ可被成候。背中の大骨をはつし上より下まで御すへ可被成候。か様に大骨よりずい一ッおきに御すへ可被成候。一ッ所へ七火くらひつゝ、上の方一日、下のほう一日つゝ、三回りも御すゑ可被成候。しょうもんよろしく御座候間、御すへ可被成候。兎角小食にて田の草にても取、又は畑の草とりにても致し候方よろしく御座候。作兵衛家内又ハ彦七娘など頼み、畑の草取にてもだし候方宜く御座候。兎角百姓の業を覚へ候得ば、罪の滅し病も直り申候。当人江もよろしく私より申候やふ御申付可被下候。いつれ私も両三年の内にはかへり可申候間、夫迄に達者に相成り居候様被存候。まづいつ方へ遣し不申、御宮へ置、畑にてもかり百姓を稽古致し申候はゝ、罪もめつし病も直り可申候[一〇]。

ここにあるように‘作兵衛家内’や‘彦七娘’といった心強い女性の理解者もいる一つ木村だったのだが、一般の村人の目もあるだけに、二人の子供を連れての隠れ住まいは厳しかったに違いない。堂守をするにしても諸国行脚にしても、俗人の姿では人目に付くので、ひとまず尼の姿となるようにとの指図を受け、さらに教えの根幹である〈祓修行〉ですら、その形にこだわらずに〈念仏修行〉で行うように指示された。

一、当時、御出家被成候へ、夫がすぐに神の道引に御座候間、尼法師の教へを御守り、御修行可被成候。必ず〳〵外心なきよふに、仏をあがめ、御修行可被成候。夫、和光同塵は結縁の為と申事に候。神の尊き心をもつては、凡夫に教へが出来ぬから、おのがひかりをやわらげて、凡夫とひとしき姿に成て、教へ道引と申事にて御座候。

こゝろだに人をたすけん誠あらば
けふのすがたハ兎にも角にも

（『遺訓集』七「尼法師」）

こうして、采女は尼の姿となり、名も「知善」と改めて、翌天保十五年の正月には、原家のすぐ脇の観音堂に住まうようになった。この観音堂は当時の建物ではないものの、今でも子育て観音として大切に祭られている。さて、そのころにもなると、だいぶほとぼりも冷めたようで、江戸の門中の家にも出入りしたり、正鐵からも上州門中の家にも回って話をしてくるように勧められている。四月に知善が出した手紙への返事には、そうした指示が見えている。

四月廿日御書面、九月十日披見致し候。まづ〳〵信心堅固の御修行のよし、大慶不過之候。少子も無事修行致居申候間、御安意可被下候。
一、そもじ事も、作兵衛殿世話にて、一ツ木村観音堂へ、正月十七日御引移りのよし、日夜念仏御修行之由、よろこび申候。兎角、当流は一人にては修行も出来兼申候間、折々御同門中御廻り、御相続可被成候。江戸は申におよばず、加藤、渋沢、高橋など上州辺へも、御廻り御相続可被成候。一ツ木村にも、縁の有之もの候はゞ、御引立御同門にも相成候よふ、御心掛可被成候。当年の内には、是非〳〵御同門御こしらへ御申越可被成候。待入候。兎角、人を道引候心なく候へば、慈悲の心薄く成申候。友無れば、邪見に落申候。
　　伊勢の海寄りくる浪の友ずれに
　　　はまのまさごは玉とこそなれ
一、御送り申候木綿、夜着に御仕立にて、夜な〳〵おもひいだし候よし、古歌に、
　　さなきだに重きがうへの小夜衣
　　　我つまならぬつまなかさねそ
此歌の心、思召御念仏可被成候。いろ〳〵申入度候へ共、又々跡より可申上候。以上。
　　九月十五日　　　　　　　　　　　　正鐵
　　　　　　智善との
尚々、作兵衛、彦七へ、よろしく御伝言可被下候。別段書状差し出し不申候。以上。
（『遺訓集』七「日夜念佛」）［弘化元年九月］

弘化二年（一八四五）の春には、「四命の事」という綱領的な文書が示され、妻の男也を〈名代〉とし、十三人の〈初

産霊〉が指導して、十人の〈法中御世話御目付〉と共に教団運営をするという指示がされた。もちろん、知善も〈初産霊〉の一人として活躍を期待されていたが、その頃には、一つ木村の近隣の荒子村に住んでいたようである。

去る七月十九日、九月十日、両度の御文、去霜月相届、拝し申候。先以、御信心御修行御つのりのよし、大慶存候。そもじ事も、荒子村に御住居のよし、委細承わり、よろこび申候。何卒、御同門出来候よふ、御修行可被成候。少子も、其内神明の御心に、叶ひ候ハヾ、又々貴面致し、万々可申上候。隼人事も無事之由、大慶存候。いろ〳〵むかしを思ひ出し候へバ、涙の外御座なく候。御歌御申越、扨々御上達の事に御座候。猶此上、古今集御よみ候て、御修行可被成候。御よみ歌、又々御申越可被成候。此方門中、少子歌ども書あつめ置可申と存候間、其中へ書入度候。此度、四命四恩と申事、門中へ申遣し候。江戸へ御出府の節、御聴聞可被成候。只今の御身の上、少子帰国迄ハ至極よろしく御座候間、日夜御修行可被成候。必ず〳〵御心ざしとげ可申候。男也、そもじ、少子三人は、苦中の苦をしのぎ、修行致し候ものゆへ、此上とも修行候ハヾ、心願成就うたがひある間敷く候。たとへ千里の海山を隔るとも、こゝろハ唯一にて、楽しみを同じくいたし候身分に御座候。そもじ御歌、感心いたし申候。此かた門中にも見せ、喜び入申候。はつ事も信心成就に相成申候。しかしながら、若者ゆへとかく生長おそく困り申候。御ふみにて、御さとし願上候。いろ〳〵申入度候へども、

筆とれバ硯の海に浪たちて
くまなき空の月もやどらず
あし原のしげれる中に松たてゝ
あら玉の春平らげき国
わするゝな心の奥に吐菩加美と

神とゞまります身こそ安国

あらく〳〵中残し候。又々可申上候。江戸よりの便は、四月、五月ゆへ、四月はじめに御差出し候へバ、相届申候。秋八月たより御座候。尤、夏内は此方の船、しぢう参り居申候。秋過候へバ、四月ならでは便り無御座候。其思召にて御文御出し可被成候。以上

（『遺訓集』七「尼法師」）［弘化二年二月］

その頃になると、知善は三宅島の門中と直接に手紙のやりとりをしてもいたようだ。文中にある〝はつ〟は、水汲み女として正鐵の身の回りの世話をしていた島の娘であるが、修行を終えて〈信心成就〉はしたものの、とかく正鐵をてこずらせていたらしい。このお初も知善も、正鐵の指導によって文字を会得し、こうしてはるかに海を隔てても、同じ〈門中〉としての交流を持つことができたのであった。

四　上州門中への伝道

弘化三年（一八四六）頃になると、正鐵の期待にもかかわらず、知善は鬱々と過ごしていたようだ。息子の隼人は母のもとを離れて、日本橋の門中の池田屋[二]の世話になっており、母としての務めもなくなって、自分の体の調子を気にしたり、亡くなった娘の〝おまつ〟を思い出したりするばかりだったようだ。知善のそんな心を受け入れつつ、そこから脱皮するために、正鐵は〈法の子〉という言葉を使って、新たな課題を示した。

去七月廿四日、御書面相届、拝見致候。先以、そもじ事も信心堅固の御修行のよし、大慶不過之候。少子事も無事修行致し居候間、御安意可被下候。

一、そもじ命、我ら命ハ、法の命に御座候間、養生専一に御座候。命だに候ハゞ、又〳〵目出度対面の時節も有之

可申候。養生と申候ハ、少食にて麁食よろしく、其上永世伝御勤め可被成候。兎角、心を苦しめ候事、宜しからず。何事も、善悪ともに過行ば、夢のよふなる世の中に御座候間、心をとめず、念仏三昧に御成り、人の助かる事のみ御心掛可被成候。何卒、法子の出来候よふ、御こゝろがけ可被成候。

一、隼人事も、池田屋にて世話いたし呉候由、喜び入候。追〳〵生長いたし候はゞ、立身も出来申べく候。御たのしみ可被成候。そもじ事も、上州加藤、高橋などへ御出候て、是非法子を御こしらへ可被成候。法の子なくては、老年たのしみなく候。産霊の伝も御伝へ申し候事ゆへ、是非〳〵信心得道のものを御こしらへ可被成候。只今迄、もふ法の子が出来申候と御申越御座候哉と、御まち申候所、一向さたがなく、兎角我五尺のからだのみに、御くつたくの様子、どふで法の為に身を捨てはて候事に御座候間、御同門を御こしらへ可被成候。此つぎの御便りまでにハ、是非〳〵法の子を御こしらへ可被成候。加藤方へも申遣し候間、上州へ御出、法の子を御こしらへ可被成候。一ツ木、人気むづかしく候はゞ、いづれにてもよろしく御座候。とかく、からだの事計りおもひ、籠の鳥のよふに成り候ては、成不申候。どふで、三界無庵の身の上に御座候間、諸国をあるき、法の子を御尋候て、御こしらへ可被成候。扨々、思ひ候よりも役にたゝぬ心ニて御座候。是非、御骨折、法の子出来候様可被成候。法子がなけれバ、子孫がたへ申候。よく〳〵御修行可被成候。兎角、腰ぬけにて、旅へ出る事が出来不申候や。只今の身の上にて、日本国中遊びあるき申候と、すきな身の上に御座候。兎角、身を捨かね申候と覚へ申候。どふで法ゆへに、身を捨候身の上と思召、御修行可被成候。必ず〳〵身かまへ御無用に御座候。我身たすからんと思ふゆへ、手も足も出ぬものに成申候。此所よく〳〵御考へ可被成候。此次の便り迄に、法の子を二三人も御こしらへ、其者より文でも来るのが見度候。孫子がさつぱり出来不申候ては、つまらぬものにて御座候。

一、おまつ事、三年に相成候に付、書物致候よふ御申越、委細に承知いたし申候。併しながら、夫よりはお松が生れ替つて、おまへの法の子と成よふに是非〳〵可被成候。少子事、おまつが恋しくてならぬゆへ、日夜に思ひが起り候間、此方にて、おはつと生れかわらせて、朝夕に楽しみ居申候。それゆへ、お松が名日（命日―引用者）には御祭りをいたし、お初が前生と思へと申付置、修行いたさせ申候。おまへもおまつを生れ替らせ、法の子を御こしらへ可被成候。いつまでも死なせておいては、なさけなく候。元、たましいはたつた一ツにて御座候。生れかわらせ候へは、じきにでき申候。必らず〳〵法の子を御こしらへ、御喜びの様子御申越可被成候。古人隼人も当地に生れかわらせ、巳之助と申候弟子と成、日々宅に居り、法の世話をいたし居申候。此所よく〳〵御考へ可被成候。色々申入度候へども申残候。又、後便可申上候。不備。とほかみゑみため。

三月十三日　　　　　　　　　　　　正鐵

智善との

猶々、此ふみ御持参にて、加藤、高橋、渋沢江、御出御相続可被成候。いつまで子供にて居ては成不申候。早く子を持ち、親に御成り可被成候。箱根山和讃と申す有難き和さん御座候間、書付上申候。御となへ、御うたひ候て、御念仏候べし。当時は、仮に仏の姿に成り、衆生をさいど可被成候。じせつ至り候はゞ、神の本躰を顕し、天津御国を照し玉ふへし。穴かしこ。此書状御持参、さつそく御出立可被成候。必す〳〵おそなわり不申候よふ可被成候。以上。

正鐵

智善との

神仏のおしへ、さらにかわる事なし。みな唯一なる事を知らせんか為に書くおくる者也。吐菩加身依美多女。

正鐵

智善との

（『遺訓集』七「そもじ命」）［弘化三年三月］

この時、知善自身も、何とかしたい思いにかられていたのだろう。この正鐵のタイムリーな指示に従って、すぐに数年間住み慣れた一つ木村を旅立って上州に向かっている。そして、翌四月と八月には上州から手紙を書き送っているが、すでに修行の指導をして、〈法の子〉を取り立ててもいるのである。

四月、八月両度之御書、相届致披見候。いよ〳〵御信心御堅固、法命御続之由、よろこび申候。愚生事も、無事修行いたし居申候間、御案心可被下候。

一、そもじ事、此節ハ上州へ御出、御法子も出来候之由、目出度候。御同前に、我身の事ハ神仏に御まかせ申候身の上に御座候間、よくもあしくも、あなたの方にて、よろしきよふに御はからひ被下候身のうへに御座候間、必らず〳〵我身の上の事を、うちすておき、只々法子をうみ、それらの修行出来候よふ、御こゝろがけ可被成候。必ず〳〵我身の事を思ひ候はゞ、かへつて御罪をこふむり可申候。只々法の子御うみ候て、日夜に御かひほう、御そだてなさるべく候。法子さへそだち候へは、此身は他力にてたすかるものに御座候。愚生、此方へ参りおり候ても、法子おゝく御座候間、法の子のかひほふにて、たすかり申候。法の子出来候ハゞ、其当人より手紙参り候よふ、御はからひ可被成候。孫の出来候をたのしみ罷在候。兎角に、法の子出来候様に、御心掛なさるべく候。いろ〳〵申入度候へども、出船前取込、申残候。又々可申上候。以上。

未四月十日　　　　　　正鐵

智善との

（『遺訓集』四「法之子」）［弘化四年四月］

このように、知善はスムーズな心機一転をなし遂げたのであるが、正鐵は知善へその心を汲んだ指示をするのと同時に、上州の主だった門中へ取締の犠牲者である知善を援護するよう依頼の手紙を送ってもいたのだった一二。

知善が向かった上州平塚河岸（現在の群馬県伊勢崎市）は、利根川水運の要衝であり、足尾銅山の銅をはじめとする関東平野内陸部の物資が行き交う賑やかな街であった。この村の名主渋沢六左衛門、回船問屋京屋の主人田部井伊惣治や、近くの境町の商人井筒屋伝右衛門など、この辺りで有力な人々が門中になっていた。そうした人々により次第に教化活動が進んでいたのである。

次の手紙を見ると、弘化四年頃には知善の指導の甲斐もあって三人の〈産霊役〉が育ち、正鐵の指図の下に伝授がなされている。

未六月二日、御文相届申候。先以、そもじ事、信心御修行怠りなく目出度御暮喜び申候。少子も無事に修行致候間、御安心可被下候。

一、六左衛門殿、伝右衛門殿、御世話ニて、田尾村焔魔堂ニ御住居のよし、田尾村と申候ハどのあたりにて候や。承り度候。何れにても、法修行出来候所ならば、長く御住居被成べく候。只、法子を御産み可被成候。さやうなくては、神明へ御奉公つとまり不申候間、夜昼となく、御心掛御済度可被成候。はじめから、能い子はもてず候間、其思召にて御すゝめ可被成候。只々、夫のみ楽しみ居申候。法子なくては、御身の楽しみもなく、又々段々老年に相成申候てたよりなく候事に御座候。我ら法子多きゆへ、嶋へまいり居候ても、たのしみ多き事に御座候。肉身の子は、法の上からは、なくもよろしきものにて御座候。夫故、仏の教へなどにては、子は三界の首かせ抔申事に御座候。只々、法子御出生をまち居申候。

一、此度、六左衛門殿、亀次郎殿、伊惣治殿、三人江初産霊つたへ致し申候。其節は、男也、野沢、参り申候間、そもじも立会可被成候。御修行にも相成可申と存候。古き歌に、

思ひかねたはかりごとのなかりせバ
　天の岩戸ハひらけざらまじ

一、此方永代御宮に付、御心ざしの奉納銭四百文、慥に受取申候。福者千金にもまさり申候御事、有難存候。いろ〳〵申入度候得ども、又々跡より可申入候。不備。

九月十日　　　　　　　　　　　　　　　正鐵

智善どの

猶々、はつよりもよろしく申上候よふ申聞候。以上。天の岩戸は、うすめの神の徳にてひらき申候。天照太神も女躰にて御座候。よく〳〵御考へ御修行可被成候。修行といふは法子をうミ候外なくと、思召候べし。

　　　　　　　　　　　　　　　　　　正鐵

智善どの

（『遺訓集』四「子者三界」）［弘化四年九月］

〝肉身の子ハ、法の上からハ、なくもよろしきもの〟とは、ずいぶん冷たい言葉のような印象を受けるが、これは正鐵自身も一男一女を幼く亡くした経験からくる共感的な励ましであり、その思いを〈法の子を産む〉ことに昇華させようという勧めなのであった。

弘化四年の秋には、知善は田尾村（不明）から平塚河岸の中心地へ引っ越していたようだ。そのころの河岸は、大正三年（一九一四）の河川改修のために、いまでは利根川の河川敷になってしまったが、渋沢六左衛門家の菩提寺である天台宗天人寺は、当時の場所にある。

未九月廿三日御書面、同霜月相届、致被見候。先以、御信心御堅固御修行之由、大慶不過之候。少子、無事修行致居申候間、御安意可被下候。
一、そもじ事、毎度住居相替り候処、此度は六左衛門殿菩提所のとなりへ移り、伊惣治殿方の直裏にて、皆々御門中御相續出来候のよし、扨々難有事に御座候。何卒、此上は法子御座候様存じ候。
一、世の中の事は、何事も定めなき事に御座候と決心いたし居候へば、いろ〱に替り申候も、楽しきものに御座候。

何事もたのみがたなき世の中を
たのみ定めし身こそ安けれ

人の心もたのむべからず。己がこゝろも頼むべからず。只、たのむべきは、神明の誓ひなり。

今日よりは明日と消へ行罪咎の
身に満ちみつる神のいさほし

永世の伝御勤め可被成候。勤めよふは、鼻より息を引、臍下へ満しめ、口より吹出し申し候よろしく御座候。余り力をいれ、腹を張申候事は、平生はよろしからず。やすらかに御勤可被成候。一日に神前にて、線香壱本づゝ、御つとめ可被成候。身の罪咎を滅し、病を去り申候。猶又、安心なり兼申候折に、勤め候へば、頓に安心出来申候。此修行つもり候へば、神徳身に満、広大の利益御座候間、御同門中へも御伝言可被成候。
一、六左衛門殿御内室事、兎角御安心出来兼候よし承り申候。そもじ、よろしく御道引可被成候。そもじ前生をめつし申候事に候。猶又、御様子御申越可被成候。
一、隼人事も無事の由、歓び申候。何卒、此もの故隼人心ざし継せ度候。御心掛可被成候。是非、神主に致し度候。
一ツ木荒神様の事は、如何成候哉。是又承り度候。

一、手作りそば御送りの由、手紙には御座候へども、いづくにて間違ひ候や、参り不申候。併しながら、御志しは届き申候間、歓び入申候。法子沢山出来候はゞ、御文御越可被成候。結縁のため、御神号認めさし上可申候。いろ〳〵申入度候へ共、扨々出船前取込、早々申残し候。以上。

申三月

正鐵

智善との

（『遺訓集』七「今日ヨリ明日」）〔嘉永元年三月〕

父の名を継がせた隼人が一つ木村の荒神社の神主になる話があったらしく、正鐵はその後を気にしている。だが、この年の冬には正鐵は病に倒れ、翌嘉永二年（一八四九）二月十八日に三宅島から帰ることなく六十歳で亡くなった。そして、その後の数年間の知善の消息を知る手掛かりはない。

五　安政の復興と最期

正鐵の没後には、師弟間の書簡や物資の往復がなくなるのと共に、中心を失った門中はそのネットワークも滞って、活動全体が衰えていった。そして、知善のいた上州周辺では霊能を掲げる変種の信仰も発生していたようだ[一三]。そうしたなか、正鐵が亡くなって五年ばかり経った安政元年の頃、知善は上州を離れて梅田村周辺に戻り、正鐵の伝えた教化活動を復興させようと決意した。まず、梅田村にもほど近い保木間村（現在の足立区）の直門坂田家を頼って移り住み、かつての門中の人たちの家をまわって、熱心に修行の再興を説いたのだった。その結果、正鐵の遠島以来ずっと停止されていた〈祓修行〉が、梅田神明宮において、再び行われるに至った。そのころの様子を、正鐵と知善に師事した村越守一は『神祇道中興正鐵霊神記[一四]』で、次のように記している。

妻、采女は女性たりといへども、信心剛勇成事、男子にこへ、先師、彼国に至りたまひし後は、姿をかへて尼と成、智善と名を改めて、諸国を行脚し、木食し、断食し、寒中水行し、一食にて昼夜念仏を誦し、永世をつとめ玉ふ事、永き年月怠らず、或時は上州の山中に草庵を結び、観念の床にさし入る月を見て、心をすまし、霊神の御正意拝せんと、日夜心根をくだき、勤行の間に、こはかゝる山中にて、いたづらに過なば、霊神の御意に叶まじ、いざ、諸人を導かんと、草庵をうちすて、又々行脚の身となり、安政のはじめ、奥州の駅路保木間といへる所に草庵をもとめ、先師の御門人なる家々に至り、かゝる逢難き大法にあひ、かかる得がたき大道を得て、徒らに忙然とすくる事はおしからすや、いざさせ玉へと、法の友だちをさそひ玉ひて、諸国行脚せし事、難行苦行せし事など語りて、後悔のなみたをなかし、かかる無善造悪の身なからも、信心の徳とて、修行の内に難有事度々あり、あはれ各々も並々の住居にて、互につミを犯しおふものなげかわしさよ、霊神の思召忘れ玉ふか、いかによと御催促に、我らをはしめ、眠し門中一同目をこすり、そろ〳〵起あがり、あら浅間しや、君なかりせば、闇路の夢はさめざらまし、助け玉へと申せしかば、法尼甚だよろこびて、さあらは神明の社に籠り、身曽貴の修行すべしとて、旧友をいざなひ、弱肩に太たすき取かけて、太祝詞に宣玉へば、黒く穢心もいつしかみがけ、亦真こころあらわれしかば、神明の御徳を仰ぎまことなる哉、罪咎を払へばもとの明玉と再びすめる真如の月、俄にめくらの目のあひたる如く、歓びあひたる事限なし、忝なや尊とや、夫より信心盛になり、霊神御在世の如く、聞つたへて来る人、言伝へて参る人多なり、信心の誠を受るものおひたゝしくなりにける。

こうして、知善による〈安政の復興〉によって再び門中は活性化し、知善の没後の文久二年（一八六二）には、三度目の取締を受けながらも、その艱難をかいくぐり、明治五年（一八七二）の布教公認に至るまでの活動を維持するエネルギーを獲得したといえよう。

安政の頃の知善の指導の様子が、さきの守一の著書の中に描写されている。

法尼の法子、江府今戸の住人画工抱清といへる人の近辺に、二十歳あまりの婦人にて、狂気せし人あり。今はかこいにいれたりときく。画工あわれに思ひ、我介抱して試みんとて、其両親にこひければ、大ひによろこび、いざ頼み参らせんとて、かこひより出せしを引受て介抱せしかば、当人もよろこび、しばし何事もなかりしに、或日、画工信心の御相談にいで、夜に入て帰りければ、彼婦人立直り大音にて、われは神明なり、なんぞさやうに人をはかる悪人なり、恐入ると口に申せど、心中さにあらず、以前とは甚だたがへり、けふは何の為に出たるやと、ひゝきわたる音声しての、しるゆへ、画工おそれをなし、是はまことの神明かれにのり玉ひて、たくせんし玉ふならんと、頓首再拝して問に、心に思ふ事、一々あからさまに語る。いよ〳〵おどろき、大切に介抱し静かに休せ、夜のあくるをまちかねて、法尼の御元に参り、我預り置し狂気の婦人、夜前しか〳〵の事の候、いかなることにや、まつたく神明の乗り玉へるとおもひしに、又狐狸の業かとうたがわしくもあり、いかゝにや承度と、たづねまいらすれば、法尼平然として、神の乗りたるにもあらず、狐狸のわざにもあらず。能きかれよ。狂気せし者は、病の為に心気発散して、心中に三毒其外の思ひなし。おもひなければ、鏡に影のうつるが如し。向ふ人のおもひの気、すぐに移る。其うつりしまゝを語るゆへ、人々ふしんにおもふなり。此所をよく〳〵勘考し玉ひ、自己の心気をしづめて介抱し玉ふべし。世間さる類ひ多くあり。しか〳〵の神が乗りたるの、狐狸が取付たるのとて、病人をいよ〳〵あしくするものなり。さて、人は万物の長たり。ゆへに、狐狸の付くべきものにあらず。又、吾国は神国なり。大元の御先祖は神なり。ゆへに、神の御末の人に対して、神の乗玉ふべきや。必らずさやうの不思議あるべからず。然し狐狸のつきたるとて人々取りさわぎ、其気をかければ、気に乗じて寄来る事もあり。実に大切のこと成。人の命にもかゝわる事なれハ、御考へ御修行可被成候。

或時、門人の人、一命にもかゝわる程の大事出来して、すでにあやうかりしに、そのかどハ此いわれ、このかどはそのいわれと、念頃に相続せられて、共に神明の社内にこもり、身曽貴の祓せしかば、心のくもりあきらかに晴て、我つみの深く浅間敷心をかへりミて、さて〳〵我は不実なり、あな悪人なりとて、後悔のなみだ膝をひたし、助け玉へと御ちかひ申者からは忝くも神明の御光をそへさせ玉ひて、事不難にあさまるのみにならず、命を捨んとまで覚悟せし決心ひるがへり、大悟の場に至り、心眼即開の大益を得しとかや。

こうした逸話が示しているのは、不思議なできごとに出会っても、憑依や憑霊などとして外に転嫁することを厳しく戒め、迷っている自分の散漫な心を、〈祓修行〉を通じて鎮めてゆく中で、問題解決の道を探らせるというのが知善の指導方針だったということである。

知善のそうした指導について、

世にこんざつ不熟の事あれば、法尼の御元へ参り、御相続承るに、まづ、自分の罪といふ事を深く知せ、我に立帰り、決心を専一と相続いたされ候ゆへ、初は聞へがたく、勤がたし、しかれども、仰の如く少しもたがわねば、後には御相続の難有事をよろこび、いよ〳〵信心進む人おふかりき。

と村越守一が記しているが、「自分の罪といふ事を深く知せ、我に立帰り、決心を専一と相続」とあるように、自分の直面する現実から逃げる口実を作らせず、それに振り回されない立場を獲得させようという、厳しいが合理的な指導であったのだ。こうした知善の著作としては、昭和初期までは「知善尼の旅日記」が伝わっていたらしいが、今では次の二首の歌が知られるのみである。

あら尊ねかひかけしもミち〳〵てもつへきものハ神の御子なり一五
年毎につもりつもりしちりほこり祓ひ〳〵て春に逢かな一六

こうして、知善は〈安政の復興〉を成し遂げて、再び盛んになった門中の様子を見届けることができたが、わずか一、二年の活動ののち、安政三年（一八五六）二月二十五日には、門人村越守一の家において五十九歳の生涯を終え、「大徳知善國法尼」と法名を諡られて、村越家の菩提寺であった浄光寺に葬られた。その後、河川改修によって墓地の移転もあったが、今でも浄光寺（葛飾区東四つ木一丁目に所在）の村越家の墓域には、知善は一族同様に祀られている。

六　まとめ

井上正鐵が梅田神明宮で教化活動を開始するにあたって、三浦隼人と采女夫妻は二人の子どもを連れて参加したが、寺社奉行による取締により、夫は獄死し、妻は江戸払となった。そこで、地方拠点の一つである一ツ木村において、「知善」と名乗って尼の姿となり、念仏修行をしながら生活することになった。だが、娘は病死し、息子も親元を離れた後には、娘の死を思い出しては悲しみ、自分の体調を気にするばかりになってしまった。それを知った正鐵から〈法の子を産む〉教化活動を積極的に行うよう指示を受けて実直に実践した結果、上州門中を複数の〈産霊役〉がいる自立した門中に育成できた。しかし、知善はそれに留まることなく、安政元年（一八五四）頃には、江戸近郊に戻ってかつての門中を励まし、梅田神明宮での教化活動の復興に成功した。わずか一、二年の活動の後に没したとはいえ、知善によるこの〈安政の復興〉が、明治初期の布教公認の活動に至るまでのエネルギーを井上正鐵門中に与えたのであった。

註

一　『実伝記』には、「越前の人」（中二三丁ウ）とあり、『真伝記』には、「越前国人、改め道三、のち隼人」（巻一、一三丁オ）とある。

二　『遺訓集』では、「智善」と表記されているが、墓碑には「知善」とあるので、本書では「知善」とする。この「知善」は、正鐵が自らの花押を「知止」としていたことから、野澤鐵教には「知足」、加藤鐵秀には「知己」を授与しているのと、同じ意味合いであろうと思われる。

三　『真伝記』巻一、一五丁オ。

四　川尻宝岑『萬世薫梅田神垣』（明治二十年）には、隼人のことを物語って「浄光寺のお墓の前へお知らせ申て…」という一節がある。

五　『在島記』口絵。

六　『真伝記』と『在島記』には四月四日とあり、『実伝記』には四月六日とあるが、獄死した十二月二十二日から百日目は四月四日にあたるので前者を採った。ただし、〝百日祭〟という表現はどの文書にもなく、荻原の推定である。

七　原作兵衛（一八一六～一九〇四）名は照胤。名主や領主の旗本興津家の用人役を勤め、明治期には戸長や堤防取締役などを歴任した。伝記に『原君照胤略傳』（明治二十八年）がある。

八　『新編武蔵風土記稿』巻之百九十八の一ツ木村の項には、「一ツ木村は、江戸より行程十三里、民戸五十六、…東西三町餘、南北七町程、水旱の患あり、…元文年中興津某に賜り、今子孫隼人知行す…」とある。

九　『翁』六五頁から六六頁。（天保十四年三月）

一〇　深大寺所蔵・調布市歴史資料室管理「霊神御書写」（写本）「灸治の事」（部分）。荻原稔「新発見の教祖遺文について（十）」（『みちづけ』一二九号、平成二十二年）に所載。

一一　『遺訓集』七「そもじ命」（弘化三年三月）。「池田屋」とは、天保十三年に入門した日本橋亀井町（現在の中央区日本橋小伝馬町）に住む酒屋で両替商の池田屋小兵衛と此母《このも》の夫婦である。

一二　『遺訓集』四「念佛修行」には、次のようにある。

此度、智善事差上申候事は、此もの法の為、身を苦しめ申候ものに御座候間、甚だ以て、少子ふびんに存じ申候。何卒法の子出来候やう、御世話被下候はゞ難有奉存候。女中がた法を御聴聞にハよろしく存候間、差上候。当人も修行に相成、其御地にてもよろしくと存候間、申上候。何分にも御三人様がた御世話下され、法の子出来候やうに奉頼候。当時は神の姿にては差支ゆる事も御座候間、仮に仏の姿に成、衆生濟度の身の上に御座候。時節至り候はゞ、本躰を顕わし、神明の徳を照し可申候。いろ〳〵申上度候へども、急ぎ早々如此御座候。頓首。

三月十三日　　正鐵

渋沢様
高橋様
加藤様

猶々御門中へもよろしく御頼み、此者御世話可被下候。ふびんなるものに御座候。

一三　渋沢栄一『雨夜譚』（岩波文庫）二三から二五頁に、次のようにある。

自分には姉が一人あるが、その姉が病気のために、両親は勿論、自分も大いに心配もし困難もしました。ある時［安政二年］、親戚の人から、この病気は家に祟りのあるためだから、祈祷をするがよいという勧誘をいれて、…（中略）…家にあるという祟りを攘うために遠加美講というものを招いで、御祈祷をするということで、両三人の修験者が来て、その用意に掛かったが、中坐と唱える者が必要なので、その役には、近い頃、家に雇い入れた飯焚女を立てることになった。而して室内には注連を張り、御幣などを立てて、厳かに飾付けをし、中坐の女は目を隠し御幣を持って端座して居る。その前で修験者は色々の呪文を唱え、列坐の講中信者などは、大勢して異口同音に、遠加美という経文体のものを高声に唱えると、中坐の女、始めのほどは眠って居るようであったが、いつか知らずに持って居る御幣を振り立てるのを見て、修験者は直ちに中坐の目隠しを取ってその前に平身低頭して、いずれの神様が御臨降であるか、御告げを蒙りたいなどといって、それから当家の病人について、何らかの祟りがありますか、何卒御知らせ下さいと願った。スルト中座の飯焚女めが、いかにも真面目になって、この家には金神と井戸の神が祟る、またこの家には無縁仏があってそれが祟りをするのだ、とサモ横柄に言い放った。…

当時、少年であった渋沢栄一は、この修験者たちを論破してしまうのだが、栄一の出身地の血洗島（埼玉県深谷市）は、上州門中の一人で〈初産霊〉でもある高橋亀次郎がいた西野村（現在の埼玉県熊谷市）から十キロ程の場所であるが、この西野村には高橋家とも姻戚だったらしい本山派修験の宮本院があり、この祈祷の「遠加美講」と関係している可能性がある。託宣をするなど行法面では井上門中とは異質であるが、信者が「とほかみ」を高声に唱えており、形態の類似はある。修験に井上正鐵門中の行法の一部が取り入れられ、流行していたとも考えられる。こうした傾向を知善は見過ごせず、上州を離れて、梅田での復興を試みたのかも知れない。

一四　原本は、東北大学附属図書館所蔵『村越守一筆記集』所載。荻原稔『井上正鐵直門歌文集』（平成三年）に翻刻されている。

一五　『在島記』口絵。

一六　『唯一』二巻八号（昭和九年）六頁。「愚老医談」の記事に引用された「知善尼の旅日記」にあるという歌。

第四節　野澤鐵教と加藤鐵秀の活動

一　はじめに

野澤鐵教と加藤鐵秀は、弘化二年の指導体制の指示では、産霊役の筆頭と第二位であり、鐵教、鐵秀と名にも「鐵」の字を譲られた高弟である。武士出身であるので、白川家との交渉など井上正鐵門中と支配層との関係を調整する役割を持つ機会が多かったが、天保十二、十三年と文久二年の三度にわたる取締においても捕えられることはなかった。正鐵遠島後の門中においては、上州門中と関わる活動の形跡が見られるものの、目立った教化活動は行ってはいないのだが、明治二年（一八六九）三月の東京奠都後の白川家への挨拶には二人とも参館しており、門中の中心的な地位は維持しつつ慎重に活動を続けていたようである。その後、野澤は吐菩加美講公認に向けた説教で講師を勤めている。こうした二人の生涯との活動あらましを見ていこう。なお、野澤鐵教については、近年になって岸本昌熾『先師野澤鐵教先生眞伝記』が確認できたので参考にしたい[一]。

二　野澤鐵教の生涯と活動

野澤鐵教は、文化十一年（一八一四）に江戸の成子村（現在の東京都新宿区）で生まれ、主馬《しゅめ》と称した。父は中川富之進といい、徳川家の御三卿のひとつである清水家の家来であった。主馬が生まれて間もない文化十二年（一八一五）から、井上正鐵と父の富之進は易学の学友となり、さまざまの相談事をする仲にもなっていたのだが、文政年間に正鐵が信越地方へ移住したためにしばらく交際が途絶えていた。

成長した主馬は、父の実家と関わる家庭の問題や[二]、儒学と剣道の両方の師から後継者として嘱望されるという進路

野澤鐵教（『校正増補真伝記』より）

の悩みを持っていたので、天保六年（一八三五）二十二歳の時に父に連れられて、正鐵に会って悩みを相談した。ところが、どちらでもよい小事だと断言されて苛立ち、さらに詰問するとはぐらかされて動揺したが、その後に神道を説かれて感服し、入門を願ったという。そして、成子村の自宅から日本橋桧物町の正鐵宅まで毎晩通学するよう命じられて、百数日後にようやく「麁鐵《あらかね》」の名を授かり入門が許された。さらに師の命により、文武の道を断ち、養子縁組の約束を解消した上で百両の餞別金も返却した。こうして、進路と家庭の悩みに決着をつけて正鐵の門下として生きる決心をしたのであったが、本格的な教化活動の準備を進めていた正鐵が、命運をともにすることになる弟子を慎重に見定めていた様子もうかがえよう[三]。

入門から二年ほど経った天保八年（一八三七）六月十五日には正鐵から〈伝授〉を受け、入門修行の指導もできる筆頭の内弟子として師の活動を支えることになった。翌九年（一八三八）三月には、正鐵の後見を受けながら、十三歳の井上祐鐵の入門修行を主宰しており[四]、実地の指導経験を積んでいる様子がうかがえる。また、秩父周辺や越後国刈羽郡への伝道にも同行したらしい。

天保十一年（一八四〇）三月に越後から帰った正鐵は、すぐ翌月の四月十五日には梅田神明宮の神主となって教化活動を公然と始めたが、江戸に戻ってからの準備期間が短いことからみると、前神主朝日左近からの諸権利の譲渡に関する交渉などは、麁鐵が行ったのではないかと思われる。そして、梅田神明宮では井上一家や三浦一家と生活をともにしつつ、だんだんと集まってきた門人たちの幹事として指導と統制にあたった。特に、寄宿の門人たちのうち、神代左門、四分一傳、森齋宮ほか数名の浪人たちについては、武士であって剣道の師匠からも後継者となることを嘱望されたほどの技量であった麁鐵でなければ、統制は難しかったであろう。

しかし、教化活動の開始からまだ一年も経たない天保十二年（一八四一）初頭には、近く取締が予想されるような状況となり、四月には師の命により妻[五]と浪人たちを伴って江戸を離れた。一行七名は中山道を下って大宮宿を経て、地方拠点である一ツ木（現在の埼玉県吉見町）や、平塚（現在の群馬県伊勢崎市）、秩父の日野澤（現在の埼玉県皆野町）、上州の法久（現在の群馬県藤岡市）などに立ち寄りながら、五月十三日に信州飯田の伊藤祐像宅に到着した。さらに木曽路を通って上京して三条通の知人宅に寄寓し、当時在京していたらしい綾部藩主九鬼隆都に面会の後、伊勢や奈良を経て、六月中旬から綾部城下の神宮寺村（現在の京都府綾部市神宮寺町）に滞在して教会を開設した[六]。

天保十二年四月に江戸を離れたのだったが、その年の九月十五日には、江戸本所押上にあった白川家関東執役所から神拝式風折浄衣の仮免許状を授かった記録があるので[七]、一旦江戸へ戻ってきていたようであり、近況などを報告して連絡を取り合い、今後の白川家との関わりを深める手掛かりに仮免許状を授かったと思われる。そして、予想に違わず十一月二十四日には、正鐵夫妻と高弟三浦隼人夫妻が召し捕られ、取り調べ中には入牢を申し付けられた。この時、麁鐵には追っ手がつかないようにと「人相書被仰付候所、愚生心に叶ひ不申候事有之候ニ付、勘当致し置申候間、住所知れ不申候[八]」と申し立てたことが、後年の書簡にある。

正鐵は、天保十三年（一八四二）の二月十六日には村預けとなって、一旦は梅田村に帰れたのだが、九月二十三日の再度の取締によって揚屋入りとなった。そこで、加藤鐵秀を実務担当者とする保釈を求める動きが開始された。まずは、綾部か宮津にいた麁鐵が十一月十五日に白川家に参殿し[九]、表向きには、前年に関東執役所で受けた神拝式の仮免状に替えて本許状の授与を受け、加えて奉幣式の伝授を受けているので、この時に今後の対応策の相談をした可能性もある。そして、半月後には江戸から加藤鐵秀らが上京して、本荘宗秀らの入門の謝礼として多額の献納をし、白川家を通じて寺社奉行への保釈の働きかけを依頼している。

だが、天保十四年（一八四三）二月九日には、結局遠島が申し渡されたため、その知らせを受けた麁鐵は江戸に帰ることにして、神宮寺村の教会を閉じて同行の浪人たちを解散した。そして、二月二十四日には、京の白川家に参殿して京都所司代への妻の女通証文の下付を願い出て、三月九日には諸手続きを終えて京都を出立している。三月の下旬には江戸に着いていただろうが[一〇]、破門されていることになっているので、表立った関わりはできず、五月二十五日の出船の際には、中川市之進と変名して密かに見送りしたという[一一]。

遠島後一年目の弘化元年秋と推定される手紙には、〝手習師匠は、万事小児をおしへさとし申候ものゆへ、有りがたき業に御座候〟[一二]とあり、江戸では寺子屋をしていたらしい。また、その手紙には、後に石門心学の教師となった樫澤岡右衛門[一三]の協力と指導を受けていた記事がある。

弘化二年（一八四五）の春の指導体制の指示では、〈初産霊〉の序列の筆頭に、〝野澤〟の名がある。それと同時期に〝麁鐵と申名、よろしからざるよふ存候まヽ、鐵教と御改名可被成存候〟として、〝鐵教〟の名と、〝知足（足るを知る）〟の花押を授かった[一四]。

弘化四年（一八四七）春と推定される書簡には、〝田原、安の両家と御役御勤被成候事、大切のことに御座候[一五]〟とあって、田原、安野家[一六]に仕えつつ、各地の門中を教導していたようであり、同じ弘化四年（一八四七）九月発の男也宛の書簡には、〝此度、上州高橋、渋沢、田部井三人初産霊伝へいたし申候間、そもじ（男也―引用者）、野澤両人、上州へ参り伝法の事御取次可被成候[一七]〟という指示により、上州の三人の門人を新たに〈初産霊〉に取り立てる伝授を正鐵の名代の男也と三浦知善の三人で行っている[一八]。この〝上州高橋、渋沢、田部井三人〟とは、当時利根川舟運の要地であった平塚河岸（現、群馬県伊勢崎市平塚）近在の門中であり、平塚の名主であった渋沢六左衛門村茂[一九]と、同村の回船問屋京屋の主人田部井伊惣治、そして利根川対岸の西野村の高橋亀次郎のことである。これらの人は地域の有力者であり、三宅島の正鐵への物資の援助も熱心に行っていた。また、このころには、神宮寺村の教会の閉鎖により、西国で別れた浪人たちとも再会して、秩父や平塚、一ツ木に教会を開こうとしたという[二〇]。

こうした活動実績にもかかわらず、個人的には、同門の人々から顰蹙を買うほどの酒飲みであったらしく、酒を慎むようにしばしば注意されており、たとえば、〈初産霊〉の筆頭に指名された翌年の弘化三年（一八四六）四月になっても、

貴様気しつにて酒を呑申候ては、迚も心願は成就なり難く存候間、酒を禁じ可申候。食物とふ色々に禁物致し不申候とも、酒計りを御慎み可被成候。尤、焼酎味りんなんどは宜敷など申候とやぶれ申候。ぜひ心願成就のため、五十歳に相成候までは禁酒可被成候。

（『遺訓集』二「心願成就」）

とあり、同年五月発の加藤鐵秀との連名で宛てられた書簡には、「貴兄御両人、兎角門中受よろしからず候之由承り、心配いたし候…少子帰国まで酒を神明へ差上候て御やめ、少子帰国を祈念被下候よふ奉願候」[二一]、とあり、さらに翌閏五月には、「さけをかならずやめなさい」[二二]と大きく書かれただけの書簡を受け取ってもいる。周囲からの苦情の手紙が、正鐵のもとにかなり送られたようだが、こうした諭しを受けて、さすがに酒を慎んだようであり、弘化四年（一八四七）には、「酒の事御つゝしミの由、扨々難有事ニ御座候。…金銀を集め、酒食にふけり候ゆゑ、神明の御罰を蒙り候と思召候由、扨々難有所え御心付にて御座候。此一条なくば、御門中御用ひもよく、神明の御心にかなひ可申候」[二三]、とあり、嘉永元年（一八四八）秋には、「貴様御事、酒のおそろしき事御存あたり候よし扨々有難く、神代の巻ニもおろちハ酒をこのミ候のよし申し伝へ候」[二四]、ともある。

また、派手好きなことについても　嘉永元年（一八四八）三月の書簡[二五]では、自宅の新築について「牛込え御引移之由、目出度候」と祝いながらも、家作りを質素にするように勧めており、本人の性格に触れて、「貴兄事、兎角表を張、人にまけまじ、笑われまじと思召候気質ゆゑに内心に苦しみ多く、つひには外に顕われ多くの人に笑われ申候」と指摘し、「内心清浄なれば、外は何ほど見苦しく候ても、よろしく御座候」と教えている。さらに同年九月の次の書簡[二六]で

は、より具体的に‚貴様御事は、いまだ部屋住の御身の上に御座候間、御両親様思召にて家造り等御かまひなきよろしく御座候。只々御内心の御こゝろがけ申入候にて御座候‚とあり、引っ越しや家作りには口を出さないよう命じられている。

嘉永二年（一八四九）二月十八日に、正鐵が三宅島で亡くなった後には、江戸の門中はすっかり活動を潜めていたが、五年ほど経った安政元年（一八五四）頃に、三浦知善によって中絶していた梅田神明宮での〈祓修行〉が再興されるに至り、江戸周辺ばかりでなく各地の門中の活動が再び盛んになった。そうした中で鐵教も〈産霊役〉としての活動を再開し、万延元年（一八六〇）十月には、上州平塚河岸の渋沢氏の招きによって「大祓詞」の講義を行い、それが筆記されて『中臣祓略解』として流布した〔二七〕。こうして教化活動が再興したまま黙認されているかのようだったが、文久二年（一八六二）三月九日には、主だった門中二十六名が捕らえられ、四月十三日に六名は所払、二十名は構いなしという申渡しが下されるという三度目の取締を受けた。しかし、その中には鐵教は入っておらず、取締を巧妙に避けながら教化活動を行い、のちに後継者になる宮沢鼎や、独立して教会を立ち上げる福田長之、加藤直鐵などが門下となっている。また、宮津藩士の身分であったともいわれているが、はっきりとはしない〔二八〕。

明治二年（一八六九）三月三十日に、東京奠都に伴って転居してきた白川家に高弟九人で参館して、東京到着への挨拶と赦免のお礼として十両の献金を贈った時の記録には、筆頭に記されており〔二九〕、四年十一月の東宮千別からの禊教の道統についての問い合わせへの返信にも男也と共に署名していて、〈産霊役〉筆頭としての地位が示されていよう〔三〇〕。

明治五年（一八七二）五月三日に、東宮千別、小川実、大武知康の名義により教部省へ公然宣布の出願をしたところ、五月十一日から一週間、神田神社で説教をするよう命じられたので、野澤鐵教は講師として尽力し、連日盛況の成果を上げたという。その結果、八月二十二日に「吐菩加美講」として布教許可が下り、鐵教は権中講義に補任された。しかし、申請人の一人でもある小川実が当初の教導職の人選から洩れた上に、野澤鐵教が高位に補任されたことにより、公認活動の協力者であった大武知康と大橋反求齋が激しく対立してきたという[三二]。翌六年（一八七三）八月二十四日には大教院より〈吐菩加美講改正掛〉九人の一人に命じられてもいるが、明治八年（一八七五）三月二十六日に六十二歳で生涯を終えたのであった。こうして、井上正鐵の筆頭の門人として、道統の護持を命じられて再三の取締から身をかわしつつ、井上正鐵門中を師弟関係から初期の教団組織として立ち上げ、さらに明治期の教派神道制度の端緒に接続する役割を遂げたのだった。

三　加藤鐵秀の生涯と活動

加藤鐵秀は力《つとむ》と称し、中《あたる》、弥八、勇司ともいった。出身や生没年も未詳である。本荘家の親類である旗本興津家の家来であったので、主君の興津左京忠祐を通じて井上正鐵の教えに触れたと思われ、天保十二年（一八四一）に入門した[三三]。天保十三年九月の二回目の取締にあたっては、本荘宗秀らの入門という形式によって白川家に多額の金品を納めての保釈活動を行ったが、その交渉の実務を担当した。天保十三年十二月七日に、白川家へ参殿して打ち合わせを行い、翌八日には本荘宗秀の弟本荘四郎と使者藤田源之進、さらに九日には本荘四郎と本荘家京屋敷留守居の増子剛平を伴って参殿して、入門の件や保釈の請願について雑掌の時岡肥後と内談し、十一日には白川資敬王から伝書の授与を受けている。そして、十四日には正鐵の身柄を揚屋入りから執役所預りとするよう嘆願する文書が白川家雑掌の時岡肥後から発出されたが、翌十五日には、江戸へ帰る暇乞いのため参殿して、その文書が武家伝奏の日野前大納言から寺社奉行阿部伊勢守正弘へ通達される段取りを確認している。

こうした活動の成果もなく、十二月二十七日には、老中からは寺社奉行に対して井上式部を遠島に処するよう指示が出されていたのだったが、そんな判断を知る由もなく、年明けの天保十四年（一八四三）正月にも、門中は嘆願の運動を行っていた。この時の加藤力の尽力に対して、牢内の正鐵は〝鐵秀〟の名と〝知己（己を知る）〟の花押を授与している。

此度御駕籠訴御座候よし、扨々御心中察し入奉り候。誠に神明ニ通じ御都合もよろしく、十五日願ひニ相成候よし、大慶奉存候。貴様此度の一儀、実志し金鐵の至り、正鐵をきたへ名劔とし、鐵秀となし玉ふ御事奉存候。後々の世は我等にまさる慈悲を顕わし玉ふべしと存候。

べに花にまさるやべにのもよふどり
　身のなりふりも神のまに〳〵

古歌見出し申候間、申上候。

思ひかね方便り事のなかりせば
　あまの岩戸は開かざらまじ

此歌に付、正鐵よミ歌、

あら尊と宇授女の神の歓喜笑ゆへ
　天のいわとはひらきそめけむ

口上

少子、実名正鐵と相名乗申候事は、我父眞鐵と名のり玉ふゆへ、夫にならひ名付申候。猶又、父の眞鐵の眞の字は、和学師眞淵の門人成るによりて也。又鐵は世の用に立事ハ是に過たるハなく、鐵なければバ一切の刃物なし。刃物無ればバ萬の物をこしらへ出す事なしがたく、ゆへに人の用をなし、人のたすけをなすもの、鐵に過たるハなし。然れども、人其功有事を心付ず、金銀のミを尊しとす。ゆへに鐵は陰徳有もの成をしたひて名付り。我も又是を思ひて、父の鐵の字を用ひて正鐵と名のる。しかるに其許事、此度神明への御奉公御骨折、御心中難有奉存候間、神道の法の爲ニ、鐵の一字を送り、鐵秀と名乗玉へと存候。然らバ我父、猶又我心中を思ひとりて、神国の法を弘めたまへと神明に祈る所也。

癸卯年
正月廿日　　正鐵

中殿

のし

御実名
鐵秀

つミとがをはらひつくして年の暮
身にあら玉の春ぞむかゆる
すてはて丶見ればこの身は法の道
法のためにぞいのちなが丶れ
ながかれとおもふいのちハ誰ゆへぞ
いとしかわひとおもふきミゆへ

鐵の一字、御送り申候ニ付、御歌かんしん仕候。いづれ跡より萬々、
鐵を二代たんれんきたへては
三代目には御鏡となる

少子書判、知レ止の文字なり、夫ニよりて知レ己の文字可然奉存候。

正鐵（花押）

鐵秀（花押）

香根日出殿

（『遺訓集』二「鐵一字」）

さらに、梅田村はじめ近隣の村々からも嘆願が続けていたが、それらの調整も加藤鐵秀が中心になっていたらしい。二月になってすぐの牢内からの手紙には、

一、晦日夜御書面、朔日晝過に届拝見仕候。被仰下候の趣、委細承知仕候。小川へ春日罷出で候様子、且又傳印事まで御申越承知致し候。尚又、梅田村御慈悲願、今日罷出候よし、大慶奉存候。夫に付、隣村、栗原、保木間、木下川、追々願出候趣御申越、御尤に奉存候へ共、萬一悪しく御上思召候はゞ如何と奉存候。其故ハ始にあやしき教を致し、多くの人を集め候と申廉の御不審故、其所へ差支出來申間敷や。此處宜しく御考へ又御聞合、其上の事宜しくと奉存候。村方の儀は先例も有之事故、差支も有間敷と奉存候。此段御聞合の上、御取斗らひ可被下候。

一　餅　一　煉薬　一　日光唐辛子　一　七色唐辛子

右の品々送りくだされ難有奉存候。今日は甚以て急ぎ申候間、一寸御返事斗り申上候。以上

天保十四年二月一日　正鐵

鐵秀様[三三]

とあり、かえって不利になったり、嘆願した人が不当な扱いをされることのないように十分調査して対応するように依

頼している。

しかし、こうした尽力も成果を得ることなく、二月九日には遠島を申し付けられた。そこで、加藤鐵秀と安西一方は三宅島に同行することを出願したので、その知らせに感心した正鐵の書簡には、

此度力殿御事、母公差置、妻子をふり捨て、神明のために我ら供をなしたまふ事、誠に以て難有御事ニ御座候。古へより知らぬ唐國の教へ、又は仏法の爲に身命を捨て修行のものハあれど、日本の神明の法の爲に、かく〳〵心をつくし玉ふものハあらじと、尊とくこそハおもひはべる。

海原や沖の小嶋に捨られて
かわらぬものは天照す月

正鐵

加藤力殿

（『遺訓集』一「天照月」）

とあるが、結局は認められないまま、正鐵は五月二十五日に深川万年橋から三宅島に向けて出発した。

弘化二年（一八四五）春に示された〈初産霊〉の序列では、筆頭の〝野澤〟の次に〝加藤〟名が見えており、序列の第二位である。加藤鐵秀は、この時に新規に〈初産霊〉にされた人々より上位であるので、おそらく天保十三年の入牢より前に、〈初産霊〉を許されていたのであろうと思われる。この年九月の書簡[三四]には、そこには〝万事くわしき事は、加藤、野澤、男也方へ申遣し御聞可被下候〟とあって、当時の江戸の門中の指導者でも中心部にいたのであった。だが、翌年の弘化三年（一八四六）三月に出された手紙では、上州門人の渋沢、高橋と連名の宛先になっており、興津家を退いて江戸を離れて、上州方面にいたのだと思われる。この手紙は、一ツ木村にいた三浦知善を上州に向かわせるにあた

り協力を依頼したものである。

此度、智善事差上申候事ハ、此もの法の爲身を苦しめ申候ものニ御座候間、甚だ以て、少子ふびんニ存じ申候。何卒法の子出来候やう、御世話被下候ハヾ難有奉存候。女中がた、法を御聴聞にハよろしく存候間、差上候。當人も修行ニ相成、其御地ニてもよろしくと存候間、申上候。何分ニも御三人様がた御世話下され、法の子出来候やうニ奉頼候。當時は神の姿ニてハ差支ゆる事も御座候間、仮に佛の姿に成、衆生済度の身の上に御座候。時節至り候ハヾ、本躰を顯わし、神明の徳を照し可申候。いろ〳〵申上度候へども、急ぎ早々如此御座候。頓首。

三月十三日　正鐵

澁澤様
高橋様
加藤様

猶々、御門中へも、よろしく御頼ミ、此者御世話可被下候。ふびんなるものに御座候。

（『遺訓集』四「念仏修行」）

この手紙の翌年の弘化四年（一八四七）には、西野村で神職をしていることになっており、『白川家門人帳』には、

弘化四年十二月八日　幡羅郡西野村
稲荷社守護職　元彌八事

一、風折烏帽子浄衣浅黄指貫免許
　神職御許状願　御禮金壱両
　右力義、以前御旗本興津左京殿家来ニ而加藤彌八と相名乗居候節、去ル天保十三年十二月十一日、主人一時ニ入門致居候処、其後興津家退身、西野村江罷越、稲荷祠守護旁、国学修行罷在候由之処、今度同所地頭前田兵部殿家来、陣屋詰高橋亀次郎より執役所へ向け、奥印之願書差出、仍之前条御許容之事

中次　江戸執役所　　　　　　　　　　　　　　　加藤　力

とある。この手続きにあたっての領主からの願書を発給した「前田兵部殿家来陣屋詰高橋亀次郎」は、もちろん上州門中の一人である高橋亀次郎だが、『新編武蔵風土記稿』によれば、稲荷祠とは、同村の鎮守である井殿権現社（現在の井殿神社）の別当である本山派修験宮本院持であった。領主の家来である高橋家と宮本院の宮本家とは姻戚関係にあり、神社も修験の持であるから、念仏修行を勤める三浦知善を保護するにはふさわしい場所であったといえよう。

さらに、後には中山道新町宿近くの砂原村神明社に移住したようである[三五]。砂原村は立石新田（現在の群馬県藤岡市）の通称であるが、神明社は今では伊勢島神社となっている。そして『真伝記』には「勇司後に伯耆殿の次男松平晋之丞に仕へたり[三六]」とあって、しばらく神職をした後には、本荘家に仕官することになったのであろう。明治二年（一八六九）三月三十日の東京移住直後の白川家への参館には、野澤鐵教らと同行していて、門中の中心人物としての立場を保っていた。

息子の直鐵は正鐵三女の法子と結婚したので、加藤家に男也が同居していたことがあったようで、男也の人別は明治になるまで宮津藩中の加藤家にあった。明治二（一八六九）年二月の大赦の伝達によって所払が解かれた後には、梅田

神明宮に帰って井上善彌と同居したので、明治四年（一八七一）二月七日には、宮津藩士族加藤勇司の名義で「人別送り之事」という書類を梅田村役人宛に出している。だが、この明治四年の文書より後の加藤鐵秀の動静は未詳であり、没年も墓地の所在も不明である。嗣子の加藤直鐵は、大成教本部に関わって明治二十三年（一八九〇）には中教正であった記録があるが[三七]、明治二十八年（一八九五）一月には、井上神社社掌になっている[三八]。

四　まとめ

野澤鐵教は、正鐵が教化活動を本格的に開始するのに先立ち、困難をともにするはずの内弟子として慎重に選んだ人物であった。梅田神明宮では、浪人までもが同居する寄宿の門人の幹事として統率にあたり、取締に先立っては師の命を受けて江戸からの逃避行を引率した。破門したと偽ってまで取締を回避させた師の遺志を受けて〈産霊役〉筆頭の立場で道統を守りつつ、明治初年の公認にあたっては、教部省の命による説教の講師として活躍して教導職に補任された。加藤鐵秀は、天保十三年の取締における保釈運動の実務担当者として白川家などとの交渉に尽力し、三宅島へも随身しようとしたが叶わなかった。後には各地で神職を勤めたが、やがて本荘家に仕えて、正鐵の姻戚となって男也を保護した。このように野澤鐵教と加藤鐵秀は、〈産霊役〉の筆頭と第二位の高弟であったのだが、武士としての立場を活用しながら、度重なる取締を回避して慎重に教化活動を続け、井上正鐵の念願であった〈身分赦免〉と〈法赦免〉が明治初期に実現するまでの尽力を続けたのであった。

註

一　岸本昌熾『先師野澤鐵教先生眞伝記』（個人蔵）は、明治二十年ごろの執筆と推測される。史料によって確認すると年代がずれている個所もあるのだが、野澤の妻好美からの聞き取りと思われる部分も多く、リアルな人間像が描かれている。翻刻及び

解説は、荻原稔「井上正鐵直門野澤鐵教の生涯」（平成二十八年）。

二　父の中川富之進の生家は、隣家の野澤家であり、十二歳で中川家に養子に入った際に、子供が生まれたら男女を問わず野澤家の跡継ぎにするという約束を伴っていた。そのため、主馬は生まれる前から野澤家に養子に入ることが決められていたのだが、両家はすでに不和となっていたという。

三　この頃は、数年滞在した姉の松子のいた信州佐久郡追分から江戸に戻ってきていたが、追分に滞在中の天保四年春には〈甘露女の神夢〉を感得して、九月に「ていせう」という未詳の女性導師より〈伝授〉を受け、さらに天保五年には白川家に入門しており、各地を往来しつつ、その境涯を深めていた時期である。

四　『井上祐鐵先生年譜稿』二丁ウには、「鳴子村に抵り野澤鐵教齋主と為り教祖後見して道の修行を為す」とある。

五　この時、門中の娘の「與禰《よね》」という女性を妻として同行するよう命じられており（『実伝記』中二二丁ウ）、のちに妻の女通証文を京都所司代から下付してもらう手続きを、白川家に依頼した記録がある。

六　従来、野澤鐵教による綾部での教化活動については全く知られていなかったが、最近の調査（平成三十年一月）で、綾部市資料館所蔵の「沼田家文書」には、野澤主馬に言及したいくつかの文書や九鬼隆都の書簡、『唯一問答書』の断片などがあることが確認できた。これらにより綾部での活動が一時期存在したことは確実である。

七　『白川家門人帳』。翻刻は、『白川家門人帳』三七二頁。

八　『遺訓集』五「霊神ト祟」。

九　『白川家日記』天保十三年十一月十五日の条。

一〇　『白川家往来留』天保十四年三月八日の条。

一一　『教祖井上正鐵大人実伝記』中巻（明治二十八年）三十五丁ウ。『野澤伝記』には、「中川市之丞」とある。

一二　『遺訓集』二「病身の子へ」。

一三　石川謙『石門心学史の研究』（昭和十三年）一〇六八頁には、「館林城下に當行舎が新設せられたのは安政の初年と推測されるが、明倫舎から舎号を公認されたのは遅れて慶応元年八月十九日であった。安政元年四月に藩士樗澤岡右衛門・磯太郎兵衛が入門したのをきっかけに館林家中の入門するもの相次ぎ、年の中に八名を算するの盛況であった。…岡右衛門は致風と号し、慶応元年五月に三舎印鑑を受領して参前舎講師となり、明治期の心学界に貢献した」とある。

一四　『遺訓集』四「葦原之思」。文中に「此度少子存寄の一書御同門中へ遣し候」とあり、一書とは「四命四恩」を指していると思われるので、弘化二年二月の書簡と推定される。
一五　『遺訓集』五「霊神卜崇」。
一六　門中だった旗本か。詳細未詳。
一七　『遺訓集』二「養生」。
一八　『遺訓集』四「子者三界」。
一九　渋沢六左衛門は、平塚河岸の名主を勤めた人であり、同地の天台宗天人寺の過去帳には、「明治十六年六月八日　芳光院嗜蓮浄往居士　渋沢六左ヱ門村重　号柳坪」とあって、明治初年まで存命であったことがわかる。しかし、この地の門中は存続しなかった。
二〇　前掲、荻原稔（平成二十八年）二〇一頁。
二一　『遺訓集』七「名玉」。
二二　『遺訓集』五「やめなさい」。
二三　『遺訓集』五「霊神卜崇」。
二四　『遺訓集』七「酒之事」。
二五　『遺訓集』五「福之神」。
二六　『遺訓集』二「布斗麻迩」。
二七　『中臣祓略解』は、京都大学付属図書館には写本一冊があり、序と跋がついている。また版本が二種類あり、『井上正鐵翁遺訓集・巻之八』（明治三十年）には、序も跋もなく、『中臣祓略解』（昭和三年）には序がついている。京都大学本を底本にして『禊教直門遺文一（『神道及び神道史』別冊）』（昭和六十三年）や『井上正鐵直門歌文集』（平成三年）に翻刻されている。京都大学本の跋（慶応三年十月）には、「此書、愚生若かりしころ、上州平塚河岸に遊びしころ、渋沢ぬしとて、いと目出とふ此道を歓ぶ人のありにき。其頃、即に聞書しけるが、余りに文のつたなきまゝに、彼の人より乞受て、蔵しおけるに、誰人かひそかに写し伝へて、爰彼こに見当たり侍る。いともく拙きまゝ、捨ておくことも得ならなくに、少しく輔ひ侍れども…」とあり、講義録を筆写して学ぼうとする熱心な門中の存在をうかがわせる。

二八　『東宮千別大人年譜』（明治三十四年）一一頁には、野澤鐵教は「中教正本荘宗秀氏（旧丹後宮津藩主）ノ旧臣ナリシ…」とある。

二九　『白川家日記』明治二年三月三十日の条。

三〇　前掲、『東宮千別大人年譜』九から一〇頁。

三一　大武知康は、明治三年（一八七〇）に入門し、東宮の協力者として活動したが、明治五年（一八七二）八月の当初の教導職補任にあたり、申請者の一人の小川実が選に漏れたうえに、野澤鐵教が上級の権中講義に補せられたことが不公平であると憤り、本荘宗秀へ迫ろうとしたという。そして、明治六年（一八七三）の吐菩加美講改正の協議に際し、取締の職務を厳しく行うことを主張し、妥協して統一を図ろうという東宮とも意見が合わず、結局離脱することになった（『東宮年譜』十六頁）。また、大橋反求齋とは、吐菩加美講公認申請の協力者だった式部省の官吏といわれる大橋慎の号であると思われ、東京大学総合図書館所蔵の『特選神名牒』の奥書に、「明治十三年庚辰三月廿四日於式部寮公事騰寫之以余暇之　六十九翁大橋反求齋」とあり、明治十三年（一八八〇）に六十九歳で存命とわかる。

三二　『真伝記』巻一、一四丁ウ。

三三　「御慈悲願」『在島記』九二から九三頁。

三四　『遺訓集』二「雨乞」。

三五　「上州緑野郡砂原村神明宮の神職となり…」とある。『在島記』三五四頁。

三六　『真伝記』巻一、一四丁ウ。

三七　「大成教禊教各教会位置及教職数一覧表」（『在島記』）。

三八　「坂田管長系譜略」（『天津菅曽』二号、明治三十二年）八頁。

第五節　高声念仏の展開

一　はじめに

井上正鐵門中は、大声を発して祓詞を唱える〈祓修行〉の行法を伝えているが、その大部分は、明治五年（一八七二）に布教公認された「吐菩加美講」を経て、神道講社・神道教派となる過程を進んでいった。一方、そうした教派神道に属する主流のほかに、天台宗を中心として浄土宗、時宗など、宗派に横断的に関わって、大声を発して念仏を唱える〈高声《こうしょう》念仏〉として展開していった流れがあった。

現在の禊教系の諸教団においては、井上正鐵門中の道統の中に仏教的な流派が存在していたという認識は全く残っていない。しかし、昭和初期の禊教本院の古老にはまだ記憶されていて、昭和九年（一九三四）の「愚老医談」[一]と題する記事には、〈祓修行〉は「仏教で修行する一派」と「神道で修行する一派」に分かれ、神道には「禊派」と「とほかみ派」となる変遷があったと記されている。ここにいう「仏教で修行する一派」が、「三浦知善―村越守一・浄光寺但唱」に発する〈高声念仏〉の教化活動だったのである。

また、この〈高声念仏〉については、三田村鳶魚が、大正元年（一九一二）に『日本及び日本人』連載した「調息の獄」の末尾において、

> 村越守一の会下から湛《ママ》長を出すに及んで、矯々として木下川の気違念仏の盛行を来し、直に復古派の顕揚を現はした。復古派は主として僧侶に依つて提撕され、多様なる苦修に待つて別個の色彩を著け得た、我等は今に於て復古派の高僧を説話する機会に到達したのを喜ぶ[二]

と記して、「木下川《きねがわ》の気違《きちがい》念仏」と蔑称されるほどのダイナミックな念仏が、「村越守一の会下」の「湛長」（正しくは「諶長」）から発したということに言及しているが、詳細を論じることがなかった。だが、同じ『日本及び日本人』に大正十五年（一九二六）一月から十一月まで、田中逸平（一八八二〜一九三四）が連載した「祖国遍路㈢」を手掛かりとしてこの〈高声念仏〉の展開が明らかになってきた。

二　三浦知善による安政の復興と浄光寺但唱

井上正鐵の門下から、〈高声念仏〉が発生する契機としては、行法の根幹である〈信心伝授〉が秘儀的な念仏信仰に由来するものであるということと、江戸払に処せられた高弟三浦知善は、正鐵の指示により称名念仏の形態で修行と教化活動を進めたということがある。

井上正鐵が文政七年（一八二四）九月と、天保四年（一八三三）九月の九年間を経て体験した二つの伝授は、秘儀的な念仏信仰における入門修行である〈得道〉と指導者となるべき〈伝授〉に相当することについてはすでに論じたが、さらに天保五年（一八三四）には白川家に入門して、父の遺言である〈祝詞の事〉との統合を図り、神道の形式によって教化活動を進めたのであった。だが、行法の根幹が、秘儀的な念仏信仰に由来しているということは、早くからの門中には了解されていたことであろう。

だから、井上正鐵が天保十二年・十三年の取締により江戸払に処せられた三浦采女（一七九八〜一八五六）に、「知善」という法名を与えて、

一、当時、御出家被成候へ、夫がすぐに神の道引に御座候間、尼法師の教へを御守り、御修行可被成候。必ずく外心なきよふに、仏をあがめ御修行可被成候。夫、和光同塵ハ結縁の為と申事に候。神の尊き心をもつては、凡夫

に教へが出来ぬから、おのがひかりをやわらげて、凡夫とひとしき姿に成て、教へ道引と申事にて御座候。

（『遺訓集』七「尼法師」）

として、人目を忍んで尼の姿となり、念仏で修行するよう指示しているのも、不可解ではなかった。大声で祓詞を唱える〈祓修行〉を、'仏をあがめ御修行'すれば、大声で念仏を唱える〈高声念仏〉となる。その指示に従って、三浦知善は武蔵国横見郡一つ木村や荒子村（現在の埼玉県比企郡吉見町）、上野国新田郡平塚河岸（現在の群馬県伊勢崎市）などで活動を続けたのだった。

嘉永二年（一八四九）二月に正鐵が三宅島で没すると、物資の送付と書簡の往復が止まって門中の活動が衰微したが、五年後の安政元年（一八五四）頃に、三浦知善は江戸近郊へ立ち戻り、門中の家を巡っては熱心に修行を勧めて、取締以来ずっと停止されていた〈祓修行〉を立教地の梅田神明宮で再興した。それから、下木下川村の村越守一の家（現在の東京都墨田区東墨田三丁目周辺）に寄寓して、安政三年（一八五六）三月二十五日に同家で没するまでの約一年間を木下川村浄光寺において門中の指導にあたり、そこから〈高声念仏〉が展開したのである。

この安政の復興の時に、知善の門下で修行を進めた者に、村越守一と浄光寺但唱がいた。この村越守一は、若い頃にはかなりの無頼漢であったといい、二十九歳の天保十三年（一八四二）に兄の村越正久の手引きによって入門し、正鐵の存命中には行法を主宰できる〈産霊の伝〉を授かるまでには至らなかったのだが[四]、知善の指導によって教化活動に従事するようになったようだ。そして、浄光寺において前住職諶長（改名して但唱）とともに、〈祓修行〉における誦詞を〈祓詞〉から〈称名念仏〉に替えた〈高声念仏〉の指導を開始したのだった。

浄光寺（現在は葛飾区東四つ木一丁目に所在）は、『江戸名所図会』にも「木下川薬師堂」として掲載されている著名な寺院であり、浅草寺の末寺として天台宗に属して五石の朱印地を与えられていた[五]。この浄光寺における称名念仏による修行については、後に吐菩加美講公認申請の筆頭人となった東宮千別の年譜に記事がある。東宮千別は日光山浄土院に奉仕していたが、院主の所用により江戸へ出た安政三年（一八五六）に、浄光寺で村越守一に入門したのだった。それについて、

安政三年丙辰／廿四歳／○正月相馬ヨリ直ニ江戸ニ出府シ前浄土院慈隆在府中ノ残務ヲ整理シ給ヘル中、タマ〳〵葛飾郡木下川村ノ村越守一翁ガ（又蔵ト称ス）天保中幕府ノ嫌疑ヲ受ケテ伊豆国三宅島ニ配セラレシ先師井上正鐵翁ノ遺志ヲ継ギ、竊ニ一種ノ神教ヲ伝道スルヲ聞キ給ヒ、直ニ入門シ、六月十四日同村浄光寺ニ於テ、初メテ其ノ道（即チ今ノ禊教ナリ）ヲ得道シ給ヒ、慨然トシテ正鐵翁ノ冤ヲ雪キ、其ノ道ヲ公布シテ世を済ハントノ志ヲ起シ給フ、（正鐵翁流罪後ハ幕府ヲ憚リ祓詞ニ代フルニ念仏称名ヲ以テシ窃カニ寺院等ニテ伝道シ居タルナリ）六

とあって、木下川村浄光寺において「祓詞ニ代フルニ念仏称名ヲ以テ」伝道がなされていたと記している。また、この年譜と同じ東宮鐵麻呂の増補による『校正増補真伝記』巻末の歴代教師名の中には、「浄光寺但唱」の名が見えている。浄光寺五十三世住職であった諶長（改め但唱）は、文化七年（一八一〇）に宇都宮藩士の子として生まれ、日光山無量院で得度して、弘化三年（一八四六）に浄光寺の住職となった七。着任前の天保十一年（一八四〇）に焼失した庫裏や客殿を再建し、嘉永五年（一八五二）二月には、将軍の鷹狩の御膳所となるまでに復興させた。その事跡に関わる実務的な文書は、『葛飾区古文書史料集一「御成記」―浄光寺近世文書』（昭和六十二年）に収録されているが、この人の経営能力の高さをうかがわせる。そして、住職を退いた後の安政初年に三浦知善の下で、井上正鐵門中に入門し、「但唱」と改名して教化活動にあたったのであった。

実は、この「但唱」という名は、江戸時代初期の念仏行者弾誓《たんせい》（一五五一～一六一三）に発する弾誓流念仏の二世で

ある木食但唱（一五七九～一六四二）を襲名したものであると推定される。これは、井上正鐵・三浦知善が伝承してきた行法の中に弾誓流念仏の真義を見出し、それを復活させようとする意志が示されているといえよう[八]。この弾誓は、尾張国に生まれ、諸国行脚の末に慶長二年（一五九七）佐渡の檀特山の洞窟で修行中に現われた阿弥陀如来から「十方西清王法国光明満正弾誓阿弥陀佛」と名付けられて、「佛頭」を授けられたとされる。箱根塔ノ峰阿弥陀寺を開き、やがて京都の古知谷へ移って慶長十八年（一六一三）に没した[九]。その念仏は、跳踉囀蹶《ちょうろうてんけつ》といわれ、自筆の書にも「ツムリフリマワス念仏ヲ笑共唯一仏の嘉ノコエ[一〇]」とあり、音声の変化や身体の動きも激しく、「仏頭伝授」で象徴される「信心伝授」の作法もあったらしい。そして高弟の但唱は、師の念仏を継承して各地で作仏勧進を行い、江戸幕府の宗教統制に対応して、寛永十六年（一六四二）正月に天海より「融通念仏弘通朱印状」を受けて、弾誓流の念仏集団を天台宗の傘下で存続させることに成功した[一一]。

浄光寺但唱は、この木食但唱の没後約二百年を経て、同じ天台宗の僧としても自分を重ね合わせたのであろうし、後継者たちも〈弾誓末流〉を意識しているのである[一二]。だが、この浄光寺但唱の教化活動は、かなり困難を伴ったものだったらしく、後に入門した深大寺の尭欽は「世上一般但唱ノ念佛ヲ邪法念佛ナリト云フ沙汰アルカ故ニ容易ニ許諾セス」と『高聲念佛起源』で述べているし、田中逸平は木食但唱と浄光寺但唱を混同しているようではあるものの、「但唱上人は本と天台の僧、念仏の故に破門せられ細さに辛酸を嘗む」という伝承を「祖国遍路」に記している。さらに、三田村鳶魚が「調息の獄」に、「木下川の気違念仏」という蔑称を記しているように、かなりの揶揄や攻撃もあったに相違ない。この人の教化活動は、安政初年に三浦知善と出会ってすぐから開始したとしても、安政六年（一八五九）十月に没するまでの、わずか五、六年間しかないのだが、自坊の浄光寺ばかりでなく、深大寺住職の尭欽はじめ末寺住職など深大寺周辺や、弾誓の開山である箱根塔之峰阿弥陀寺の住職であった立基（愚一證善）への相伝など、江戸近郊の天台宗の寺院や、弾誓流念仏にかかわりのある寺院の僧侶に積極的な教化活動を行った。だが、但唱没後には、同行の村越守一もやがて神道的な教化方法へ移り、浄光寺で〈高声念仏〉が展開された跡は残っていない。

三　深大寺高声念仏

深大寺高声念仏は、深大寺八十世住職の浮岳尭欽《うきおかぎょうきん》（一八二二～一九〇二）が、但唱没後の文久元年（一八六一）四月に、「木下川ノ又蔵」即ち村越守一を導師とする修行により〈念仏信心成就〉を受けたことに発し、昭和十七、八年頃まで行じられていたものである。

田中逸平の「祖国遍路」には、自分の父親が関わっていた深大寺の〈高声念仏〉に言及した記事がある。

我が先考は、維新の際西軍に対して多少男児の気を吐き、幾分の義に参したるも大厦覆らんとす一木のよく支ふべきにあらず、その傷める心を仏門に帰し、念仏行者と為る、其師は深大寺尭欽上人なり。明治十年前後頃より此寺は高声別時念仏の一大道場となり、遠近求道の男女来会するもの頗る多く、爾来教勢多少の変遷ありしも明治三十五年、上人八十一歳を以て示寂の時迄尚ほ念仏教化の道場たりき、法弟尭福和尚次いで山門に住し明治四十二年寂したるも、此間又前師の如き盛況なく、却此地の近村なる玉泉寺に於て多少の信徒相会し、念仏提唱行はれしも、同寺住持和尚尭允師の遷りて深大寺に来るに及び又中絶し、今は又昔語りとなりぬ[一三]。

ここに深大寺（調布市深大寺元町に所在）で明治十年前後頃から〈高声念仏〉が盛んになったとあるが、慶応元年（一八六五）六月に焼失した諸堂の再建が、尭欽の尽力により進捗したことに関連しているだろう。焼失の二年後の慶応三年には、当時の信仰の中心であった元三大師を祀る大師堂と庫裏が完成し、明治三年には書院と鐘楼が再建されているが、それまでは〈高声念仏〉もおそらく山内の塔頭寺院で行われていたのだろう。

昭和の末になると、すでにこの〈高声念仏〉についての詳細はわからなくなっており、深大寺開創千二百五十年記念出版の『深大寺』（昭和五十八年）には、

山岡柳吉氏の『八十年の歴史』によれば、深大寺では毎月数回高唱念仏が行われていたが、昭和十七八年以後途絶えたという。この行事が深大寺で行われた起源は明らかでないが、おそらくは江戸時代に始まったものであろう一四。

と触れられているだけである。文中にある『八十年の歴史』とは、地元の神代村長で初代調布市長を務めた山岡柳吉氏の著書『私の歩んだ八十年』（昭和五十七年）のことだが、同書には、

祖父（山岡平兵衛氏―引用者）は、また、毎月三日、四日の深大寺の命日、そのほか高声念仏という講が十八、十九、二十、二十一日の四日間、深大寺にありましたが、それには必ず出席して修業していました一五。

とある。「昭和十七八年以後途絶えた」という言及はないので、金山氏の調査による記述と思われるが、明治の末期には、高声念仏が毎月十八、十九、二十、二十一日の四日間行われていたことがわかる。

さて、この深大寺高声念仏を始めた尭欽は、文政五年（一八二二）に江戸本郷で生まれ、八歳の時に深大寺七十九世尭偏の弟子本覚院晃顕のもとで得度し、十八歳から十四年間比叡山で修行し、嘉永五年（一八五二）に三十一歳で八十世住職となった一六。安政年間には、浄光寺但唱の働きかけを受けたが、前住職の尭偏が存命であったためか、繰り返し拒絶したらしい。だが、尭偏が安政六年（一八五九）十二月に没したのちになって、自ら求めて入門しようとしたところ、すでに但唱も同年の十月に没していたのだった。そこで村越守一の指導のもとで、文久元年（一八六一）四月に

〈念仏信心成就〉して大悟したという。それからは、〈高声念仏〉による教化活動を進めつつ、慶応元年（一八六五）六月の諸堂焼失や、維新の動乱の困難を乗り越えて寺の復興に尽力し、明治三十五年（一九〇二）十二月三日に八十一歳で没した。

平成になってから、尭欽の著作などの書類が深大寺の須弥壇から発見されて、現在は調布市歴史資料室で管理されているが、その中の資料を見ていってみよう。

明治六年（一八七三）一月には『深大寺高聲念佛起源』が著され、深大寺高声念仏の由来と功徳が述べられた一七。かつて尭欽自身が心身に悩みを抱えていた時に、但唱が繰り返し来ては〈高声念仏〉を勧めた。ある時には罵倒して追い返したりもしたが、熱心に現当二世の安楽は念仏の法門に勝るものはないと説かれて、入門したい気持ちに傾いたが、世間では邪法念仏だと言われていたので、踏み切れないうちに但唱は他界してしまった。そこで、但唱の念仏の同行である「木下川の又蔵」（村越守一）が来訪したのを機会に、代々木の福泉寺を修行道場として文久元年（一八六一）四月八日未の時より修行を始めて、十一日申の時に〈念仏信心成就〉とされた。それからというもの、未熟ながらも修行を重ねつつ人々に伝道して十三年になったが、この行によるならば、得法してからの少しの用心で、大きな安心を得ることができる。伝法は一人一人口伝で行い、信じられないと思っても、誰でも一週間高声念仏をすれば、不惜身命の境地に至り、自ずから答えを得るであろう、というのである。入門の事情や代々木の福泉寺を道場としていることが記され、〈高声念仏〉に関わる風評や、活動を支援する天台宗の寺院が存在していたことがわかる。

さらに、明治十一年（一八七八）の『浮岳門下高聲念佛和讃』には、この念仏の思想が簡潔に述べられている。世間の多くの人々は「佛トモ法トモ言ハ」ず、「只タ情欲ノ深ケレハ、現在利益ヲ思フノミ」に暮らしている。だが、「若シ又並ノ人ナラハ、早ク怨ノ念ヲタチ、一百歳ノ果マテモ、身心安楽工夫アレ」と呼び掛けて、念仏を勧めている。「其ノ念仏ハ高声ニ、唱ル外ハ更ニナナシ」という簡単なことだが、それだけで「悪事災難」すら「己カ身ノ大事ノ宝」とわかるような転換が起こり、そうした「仰ク心ノヲコリナハ、滅罪生善遠カラス、我心自空ニ至ル」のであると教えているのである。

また、『浮岳尭欽録』には、明治二十七年（一八九四）八月二十七日に府中警察署に召喚されて一時間ほど取調べを受けた時の記録が挟み込み文書で残されており、尋問への応答で深大寺高声念仏の実態が詳細にわかる。まず、その行法について、「念仏ヲ申ストハ如何ナル事ヲ云フカ」（第二問）の問に「高声ニ南無阿弥陀仏ト申ス事ナリ」、また「名号ノ掛物ヲ掛ケ一華一燈ヲ供ヘ線香ヲ立テ、唱フルナリ」と答えている。その期間は「大抵連月十八日ヨリ一周間ノ定メナレトモ多クハ五六日間ニテ終ル」とあり、禊教の入門修行と同じく概ね一週間の泊り込みで行われていた。その際の警察の主な関心は、集合する人数や宿泊の状況だったが、集会する人々は「大抵三四十人位」であり、そのうち、「宿泊スル者ハ十五名以下」で「就寝ノ時ハ…男女室ヲ分テ寝」させているという。念仏修行の場所については、「薬師堂ノ西ニアル小家屋」かとの問いに対して「薬師堂ニアラズ大師堂ナリ深大寺ハ室数モ六間以上アル故ニ各室ヲ別テ寝シムル事ヲ得」と答え、本堂はまだ再建されていなかったので、当時の信仰の中心であった大師堂で、〈高声念仏〉は行われていた。この念仏の効用については、（第四問）「各々物思ヲ断ツ故ニ氣息正シクナリ随テ身体モ安楽ニナルナリ」とある。また、風説があったと思われる「病気治し」についての尋問がなされており、「念仏ニ誘引スルニ深大寺ノ念仏ヲ申ストキハ如何ナル病気ヲモ治シ盲者モ眼ヲ開キ跛者モ能ク立ツ事ヲ得ル等ノ言ヲ以テ諸人ヲ誘フ由シ実ニ然ルカ」（第十六問）また、「病者等ノ念仏ヲ申シニ来ル者ニハ薬ナリト云テ水ヲ呑セ御札ヲ頂カセル由ニ之レアルカ」（第十七問）という質問に、ひとまず否定しながらも、それほどまでに熱心に念仏する者がいればよいのにと言って応対している。こうした、一時間ほどの尋問のあと、信徒名簿の提出を命じられて帰山している。

この時に提出した『深大寺高聲念佛信徒連名簿』には、当時の修行に恒常的に参加していた二百十五人の信徒の名前が記されているが、地元の東京府北多摩郡神代村深大寺の信徒が四十二人と最も多く、そのほか神代村の村内で三十九人、狛江村で二十二人、三鷹村や多磨村、調布町、府中町、高井戸村、世田ヶ谷村などの徒歩でも、一、二時間圏の近隣の信徒が半数以上である。さらに多少離れて八王子町や神奈川県橘樹郡、北豊島郡高田村、東京市内の牛込改代町、小石川第六天町、神田旅籠町、神田元久右衛門町、神田三崎町、芝田町の人たちや、千葉県館山近辺の船形、相掛、滝田にも信徒が存在した。

また、深大寺高声念仏では、井上正鐵の道統を継承しているという意識がはっきりとしていて、先の『浮岳門下高聲念佛和讃』には、この教えは「正鐵傳」であると明記して「アラ尊ト、出テ入ル息ハナムアミダ、寐テモ寤テモ絶ヌトゾ、ノ玉ヒケルヲ自ラ、知リテ楽シム外ハナシ」と詠まれているが、これは、'あら尊と出で入る息は身の柱、寝ても覚めても絶ゆる間のなき[一八]'という正鐵の歌が下敷きになっている。また、尭欽の筆写による『梅田神詠』と題された正鐵遺文の写本の巻頭には、「あら尊真鐵正かねなかりせば吾人ともに道に迷はむ」と記し、井上正鐵とその父安藤真鐵の徳を讃えている。さらには、「正鐵」の名と「阿弥陀」の三文字を組み合わせた「阿心院弥正鐵陀大居士」という霊位の写し書も残されており、尭欽は自身の説く念仏が「気息」を正すことにより心身ともに健やかになるとする教義のみならず、行法も井上正鐵に由来することをはっきりと表明して、念仏信心の先師として尊崇していたことがわかる。

また、深大寺には多くの末寺があるが、その一つの常演寺（調布市下石原一丁目に所在）住職の貫善は、自坊に分骨所として「但唱上人塔」を建てていて、直接に但唱の指導を受けていたようであり、さらに西蔵寺（川崎市宮前区野川に所在）住職だった亮傳も塔ノ峰阿弥陀寺で修行後、千葉県の真福寺の住職となり「浄信講社」を開いている。このように深大寺は高声念仏の展開の要となった寺院であった。

四　塔ノ峰阿弥陀寺と時宗横浜浄光寺の高声念仏

浄光寺但唱は、五年程度の短い期間の教化活動のうちでも、弾誓ゆかりの箱根塔之峰阿弥陀寺〈神奈川県下足柄郡箱根町塔ノ沢に所在〉の三十五世住職であった立基（後に愚一證善と改名）（一八三〇～一九一〇）にも〈高声念仏〉を伝授して、指導者として養成した。田中逸平は、

上人、俗姓は森氏、京都の人。その姉と与に出家し浄土門に律を修し、後時宗を研め、塔の峰阿弥陀寺を管するに当り、但唱善行二念仏行者を招請してより、その秘を伝修工夫し、豁然大悟して念仏一行の教化を布く、信徒の来集するもの数百人、その大念仏は函嶺の麓早川の邑に響きたりと。遂に官の疑を蒙り小田原の獄に投ぜられる。赦されて後横浜に時宗の布教所を管し、近隣を化し終に一寺を建立す、今の藤沢山即ち是なり[一九]。

とその略歴を記している。

森證善（『妙香華』十年十一号より）

ここにあるように、立基は、天保元年（一八三〇）五月に京都で生まれた。八歳で得度して美濃の曉道播隆の下で律を学ぼうとしたが、十歳の時に師が没したため、その法類であった相模の塔ノ峰阿弥陀寺住職隆月の下に移った。師の隆月は弾誓流の系譜では、「弾誓―但唱―唱嶽長音―空誉禅阿―三誉融辨―隆月」と連なっている[二〇]。

若い頃の立基は激しい念仏修行を行い、嘉永三年（一八五〇）から、岩窟での三七日の別時念仏、さらに道場での五十日の念仏十万遍や昼夜不眠の別時修行によって、相好を感得したという[二一]。こうした熱心な念仏行者であった立基に対して、

安政年間（一八五五頃）に浄光寺但唱が〈高声念仏〉の法式を伝授したものと思われる。さらにその後、この立基のもとで、後に真福寺住職となって「浄信講社」を創始する亮傳が、慶応二年（一八六六）八月から四年三月まで修行している。このように、天台宗の浄光寺但唱が浄土宗の立基に伝授し、さらに天台宗の亮傳が修行に入っており、宗派よりも行法を尊重した師弟関係が見られる。

ところが、明治五年（一八七二）には、足柄県の官吏による取締を受けた。明治五年（一八七二）九月の『新聞雑誌』六十一号の記事には、「塔ノ澤阿弥陀寺の妖僧捕はる」として、

足柄県管下相州足柄下郡塔ノ澤村阿弥陀寺ハ元来無禄無檀ニテ衣食困窮ノ貧寺ナリシガ、当時住職セル立基ナル者一ノ悪計ヲ工夫シ、高声念仏ト唱へ、コノ修業セル者ハ加福延年ナリト言ヒ触ラセシカバ追々帰依ノ者沢山ニ相ナリ、講中昼夜高声ニ念仏ヲ唱ヘ、且満願結縁ノ節ハ男女ニ限ラズ一人宛暗室ニ入レ念仏ヲ唱ヘサセ、遂ニ咽喉渇キ、身体労シテ気絶スルニ至ル、立基此時ニ乗ジ腰ヲ摩シ腹ヲ按ジ水ヲ口移シニ飲セ殊ニ色々ト介抱シ、更ニ今日ヨリ菩薩ノ善性ヲ受ケ、罪障脱シ、幸福ヲ得タル旨巧ニ申シ惑ハスニヨリ、県吏深ク之ヲ怪ミ、今般其始末糺問ニ及ビシ処、前件逐一白状セルニ付、遂ニ投獄セラレシト云。然ルニ今以、或ハ善智識、或ハ生仏抔ト渇仰ノ者少ナカラザル由、愚夫愚婦ノ諭シガタキ実ニ嘆カハシキ事ナリ(二三)。

とある。この記事からは、背景的な事情はわからないが、おそらく明治維新後に爆発的な流行が起きたようである。この記事には、あえて「水ヲ口移シニ飲セ」などと猥雑な雰囲気を盛り込んだ恣意的な表現とはいえ、〈高声念仏〉の満願の節には、「一人宛暗室ニ入レ念仏ヲ唱ヘサセ」て、修行者が「遂ニ咽喉渇キ、身体労シテ気絶スルニ至ル」と、導師が「腰ヲ摩シ腹ヲ按ジ水ヲ…飲セ殊ニ色々ト介抱シ」て、「今日ヨリ菩薩ノ善性ヲ受ケ、罪障脱シ、幸福ヲ得タル」

という趣旨の教示をするなど〈念仏信心成就〉での伝授の様子が描写されており、この三十年前の井上正鐵への寺社奉行の中渡の記述と比べても、その基本的な構造は変わっていない[二三]。

だが、この取締によって、立基は塔ノ峰阿弥陀寺住職を辞して浄土宗を離れざるを得なくなった。そして、事件の五年後の明治十年（一八七七）三月には、後に遊行六十一代となる尊覚を師として時宗に転じて、愚一と号して證善と改名した[二四]。略伝には「錬丹ニ縁リ念佛ヲ勧進ス、其安心ハ時宗ニ異ル所無シ」とあって、転宗しても〈高声念仏〉は尊重されているばかりか、明治十三年（一八八〇）十一月に焼失した時宗総本山清浄光寺（遊行寺）の再建にあたっては、翌十四年に「箱根塔ノ峰先住森證善並帰依講中」が仮御対面所の建設資金を寄進することを申し出た記録があり、立基ひとりが転宗したというのではなく、かなりの経済力を持った〈高声念仏〉の講が、そのまま時宗に合流したといえる状態だったのである[二五]。

さらに、時宗に転じてからの森證善は、明治十一年（一八七八）には、明治五年に設置されたまま荒廃していた「横浜説教所」の担当教師となり、十五年（一八八二）に「藤沢山浄光寺」（横浜市南区中村町に所在）として寺号公称できるまでに再興させ、その功績により第一世中興開山の称号を受けたのであった。この時宗総本山と同じ「藤沢山」という山号と高声念仏の師である但唱と同じ「浄光寺」という寺号に、證善の立場を読み取ることができよう。

この浄光寺を拠点として、〈別時念仏会〉を開催して〈高声念仏〉を行じ、明治十九年（一八八六）には、『一息仮名法語・一息伊呂波歌』を出版したり、『教訓集』という法語などの集録を刊行したりしており、宗門内でも独特の教導として有名だったようである[二六]。『一息伊呂波歌』には、「天地も、神も仏も、海山も草木も人も、息の生物」、「類の無き、尊き物は、天地の、神と名づくる陰陽（出入）の息」、「兎に角に、息に勝れる、物は無し、是ぞ真実の、宝なりけり」とあって、息こそすべての命の根源であり、至宝であるとする。また、「南無阿弥陀、称名る息ぞ、息仏、思慮分別は、皆迷ひなり」と詠んで、思慮分別を離れて唱える念仏は、「息仏」であり、「信なる、心を得れば、天地と、我身と同じ、出で入りの息」とあって、息の行による〈信心〉の獲得により、わが身と天地が息を通じて一体である境地に至るのであると説いている。

明治二十四年（一八九一）五月には、かつての門人であり、「浄信講社」の創始者となった真福寺住職入亮傳の墓碑銘を記して「塔峰前住横港藤澤山初世愚一」と署名している。二十八年（一八九五）一月には、権少僧正となり、三十八年（一九〇五）七月には、少僧正に昇進して、時宗では遊行上人に次ぐ「足下」位を受けている。そして、四十一年（一九〇八）四月に、後に遊行六十七代尊浄となる桑畑静善に浄光寺を譲り、足立区の應現寺（足立区伊興本町二丁目に所在）に隠棲して、四十三年（一九一〇）十月三十日に八十一歳で没した。墓碑（横浜市根岸共同墓地に所在）には、「実相無辺」と題して「つちとならば桜なうゑて万代もこむ春毎のはなにさかなむ」という遺詠が刻まれている。

大正期になると横浜浄光寺で〈別時念仏会〉の取立てが行われなくなったことから、横浜久保山一本松念仏庵（未詳）において活動していた滝沢あさ、黒澤祐太郎、岡田友誠らの證善門人は、新規の修行希望者を真福寺に紹介するようになり[二七]、やがて愚一證善門下の塔ノ峰阿弥陀寺・時宗横浜浄光寺の〈高声念仏〉は、次に述べる真福寺高声念仏に合流していった。

五　浄信講社高声念仏

浄信講社高声念仏は、深大寺の末寺であった西蔵寺住職の亮傳が、塔ノ峰阿弥陀寺での修行後、真福寺（千葉県いすみ市岬町中滝に所在）住職となって、明治二年（一八六九）から活動を開始し、平成十九年（二〇〇七）まで講社が存続したものである。

「浄信講社」初代社長の入《かえる》亮傳（一八二九〜一八九〇）は、文政十二年（一八二九）十月に常陸国筑波郡飯島に生まれた。天保八年（一八三七）四月に真福寺で得度して、天保十二年（一八四一）一月から安政五年（一八五八）二月まで東叡山で修学した[二八]。その後すぐに西蔵寺（川崎市宮前区野川に所在）の住職になったが、この寺は深大寺の末寺であったので、本寺の浮岳尭欽を通じて〈高声念仏〉に触れ、文久二年（一八六二）に〈高声念仏〉を究めようと発願したようである[二九]。そこで、慶応二年（一八六六）七月には八年間勤めた西蔵寺住職を退任して、箱根塔ノ峰の阿弥陀寺の立基の下に入門し、慶応四年（一八六八）三月までの一年七ヶ月ほど修行した[三〇]。

修行を終えた慶応四年（一八六八）四月には、真福寺三十二世住職となったが、明治維新の変動がようやく落ち着き始めた明治二年（一八六九）十月から、真福寺において〈別時念仏修行〉を開始した。しかし、師の森立基（證善）が明治五年に足柄県による取締を受けたうえに、自身にも明治七年（一八七四）一月には県庁より出頭命令を受けたりしたので[三一]、天台宗の叡山教会分社として、正式な手続きを取ることとした。明治十一年（一八七八）三月に天台宗管長より「浄信社」としての許可を受けたうえで、同年十一月に内務卿へ「浄信社」結社許可申請をし、許可後に千葉県へ届出をしている[三二]。こうして法的な整備を進めるとともに、真福寺に参篭設備も整えて、十数年のうちに千人以上の信者を指導した[三三]。二十一年には『浄信講念佛和讃』を発行して遺辞を附録し、明治二十三年（一八九〇）十一月十日に六十二歳で没した。

この浄信講社高声念仏は、「弾誓末流」と意識されており、六代須藤孝澄が昭和三十二年頃に作成した「恵心、弾誓、白幡流相承譜」（本節末尾資料）には[三四]、「阿弥陀如来直授　法国光明仏弾誓上人」に発する「弾誓流」が、「箱根塔峰隆月和尚─但唱上人─愚一上人─鈍長上人」（鈍長上人とは亮伝である）と相承されたとある。ここでは、三浦知善の門下であった浄光寺但唱が愚一の師僧である隆月と愚一の間に入った形になっている。一方、恵心僧都に発する「恵心流」も「法然上人─一遍上人」を経て、「智《ママ》善法尼（采女伶《ママ》人）」から「但唱上人─善行上人─愚一上人（立基大和上）─鈍長上人（亮伝僧都）」と相承されたと示されている。加えて、「正鉄伶《ママ》人[三五]」に発した道統も「智善法尼」で合流していて、「正鉄─知善─但唱─愚一─亮伝」という相承の意識も残されており、深大寺高声念仏に比べるとややその距離感は遠くなっているが、井上正鐵を念仏信心の先師として位置付けていたこともわかる。

そして、初代亮傳の後は、亮暁（一八四三～一八九二）を二代として[三六]、三代孝本、四代純伝、五代孝貫、六代孝澄まで真福寺住職が社長を兼務した。また、昭和初期には浜松社中の「信和会」が開かれ、浄土宗法林寺（浜松市中区成子町に所在）の住職吉沢純道が協力して拡大した[三七]。戦後は昭和三十年（一九五五）に活動を復活後、「日本高声法団」（非法人）と称した時期もあったが、幸福寺（川崎市宮本町に所在）住職の須藤大元（一九二九～二〇〇七）は、昭和五十年（一九七五）に父の六代孝澄より社長を継承し、昭和五十六年（一九八一）に「天台の実践法門」を特集した『天台』四号に、「弾誓流高声念仏―真俗一貫の行として」という論文を執筆している。だが、平成四年（一九九二）四月を最後にして〈別時念仏会〉の開催を休止した。さらに平成十九年（二〇〇七）九月に須藤大元が没して導師不在となったことから講社解散のやむなきに至った。

平成四年まで毎年二回定例的に行われていた〈別時念仏会〉は、〈新行《しんぎょう》〉の取り立ての修行であり、四日間の泊り込み（参篭）で、前半の二日半は〈お唱え〉（念仏）ばかりを行じ、後半になると〈観息〉が行じられ、行の合間には〈説教〉が行われた。最終日には、暗くした別室で導師（社長）から〈念仏信心成就〉の伝授がなされ、念仏の功徳が伝えられた。現在でも、行法の一部である〈お唱え〉と〈観息〉の二つは行じられている[三八]。

六　まとめ

井上正鐵の直門三浦知善は、寺社奉行の取締を受けた後には尼の姿となって念仏修行を続けていたが、安政年間に〈祓修行〉の復興をなし遂げた。その後継者の一人となった天台宗の僧浄光寺但唱は、井上正鐵門中の〈祓修行〉の行法の中に、多くの念仏行者に尊崇されながらも行法が断絶していた「弾誓流念仏」の真義を見出して〈高声念仏〉を唱導し、深大寺などの天台宗寺院や弾誓ゆかりの寺院などに伝道した。そのなかには定着してさらに展開したものもあり、塔ノ峰阿弥陀寺の立基が相承した流れや、深大寺の尭欽からの影響を受けた真福寺の亮傳が受け継いで「浄信講社」として近年に至るまで行法を伝承してきたものもある。これらの「深大寺高声念仏」「塔ノ峰阿弥陀寺・時宗横浜浄光寺高声念仏」「浄信講社（真福寺）高声念仏」は、天台宗、浄土宗、時宗といった宗派の枠を越えて、指導者の人脈や法脈のつながりがあり、念仏衆の交流があった。その上、井上正鐵や三浦知善も念仏信心の先師とみなしており、濃淡はあっても道統の意識が保たれていた。これらの高声念仏と禊教とは、誦詞などに表面的な相違はあるものの、〈息〉による行法の基本構造に変わりはないし、井上正鐵の源泉の一つである未詳の女性導師に由来する〈信心伝授〉の秘儀も継承されていたのであった。

註

一　『唯一』二巻八号（昭和九年八月）。

二　三田村鳶魚「調息の獄」（『日本及び日本人』五九五号、大正元年）。

三　『拓殖大学創立百年記念出版田中逸平その四随想』（平成十六年）に復刻されている。同書二二八頁。

四　木村文平「信仰は学問ではない」（昭和五十年）。また、川尻宝岑『萬世薫梅田神垣』（明治二十年）一〇四頁には、正鐵遠島後に活動が沈滞したことを憂いて「己に伝への出来る身なら沈としては居ねへけれど、何といふにハ修行が若くお免しない身の上だから…」と語って、〈産霊の伝〉は受けておらず、知善の下で修行を進める場面がある。

五　大正八年（一九一九）に荒川放水路の用地となって移転し、現在は葛飾区東四つ木一丁目に所在している。

六　東宮鐵麻呂編『東宮千別大人年譜』（明治三十四年）三頁。

七　浄光寺に現存する但唱の墓碑（慶応二年［一八六六］建立）には、正面に、「當山五十三世／至心院大阿闍梨但唱上人塔／安政六己未天十月十二日」、右側に「但唱上人文化七庚午七月十八日野州宇都宮／戸田侯之藩野沢氏生得度尓日光山無量／院後弘化三丙午十一月住當山其後於村越家卒」、左側に「諶長事但唱法師當寺住職中檀越寄依不少／後退住職隠居然而井上式部源正鐵翁之成／又門人學神祇道能人導引深□教諭可惜哉／法師歳五十而卒後人香花為手向門中尓云」、裏面に「慶應丙寅歳五月

八　日　門中建之／世話人村越治郎兵衛鐵久」とある。世話人の村越治郎兵衛鐵久は、正鐵の高弟村越正久の長男である。

九　本書第一章第三節「教化活動の準備と展開」の「二　萌芽期の教化活動」において、文政九年の「煙草の裏葉」の旅では、念仏を行じながらも、日蓮宗の寺院に参詣しているという寛容性があることを示した。三浦知善門下の浄光寺但唱に発する「浄信講社」の高声念仏は道統の淵源として「正鐵─知善」と並んで弾誓を置き「弾誓末流」を称しているのだが、祖とされる弾誓の伝記『弾誓上人絵詞伝』（明和四年）乾二一丁ウには、佐渡での教化中に日蓮宗の本家を恐れて名号を受けるのを遠慮していた「日蓮教の俗」に対しては、「名号題目相並べて明らかに書」いた掛け字を与えたとあり、弾誓も日蓮宗に寛容だったことが示されていて、類似性が見出せる。

一〇　『弾誓上人絵詞傳』（明和四年）。

一一　古知谷阿弥陀寺蔵「十二箇」。宮島潤子『謎の石仏』（平成五年）三十三頁より重引。

一二　弾誓の道統の展開については、前掲、宮島（平成五年）に詳しい。また、『大井に大仏がやってきた─養玉院如来寺の歴史と寺宝』（平成二十五年）一三八頁には、「弾誓流系譜図」が掲載されているが、弾誓流の道統は継承されていても、念仏行法はその特徴を失っていたと思われる。

一三　浄信講社の別時念仏道場である真福寺境内の名号碑には、「弾誓末流　浄信講社祖入鈍長亮傳（花押）」とある。

一四　前掲、田中（平成十六年）二二八頁。

一五　金山正好「深大寺の歴史」（『深大寺』昭和五十八年）一〇二頁。

一六　山岡柳吉『私の歩んだ八十年』（昭和五十七年）十五頁。

一七　深大寺の墓碑銘による。

一八　「深大寺高聲念佛起源」は、『浮岳尭欽録』に収録されているが、別に弟子の貫海が筆写した「得迎庵尭欽師高聲念佛起源」もあるので、虫食箇所も補うことができ全文が明らかである。

一九　前掲『井上正鐵遺訓集』七「身の柱」。

二〇　前掲『拓殖大学創立百年記念出版田中逸平その四随想』二三六頁。

二一　前掲「弾誓流系譜図」（平成二十五年）による。

「森僧正の遷化」（『妙好華』一〇年一一号、時宗青年会、明治四十三年）。

二二　『新聞集成明治編年史』第一巻、四九三頁。西海賢二「講集団の重層性」（昭和五十年）では、地域の重層的な信仰の中に位置付けた指摘がなされている。
二三　井上正鐵に対する寺社奉行の申渡しの「…大音に息の続候迄、昼夜祓唱させ、呼吸の法を伝へ、息一通りの修行を似て、病気本服、君父国恩をも自然と相弁へ候旨教遺し、熟練の者には祓の意味、又は自己の発明を以て、御法と名付、白川家奥義の由申為及伝授、…其上法の浅陋を厭ひ、一人別に神前に引入、密に伝授…」（『在島記』九四から一〇一頁）という記述ときわめて類似しており、三十年を経て、かつ仏教化しても、基本的な構造は同じであったといえよう。
二四　阿弥陀寺の口碑によれば、何か問題が起きて還俗したとされる（水野賢世住職の教示による）。おそらく、明治五年の取締が原因であろう。また、『講談社日本人名辞典』（講談社、平成十三年）の森愚一の項には、「江戸後期～明治時代の僧。文政十三年五月二十五日生まれ。相模（神奈川県）塔ノ峰で修行。観息念仏一如をとなえて異端視され、藤沢の遊行六十一代尊覚に師事して浄土宗から時宗に移る。明治十五年横浜に浄光寺をひらいた。明治四十三年十月三十日死去。八十一歳。京都出身。法名は真阿証善」とある。この項目の執筆者は明示されていないが、前出の『妙好華』第十年第十一号の略伝をもとに構成したと思われる。
二五　禰宜田修然・高野修『遊行藤沢歴代上人史』（平成元年）二一五頁。
二六　『教訓集』は、東京学芸大学附属図書館（望月文庫）所蔵。巻末に「横濱藤澤山主愚一印施」とある。発行年不明。前掲『遊行藤沢歴代上人史』の二一五頁には、「高声念仏の愚一上人で有名」とあり、禰宜田修然『時宗の寺々』（昭和五十五年）の浄光寺の項目には、「森証善師（号愚一、高声念仏者）」とある。
二七　前掲、田中（平成十六年）二三四から二三五頁。
二八　真福寺文書による。深大寺末寺については、天保十二年の「分限帳」に基づいた「旧末寺・支院分布図」前掲『深大寺』一〇七頁。
二九　『岬町史』（昭和五十八年）一一〇〇頁。
三〇　須藤孝澄（六代社長）「開祖鈍長上人略歴」（昭和三十二年ごろ）による。
三一　須藤大元「弾誓流高声念仏」（昭和五十六年）四九頁。
三二　真福寺本堂に掲示された申請文書の写しによる。

三三　明治十五年建立の名号碑（真福寺境内）には「社中一千二百余人」とある。

三四　須藤孝澄（六代社長）「恵心、弾誓、白幡流相承譜」（昭和三十二年頃）〔本節末尾資料〕。

三五　「伶人」とあるのは、「霊神」の音写の誤りであろう。神道色を嫌って意図的に改訂した可能性もある。

三六　亮暁は、亮伝が塔ノ峰に修行に出る前に住職をしていた西蔵寺のある野川村出身であった（真福寺の墓碑による）。おそらく当時からの弟子であり、愚一からも指導を受けていたと思われる（前掲「恵心、弾誓、白幡流相承譜」による）。

三七　法林寺は、浜松市中区成子町にある。昭和二年一月に初めて法林寺で念仏修行が行われたという。清水鶴吉『高声念仏信和会縁起由来』（昭和五十一年）。

三八　真福寺の「読誦会」では毎月一回、幸福寺（川崎市川崎区宮本町）を会場とした在家の有志による「念仏団」では、毎月二回の「高声念仏」が行じられている。行法のあらましは、本書の序章に述べた。

［資料］須藤孝澄（六代社長）「恵心、弾誓、白幡流相承譜」（昭和三十二年頃）

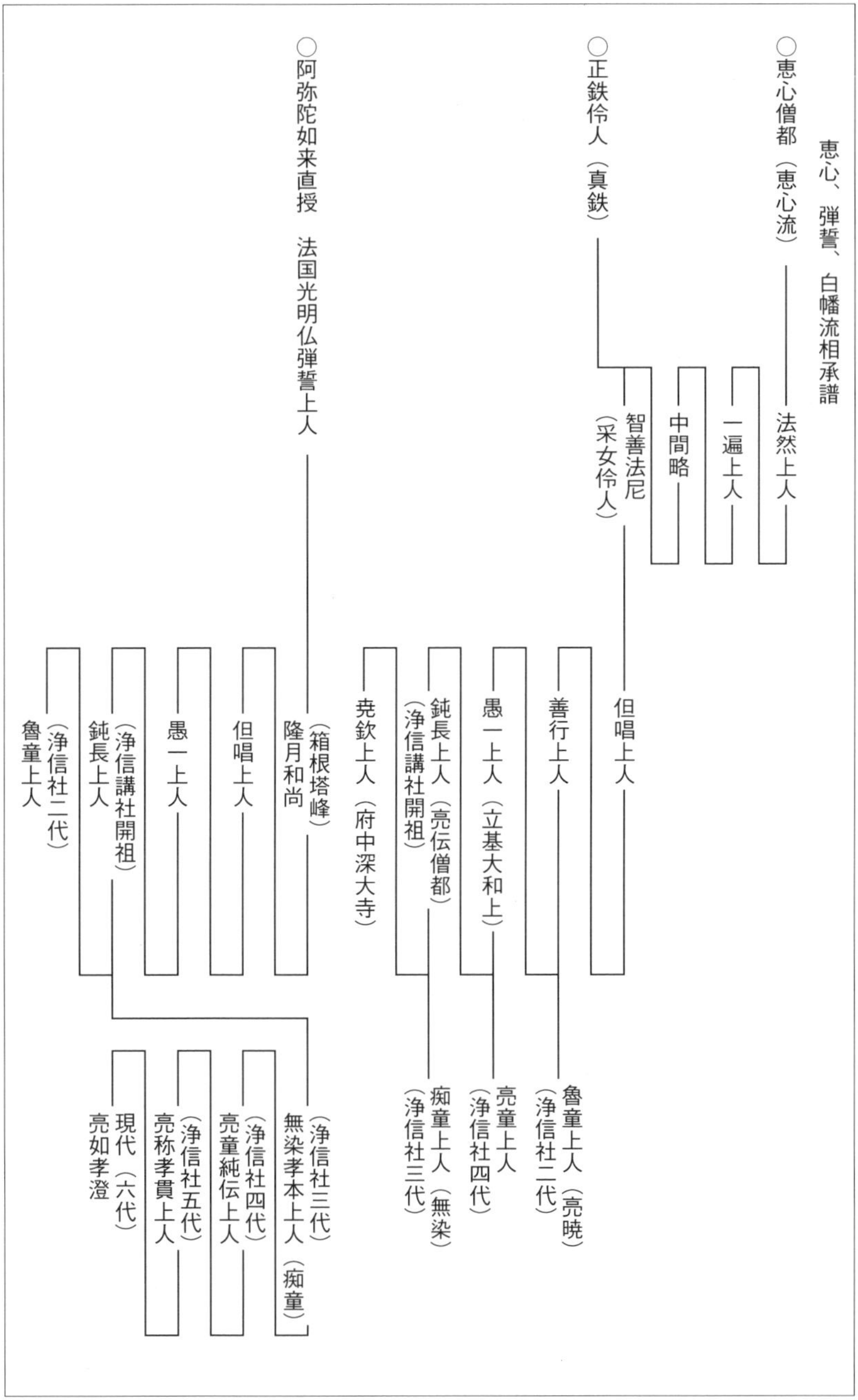

第六節　備前開教者伊藤祐像の活動

一　はじめに

伊藤祐像《すけかた》（一八〇六〜一八七七）は、天保十一年（一八四〇）三十五歳の時に、幕府の密偵から転向して入門した異色の直門である。入門からわずか半年ほどのうちに皆伝を許され、帰郷して地方拠点を作った。さらに岡山でも門中を育成したが、白川家家来の身分を得て、京都、江戸、岡山、飯田を盛んに往来して、明治十年（一八七七）に七十二歳で没するまでの後半生を神道の教化活動にあてた。ここでは、白川家に積極的に接近して進めた伊藤祐像の活動と、「大成教禊教」と「禊教」に分裂していく流れとは距離を置きながら、独自に展開した後継者たちの活動を跡付け、神祇道家と門人の相互関係や、明治初期の教派神道成立期における、教導職と神道講社の活動事例を考察することにしたい。

二　伊藤祐像の出自と井上正鐵への入門

伊藤祐像は、文化三年（一八〇六）七月二日に、父金左衛門、母きんの次男として、信濃国伊那郡中村（現在の長野県飯田市中村）に生まれた[一]。中村は、天竜川右岸の段丘上にある農村で、飯田藩の領地であった。伊藤家の本家は、屋号を「殿垣外《とのがいと》」という有力農民であるが、伝承によれば、遠祖は藤原氏で、建武年間に信州守護の小笠原氏に属して移住し、中村に定住してからは、父の金左衛門で七代目であった。だが、父は、近くの鼎村の市瀬家からの養子であって、母の父である亀蔵が一家の主導権を握っていたらしい[二]。幼い頃の祐像は、独楽回しが得意で、祖父に厳しくしつけられて「何事にても日本一たらん」という志望を持つような強い気性であったという[三]。

二十五歳の時の文政十三年（天保元年・一八三〇）五月には、父の金左衛門が亡くなり、翌天保二年の五月には兄の金太郎も亡くなったが、天保四年（一八三三）九月には兄の妻つたも、後に祐像の長女と結婚することになる留以弥《るいや》を残して亡くなっており、伊藤家では不幸が相次いだ。しかし、母きんは、明治五年（一八七二）八月に没するまで、九十二歳の長寿を保ったので、祐像の活動は、この母に支えられたところが大きかったに違いない。ところが、そうした家庭事情の一方で、いつの頃からか、故郷を離れて江戸郊外の千住宿に住み、伊藤常吉と称して床屋を営んでいた。天保十年（一八三九）には、当時二十歳の妻とめとの間に、長女の美知が生まれている。また、剣道の師匠もしていたといい、小さい子どものいる三十半ばの職人という実直な表の姿を保ちつつ、幕府の密偵として近隣の治安情報の収集を行い、上申していたのであった。

天保十一年（一八四〇）四月には、井上正鐵が梅田神明宮の神主となり、本格的に教化活動を始めた。そこでは、神書講釈ばかりでなく、大声で祓詞を唱える修行をさせ、新規の入門者には参篭させて指導していた。やがて、近郊の有力農民たちを中核とする信者の集団が形成され始め、住み付いて修行する人々も現れてきた。そこで、伊藤祐像は新入りの信者になりすまして神明宮を訪れたのであった。場合によっては懐中した小刀で即座に暗殺するつもりでもあったという[四]。だが、すぐに密偵であることを見抜かれ、特に懇ろに教え諭されたので、一転して帰依したという。おそらく天保十一年の夏のことであろう。

寺社奉行による取締が近いと予想した正鐵は、祐像に皆伝を許して〈神号〉一枚を授け[五]、「門中のかなめになれ」として、「要人《かなめ》」の名を与えて[六]、故郷の信州飯田で地方拠点を作ることを命じた。この時に与えた通行証文から、それが入門からわずか半年位の、天保十二年（一八四一）閏正月であったとわかる[七]。その上で四月には、筆頭の内弟子である野澤鹿鐵《あらかね》（後の鐵教《かねのり》）に寄宿していた数人の浪人たちを引率させて、信州へ差し向けた[八]。こうして、祐像は皆伝されて指導者となるとともに、取締からの避難所ともなって、門中の「かなめ」の務めを果たしていった。故郷へ帰ってからの半年ほどは、山中の滝に小屋を設けて一人で滝に打たれて大音に〈祓修行〉をしたといい、やがて近隣での教化活動を始めて門人を育成した九。後に、岡山へも同道した市田村（現在の下伊那郡高森町）の梶原精之進や坂牧惣助は、このころの入門であろう一〇。

こうして、伊藤、野澤の二人の高弟が江戸を離れたその年の暮近く、天保十二年（一八四一）十一月二十四日には、寺社奉行の命によって、正鐵夫妻および高弟三浦隼人夫妻が捕らえられたが、翌十三年二月十六日には、正鐵は村預けとして帰村を許されて、二月二十日に『唯一問答書』を執筆した。その年の八月には、祐像は江戸へ出て来て、白川家関東執役から神拝免許状を授かっており一一、この時には『唯一問答書』を写して持ち帰ったことであろう。祐像の門人の田中嘉平治が安政五年（一八五八）に作った「神道いろは歌」には、「ゆい一の神のもんど書讀給へあしき心も直る御教」とあり、伊那の門中でも広く読まれていたのがわかる一二。

しかし、それから間もない九月二十三日に、正鐵は再び捕らえられて、天保十四年（一八四三）五月に三宅島へ遠島となり、多くの手紙を書き送って門人たちを指導した。祐像宛の書簡も一通残っており、他の門人への書簡にも言及されているので、江戸の門中を通じて連絡が取れていたらしい一三。

三　岡山伝道と白川家への接近

祐像は信濃に住んでいたが、遠く離れた備前岡山へと伝道に向かった。岡山藩では藩祖以来、神道を重んじる政策を採っていると知り、そうした所で教化活動をすることこそ意義深いと考えてのことであるという。だが、一人の知人もない、備前、備中、美作などを、鈴を振りつつ「とほかみゑみため」と唱えて回り、各地の神社へ参拝して、社家などを訪れたが、話を聞こうとする人はなく、一、二年間ほどは布教の手掛かりがなかった。その時のことを「神官に皆神様なし、常に敬神の志しなし…只御初穂を頂く時のみ神ゐます形にして神様は御留守の様で道を説くすべなし」と述懐したという[一四]。

その地で最初の門人となったのは、備中国都宇郡別府村（現在の倉敷市中庄）の別府多門治であった。雷雨が降りそうで、干していた麦の取り込みに苦労している留守番の老母の手助けしたことがきっかけで、その家に滞在して神道を説くこととなり、多門治と母の真氣が共に入門した[一五]。これがいつであったのかは、はっきりしないが、多門治の学友で同村の神職である大森官平の墓碑には、弘化三年（一八四六）の入門と記されているので、それに先立つ一、二年前の夏であろう[一六]。

また、当時の祐像の様子を伝える史料として、弘化初年頃（一八四五年前後）に、岡山の国学者平賀元義が、吉備津宮の社家である弟子の大守斎宮に、祐像の神道講釈を聞くように勧めた書簡がある[一七]。これには、元義が祐像（要人）の教えを「青木長広の学風に近い」と評し、「神祇官の古学」「よき神道者」と讃えて、堀尾藤大夫方（現在の倉敷市二子にある両児神社の当時の社家）に滞在していた祐像を吉備津宮に招いて講義を聞くようにと勧めているのである。当時の岡山の国学者の間では大国隆正の影響が大きくなってきていて、それに対抗してのことでもあったらしい[一八]。

ところが、その二、三年後の弘化四年（一八四七）二月一日には、一転して自らの門人の組織である上道郡春日講御連中宛に書簡を書き送り、祐像の学風を「多くは仏意に而、神道之古義に致相違候事も有之、古語古文義に疎く、古書を博く不読所より、事実を取違へ居候事も有之、其上、古事記・書紀ハ後之物に而、是を読候者ハ儒者也といひて嘲り、服者に神拝を致させ、火の穢ハなき抔と申、律令格式之御掟に相背き、朝敵ニ等き学風」であると断じて、自分の門人で祐像と関わる者は破門するとまでに厳しく非難をし、破門予定の門人もあると表明している[一九]。

ここでの論点のひとつが「服者に神拝を致させ火の穢ハなき抔と」と説いていることだということに注目しておきたい。先の田中嘉平治の「神道いろは歌」には、「けかれたる人も祓を揚け給へ不浄の上も照らす大神」とあり、神拝（祓修行）に不浄を問わないと教えていたのがわかる[二〇]。日々に不浄にも触れつつ生活をしなければならない民衆を主な対象として教えを説いた井上正鐵の弟子として、伊藤祐像がそう説いたとしても不思議はない。これは、潔斎してはじめて神拝が可能であるのか、神拝（祓修行）によって祓われるのかという、〈祓〉のありかたに対する考え方の相違があったのである。だから服忌などの「律令格式の掟」を尊重しようとする立場からすれば、異端の学とみなすことは可能であろう。だが、かつて弟子たちに推薦した人物を「朝敵に等しき学風」とまで非難するのには、影響が大きくなって来たことに対するかなりの焦慮があったのではないかとも言われている[二一]。しかし、はからずも、この元義の批判によって、著作や講義録が発見されていない祐像の教えが、わずかにうかがえてくるのである。

弘化年間（一八四四〜一八四八）にはすでに、当時この地方では著名の国学者であった平賀元義と、接近・反発の関係があったことを見てきたが、安政年間（一八五四〜一八六〇）にもなると、岡山の神道・思想界において、伊藤祐像の影響がかなり大きくなっていたようである。すでに、岡山城下の東山にある玉井宮の神主佐々木左兵衛（年麿）や、郊外の上道郡大多羅村（現在の岡山市東区大多羅町）の天王社（後に布勢神社）神主の中山縫殿之介（一郎）、宿奥村（現在の岡山市東区瀬戸町宿奥）の春日大明神神主の矢部弾之進（半）といった神職が門人となっていたし[二二]、先の別府多門治や小串村（現在の岡山市南区小串）の赤木安太郎[二三]のような有力農民層にもかなりの門人があって、教団が形成されつつあったのである。

こうした状況のもとで、安政三年（一八五六）四月三日に、岡山藩の命により、先の中山、佐々木、矢部、別府の各氏、また別府村の大森松之、官平父子などの主だった者が捕らえられ、七月二日まで拘束されるという取締が行われた[二四]。この取締の意図や規模などの詳細については不明の点が多いが、藩内のかなり広域にまたがって、一斉に取締を受けるだけの影響力がすでにあったといえる。この時、祐像は岡山藩の領内にいたらしいが難を逃れている。

この安政三年の取締の後には、伊藤門下の人々には、白川家に入門して免許状などを授かって結び付きを強め、その権威を活用して教化活動の安全と便宜を確保しようという姿勢が見られる。『白川家門人帳』には、安政三年に取締を受けた、中山、佐々木、矢部の三人が安政四年（一八五七）三月にそろって入門し、「右之輩、国学熟練之者ニ而、御門下井上故式部門人、伊藤要人」の教えを受けた者として、神拝式免許状のほかに、神道講釈の下知状や「白川家御神用」の木札、紋入の小田原提灯などを受けた記録がある[二五]。この人々はすでに神職であるのに、ここでさらに白川家の免許を受けているのは、白川家門人であった井上正鐵門中として、その遺教を布教しようとの意識によるものであろう。また、この時の「申次」（推挙人）である村上舎人（安政四年に村上出雲と改名）は、後に雑掌（家令）となって白川家の中心を担ったが、井上正鐵門中に対しては、一貫して協力的であった[二六]。

祐像は天保十三年八月に、白川家関東執役から神拝式免許状を授かっていたが、白川家に参殿して、正式に神拝式の免許状と神道講釈の下知状を授かったのは、門人の佐々木、中山、矢部たちの入門よりも遅い安政五年（一八五八）八月四日である[二七]。この入門に先立っては、岡山の中山一郎が四月二日に参殿し、矢部半の弟である御船寧氣も五月二十五日に参殿しており[二八]、何らかの準備がなされたようである。

すでに実績のある人物であったから、入門してすぐに摂津や和泉の白川家門下の社家に向けて白川殿公文所の名義で「今度神祇道解講のため、御門人伊藤要人、佐藤信彦、摂州泉州へ被差向候間、篤々示談の上、便宜に随ひ、不都合之義無之様、取扱可給候。此段可申通之旨伯王殿御沙汰ニ付如此候」という文書が発せられ[二九]、それらの神社を巡回して講義をすることになった。この巡教は、かなりの成果を上げたらしく、『白川家日記』には、その帰途と思われる翌月の九月十四日に再度参殿した時には、「御前御講釈申上、其后於對客間一献被下候」とあって、神祇伯資訓王の御前で講釈をし、一献を賜るという栄誉を得たのであった[三〇]。

この安政五年（一八五八）以降、祐像一門に対する白川家の待遇は手厚くなった。例えば、岡山の大中山民部（中山一郎）が安政六年（一八五九）に江戸へ向かう時には、白川家家来として給符荷の扱いをしているし[三一]、文久元年（一八六一）七月に、祐像が伏見から岡山まで白川家の公用として通行した時の先触[三二]には、駕の用意も命じている。このように、先の取締から五年ほどのうちに、岡山での活動は公認された状況となっていたのである。
また、元治元年（一八六四）の頃に黒住宗忠の高弟であった赤木忠春が禊教に入信したという説があるが、これは、京都で赤木が接近した尾張の日比野応輔が、同じ白川家門人であり、かつ三種祓を唱える行法による活動を行ったため、混同されたものである[三三]。

四　京の白川家と関東執役所との往来

岡山では、ほぼ公認された状態になっていたころ、江戸では、文久二年（一八六二）三月に、寺社奉行の命により三度目の取締が行われて、門中は活動の沈滞を余儀なくされていた。しかし、取締を契機として、逆に教化活動を徹底して行ってゆこうとする人物もあった。なかでも、江戸郊外の保木間村（現在の足立区）の有力農民であった坂田鐵安は、父の正安とともに四月に所払となったが、五月には白川家の御内人となって坂田左京と名乗り、翌三年五月には上京して神拝式を授かり、九月八日まで京都に滞在していた。この手続きにおいて、八月十四日には祐像が一緒に参殿している。そののちも、しばしば祐像と鐵安は行動をともにすることがあった[三四]。

文久三年（一八六三）から、慶応元年（一八六五）までの三年間は、江戸の門中の動きともあいまって、京都、江戸、岡山、飯田を盛んに往来していた祐像の動きを、白川家の文書で跡付けることができる。まず、文久三年（一八六三）八月十四日に[三五]、祐像は坂田鐵安と白川家に参殿したあと、九月八日に、二人で東海道を江戸方面へと向かった[三六]。その頃の京都は、治安や政情も不安定で、二人が参殿した四日後には、尊攘派の三条実美らが公武合体派によって追放される「八月十八日の政変」が起こっており、緊張した状況を目の当たりにしたことであろう。

この旅の途中には、東海道の島田宿（九月十五日）と見付宿において、何かの不都合が起きたらしく宿場役人の詫状を取っている。こうした詫状がいくつか伝えられているが、祐像という人は、教訓を与えるために、ことさらに厳しく不行き届きを咎めてこうした詫状を取ったらしい[三七]。

江戸には半月ぐらい滞在したあと、十月十八日には飯田に向けて出発したが、その時に関東執役所から発給された文書[三八]に記された道程で行けば、十月二十五日に飯田に着いてから、十二月十一日に出立して、文久三年の暮れには上京する予定であったのだが、実際にはやや遅れて、元治元年（一八六四）二月二十一日に京都に着き、一週間滞在して二十八日に自宅へと向かって京都を離れている[三九]。

このように、文久三年（一八六三）八月から、元治元年（一八六四）二月までの約半年に、飯田から京都へ、そして江戸を経て飯田へ、さらに京都までの往復という長い旅をこなしているのであった。これらの旅は「白川家御用」としての公用旅行であり、京都の白川家と関東執役所との間の文書や金品の伝達といった実務とともに、そのころまでに開かれていた山城、伊勢、美濃、遠江などの各地の門中への指導や連絡を行ったと思われる。

慶応元年（一八六五）には、嘉永二年（一八四九）に亡くなった正鐵の十七回忌に当たるため、江戸の門中は東叡山の輪王寺宮に赦免を願い出ており、白川家からも武家伝奏を経て添書を出してもらうための動きがあった[四〇]。四月中に関東執役所詰の白川家家来の身分で村越喜内（守一）が上京し、四月十八日に京都を出立しての帰り道に、飯田の伊藤家に立ち寄ったが[四一]、その数週間後の閏五月十二日には、祐像が上京している[四二]。同じ頃には、坂田左京（鐵安）も上京していて[四三]、門中の主だった者三人が白川家へ参殿しているのだが、元治元年七月十九日の禁門の変に続く、第一次、第二次の長州征伐という政情不安の時期に、白川家はともかくとしても、武家伝奏をはじめとする朝廷の上層部が、地方の一神主に過ぎない井上正鐵の没後の赦免といった事柄に対して、具体的な対応を取るような余裕があったとも思われない。そして、二か月半の在京ののち、慶応元年（一八六五）八月六日には、飯田に向けて京都を離れている。

慶応末年は、二年暮れに孝明天皇が崩御し、三年には明治天皇の践祚、大政奉還、王政復古と続き、四年正月には鳥羽伏見の戦いによって戊辰戦争が勃発し、それまでにも増して、大きな変化と不安定な情勢が続いていた。だが、井上正鐵門中にとっては、幕府の崩壊は、師の赦免と布教公認への好機到来として、かえって活発に行動を進めていたようだ。

慶応三（一八六七）年十一月には、江戸を発って故郷へ向かい、翌四年（明治元年）には上京して、七月三日に行政官弁事である「弁事御役所」に、正鐵の霊祭執行許可を申請した[四四]。翌年の明治二年（一八六九）は、正鐵の二十年祭にあたり、すでに慶応四年二月十八日付で、正鐵は白川家より〈禊祓霊社〉の神号を受けて、梅田神明宮に奉遷[四五]されているので、霊祭の許可申請は一連の動きであろう。この霊祭が実施されれば、門中が公の場で集会を持つこととなり、布教の許可も間近いとの印象を強くしたであろうが、実際に行われた記録はない。そして、この霊祭許可申請のすぐ後にも、中山道を通行して白川家御用の旅を続けており。八月十七日付けの中山道上尾宿問屋の詫状には、「折悪敷昨夜早追御用継立相嵩ミ」云々とあり、まだ新政府軍と奥羽列藩同盟が交戦中であった当時の慌ただしい状況が読み取れる[四六]。そして慶応四年（一八六八）正月十五日の新政府による大赦令の発布を受けて、井上正鐵たちの赦免が、明治二年（一八六九）二月九日には江戸呉服橋の刑法官支庁から、梅田村名主を経て、遺族である妻の安西男也と養子井上善彌に伝達された[四七]。

明治二年（一八六九）三月には、東京奠都に伴って白川家の資訓王が三月二十六日に東京へ到着した。三十日には、野澤玄昇（鐵教）を筆頭とする伊藤祐像も含む井上正鐵門中の高弟九人が白川家へ参館して、献金計四千疋（十両）を贈り、伯王の東京到着に対する挨拶と、二月九日に赦免の伝達があったことへの御礼を行った。その後、祐像は翌三年（一八七〇）正月二十一日に年始の挨拶に参館して、砂糖一箱を献上している[四八]。しかし、明治四年（一八七一）五月十四日には太政官達により、これまでの神職をいったん解任する由が達せられ、白川家もその家職を解かれて、その配下の神職も免許を失うこととなり、同僚でもあった同門の坂田鐵安が、四年八月に白川家の籍を離れている[四九]のと同じく、祐像もこのころに白川家御内人の身分を離れたようである。

五　祐像の晩年と没後の門中

明治五年（一八七二）三月十四日に教部省が設置され、四月二十四日には教導職の制度が置かれた。これによって、前年五月の太政官達以来、宙に浮いていた神道教師の身分が公的に認められる道が定められた。そして、明治五年（一八七二）八月二十二日に、教部省より「吐菩加美講」として公然布教の許可を受けたが、九月には当時教部省出仕の中教正であった宮津藩元藩主の直門本荘宗秀は、主だった教師を東京今戸の私宅に呼び出して、新しい教導職の制度の下で、教団として統一した行動を取ってゆくように指示と注意を与えている[五〇]。祐像もまたこの会合には参加していたと思われ、九月二十五日付で教導職十三級試補の辞令が交付された[五一]。これにより、公式に布教が可能になり、翌六年（一八七三）には、自宅から五キロほど離れた伊那郡飯沼村に「神道説教所」を開設し[五二]、九年（一八七六）三月には、神道事務分局より三等講師にも命じられた。もうこのころには岡山までの長い旅をすることはなかっただろうが、故郷での教化活動の拠点を建設し、次世代への継承を準備していたようであり、門中の指導を梶原精之進、坂牧惣助に託し、明治十年（一八七七）十月二十五日に七十二歳の生涯を終えて、故郷の中村の伊藤家累代の墓地に葬られた。

なお、資訓王への御前講義をし、平賀元義にも一旦は「神道の活法をしりたる人」と評せられたほどではあるが、その著作は未発見であり、現在では次の数首の歌が知られるのみである。

榊葉に鏡しらゆふとりかけてゐらく神楽にひらく岩屋戸
降りつもる雪は消ゆれと常盤なる松のみとりはかはらさりけり

もとめよる己が心の暗きより火に入る夏の虫のはかなさ
あくるまを葉うらにまつを知らすして飛て火に入る夏の虫かな
雨あられ強く降りくる野にはたに笠やふれたる案山子のみなる
なき人のかたみの色をみることに身をも惜まし名をも惜まし
今の世はといふ言の葉の源をとへはむかしも変らさりけり
明るまをわひて鳴くともやみにてる火にな迷ひそ夏の夜の虫
時雨れはさひしさまさる山のはも春の花にも勝る紅葉々
秋風にきのふの暑わするれは雲間はるかに初かりの声[五三]
天とい丶地とい丶ぬる言の葉の奈何にくすしきもとの太神[五四]
心なく天とつちとにまかせつ丶雪の下にもめくむ竹の子[五五]
そもいかに根こそかはらめのち世にまた幾千代かつきぬときはに[五六]

祐像には四人の娘があり、長女美知に兄金太郎の遺児である留以弥を迎えて養嗣子としたが、留以弥は明治十七年（一八四八）七月二十一日に没した。その後を、朝臣家より養子に入った鍬太郎が、祐像の三女ゆうの次女せんの夫となって、家督を継いだ。しかし、昭和二年（一九二七）八月のせんの葬儀に際しては、伊藤家は神道を離れて臨済宗妙心寺派の長清寺の檀家に戻っている[五七]。その後、鍬太郎の長男の直は横浜市に転出して、現在中村に直系の子孫は居住していない。

さて、祐像が伊那に育成した門中は、明治六年（一八七三）に、教導職として祐像が設置の許可を受けた「神道説教所」を拠点として活動を続け、梶原精之進が、明治十五年（一八八二）十月に亡くなってからは、坂牧惣助が指導を継承していた。伊那の門中は、「吐菩加美講」の分裂による、「大成教禊教」の成立や「禊教」の独立などの教団再編成の動きからは距離を取ったまま、所属教派については特段の手続きもなく経過していたのであった。しかし、明治三十一年（一八九八）に、教会建物の移転手続きでの必要性を契機にして、明治初年よりしばしば来訪して指導に加わってい た新田正善との関係により、「大成教禊教東宮本院」所属の「伊那分教会」となった[五八]。そして、新たな門中を取り立てる〈初学修行〉は昭和九年（一九三四）が最後であり、〈祓修行〉も戦後復興期には全く行われなくなった。

岡山の門中も「吐菩加美講」の布教許可によって教化活動を公式に開始したが、矢部半の弟の安仁神社禰宜御船寧気が申請した禊祓場の設置について、岡山県から明治六年五月三十日付で出された伺いに対する教部省の回答が「寺社取調類纂」に残されている[五九]。そこでは、「差テ裨益トモ不相成…差押申度」とする県に対して、教部省からは六月九日付で「吐菩加美講禊祓式執行之義ハ其講中へ許可致置候条社頭等ニテ執行之儀ハ不苦候事」として設置を承認するよう指令している。

明治前期には、明治九年（一八七六）に佐々木年麿、十五年（一八八二）に中山一郎、矢部半など、草創期からの中心人物が亡くなった後も、明治初年の布教許可のままいくつかのグループになって活動を続けていた。明治二十三年九月に刊行の『増補井上正鐵翁在島記』の末尾に記された売捌所の一覧には、「備前岡山細謹社」と記され、この書籍を購入するような相当数の門中と指導者が存在したことをうかがわせる。

大多羅村布勢神社の中山家の道場では、目黒伊三郎が指導を引き継ぎ、明治四十年頃には、まだ多くの門中が集まって、盛んに〈祓修行〉をしていたという[六〇]。その他、下仁保（現在の赤磐市）の小坂家では小坂梅が存命だった大正の頃まで、玉井宮の佐々木家では昭和初期まで〈祓修行〉が行われていたという[六一]。

小串村の赤木安太郎は、明治十年（一八七七）に自宅内に講舎を設置し、翌十一年十二月に神宮教岡山県本部の分教会としての許可を受け、後には「神宮奉斎会岡山県本部小串支部」として、教化活動を続けていた。明治三十九年（一九〇六）に安太郎が没した後は、次男の赤木伊勢次郎が継承したが、〈初学修行〉は大正初年までで途絶え、昭和十年以降には講舎の建物も使用されなくなった[六二]。また、明治三十五年（一九〇二）二月二十六日付で、「禊教」（坂田管長）に所属する「神道禊教吉備教会」が、岡山県都窪郡中庄村を所在地として認可されているが、これは別府多門治が中心となって、設立されたと思われる[六三]。

伊藤祐像門下の最後の教師となった山上勘吉は、岡山市久保の人であり、地元の赤木安太郎や小坂梅と、岡山を訪れた大成教禊教の教師新田正善の指導を受け、坂牧惣助からは祐像が正鐵より授与された神号幅を託されて、道統を継承した。しばしば、伊那にも往来して〈初学修行〉の主宰を行い、伊那と岡山の残された門中の指導にあたった。また、禊教総監の笠原幡多夫や、中野身曽岐教会の富松聖治などの、当時の禊教系教団の有力教師とも交流を持っていた[六四]。だが、伊那での〈初学修行〉の指導は、昭和九年（一九三四）が最後となり、昭和十三年（一九三八）三月に『吉備の真柱』を出版して、伊藤祐像と門中の事跡を書き残した。晩年は「神宮奉斎会岡山県本部」に奉仕して、昭和十九年（一九四四）二月九日に七十五歳で没した。後事を託した門人はなく、伊藤祐像門下の門中の道統は終焉を告げたのである。

六　まとめ

井上正鐵の指導によって、密偵から転向して、「要人」の名とともに門中の「かなめ」としての使命を与えられた伊藤祐像は、その剛毅な性格を十分に発揮して、信濃出身の庶民でありながら白川家家来となり、伯王の御前においても神道を説く神道家として、幕末から明治の激動期に江戸や京都を往来して活躍した。彼が育成した門中は、白川家との関係を深めて、教化活動のための旅行も白川家御用として公用賃銭で人馬を利用できるなどの立場を得ることができた。そして、明治五年に「吐菩加美講」が公認されてからは、その布教許可により活動を行ったが、東京の門中が「禊教」と「大成教禊教」とに分裂していく教団編成の流れとは距離を取りつつ、独立した道統を維持していった。だが、祐像没後の展開では、教派神道の制度が確立していく中で、「大成教禊教東宮本院伊那分教会」となった伊那の門中、「神宮奉斎会岡山県本部小串支部」や、「神道禊教吉備教会」を立ち上げた岡山の門中など、「大成教」「神宮教・神宮奉斎会」「禊教」と所属する上部組織はいくつにも分散することになった。しかし、道統としては一体的な人のつながりを保ち、〈初学修行〉は、伊那で行われた昭和九年が最後となったが、禊教門中としての意識は昭和後期まで残されていた。ここでは、幕末の度重なる取締の下で白川家に接近して進めた伊藤祐像の活動と、明治期以降もその門人たちが、〈祓修行〉を中心にして、所属組織に関わらず同じ道統としての意識を持って活動を続けた事例を示すことができた。

註

一　村澤武夫『伊那歌道史』（昭和十一年）一三五頁。

二　祐像の直系の家は「隠居」という屋号の分家であった（久保田八尋氏の教示による）。祐像の家族の生没年などは、主として「伊藤家系図」（田中代太郎『古代伊那記より当家沿革誌（以下『田中家沿革誌』と略）』による。

三　山上勘吉『吉備の真柱』（昭和十三年）二十九頁。

四　『真伝記』巻一・一四丁。『在島記』九頁。『実伝記』中巻二一丁オなどに、伊藤祐像の入門時の逸話が記されている。

五　伊那で祐像の後を継いだ坂牧惣助が継承し、その後山上勘吉に譲られて、現在は岡山市個人蔵。また、井上正鐵が書いたこの形式の神号幅は、他には新島村博物館所蔵品（伝来経路が不明）しか現存が確認されていない。なお、右遷、左遷の渦巻状の紋様が特徴的であるが、これは正鐵が伝えた「産霊の伝」三か条のうち、万物の生成消滅を象徴して行じられる「神水の事」を図示したものだと思われる。

六　山上、前掲書二十頁。『翁』四三頁。

七　「伊藤家文書写」『田中家沿革誌』所載。これは伊藤家に保管されていた文書を、昭和十一年三月に、田中代太郎が筆写したものである。山上、前掲書二十六頁にも翻刻がある。

八　『遺訓集』三「神勅」。

九　山上、前掲書二十六頁。

一〇　梶原精之進は、文化十四年（一八一七）生。伊那郡市田村の人。教導職に補任され、明治十五年（一八八二）十月二十八日没。享年六十六歳。坂牧惣助は、文政七年（一八二四）生。伊那郡市田村の人。慶応四年に白川家に初入門。伊藤祐像、梶原精之進の後を受けて、伊那の門中を指導し、神道大成教の教師として少講義まで昇進する。明治四十年（一九〇七）七月二十七日没。享年八十四歳。

一一　前掲「伊藤家文書写」。山上、前掲書二十五頁には写真版がある。この時に「神前拝揖之式」を授与され、「中啓扇子木綿浅黄指袴」の着用を許された。

一二　「神道いろは歌」前掲『田中家沿革誌』所載。

一三　祐像宛の書簡は未発見であったが、近年になって一九会（東久留米市）で一通発見された。その文面には、「御伝之事ハ極秘ニてものしつか」にするようにという〈忍修行〉が指示されており、弘化二年（一八四三）二月の門中指導体制の指示よりも前の弘化元年（一八四四）五月に書かれたものであると推定できる。時期としては岡山布教を開始したころにあたり、公然と教化活動を進めていたことを正鐵自身もある程度は承知していて、「貴様あまりいきおひよろしきよし承り申候」と懸念していたことがわかる（『井上正鐵研究会年報』六号に全文を掲載）。また、『遺訓集』五「千日の茅」（弘化四年九月、瀬下瀬兵衛宛書簡）に祐像についての言及がある。

一四　山上、前掲書、二十一頁。

一五　同右書、二十二頁。別府多門治は、文政十二年（一八二九）生。安政三年（一八五六）に岡山藩により取締を受けたが、文久二年（一八六二）には、白川家に入門し、活動の合法化に努めた。天保十二年（一八四一）より明治五年（一八七二）まで寺子屋「素行館」を開いて教育を行い、弘化三年（一八四六）より明治二年（一八六九）まで名主を勤め、そののちも、戸長、村長、村会議員などの職にあった。明治三十八年（一九〇五）没。墓碑は親交のあった犬養毅の筆である。多門治の母、川勝真氣は、寛政十二年（一八〇〇）生。糸紡ぎをして得た金を、息子の寺子屋の教科書代に宛てていたという。明治十年（一八七七）に岡山県より篤志善行者として表彰される。明治二十年（一八八七）没。

一六　大森官平は、文政十二年（一八二九）生。父大森松之や別府多門治ともに、安政三年の岡山藩の取締を受けた。明治十二年、同村の熊野神社社掌に補任される。明治二十三年（一八九〇）没。倉敷市中庄さんし山墓地の墓碑銘には、「…弘化三年従伊藤要修神道禊教真理…」とある。

一七　羽生永明『平賀元義』（昭和六十一年）四九六頁、八九九頁から九〇〇頁。岡山県総合文化センター所蔵の羽生永明の草稿の中に写本があるが、原本の所在は不明。平賀元義は、寛政十二年（一八〇〇）生。志を和学に立てて、国書を求めて独学し、『美作神社考』『山陽道名所考』などの著書がある。万葉の古調を慕った和歌が高く評価されている。弘化年間に伊藤祐像を非難したにもかかわらず、晩年は、祐像の高弟でもあった大多羅村の中山一郎の家に寄寓し、慶応元年（一八六五）十二月二十八日に外出中急逝した。享年六十六。墓地は大多羅の中山家の墓地内にある。

一八　紺屋峻作『平賀元義論考』（昭和五十四年）一〇四頁。

一九　羽生、前掲書、四九六頁及び八九九頁から九〇〇頁。

二〇　前掲『田中家沿革誌』。

二一　同右書、一二五頁。

二二　中山一郎は、文化八年（一八一一）生。江戸にも赴き、江戸の門中と直接交流を持っている。勤皇を掲げた〈社軍隊〉の幹部として、文久三年から明治三年に解散するまで運営に関わった。明治五年（一八七二）九月に教導職となり、十月には安仁神社宮司となった。明治十五年（一八八二）没。佐々木年麿は、文化八年（一八一一）生。玉井宮の神主。明治九年（一八七六）没。矢部半は、生年未詳。宿奥村春日大明神神主。明治十五年（一八八二）没。

二三　「岡山県備前国児島郡大門村岩崎神社并神宮分教会所神道禊教分教会境内真図」（明治二十四年）によれば、伊藤祐像による小串への伝道は、嘉永年間のことであった。赤木安太郎は、文政十三年（一八三〇）生、明治三十九年（一九〇六）没。〈禊修行〉により虚弱体質が改善したことで、確信を得て伝道に従事したという（故赤木鉄夫氏談）。

二四　麻生、前掲書、二二三頁。山上、前掲書二七頁から二八頁には、'岡山藩主の先触として処々の庄屋大庄屋より吐普加美の祓を唱へて居る人は犬といふ者が拘引して行く、亦此頃伊藤要人祐像と云ふ人上を恐れて岡山玉井宮の裏座敷に隠れて居る…,と聞いた小坂梅は、深夜に岡山玉井宮へ向かったところ、'未だ十二時を過ぎたる頃佐々木家の奥座敷に五六人の門中相集ひ高らかに噺さへ出来て居る、是れ門人へ教へを説き相続されて居' たとあり、取締当時でも祐像は、玉井宮に滞在して指導を続けていたことがわかる。おそらく藩の領民だけを対象にした取締だったのではなかろうか。

二五　『白川家門人帳』。翻刻では、『白川家門人帳』（昭和四十七年）三九七頁。

二六　村上出雲守正武は、文化五年（一八〇八）生。安政四年当時五十歳。今江廣道「『神道大系・論説編十一巻「伯家神道」』解題」に所載の、白川吉訓所蔵本「訂正伯家部類」の跋文に「明治十二年八月二十二日　浪速僑居ニ書　七十二叟　村上正武拝」とあり年齢が判明した。この人は、はじめ舎人と称し、安政四年に出雲と改名した。白川家の雑掌（家令）であったが、岡山の「佐々木左兵衛縁者」と記録にあり（『白川家門人帳』）、井上門中に対しては好意的な対応が見られる。白川家から武家伝奏などへの文書の名義人となるほか、一条通新町西入元真如堂町にあった持ち家に、伊藤祐像や坂田鐵安、村越守一を宿泊させた記録がある。明治五年九月には、教導職の補任を受けている（『翁』二三二頁）。

二七　前掲『白川家門人帳』二八七頁。

二八　『白川家日記』（宮内庁書陵部所蔵）。

二九　前掲「伊藤家文書写」。

三〇　資訓王は、天保十二年（一八四一）生。祐像が御前講釈をした、安政五年には十八歳であった。資敬王の嗣子で、嘉永四年（一八五一）に神祇伯に任ぜられ、安政元年（一八五四）の内裏炎上の際には、いち早く内侍所の神鏡を奉遷し、孝明天皇の賞賜にあずかった。明治元年（一八六八）正月に神祇事務総督となり、神祇官再興の際に一旦免職されたが、翌二年（一八六九）七月神祇大副となり、そののちも大掌典として宮中祭祀に関与した。明治三十九年（一九〇六）十二月七日没。享年六十六。従二位。子爵。

三一　『白川家往来留』安政六年五月二日の条。白川家の公用としての、「給符荷」の扱いを受けることで、一般の「相対賃銭」より格安な「御定賃銭」で人馬を使うことができた。

三二　前掲「伊藤家文書写」。山上、前掲書二十二頁には写真版がある。

三三　高野隆文『赤木忠春大人伝』（大正四年）に記述があり、村上重良が『近代民衆宗教史の研究』（昭和三十八年）などの著作の中で繰り返し言及している。この混同については、荻原稔「黒住教と日比野派の周辺」（平成二年）に詳しい。

三四　坂田鐵安の動きについては、本書第二章第七節や荻原稔「禊教独立前史」（平成十八年）を参照。

三五　『白川家日記』。

三六　『往来留』文久三年九月五日の条。

三七　山上、前掲書三十一頁。詫状については、前掲「伊藤家文書写」には、文久三年の東海道島田宿、見付宿のもの、慶応四年の

三八　中山道鵜沼宿、上尾宿のものが残されている。
三九　同右及び前掲「伊藤家文書写」。
四〇　『往来留』元治元年二月二十二日の条。
四一　『往来留』慶応元年四月上旬漏脱の条。
四二　『往来留』慶応元年四月十四日の条。
四三　『往来留』慶応元年閏五月十三日の条。
四四　『往来留』慶応元年六月二十三日の条。
四五　前掲「伊藤家文書写」。山上、前掲書五十五頁にも翻刻がある。
「（井上正鐵霊璽）添翰」（梅田神明宮所蔵）。

應以源正鐵之霊璽奉遷武蔵國足立郡梅田村
右依懇願奉遷、源正鐵霊璽畢神璽到日、須禊祓霊社永世虔祀之、則鎮災招福無疑者、副翰如件。
慶應四年二月十八日　神祇伯家令出雲守源朝臣正武奉（花押）

写真が、「御神宝めぐり　足立区梅田神明宮　境内社『井上神社の由来書』」（『東神』六七二号、平成五年、東京都神社庁）に掲載されている。
四六　前掲「伊藤家文書写」。山上、前掲書三十一頁にも翻刻がある。
四七　『翁』二二六頁。
四八　『白川家日記』明治三年一月二十一日の条。
四九　「坂田管長年譜略」『天津菅曽』二号（明治三十二年）
五〇　「中教正本荘宗秀殿申被書」。この本荘宗秀による達文は、「小倉家文書（旧東宮家文書）」（荻原稔「明治前期における禊教団の変遷」（昭和六十三年）に所載）の逸文と、「伊藤家文書」（『田中家沿革誌』所載）の逸文との校合によって、全文が明らかになった。
五一　「伊藤家文書写」。山上、前掲書三十一頁にも翻刻がある。
五二　村澤前掲書によれば、別府村（現、飯田市別府）に設置したとあるが、田中清隆「伊那谷の禊教」（『伊那と岡山の禊教』所載）

によって訂正した。

五三　以上十首は、村澤、前掲書。

五四　飯田市黒田の見晴山にある霊神塔の歌碑（昭和十年建立）による。

五五　岡山市大多羅の故目黒義氏所蔵。

五六　山上、前掲書、二十八頁。白川家家来として東海道通行中、某所で歌会に招待され、「そねのまつ」を詠み込んだ歌を所望されてこの歌を作ったという。

五七　長清寺の過去帳に「明治五年ヨリ神式ナリシモ、希望ニヨリ復ス」とある。臨済宗妙心寺派長清寺住職故舘野洪道氏の教示による。

五八　新田正善は、羽前国東置賜郡吉島村洲島（現在の山形県東置賜郡川西町）の人、生没年未詳（山上、前掲書。六十頁）。大成教禊教所属の教師であったが、伊藤師門下の門中の指導にあたった。伊那の門中の田中代太郎が受けた明治十五年（一八八二）の初学修行を、坂牧惣助とともに指導した記録があり（『田中家沿革誌』）、明治十六年（一八八三）には岡山を訪れて小坂梅と面会している（小坂梅墓碑銘）。また、山上勘吉は、十八歳であった明治十九年（一八八六）から師事したという（山上、前掲書。六十頁）。

五九　『社寺取調類纂』（国立国会図書館所蔵）一九三「岡山県吐菩加美講道場建設願」。

六〇　笠井鎮夫『日本近代霊異実録』（昭和四十一年）の一〇五頁には、「天王社へは子供の時分（明治四十年前後）よく遊びに行ったものだ。その頃はまだあそこには村の信者たちが集まって、トーカミエミタメ、トーカミエミタメを連唱していた」とある。荻原が調査した昭和六十三年（一九八八）には、腐朽してはいたものの教会建物が存在していたので、戦後まで維持管理はされていたのではないかと思われる。目黒伊三郎は、文政三年（一八二〇）生、明治三十二年（一八九九）没。墓地は、中山一郎家の隣にあり、関係の深さをうかがわせる。

六一　下仁保の逸話は、故小坂房野氏（八十七歳）談（平成三年五月）。小坂梅は、天保九年（一八三八）生、吉原村（現在の岡山市）の人。安政二年（一八五五）、十八歳の時に大多羅村の中山家で聞いた伊藤祐像の講義に感動し、翌日入門したという。その後、下仁保の小坂家に嫁いだが、家業の紺屋の傍ら自宅を道場にして門中を育成した。大正十年（一九二一）没。玉井宮の逸話は、佐々木保氏談。（平成元年八月）

六二　赤木伊勢次郎は、慶応元年（一八六五）生、昭和二十二年（一九四七）一月七日没。享年八十三歳。なお、講舎の建物は現存している。

六三　『禊教新誌』五号（明治三十五年一月）四四頁には、「教会設置の計画　岡山県下の有志者は、本教附属の教会を仝県下に設置せんとて、先般来神崎中講義首唱となり、彼此奔走中なりしが、続々賛成者ありて、種々協議の末、都窪郡中庄村へ設置することに相談まとまり、去暮管長殿へ出願致されたるも、規約修正中にて近日認可あるといふ」と予告があり、六号に（明治三十五年二月）三十八頁に「仝（二月）廿六日　岡山県都窪郡中庄村エ神道禊教吉備教会設置ヲ認可ス」とある。

六四　山上勘吉は、明治二年（一八六九）生。大正十二年の小坂梅の墓碑建立にあたっては、東京の富松聖治とともに発起人となり、碑文の撰書を禊教総監であった笠原幡多夫に依頼している。昭和十九年（一九四四）二月九日没。

第七節　坂田鐵安の活動

一　はじめに

坂田鐵安は、井上正鐵から〈初産霊〉を許された直門の中でも最も若く、文久二年の取締を契機に白川家の家来となって教化活動を進めた。そして、明治前期には正鐵を祭神とする「井上神社」を建立し、自らの門下を率いて「神道禊派」の教長となり、やがて教派神道十三教団の一つの「禊教」として独立する基礎を築いたのであった。この「禊教」では、井上正鐵を〈教祖〉とし、教団の組織者である坂田鐵安を〈開祖〉としているが、布教公認の後も、揺れる宗教行政と同門の思惑の狭間で、より確かな教団体制の樹立を目指した生涯であった。

二　坂田鐵安の出自と井上正鐵への入門

坂田鐵安は、文政三年（一八二〇）十二月十一日に、武蔵国足立郡保木間村に生まれた。保木間村は現在の東京都足立区の中央部に位置し、『新編武蔵風土記稿』には「民戸二百二十…見沼代用水を以て田地にそそげり、村の西の方に日光街道かかれり」とあり、比較的水利のよい稲作中心の平野部の農村であった。その中でも坂田家は、「西の旦那」と呼ばれて、「一町屋敷」といわれる屋敷構えを持つ上層農民であり、代々「権左衛門」を名乗って、江戸中期頃からは名主も勤めていた。武蔵七党のひとつである丹氏に発するとされ、保木間に定住してから鐵安の代で十代目を数え、鐵安の父である九代目の正安は、八代目重治の養子であり、葛飾郡下木下川村の村越久友の次男であった[1]。重治が病弱で独身であったため、姉の子である正安を養子としていたのであるが、正安の兄の村越正久が井上正鐵の門人となったことから、姻戚関係を通路にして坂田家へ正鐵の影響が入ってきたのである。

後の鐵安である慶次郎が生まれた時、父の正安は十九歳で、まだ養祖父の重治も存命であった。母は同じ保木間村の分家の出身で由宇という。四歳の時には、重治が没し、父が九代目当主を継いだ。幼いころのことはわからないが、上層農民の子弟としての基礎教養を身に付けて、特に数学を好んで、和算の関流小泉寧夫の門人となり、二十二歳の天保十二年九月には隣村の伊興村渕之宮（氷川神社）に算額を奉納するまでになっている[二]。

その算額を奉納する準備をしていた頃の天保十一年（一八四〇）四月に、後に師となる井上正鐵が隣村梅田村の神明宮神主となり、家族や数人の門人と一緒に移り住んできて教化活動を始めた。正鐵はまず、近隣の農村への布教の手掛かりとして、村の指導者である有力農民層への浸透を目指して、足立郡、葛飾郡に広い地縁血縁を持つ下木下川村名主の村越正久への教化を見込み、梅田村から徒歩で一時間半をかけて、「梅屋敷」と通称される村越本家の堀へと釣りに出掛けたといわれている。釣りをしながら正久への接近の機会を待ち、果樹の手入れから人々への教化の話に及び、心服した正久が梅田神明宮に参籠して〈得道〉したのが天保十一年（一八四〇）七、八月であった[三]。坂田正安、慶次郎父子にとっては、兄であり、伯父にあたる人物である。二人は、この村越正久の手引きで入門して、翌十二年の二、三月に〈得道〉したのであった[四]。

この時期の書簡と推測される〝坂田様〟宛書簡（『遺訓集』三「農家之長」）には、〝先日御同門中御咄しに付、申上置候〟と冒頭に記され、青年らしい悩みに対して答えている。

誰が修行出来候ても、皆々役に立不申候。其故は杉山先生がよろしく候とも、自分行ひ出来不申ば、楽しみ申さず、野澤先生にもせよ、誰にもせよ、近くば我妻が出来候ても、我思ふまゝには成り不申候。われは是何物ぞと思はゞ、父母の身を分けて我身とし、父母は天地神明の分身なれは、此身天照らす太神の実はへと思ひたまはゞ、何用ありて只今生れ来りしぞと思召さば、農家の長と申候は天命にあらずや。然らば天の命の計ひを勤候事、一大事に御座候。

これは、高弟たちの誰かと優劣を思っても仕方がない、〝此身天照らす太神の実はへ〟との自覚のもとに、誇りを持って〝農家の長〟であれと述べた親身な教示であった。

三　鐵安の求道と〈初産霊〉の許し

坂田父子が〈得道〉して、わずか八か月後の十一月二十八日には、寺社奉行の命により取締を受け、正鐵夫妻と、高弟三浦隼人夫妻が捕らえられた。隼人は獄死し、女性二人は年内に帰れたものの、正鐵は翌天保十三年二月まで拘束された。そして、帰村後の二月二十日には神明宮の本殿に篭って、二十か条の問答からなる『唯一問答書』を執筆して教義書としてまとめ、また自らの弁明書として寺社奉行に提出したのであった。しかし、九月二十三日には再び捕らえられて入牢し、天保十四年（一八四三）二月九日には遠島を申し付けられて、五月二十五日に三宅島に向けて出船した。

二回にわたる取締を目の当たりにしても、鐵安の師への敬慕は動揺することはなく、三宅島に流される正鐵を深川万年橋の御船手役所で見送り、その後も手紙や物資を送っては教示を受けて絆を堅くした。嘉永二年（一八四九）二月十八日に正鐵が六十歳で没するまでの約六年間は書簡による指導を受け続け、直門の最若手として求道に励んだのである。

この坂田父子に宛てた書簡は、『遺訓集』には、十三通が収録され[五]、近年発見された書簡の写本を加えて十九通が伝わっている[六]。その中でも、遠島の翌年の弘化元年（一八四四）春の書簡では、慶次郎に「鐵」の一字を譲り「鐵安」の実名と「信」の字の花押を贈っている。

閏九月廿七日、十月十七日両度之御書面難有奉存候。先以皆々御安全奉賀候。小子事も無事罷有申候間、乍憚御安意可被下候。

一　御信心御募り御修行御座候之由、大慶之至ニ御座候。少子事御なつかしく思召候之由、扨々かむしむ仕候。御志身に余申候。何卒時を得拝顔之刻を楽ミ罷有申候。御書面毎々拝見之度なみだとゞめやらず。
　けふもまた時雨にぬれん捨子かな　鐵安
　なくなみたしくれとやなる古郷におきにし子らハぬれやしぬると
　しくれして日にこそてらせ紅葉はのまた一しをの色やまさらむ
　　鐵安（花押）信

一　御実名儀、御申越委細承知致し候。子か親の一字を用ひ候、何のはゞかりの有べき、御望に任せ申候。
一　御親類半蔵殿と申候仁、御信心御願之よし、野澤取計之儀委細に承知仕候。ちゝぶまて御出にもおよび申間敷、御宅にて男也野澤参り静に御伝申候てもよろしく奉存候。何分御都合よろしき方御取計可被成候。
　　　　　　　　　　　　　　　　　　　　　　正鐵七

その一方で、弘化元年には父の正安は体調を崩して、病気平癒の祈祷のためであろうか、日蓮宗の信仰に凝りだしていた。そのような正安には、

此節、日蓮宗御信心のよし承り候。夫は大迷ひ、いよ〳〵御病気つのり可申候。祖師日蓮上人は実に難有候へども、もはや末法に相成申候間、一向其伝へを失ひ申候。上人も末法にはたすからぬと御申候。かく心がさんらん被成候ては、いよ〳〵御心中なやましく気血をとゞめ、御病気も募り可申候。
（『遺訓集』五「迷之御諭」）

と厳しく諭す一方で、鐵安に対しては、同じ九月十五日に書いた書簡において、

四命と申事、第一神の命、次に君の命、次に師の命、次に親の命に御座候。法の事は神の命にて御座候。止事なく

捨る時は、此四ツのものゝうち何れをか捨ん。師、親、君三つを捨ん。神の命は捨べからず、師、親、君の命を捨ざる也、是唯一成事を知る。必らず題目など一口も唱ふべからず。大勇を出し金剛心にて父を道引玉ふべし…御親父様御腹立、御勘気を受候ともくるしからず…。

（『遺訓集』二「金剛心」）

と書き送り、親の命に背いても神の命には背くなと励ましているのである。

さらに信仰上のことだけでなく、〝保木間御主人、兎角御持病よろしからず御こまりのよし…秀三方へ御出候て御療治之事申上候処、秀三思召に叶ひ不申候に付、一方へ療治御頼度の由…〟[八]、ともあって、正安は病気の治療に、門中の医師でも杉山秀三を嫌って安西一方を受診したりして、主だった門中の間で齟齬が起きていた。その背景には正鐵の妻男也が、高弟杉山秀三に依存するような様子があって、門中の指導体制に緩みが生じ、正鐵も懸念していたのである[九]。

このような状況をふまえ、門中の秩序の回復と、在島の長期化への対応として、本土の門中の教団組織の確立についての指示（『遺訓集』三「法止之伝」）が、弘化二年（一八四五）の春に出された。そこでは、安西男也を名代とし、十三人の〈初産霊〉と十人の〈法中御世話御目付〉が任命されて席次が定められた。この時の〈法中御世話御目付〉には〝坂田〟の名が見える。

弘化二年春の指導・運営体制の指示と、鐵安の努力の成果として、弘化二年（一八四五）六月五日と推定される書簡（『遺訓集』六「我家之花見」）には、〝四恩、四命の事、能々御合点参り候様覚申候〟と述べたあと、〝鐵安主しの孝心にめでゝ〟の詞書と〝ちゝはゝとともに我家の花見かな〟一句が詠まれており、鐵安が正安に忠告して日蓮宗信心をやめさせることができたようである。さらに、翌弘化三年（一八四六）の春ころと推定される書簡には、

御尊父様御大病に相成候処、貴様御孝心の至り、神明加護あつて御快気の趣、委細に承り、扨々難有き御事に御座

候。少子においても、よろこびのあまり、難有感涙をひたし候。日頃の御修行、御孝心行届、神明感応有之候事にて、かよふに一度御利益の手ごたへ致し候へば、此後は何事も行ひ安く候。此所を古人も関を越など申、白隠も関鎖など申候も此事にて御座候。此関越されぬものに御座候。依之、此度初産霊御伝可申候。男也、秀三両人へ申遣し候。御取次可申候。

（『遺訓集』六「后之月」）

とあり、父の病気も次第に快方に向かい、揺るがずに師の命を守って'利益の手ごたえ'を得るという'関'を越えたことにより鐵安に〈初産霊〉を許す旨が伝えられたのである。

しかし、〈初産霊〉を許されるということは、禁制の宗教の指導者となることでもあり、名主を勤める名家の跡取りとしては、かなりの危険性を覚悟する必要があるので、ためらいの跡を見せている。その年の五月二十日の書簡には、

初産霊の御伝申入候処、御親父様御快気之上、御頂戴被成度之段、一ト通りは尤のやうに御座候得ども、やはり己れに善悪を考へはからひにて、神のまに〳〵と申こゝろ失ひ申候。又四命の事、未碇と御引受出来兼候様覚へ申候。産霊の御伝、御請候はゞ又御親父様御介抱にもいかなる徳有之候や知れ不申、またおのれをたのみ、神明の法をかろしめ玉ふやう当り申候。唐人も、朝に道を聞て夕べに死すとも可也と申候。一刻も早く、一時も延すべからず、御親父様全快の上など思召候は、計らひにて御座候。御計らひ有之候ては、神明の徳もへだゝり申候やうに存候。能々御相続可被成候。いまだ私のはからひになり、不思議と申事の心をうしなひ申候。不思議は善悪を思わず候を、不思議と申事にて御座候。我が念を捨るを、神変不思議と申事にて御座候。

（『遺訓集』四「我計ヒ」）

とあり、父の病の完治を待ってから伝授を受けたいとする鐵安に対して、即刻に受けるようにとの諭しが示されている。

またすでに弘化二年春に〈初産霊〉を許されていた伯父の村越正久への書簡には、

産霊の御伝の上は法子御取立の外に修行無御座候。法子多く御座なく候へば、其徳厚く成と申事無之候。…保木間慶次郎殿とも御相談、御法子御出生御待申候。

（『遺訓集』六「法子出生」［弘化三年閏五月］）

とあるので、伯父にも励まされつつ迷いを乗り越え、六月十三日には〈初産霊〉の伝授を受ける覚悟を正鐵に書き送っている⁽¹⁰⁾。そののちも、師の厚い信頼を受けつつ、修行の境地を深めていったようである。こうした坂田父子には教義の重要なテーマについても語っている。例えば、

前生の産霊により、十人は十人、百人は百人ながら気質同じからず、善悪と分り候へ共、此土へ生れ候には産霊の種悪敷候間、善といへども其元悪にて、悪は猶更の事にて御座候。然るを御信心御得道の節、能種を頂き候産霊の神の神徳御座候間、朝夕怠りなく御修行候へば、自ら尊く御座候、併し乍ら、前生の産霊の悪敷種にて造り候身躰に御座候間、追々解脱をなし修行候へば、天の神と同躰に成申候事にて御座候。

（『遺訓集』五「産霊之種」八十八様・権左衛門様［正安］宛）

とあり、〝前生の産霊〟による〝悪敷き種〟で作った身体を、〝信心得道〟による〝能き種〟によって解脱をすれば〝天の神と同体〟となるという教えが説かれている。また、その他にも巻六「梨子」（信殿［鐵安］宛）では、〝必々名、形ちに迷ふべからず〟として、初学の人にとっては言葉や形式を用いるより知らせようがないものの、真義はさらに〈妙〉〈神変不思議〉にあるという教えを説きながら、〝なんにもなし、なしの種から花咲いて実となりあがるあじわいは、な

れんといほふか、いひよがなひ、うまひ〳〵、おまへもひとつおあがりまし、わしがたべかけを、くひかけはあまりぶれいとおもへども、なんにもなしのあじわひのよさ、うまひ〳〵、あんばいよし、おほくの人にふるまひて、よろこばせんがわしやうれし。なんでうれしひ、わしやしらん」という飄逸な文も添えられているのである。

しかし、嘉永二年（一八四九）二月十八日に、井上正鐵が三宅島で没し、書簡や物資の動きが止まると、門中の活動も滞っていったのだった。

四　白川家家来としての活動

井上正鐵の没後の五年間ほどは門中には沈黙が続いたが、江戸払に処せられた直門の三浦知善（一七九八〜一八五六）が、安政の初年（一八五四頃）に諸国放浪から江戸近郊へと戻り、坂田家を頼って保木間村に住みついた。そして、かつての門中の家々を巡って〈祓修行〉の再興を説き、ついに梅田神明宮での修行を復興させたのである（一一）。これによって、多くの教師たちが活動を再開したのであったが、坂田家でも、正安が安政四年（一八五七）十一月に上京して白川家に入門し、神拝式の伝授を受けており、翌五年八月には、鐵安が門下の縁故により山城国に伝道をしている（一二）。またこの時期には、野澤鐵教が上州平塚河岸で『中臣祓詞略解』の講義をしたり、村越守一が初めての正鐵の伝記『神祇道中興正鐵霊神記』を執筆するなど、初期の教学的な成果も現れている（一三）。

そうした門中の盛隆の一方で、幕府の取締の手は二十年経っても緩んではいなかった。文久二年（一八六二）三月九日には、主だった門中の指導者二十六人が寺社奉行に召し出される三回目の取締を蒙って、四十三歳であった鐵安も捕らえられたのである。正安は布教のため旅行中で、帰郷後に出頭したが、四月十三日には「新義異流之道ヲ信仰シ諸人ヲ教候段不届（一四）」として、正安、鐵安はじめ六人が所払を申し渡された。その後には、正安は親類の家を渡り歩いたり、鐵安も隣村竹ノ塚村に仮住まいしていたのであったが、五月になると、白川家の御内人となり、正安は左内、鐵安は左京と改名している一五。こうした、思い切った転身ができたのは、鐵安の子の安治がすでに安政六年（一八五九）六月に元服して、代官より保木間村名主に任命されており、坂田家の村の中での地位が保全されていたためであろうし、白川家からは、正鐵以来の江戸執役所との関係により坂田父子の働きが評価されていたのだと思われる。だが、鐵安が前妻と死別したあとに再婚した妻は、このころにわずか一、二年で離縁しており、おそらく妻自身や実家が門中の理解者ではなく、信仰上の理由によってこうした取締に遭うことを受け入れられなかったのであろう。鐵安は若い頃に、農家の長として生涯を送らなければならない悩みについて指導を受けたが、この取締によって、かねて念願の神道の教化活動に専従することになったのであった。取締直後の文久二年（一八六二）五月に御内人となった鐵安は、翌三年五月には上京して神拝式を授かり、風折烏帽子と浄衣の着用を免許された一六。そして、八月十四日には、同門伊藤祐像と共にまた参殿し、九月八日には京を出立して江戸へと帰って、再婚している一七。

このころの京都は、尊王攘夷を唱える浪士たちが多く集まって治安が悪化したり、将軍が上洛するなど騒然としていたが、鐵安が伊藤祐像と共に白川家に参殿した四日後にも、尊攘派の三条実美らが、公武合体派によって追放される八月十八日の政変が起こっていて、緊張した状況を目の当たりにしたであろう。なお、この時期にしばしば行動を共にしている伊藤祐像は、鐵安より十四歳ほど年長で、幕府の密偵から転向して熱心な門中になり、故郷の信濃国伊那を拠点にして、遠く岡山にまでも伝道していた人物である一八。この人もまた白川家家来という身分で活動していたのである。

その翌年の元治元年（一八六四）二月にも伊藤祐像と上京したが、すぐ江戸に戻り、五月には二十歳になった息子の安治の入門修行を行って、その終了後の六月一日にはまた上京している。慶応に改元される翌元治二年の正月には父の正安も上京して、正鐵の十七回忌にあたっての赦免を願い出ており、四月上旬には白川家より武家伝奏へ書面が提出されはしたものの、政情不安のその時期に具体的な対応が取られた様子もない。ともあれ親子で伊勢参宮をして、六月には江戸へ戻り、十一月に安治の婚礼を行った一九。

翌慶応二年（一八六六）の六月には、妻とともに飯田の伊藤家に立ち寄ってから上京しているが、この道中からと思われる書簡には、甲府や小淵沢周辺の村で修行を立てながら旅をしていることが記され、後に甲斐分院や巨摩分院などに発展する門中の草創期だったことがわかる[二〇]。その書簡には「御門中ノ内無法ノ修行方致候者モ多ク出来候故追々トサハガシク相成何トモ困入候左様ノ馬鹿者出来候ハ此方ヲ深ク可慎トノ御イマシメト存候」とあり、江戸近辺の門中には、「無法ノ修行方」をする「馬鹿者」もいるが、自派は慎重にやっていきたいと述べている。この数年後には「吐菩加美講」として布教公認されたものの門中の統一に困難をきたし、そこから自分の指導下の門中をまとめて独立する方向に向かうのであるが、その伏線が示されているといえるだろう。こうして、文久二年の取締以降の数年というものは、京都と江戸をしばしば往来して、自らの再婚、息子の修行と結婚といった坂田家にとっての重要事項と、白川家御内人という身分での公務と教化活動を精力的に両立させているのであった。

五　「井上神社」の創建と「神道禊派」の公称へ

明治二年（一八六九）二月十九日には、大赦の伝達があって、文久二年以来の所払を許され、公式に自宅に戻れることとなり、すでに二月九日には正鐵夫妻の赦免も伝達されていて、布教の公認が次の課題となってきた。三年三月付けで、鐵安が教旨の説明のために宣教使の担当官への取次を依頼した書簡もある[二一]。

さて、東京奠都に伴って白川家は明治二年三月二十六日に東京へと移住したので、四日後には主な門中たちが挨拶に参館して金十両を献上している。そののちも、鐵安は年賀と中元の挨拶に参っているが、自宅で取れたブドウや栗など時節の食品を献上してもおり、農民らしい心遣いがしのばれる[二二]。そして、明治四年（一八七一）八月八日には、手当として金二十五両を下賜されて、白川家家来の身分を離れた[二三]。このころに、鐵安は「神道女教院」の担当となったようである。「神道女教院」についてははっきりしないが、三池藩主であった立花種恭が下谷西町の下屋敷に女子教育を主眼として設置したものであった。はじめは国学者たちが担当していたものの、すぐに振るわなくなり、〈祓修行〉と説教で教化の実績を挙げていた坂田鐵安に運営が委託されたらしい二四。以来この場所が坂田師の教会の中心地となり、のちには「井上神社」や「禊教本院」が置かれて、〈西町の教会〉と通称されることとなったのである。

明治五年（一八七二）三月には教部省が置かれ、翌月に教導職制度が設置された。これにより門中の教師が、教導職に補任されることで公的に布教が可能になる体制が明確になり、鐵安以外の教師にも布教公認への動きが現れてきたが、叔父村越守一の門人で下野国芳賀郡小宅村の亀岡八幡宮神主であった東宮千別がその代表格であった。そして、明治五年（一八七二）五月三日に、東宮千別は門人の小川実、大武知康と共に公認の申請を出し、八月二十二日に「吐菩加美講」という名称で教部省より布教の許可がなされたのである二五。

さて、この「吐菩加美講」の公認により、井上正鐵門中を統一する教団が発足したが、神拝式や教義を統一したり、祭典を合同で斎行しようとしても、従来通りにそれぞれのグループで活動しようとする傾向が強く、なかなか困難が多かった。そうした寄合所帯の問題点が現れてくる中で、鐵安は自分の指導下の門中をまとめて、「吐菩加美講」に籍を置きながら、七年には「惟神教会」にも二重に所属する状態をとった。その上、安治も八年には熊谷県勧業掛などの公職を辞めて教導職に専従して、事態の変化に備えていたのである。そして、明治九年（一八七六）十月には、「黒住派」と「修成派」に特立と管長設置が認められ、部下の教導職の任免権を持って一元的に管理し、広域に展開する教会のモデルが現れたことで、目指す方向がはっきりしてきたのだった。

一方、十年（一八七七）三月に開かれた「身禊講社」（吐菩加美講の後身）の、取締員等の協議により、「禊教社」と改称して、教会を主宰する有力教師がそれぞれ〈禊教社長〉と称することを認めるようになり、単一組織への志向から、連合体としての性格を追認する方向へ変化した。この明治十年代初頭は、井上正鐵門中にとって記念碑的な事業が次々に企画された時期であったが、その主導的な立場をめぐる様々な駆け引きがなされていたらしい。そうした中で、鐵安は連合体へとどまらずに独立を目指した準備を進めていったのである。

明治十一年の正鐵の遺骨の改葬の際には、男也の死去や遺族の意向などによって谷中墓地への大規模な改葬計画が急遽頓挫し、鐵安門下の地方教会からの寄付金も宙に浮くという事態が生じて、奥津城の建設には関わり難くなった[二六]。そうした状況のもとで、井上正鐵を祭神とする神社の創建に向かい、明治十二年（一八七九）八月十八日には鐵安が申請の筆頭人となって「井上正鐵霊社建立祭祀之儀願[二七]」を東京府知事に提出した。これには、

井上正鐵霊社建立祭祀之儀願

故井上正鐵儀在世中、皇国神道之衰微を嘆き、禊教之蘊奥を採明し徒弟を教育し、爾来門徒諸国に蔓延し、即今奉教の者既に数万人に及び候は、畢竟布教其宜得候と、門徒一同不堪感銘候、就ては為報恩今般下谷西町二番地、女教院并惟神教会禊社共有地内に一社を造立し、井上神社と称し、永世如在世之祭典相営み衆庶参拝為致度、依之永続之方法書相添門徒連署奉願候也

とあって、「下谷西町二番地、女教院并惟神教会禊社共有地」に建立するという自らのイニシアチブによる単独事業として、改葬の際のような井上正鐵門中各派の共同事業の性格を持たせていなかった。そのため、十二月十二日には許可を受けて、翌十三年四月には竣工するという早業であり、無格社とはいえ神社として祭祀することで教会とは違った公的な性格を獲得したのである。

また、井上神社建立の出願とほぼ同時といえる三日後の八月二十一日には、鐵安は「吐菩加美講」の後身である「禊教社」からの離脱を通告し、「惟神教会禊社」として「惟神教会[二八]」の専属となった。こうした行動の背景には、この時期にはすでに正鐵の妻男也（明治十一年没）をはじめ、高弟の本荘宗秀（明治六年没）、野澤鐵教（明治八年没）、杉

山秀三（明治十一年没）らもすでに亡く、鐵安が独自の行動をとっても、もはや年長の上位者に礼を失しないという状況があったであろう。このように井上正鐵門中の統一教団の維持には見切りをつけて、「井上神社」の創建を中心として、自派の教会の組織作りを進めて独立への基礎固めを図っていったのだった。

「井上神社」の創建と「惟神教会」の専属となってから二年半の後、明治十五年（一八八二）三月二十四日には、「神道」管長より「神道禊教長」を命じられているが、その直後に一旦「神道大社教」所轄に転じて、さらに五月十五日に次のような「禊社派名公称願[二九]」を内務卿へ提出した。

禊社派名公称願　　東京府下下谷区下谷西町二番地　禊社

右當禊教之義者開祖井上正鐵ヨリ相承、従来神道禊教ト相唱、明治七年巳来惟神教会ニ合併シ、惟神教会禊社ト呼称致居候處、先般神道大社派所轄依頼仕候得共、當禊教者禊事ヲ専トシ教旨之異ナル所有之ニ付、取締上之都合ニ固リ、尓後神道大社派管長所轄神道禊派ト相唱度候間、派名公称之義、御許可被下度、此段奉願候也

一時期「神道大社教」に所属したのは、この「神道禊派」という公称許可申請において「教旨之異ナル」ことを強調するためであったようである。また、この公称願の提出と同じ五月十五日には、同門の多くの教会が所属する「大成教会」に、「神道大成派」として特立と管長設置が認められているので、それへの対抗が意識されていると思われる。そして六月十日には、管長を置かないまま「神道禊派」の公称を認められるという異例の半独立状態の許可を内務省より受けて、「神道」管長の管理下に戻っている[三〇]。こうして、後に管長設置の「禊教」となる坂田鐵安の教会は、井上正鐵門中の各教会の中でも独自の地歩を築くことができたのである。

この教団組織の確立によって権少教正に補せられ、十六年と十七年の一月には拝賀を仰せ付けられて宮中に参内した。

そして、明治二十二年（一八八九）十二月十一日の七十歳の祝宴では、各界の人から寄せられた『祝宴歌集』が配付された。翌明治二十三年一月には定期刊行物として月刊誌の『小戸廼中瀬』の刊行が開始されたが、このころまでに、教典として『仮名古事記』『大祓詞略註』『神道唯一問答書略註』が揃い、『御大祭要略』『葬祭略式』『婚姻例』『祝詞作例』といった祭式書[三一]もほぼ整って、教学の基礎もできあがったのである。また、当時の教団規模は、東京市下谷区西町の本院のほか、分院・支院として東京に深川、浅草、足立、栃木県に宇都宮、国谷、佐野、栃木、粟野、福島県に会津、喜多方、永井野、雄国、山梨県に甲斐、巨摩、下条、京都府に山城、岐阜県に美濃、東濃、三重県に伊勢、津、静岡県に遠江、群馬県に高崎、茨城県に古河、大宝、千葉県に小南、埼玉県に岩槻の二十六か所、その他に説教所・組として十五か所が認可されていた[三二]。

このように「神道禊派」の公称を成し遂げて拝賀の栄誉にも浴し、教団組織と教学の整備も見届けた明治二十三年（一八九〇）二月七日に鐵安は中風を発症し、三月十八日に七十一歳で死去した。神道管長よりは大教正に補せられ、可怜《うまし》道《みち》功績《いさお》大人《うし》と諡号をおくられて、渕江村保木間大乗院内の神道墓地に葬られた。

教団の後継者として父の後を継いだ坂田安治は、ほぼ東日本に偏在する教勢を補うために、垂水正照が結集して大分県を中心に九州や山口県まで教線を延ばしていた「水穂講」[三三]を傘下に入れて、鐵安の没後三年目の明治二十六年（一八九三）六月に独立の申請を行ない、神道（本局）とは「教旨ヲ異ニシ、別ニ一教ノ体裁ヲ具シ」たるものと認められて、明治二十七年（一八九四）十月二十日には分離独立と、管長設置の告示がなされたのであった[三四]。

六　まとめ

坂田鐵安は、直門の最若手として、井上正鐵の信頼と期待に応え、家族の問題や取締などの多くの困難を克服しつつ教化活動に従事してきた。よく時流をとらえて、幕末には白川家の家来としての立場を活用したし、明治五年（一九七二）に「吐菩加美講」として公認された後にも、宗教行政の動きと門中の動静をつかみながら、旧来の門中の統一を図ることよりも、自分の指導下の教会の独立に向けた動きを作り上げてきた。そして、明治十二年（一八七九）八月には、井上神社建立の申請を機会にして、「禊教社」を離脱して「惟神教会禊社」となったのであった、こうして、後に教派神道十三教団のひとつの「禊教」となっていく教団と、平山省斎が組織した大成教の傘下に入っていく「大成教禊教」の諸教会との大きく二つの流れに分裂したのである。すなわち、前者の「禊教」とは、全ての井上正鐵門中を統括した教団ではなく、その一部分である坂田鐵安指導下の門中を中心とする教団なのであるが、精神的な求心力を「井上神社」に持たせ、組織としては「禊教本院」が一元的に管理することに成功し、やがて管長設置の神道教派として独立を認められたことで、井上正鐵門中を代表する教団とみなされる地位を占めたのである。

註

一　「坂田家系図」（坂田家所蔵）による。坂田実枝子「保木間で十五代四百年」（平成五年）に抄録。
二　須賀源蔵「渕之宮の現存算額」（昭和五十三年）。
三　『実伝記』中巻六丁ウ。『真伝記』一巻十三丁ウ。
四　『実伝記』中巻七丁ウ。
五　『遺訓集』には、巻二に「雨乞」「欲之御諭」「金剛心」、巻三に「農家之長」「海苔之舟」、巻四に「我計ヒ」、巻五に「産霊之種」「迷之御諭」「神之誓」、巻六に「三伝」「我家之花見」「后之月」「梨子」がある。そのほかに、宛名はないが巻三に「悪敷子御授別御文は、正安宛と思われ、杉山秀三を嫌って安西一方に治療を受けようとすることへの諭しが述べられている。
六　荻原稔「新発見の教祖遺文について（一）から（五）」（平成二十・二十一年）に所載。
七　『霊神御文書』第七号書簡（荻原稔所蔵）。前掲「新発見の教祖遺文について（一）」所載。
八　［弘化元年］六月五日付（『遺訓集』三「無慈悲心」村越正久宛）
九　男也に対しては、「木下川へ何事も任せ相談致し申候よふ申遣し候處、此節、秀三へ任せ候の由、何分わかり兼申候。…身分の處は慥に引受申候者無之候へば、差支御座候事に御座候。然るを秀三引受候と申事、一向分り不申候。秀三へは御門中法の相續の事頼み遺し候。そもじ身分の事は、一向申遺し候事無之候。…只秀三を先生とあがめ、何事も差圖うけ候との事、一向に分り不申候」（『遺訓集』六「様々の夢」）と書き送り注意を促していた。

一〇　『霊神御文書』（荻原稔所蔵）第十二号書簡には、「六月十三日御書面相届披見致候…御伝之儀、早束男也方へ御出にて御請被成度之由御申候之由、難有御事に御座候」とある。前掲「新発見の教祖遺文について（二）」所載。

一一　本書第二章三節参照。荻原稔「禊教祖井上正鐵と門人三浦知善」（平成六年）。

一二　現在の「神道禊教山城分院教会」の濫觴である。「坂田管長系譜略」（『天津菅曽』二号、明治三十二年）。

一三　荻原稔『井上正鐵直門歌文集』（平成三年）に所収。

一四　前掲「坂田管長年譜略」。

一五　同右。

一六　『白川家門人帳』。近藤喜博『白川家門人帳』（昭和四十七年）三九〇頁。その時の住所は、「浅草御配下設楽筑前同居」となっており、天保十四年に出された神職幷修験等町住停止により移転した江戸執役所の一角であった。設楽筑前については、三七三頁。

一七　京都の白川家との往復などについては、宮内庁書陵部所蔵『白川家日記』『白川家往来留』の記載による。

一八　本書第二章第六節を参照。史料については、荻原稔『伊那と岡山の禊教』（平成十年）に詳しい。

一九　坂田家の事情については、前掲「坂田管長系譜略」による。

二〇　『神道禊派由緒書』（明治二十六年）。

二一　同右書。

二二　『白川家日記』。

二三　前掲「坂田管長系譜略」。

二四　鐵安の門人であった内山竹次郎の子息故内山弓男師談。

二五　本書第三章一節参照。荻原稔「明治前期における禊教団の変遷」（昭和六十二年）、荻原稔『神道大成教禊教会本院百五十年小史』（平成十七年）。

二六　森正康「禊教教団史における一つの画期」（昭和五十八年）。さらに、岸本昌熾『井上祐鐵先生傳』（明治二十九年、個人蔵）によれば、正鐵の甥で養子であった井上祐鐵が、谷中霊園への改葬に強く反対していたことが判明した。

二七　『神道家井上正鐵翁』二五一～二五二頁。三橋健「井上神社の成立」（昭和五十七年）。

二八　「惟神教会」は東京府神道事務分局が結集した講社であり、平山省斎が教会長を務めていた。平山省斎が独自に結集していた「大成教会」が「神道大成派」として特立の後は、そのまま「神道本局」所属に移行していったものと思われる。なお、井上神社の願書の副願には「禊教総監兼惟神教会長」の名義で平山省斎が署名しており、それは「吐菩加美講」の後身の「身禊講社」を指導する「禊教総監」として、東宮千別をはじめとする後の「大成教禊教」の諸教会の立場と、「惟神教会長」として坂田鐵安の教会の立場をそれぞれ調整した結果であることを表しているといえよう。双方を兼務している平山省斎という微妙な立場があったからこそ、このような調整が行えたのであろう。推測ではあるが、東宮千別の主導で「吐菩加美講」の公認を受けたことによる対立が尾を引いていたので、神社の許可は坂田鐵安に下りるようにし、当時持ち上がっていた谷中奥津城の祭祀は東宮千別を中心に行うという、一種の住み分けが行われたのではなかろうか。

二九　静岡県磐田市神道大成教唯一禊教会所蔵文書。宇野正人「東海地方における大成教と禊教の展開」（昭和五十九年）にも紹介されている。

三〇　『神道禊派教則』は、明治二十三年（一八九〇）十月十日に神道管長稲葉正邦より認可を受けている。

三一　各書の刊行年は、『仮名古事記』（明治七年）、『神道禊教大祓詞略註』『御大祭要略』『神道禊派葬祭略式』（十五年）、『神道禊派婚姻例』（十九年）、『神道唯一問答書略註』『祝詞作例』（二十一年）である。

三二　『小戸廼中瀬』三号（明治二十三年三月）十二頁から十六頁。

三三　『天津菅曽』（明治三十一年十一月創刊）にある録事によって、当時の教団の教師任免などがわかるが、中でも「水穂講」（大分県下毛郡中津町本町一七七三番地に所在）は重要な扱いを受け、代表者の垂水正照は明治三十一年に大教正、教師検定委員に補任されて、禊教内の重要なポストを占めている。

三四　内務省告示第百二十九号及び百三十号。『公文類聚』第十八編巻四十一（国立公文書館所蔵）。

第三章　教派神道としての禊教の成立と展開

第一節　「吐菩加美講」の成立と分裂

一　はじめに

明治五年（一八七二）八月に、井上正鐵門中は、「吐菩加美講」の名称で教部省より布教の公認を得た。井上正鐵は、〈身分赦免〉による帰郷と〈法赦免〉による公然布教を念願していたのだが、明治二年（一八六九）二月九日の大赦の伝達による〈身分赦免〉に次いで、遠島後約三十年を経て二つ目の念願である〈法赦免〉が成就したのであった。この節では、この公認運動を主導した東宮千別とその師である村越守一について確認したあと、東宮が自らの教会で進めていった近代的な教会組織のモデル作りと、政府の宗教政策に対応しつつ公認申請を準備していった状況を明らかにしたい。そして、正鐵遠島からの三十数年間に差異が拡がって、寄合所帯のようになっていた門中の統一をどうやって図っていくのかに苦心して運営を進めた東宮千別と、統一のとれない門中を見限って自派の独立への歩みを進めた坂田鐵安が、はっきりと分岐した明治十二年（一八七九）までの状況を押さえていくことにしよう。

二　村越守一と東宮千別の活動

村越守一は、吐菩加美講公認を主導した東宮千別の師であり、多くの門人を養成して、後の大成教禊教盛隆の基礎を作った直門とされる。立教地である梅田神明宮境内にある「貫天地」（明治初期に建立）と題する石碑に記された「教祖直門」十人の中にもその名が記され、明治期には直門高弟の一人として認められていたことがわかる。しかし、天保十三年（一八四二）に入門したものの、兄の村越正久や甥の坂田鐵安のように正鐵の生前には〈初産霊〉とされてはいないし、正鐵から守一に宛てた書簡は一通も残されていないので、直門ではあっても門中の中心人物ではなかった。だ

村越守一（『校正増補真伝記』より）

が、三浦知善の〈安政の復興〉に協力して修行を進め、白川家関東執役所にも関わりながら、東宮千別をはじめとする多くの後継者を養成したことによって、次第に直門高弟の一人として認められる立場になってきたのである[二]。

この村越守一は、文化十一年（一八一四）六月十八日に、武蔵国葛飾郡下木下川村の名主を勤める村越本家に生まれた[三]。父は十八代治郎兵衛久友であり、兄には十九代を継いだ正久や、保木間村の坂田家を継いだ坂田正安がいた。通称を又蔵といい、分家の村越伊三郎家（屋号「西の家《うち》」）の養子となって二代目の名跡を継いだが、養父母である初代夫婦は、守一がまだ七歳の文政三年（一八二〇）にそろって亡くなっている[四]。

兄の正久は、梅田神明宮での教化活動の開始から間もない天保十一年（一八四〇）の夏の頃に、屋敷の堀に釣りに来た正鐵と出会ったことがきっかけで入門し、経済的にも大きな支援者となっていた。その一方で、若い頃の守一は相当な無頼漢であったと伝えられており、川尻寶岑の『萬世薫梅田神垣』には、「西の家の又蔵さんの乱暴にハ困ったものだナア。…朝から晩まで酒浸し、内のものは手當傍題叩き曲げて呑んで仕舞ふ、彼様な呑だくれは仕様がねえなあ…」[五]などと語られ、村内の萬福寺の本尊を持ち出して質に入れたとか、知人の実印を盗み出して白紙へ何枚も押して方々で借金をしたというようなエピソードが描かれている。しかし、二十九歳だった天保十三年（一八四二）には、兄の手引きによって入門し、生イモを梅田神明宮へ担いできて「このイモを食べ切るまでに悟れなければ餓死する」という決心で繰り込んで修行を成就したという[六]。この修行の成就以来、無頼から立ち直ったことは、門中でもあった同村の石渡又七の長女せんを妻に迎えたことからもわかる[七]。

先の『萬世薫梅田神垣』には、正鐵遠島後の天保十四年の冬に「木村屋」という酒屋を開業する場面があり、妻が

「生憎内《あいにくうち》には子供がござりませぬから…」と述べていて、まだ子どものいない新婚の頃の描写であるが、門中の活動が沈滞していることを憂えて、「己《おれ》に伝えの出来る身なら沈《ぢっ》としては居ねえけれど、何というには修行が若くお免《ゆる》しない身の上だから…」とあって、教師としての〈産霊の伝〉を受けていないことがわかる。おそらく、天保十三年の修行成就の後、天保の末年（十三、四年）には、所帯を持って「木村屋」を開業したのであろう。なお、「木村屋」とは、「木下川村の村越」の意味で、昭和前期になるまで三代にわたって営業していたという[八]。

さらに、弘化二年（一八四五）二月の門中の指導・運営体制の指示においても村越守一の名は見られないが、正鐵没後数年を経た安政元年（一八五四）頃に、上州から戻って〈禊修行〉の復興を成し遂げた三浦知善の指導のもとで〈産霊の伝〉を授かったと見られ、村越家の菩提寺である天台宗浄光寺を道場として教化活動を始めている。

この浄光寺は「木下川薬師」として知られ、五石の朱印地を持つ天台宗浅草寺末の寺院であった。その五十三世住職であった諶長は、引退後に知善に入門して井上正鐵門中となり、「但唱」と改名して〈禊修行〉を変容させた〈高声念仏〉の指導を村越守一と共に行っていたのである。そうした安政三年（一八五六）正月に、後に吐菩加美講公認運動の中心を担うこととなる東宮千別が入門してきた。

安政三年（一八五六）二月には、三浦知善が五十九歳で没したが、その翌年の安政四年（一八五七）頃から、守一は東宮と協力して地元以外にも教化活動を進めていった。同年六月には東宮家のある下野国芳賀郡小宅村（現在の栃木県芳賀郡益子町）を訪れて、東宮家が宮司を務める亀岡八幡宮の社殿において〈禊修行〉を主宰した。

また、そのころから白川家にも接近し、安政五年（一八五八）六月三日には、竹ノ塚村（現在の足立区）の河内久蔵とともに京都の白川家に参殿して神拝式を授かった。この時期には兄の坂田正安も白川家に入門しているし、伊藤祐像が開いた岡山の門中が定着して白川家にも出入りするようになっていた。また、安政六年（一八五九）には、杉山靭負が男也と共に上京して、梅田神明宮神主の跡目を継いで神拝式を授かったり、岡山門中の中山一郎が白川家家来として江戸へ来るなど[九]、井上正鐵門中は白川家への接近を強めて神道としての立場を鮮明にしていった。

だが、そうした中でも、村越守一は独自な動きをしている。同行であった浄光寺但唱が安政六年（一八五九）十月に亡くなった後にも、「念仏の長者[一〇]」として高声念仏の指導を実施しつつ、白川家門人でもあるという複線的な立場で動いているのである。この仏教と神道の複線的活動の実態ははっきりしないが、その頃には合理性があったようであり、万延元年（一八六〇）七月には、正鐵と知善の伝記を「神祇道中興」と題して著す一方、翌文久元年（一八六一）四月には、代々木の天台宗福泉寺を道場として念仏修行を主宰して、後に〈深大寺高声念仏〉を起こした深大寺八十世住職の堯欽に、〈念仏信心成就〉を授けている[一一]。さらに、その翌月の五月二十五日には、白川家より「武蔵国多摩郡今寺村神明宮神主村越大和」として神拝式を授かり風折烏帽子と浄衣の着用免許を受けているが[一二]、この神明社の別当である天台宗報恩寺は深大寺の末寺なので、この手続きにあたっては前月に〈念仏信心成就〉を授けたばかりの深大寺住職堯欽が便宜を図ったものと思われる。

この時期には、村越守一ばかりでなく、井上正鐵門中全体の活動が活発化していたのだが、文久二年（一八六二）三月九日には、寺社奉行井上河内守の命により三度目の取締が行われた。その時には、門中の主だったもの二十六名が召し出されて審問中村預けを申し付けられ、当時四十八歳であった守一は、四月十三日に正久、正安の二人の兄や甥の鐵安らと共に所払に処せられたので、ひとまず下野国芳賀郡の東宮千別方に身を寄せた。元治元年（一八六八）には、外に声が漏れずに〈祓修行〉ができるように、東宮家では土蔵を新築しており、外部に対する警戒を強めつつも教化活動への意欲が見られる。こうして、東宮千別はじめ横尾信守、小川実、宮城利介、小林彦次郎、大貫甚助、甥の村越鐵善や福田鐵知など明治期に活躍する有力な門人を養成していった。

また、文久二年の取締以降には白川家とはさらに接近していて、慶応元年（一八六五）四月には、「江戸執役所下役」の身分で上京して、帰路には信州飯田の伊藤祐像の家に立ち寄った記録があり[一三]、村越守一と伊藤祐像、坂田鐵安の三人が時期を同じくして上京して、正鐵十七回忌にあたっての赦免の請願運動をするなど[一四]、精力的に活動している状況を見ることができる。そして、明治二年（一八六九）三月三十日には、東京奠都により白川資訓が東京へ到着した直後には、守一を含めた門中の主だった者たち九人が白川家に参館して挨拶し、金四千匹（十両）を贈っているのである。

明治四年（一八七一）十一月十七日には、布教公認申請の準備を進めていた東宮千別は村越守一に申請の筆頭者となるよう申し出たのだが、病気を理由に断ってその取扱を委嘱している。そこで東宮千別が筆頭人となって出願し、明治五年（一八七二）八月二十二日に、「吐菩加美講」の名称で布教の公認を受け、十月十二日には守一も権中講義に補任されて〈吐菩加美講取締〉も命ぜられた。だが、この頃にはすでに自ら直接に主宰する教会はなく、東宮千別をはじめ村越鐵善、福田鐵知、横尾信守、小川実らが主宰していた教会の長老として指導していたようであり[一五]、明治十三年（一八八〇）二月二日に六十八歳で没して浄光寺に葬られた。守一の著作としては、東北大学附属図書館「狩野文庫」（狩野亨吉の旧蔵書）に『村越守一筆記集』があり、「神祇道中興正鐵霊神記」、「疑問録問答」、「三種祓俗解」、「築波参詣膝栗毛」、「信心有の儘」、「うた、寝」の六編が収録されている[一六]。

東宮千別（『東宮千別大人年譜』より）

村越守一の筆頭の後継者となった東宮千別は、天保四年（一八三三）に常陸国宍戸藩士の孫として、宍戸町（現在の茨城県笠間市）で生まれた。十一歳の天保十四年に日光山浄土院の院嗣であった俊乗坊慈隆の若衆となって学問を修め、十六歳で会計主任の職務である用部屋役となって輪王寺宮御納戸役の渋沢氏の養子となり、さらに安政元年（一八五四）には下野国芳賀郡小宅村（現在の栃木県芳賀郡益子町）の亀岡八幡宮宮司の東宮家の長女と結婚して養嗣子となった。

そして、安政三年（一八五六）正月、師慈隆の所用で江戸へ出た時に、〈安政の復興〉当時の井上正鐵門中の「一種の神教〔一七〕」に出会って入門し、六月には木下川浄光寺において村越守一から得道した。その行法は『東宮年譜』には「正鐵翁流罪後ハ幕府ヲ憚リ祓詞ニ代フルに念仏称名ヲ以テ窃カニ寺院等ニテ伝道シ居タルモノナリ〔一八〕」とあって、称名念仏を行ずる〈高声念仏〉だったのである。守一とともに浄光寺但唱が指導にあたっていたが、天台宗の関係者の間では「但唱の念仏〔一九〕」として話題になっていたらしい。そして、得道の翌年の安政四年（一八五七）六月には、村越守一を招いて奉務社である亀岡八幡宮の社殿において、念仏称名ではなく祓詞を唱えての修行を実施していて、神道の形式への復帰を企図していることがわかる。また、安政五年（一八五八）には、養父の逝去にともない宮司の職を継ぎ、文久二年（一八六二）四月には、所払に処せられた村越守一を小宅村の自宅に招いて、常陸、下総、下野周辺への教化活動を進め、元治元年（一八六四）には、道場となる土蔵を新築しているのである。

戊辰戦争が続く明治元年（一八六八）八月には、亀岡八幡宮における百日間の戦勝祈願を白河口総督に願い出て感謝状を授けられ、平定後には褒詞も授かったのだが、その頃に布教公認に向けての準備活動に専念することを決意したという。そして、教学の整備に備えて明治元年十二月には平田鐵胤、翌二年春には伊能頴則に入門して国学を学んでいるのである。

三　布教公認申請の準備

東宮千別は、明治二年（一八六九）二月に、浅草山之宿町の門人初見方義の家の土蔵を仮道場として東京での教化活動を開始した。同じ頃に井上正鐵の大赦も達せられていたのだが、多くの有力教師は公然と教化活動を開始することへの躊躇を示していたといい、守一門人で弟弟子にあたる小川実、宮城利介、小林彦次郎、大貫甚助や、自分の門下である初見方義、杉村敬道たちを同志として準備を進めていった。

明治二年（一八六九）七月に神祇官や宣教使などが置かれ、明治三年（一八七〇）正月には大教宣布の詔により神道教化の方針が示されたが、それらによって教化活動の現場に具体的な方向が示されることはなかった。だが、東宮はその頃から公認申請へ向けての準備の一環として規則書の作成を進めており、明治三年（一八七〇）十一月には、次のような『門中規則書[二〇]』を作った。

門中規則之事
一　御神号　神代系図掛軸
　　大元図説
　　　右両様之内を尊敬致し奉るへし
一　朝夕神拝は、御教之通相守尊敬可致事。神拝乃詞記を見るへし
一　神前開きと中事相改　鎮祭祀
一　御霊降と中事相改　御霊遷
一　御籠と中事相改　身滌執行　　但し人数　斎主初学集迄人数　弐十人
一　産霊役改　斎主
一　初産霊改　同見習
一　先達改　神楽長　不行儀ニならざる様勤候事。但し白布たすきハ用ひ候事もくるしからず
一　手伝改　集　ツドヒ
一　読上ヶ相続と中事　講議　身滌前の人たり共、聴聞差支なき事
一　新規執行之人を　初学《ウイマナビ》

一　祝詞場改　禊殿　斎主之外立会之者五人限り之事
　但し人数多之節は順勤ニ可致。不行儀ニ不成様相改テ、斎主并ニ見習之者両人ニて相勤候事。暫時之補助は
　苦しからす
一　規則之通り、神仏混交は譬へ咄したり共致間敷事
一　先師之書類は、沙汰のある迄は一切相用申間敷事
　神号其外手紙等の懸《カケ》物ニ至る迄、用ゆべからす。但し此事ハ憶念より深く可思事
一　身滌執行之節は大武氏ヲ以御届ケ可申事
一　法中と唱へ候事改　同門と申候事
一　すへて是迄申馴し言葉相改候ニ付、斎主へ聞合せ候事
一　童蒙入門学門
　宮比神御伝記
　　同門之者は所持すへき事、猶有志之者ハ深く皇典可拝は勿論之事
一　長世と申事改　息長《オキナガ》
一　是迄の柏手改　平手ニツ

身滌所之定　張出し
一　禊執行中は他事のはなし致間敷事
一　休息中講義之節は湯煙草用ゆへからす
一　つどひの者、万事相慎ミ物静かに執行可致事

一　神楽長は鈴を合わせて勤むべし
一　身滌執行之節は、集之者一同神楽長ニ順ひ、音声不順ならざる様精神をこらし執行可致事、并ニ平手を拍ち候節も、神楽長同様斉しく可致事
右ヶ条之趣は、従其御筋内命有之、今般改正致候上は、斎主及見習之者、一同戮力精心を励し、規則之廉々、堅く相守り可申候。若、於相背は蒙神罰者也。依而連印致置候。以上
明治三庚午十一月

ここでは、従来使われてきた古い用語の改変が示され、例えば、〈神前開き〉を〈鎮祭祀〉に、〈御籠〉を〈身滌執行〉に、〈産霊役〉を〈斎主〉に、〈祝詞場〉を〈禊殿〉としており、井上正鐵門中独自の用語を、なるべく一般的な用語に言い換えている。また、「先師之書類は沙汰のある迄は一切相用申間敷事」として、当面は『唯一問答書』をはじめとする井上正鐵の著作などの使用も禁止し、平田篤胤の『童蒙入学門』と『宮比神御伝記』を必ず所持すべきものとしており、あえて井上正鐵門中の独自性を希薄にすることも厭わず、政府の神道教化の方針に沿う形を慎重に模索していたようだ。

さらに、翌明治四年（一八七一）五月十四日の太政官達によって、神官社家の改正補任が達せられて、白川家による免許も失効することとなり、門中の教師たちは不安定な立場を余儀なくされた。だが、東宮は淡々と準備を進め、四年（一八七一）七月には、式部省の官吏である大橋慎が入門するという成果を得た。前年の『門中規則書』による建議どおりの活動をしているかどうかを視察した上での入門であるというが、政府内部の動向に通じた人物の協力を得られた意味は大きかった。さらに、駿河台南甲賀町にあった大橋氏の控宅を買いうけて、九月三日には、「禊仮修行所」の表札を掲げ、次のような『禊所規則(二)』を定めて、未公認ながらも組織だった教化活動を公然と始めたのであった。

規則

一　第一皇国之道之尊き事弁へ、神祇を尊崇し奉り、朝夕神拝詞記之通相勤可申事

一　御政度之御趣旨、時々之御布告、堅く相守可申事

一　初学、集之者、人員取極之外、無用之事

一　入学之者は誰々誘引と相住居所、姓名前以被差出候事

　　但執行は志し之厚簿ニ依る故、姓名留之前後を論すへからす

一　禊神事中は、祭主及集之者、丹誠を抽して銘々之執行ニ付、初学の者より礼物謝儀等一切受申間敷、飯料雑費は可為差出事

　　但、志し悪敷者など学ニ入、神祇を祈、身脩る者又は九族睦敷歓ひより、神前江備物等致候節は、時宜ニ寄、是を受け、一己之斗なく、たつきなき者を養ふ一助たるへし

一　祓執行定日、毎月朔日、十一日、廿一日、右出席之節ハ、祭主之印鑑必す御持参、当番之者江可差出事

一　退席夕七ツ半時限、但、忌服之者憚るへき事、見知りの人たりとも、印鑑なき者は断申入候条、兼而御心得之事

一　出席之姓名、かならす可留置事

一　講議会は、毎月六之日、聴衆は貴賤をわかたす、男女之席をわかつのミ

一　定日祓執行并講議、聴衆と婦人止宿無用之事

　　但、例刻前退座之方ハ、当番之者江御断可被成事

一　門戸出入は、麁服たりとも正しく可致事

一　何れ之学ひといへ共、譏る間敷事

一　学ニ不入人とて、隔心有間敷事
一　執行怠勝にて、悪敷志しを発す者あらハ、叮寧深切ニ教え諭し真心ニ立顧る様、心を尽し可申事
一　食事は麁飯麁菜之事
　但、常は膳所江参り喫飯可致、時宜ニ寄、客間へ出す事も可有。弁当持来たり共、麁飯麁菜之事
一　御神酒之外、酒宴ヶ間敷振舞、無用之事
一　膳所麁飯料、定之通、賄役江出すへき事、都合ニ寄一泊之者は、覆之具料、可差出事
一　社留執行之者、賄料、定之通、毎月賄役江可差出事
一　禊所入用と唱へ、同門江罷越、何ニよらす乞需るもの有共、禊所印鑑無時は、御取扱被成間敷事
一　何事ニよらす、驕漫遊興有間敷事
一　居り付執行者、総而神祇を基とし、規則を堅く相守、互ニ礼議を正敷可致、食事之節ハ宇気母智之神の初穂を拝し、他出の前後はかならず執事へ告べし、尤皇典拝読怠らず、諸事不行儀無之様、慎ミ肝要たるべき事
前件、互ニ心を睦ミ、神祇に誓て背間敷もの也
　　明治四年辛未九月　　　　　　禊所　執事

執行事之次第
一　初学より祭主集之者迄、人員凡廿四五人
一　執行中之食事は、麦挽割飯、生味噌、沢庵、香之物のミ、煎茶を用いす白湯之事
　但、執行済之節一汁のミ出す事も有へし。給仕役三四人ニ定、初学之者を取扱候事
一　祓執行之節は、神楽長ニ随ひ一同斎ミ可致事。休息之折は、講議執行話之外、雑談これなき事

一　神楽長を勤候もの、一座毎ニ見習之者之差図ニ随ひ可申事
一　執行中、集之者、万事慎物静ニ可致は勿論、初学之者ニ対し深切たるへし
一　初学之方は、是迄何れ之学ひ事有共、禊執行中は己之意を捨、神祇を慕奉る事なれハ、能々誠心をこらし、はげミ可勤事なり。休息之間も、執行心怠る間敷事
一　執行成就は、初学ひの一心ニより遅速有る故、日限定めかたし。凡三四日掛るへく事
一　執行中、飯料雑費は各出たるへし。但、たつきなき者あるハ、有志之者賄ひ来り候事
一　休息之内は、初学のミ砂糖湯用ゆる事、随意
一　初学婦人之節は、集之内婦人ニて世話懸り相定、心附へき事
一　祓之節、精心をはけます事故、休息之折ハ膝をくつろき候事、勝手たるへし

執行所改書　三枚ニ認
一　禊執行中は用なき咄し致へからす
一　講議并執行話之節ハ湯烟艸無用
一　集之者万事相慎ミ物静ニ執行可致事
以上

この『禊所規則』は三点の文書からなり、「規則」では、禊所の活動全体にわたる、期日や門限、参加資格や名簿の記入、費用負担、酒や煙草の扱いなどを示し、「執行事之次第」では、修行時の定員や役割分担、食事の規模、女性の修行者への対応などの細則を示している。また、「執行所改書」は、道場に掲示した三か条の指示である。このように明文化して、秩序ある教化活動を行っていることを示す根拠を用意していったのだった。

こうした、規則等の文書化と共に、井上正鐵門中の中枢部の同意を取り付けている。明治四年（一八七一）十一月十七日には、出願書類の作成に向けて、道統の由来についての確認を、名代安西男也と産霊役筆頭の野澤鐵教から受けたが、それには、

御問合被成候御箏、本より眞淵翁より眞鐵翁へ、眞鐵翁より正鐵翁へ御傳への事、勿論の事に御座候まゝ、其通り被仰上宜敷被存候。御安心御執計可被成候。以上。

十一月十七日　野澤玄昇

男也

東宮千別殿

とあり、後に『禊事規則』の冒頭に記された。また同日に自分の師である村越守一に申請の筆頭者になるよう願い出たが、翌十八日付の書簡(三)で病気を理由に辞退されて、出願の取り扱いを委嘱された。

昨日は御入来御問合之通に候。先師への御奉公第一敬神尊王之事は此度の懇願にあり。病中ゆへ我等にかはり御計可被成候。吐ほかみゑみため

十一月十八日　守一（花押）

千別殿

こうして、明文化された規則を作成し、井上正鐵門中の中枢部の同意を得て、政府が制度を整えるのを待っていた。

四　「吐菩加美講」の公認

明治五年（一八七二）三月には、教部省が設置され、四月には教導職の制度が置かれたが、三月十四日付の大橋慎からと思われる書簡[二三]には、教部省の設置に期待を持ちながらも慎重に対応しようとしている様子が伺える。

今日神祇省御廃しニ相成、教部省ヲ被置候。嵯峨殿教部卿、福羽教部大輔、江藤教部御用掛り兼勤、右之通相成候。其他官員未た一人も出来不申候得共、何レ兼而御内話之一端相立候ニ付一寸申入度候也。　三月十四夜

教部省といっても、幹部の三人が決まっているだけだったといい、「兼而御内話之一端相立候ニ付」とあり、教導職や教会設置の方向が期待されていたが、十日後の三月二十四日付の書簡[二四]には、

愈御勉強奉賀候。扨別紙之通御布告ニも相成候上ハ、兼而之御誠志も追々被相行可申存候。既ニ過刻福羽ニ面會之所、別紙御布告も有之、□例之一件も追々取掛り可申様御答□之候。極々内々此旨申遣置度、早々如此也。

三月廿四日　　　慎

東宮、小川、大武　三兄

尚御別紙五ヶ条々中、第四条之廉着眼御同様之事也

とある。ここに「御別紙五ヶ条々中、第四条之廉」とあるのは、二十三日に発出された教部省の所管事務についての太

政官布告の第四条に「教法ヲ集会シ教義ヲ講説シ及講社ヲ結フ者ニ免許之事[二五]」と明示されたことを指している。大橋慎は福羽美静と面会して、追々それも実施していくという確認を取ったので、いよいよ願書を提出する手順に進んでいくことになった。

前年の四年十一月には、安西男也と野澤鐵教連名の「道統の由来」についての書面を授かり、村越守一からも委嘱を受けて、井上正鐵門中の中枢部の同意を取り付けていたので、政府の制度が整ってきたことを受けて、明治五年（一八七二）五月三日に、東宮千別、小川実、大武知康の三人連名で、『禊事規則』を添えて、公許の出願をした。

その願書[二六]には、

私共義、

多年御禊修行ト相唱候神道之一派ヲ信仰仕、抑神代以降、御歴代様ノ御神霊ヲ尊崇シ奉リ、匹夫匹婦モ各其穢タル気ヲ吹払ヒ、誠心ニ立帰リ、脩行成就ノ上ハ、産業ヲ勉、職分ヲ尽シ、忠孝両ツナカラ相全ク、実々以テ神道ノ難有次第ト申儀ヲ本意トシテ、教諭講議等仕来候処、往々人数相集ヒ、方今当府下ニテ社中凡三千斬余有之、近国遠国ヘ相掛リ候テハ、殆ト何万人モ有之候。然ルニ此度、教部省被為置、教導ノ一派ハ、都テ御管轄ニ相成候趣、難有奉拝承候。就テハ、右禊脩行之道、愈盛ンニ執行候儀、何卒御免相蒙リ、執行所等取設ケ、大ニ開講仕度、依之此段、伏テ奉願上候。以上

壬申五月三日

教導職管長御中

とあり、当時の門中は「御禊修行」と称しており、東京府下に三千余名の信徒がいたと記されている。この出願により、

神田神社の社頭において五月十一日より一週間の試験的な説教をするように命じられた。この説教は、命じた教部省の側としては、十分な検討もなく急遽実施したものだったらしいが〔二七〕、井上正鐵門中としては存在を周知するのに好適な場面であり、野澤鐵教が中心になって説教を行った。これについて野澤鐵教の伝記〔二八〕には次のようにあり、参加者数ばかりでなく、静粛な参加者の態度も観察されていた。

時に神道一般集会して、十日を一期とし神道説教を神田明神社に於て開きたりき。是に於て我が吐菩加美講に主として説教を為す者は、本荘宗秀侯及ひ先生（野澤鐵教―引用者）の二名なりき。当時我が吐菩加美講は未だ世に顕はれざれば、随て其教員も亦職位なく、人の擯斥する所たり。故に先生独り本部及び三所の教会に列席するのみなれば、同門信徒の修行も亦随て十分ならざりしが、今此公会を開き、其当日に至るや、同門信徒等は之を聞て大に悦て曰く、時機至れり往くべしと四方より来り、聴聞する者、其初日に五六百人なり。日を遂て其数増加したりと雖、亦甚た静粛なり。而して他の神道は之に反して、其聴衆我が十分の一に過ぎずして、且つ日に一日よりも減少するのみなるが、甚だ喧囂なり。甚しきは神官聴衆を促すに至れり。時に管長等日々巡回して我が聴衆の夥多なると其静粛なるとを視て、大に感する所あり。遂に公然敷教を官許せられたりき。是我が教祖伝来の教法の開始なり。又為めに本荘宗秀侯中講義（中教正―引用者による訂正）に命ぜられ、先生も亦権中講義を拝命し、烏帽子浄衣を賜はる。

そして、八月二十二日に至り、教部省から「吐菩加美講」の名による布教が許可され、野澤鐵教は権中講義に、東宮千別は訓導に、大武知康は権訓導に補され、それぞれ〈吐菩加美講取締〉に命じられた。その時に、東部管長より示された「吐菩加美講取締心得書〔二九〕」が、次の文書である。

吐普加美講取締心得書
一、管長ノ命ニ従ヒ其教務ヲ督埋シ、改弊帰正ヲ掌トル
一、其徒ヲ進退黜捗スベキハ勿論、新ニ施行スル事件、都テ管長ニ具状シ指令ヲ請フ可シ
一、其教義今般改正式目ノ外、決シテ陰ニ施行致ス可カラス、若シ犯ス者アレハ、取締其責ニ任ス
　　壬申八月廿二日　　　東部管長

ところが、申請者の一人である小川実が教導職に補任されず、申請者でない野澤が上位の職となったことが、内紛の火種となった[三〇]。この時の教部省の担当者は、井上正鐵門中である中教正本荘宗秀であり、この許可後すぐの九月二日には、直門はじめ当時〈斎主〉（元の〈産霊役〉）であった有力教師たちを今戸の私宅へ呼び出して、次のような達し[三一]を与えた。

今日各々ノ参入申達候義ハ、他事ナラス、此度吐菩加美講御許容ノ儀ニ付、拙子井上正鐵ニ随従勤学年久シ、其推挙ニテ白川殿直弟ニ相成事故、吐菩加美講ノ義ハ引受ケ、三員ハ勿論其外モ教道出来教解ノ男女若干有之輩ハ喚集イタシ得ト、御許容ノ御仁恤ヲ心得違ヒ無之様精々申諭スベキトノ御事ヲ、大教正殿ヨリ分テ御申聞ニ付、即チ拙子不束ノ書取ヲ以テ申達候事
　　壬申九月　　　中教正　本荘宗秀
　　　井上正鐵　同門中
但シ今日出席無之衆ヘハ追々傳達有之度事

白川殿御門人井上正鐵伝神道修行之儀、近頃教部省重職ノ含ニテ試勤致サセ候義ニテ、政府ニ不達、既ニ教部省中教導職員モ、其義竊カニ辨知有之人者一両人ニ不過、況ヤ本省ニ於テハ、卿殿始御承知無之儀、然ルニ此度更ニ吐菩加美講ノ名義マテ、上ヨリ下シ賜フニ至ルハ、此レ全ク各々数年眞心ノ勤行無怠慢故ニ、大神モ目出給フテ今日ニ至ル、然ル上ハ、愈以テ朝旨ヲ遵守シ、私念ノ拙キヲ捨テ、日々随神眞心勤行ヲ勉勵致サル可者也

別ニ取締ノ衆へ申達ス

一、各々此度正鐵門人多人数有之ト雖、先野澤鐵教ハ三十年余勤学、且白川殿御門人ニ相成候事故、権中講義ニ拝命、取締筆頭タリ、東宮千別ハ二十年ニ近キ年歳ナレ共、此五六年前ヨリ、格別此道義明開セサルヲ歎息イタシ、一己ノ身体ヲ抛放シテ尽力スル故、訓導ニ拝命、取締第二等タリ、次ニ大武知康年歳ハ少ナレトモ、此道ノ公明ナラサルヲ歎息シテ、智音ノ方々へ周旋尽力シテ、遂ニ今日ノ公明ニ至ルノ一助ヲ成ス、故ニ取締第三等ニ加へベシ事也、然ルハ多ノ人員ノ事故、欠事ハ補助シ、不足ハ道引、総テ天津神国津神、生育成給フ大御恵ヲ奉戴シ、一毛私念モ抛放シテ、日々道行発生勤行ヲ勉励致サルベク、此即チ朝旨遵守ノ大綱ニテ、尊神敬守ノ根元ト仰貴致サルベキ者也

壬申九月　　　中教正　本荘宗秀㊞

権中講義　野澤鐵教殿
訓導　東宮千別殿
権訓導　大武知康殿

そして、九月中には先の三人に加えて二十三人の教師が教導職に任命され、駿河台の仮修行所を「吐菩加美講仮修行所」

とした。このようにして、天保十一年（一八四〇）の教化活動の開始から三十二年にして布教公認が実現し、その後の一年間で門中から九十八名の人々が教導職に補任されている[三二]。

五　「吐菩加美講」の動揺と分裂

明治六年（一八七三）四月十五日付で、吐菩加美講は、黒住、心学とともに大教院の管掌と定められ、七月には駿河台の「仮修行所」から移転しようと、浅草小島町に「禊修行所」の新築を開始した。だが、このころには、各有力教師たちが自分の所在地を「出張所」として、「弊風」と指摘されかねない幕末以来の作法のままで教化活動を行うことが多かったので、古参の教師を〈吐菩加美講取締員〉に列して、何とか調整によって統一を図ろうとした。しかし、大武知康は厳密な取締によって統一を図ることを主張し、意見が合わずに井上正鐵門中の活動を離れることになったという[三三]。

加えて、八月二十四日の教部省番外達により、大教院の「教会大意」が認可され、別紙には「今般、於大教院教会大意発行之儀指許候ニ付テハ、是迄於各地方結社候、黒住、吐普加美、富士、御嶽、不動、観音、念仏、題目等、神仏之諸講中、其方法検査之上、一派之教会ニ可相立候条、右教会大意ニ照準シ、各派従来之弊風改正之見込ヲ精細取調条目書ヲ以テ、当省へ伺出更ニ許可ヲ受候様、取計可有之候事[三四]」と示された。そこで、「従来之弊風改正之見込」を立てるために、八月二十四日付で、取締員のうち九名と教部省の命による穂積耕雲と落合直澄を〈吐菩加美講改正掛〉としたうえで、九月十八日には教義と行事作法の標準となる『禊事教導心得』と神拝式を定めて上申し、十二月二日には「身禊講社」と改称した。その後の三年間は、かろうじてこの体制を維持することができたのだが、やがて本部組織が教団全体を実効的に管理できていない寄合世帯的な性格が大きな欠陥であることがはっきりしてくる。

明治九年（一八七六）十月には、「修成派」と「黒住派」が神道教派としての特立と管長設置を認められた。教派としての特立は、広域に展開する神道講社が、自派の教師の管理を一元的に行えることが最大のメリットであり、神道講社が目標とする一つのモデルが定まったといえるのだが、「身禊講社」は、これら二派と同じように八年十二月以前に申請を行いながらも、認められなかったのであった[三五]。そして、九年十二月には、〈身禊講社禊事総括〉とされていた穂積耕雲が辞任し、十年三月九日に平山省斎が〈禊教総管〉となった。これは前年末の申請の不許可を受けて、教団としての組織化を推進するための人事であったと思われるが、平山省斎自身が井上正鐵門中であったばかりではなく[三六]、氷川神社における平山大宮司の下での東宮権禰宜、村越主典という人間関係が[三七]、やがて明治十五年（一八八二）一月の神官教導職の兼補廃止以降には、そのままスライドして大成教本部と大成教禊教との主軸を形成することになる。

十年（一八七七）三月には平山総管によって取締員の協議が召集されて、「禊教社」への改称及び規則と神拝式の改定が決定され、東宮が「禊本社長」、坂田鐵安、村越鐵善、小川実、福田鐵知、横尾信守らが各々「禊教○○社長」となった。これは「吐菩加美講」及び「身禊講社」が単一組織を志向しながら不徹底であったのに対して、「禊教社」は教師ごとの教会の連合体であることを追認したものであるといえるが、十年九月には、大きな勢力を持つ東宮、坂田、村越の三人が〈禊教監督〉を年番で交代に勤務することで調整が図られた。

十一年（一八七八）六月には、「禊教社」においても、傘下の教師や教会を、神道事務分局や支局を経由せずに、本局の直轄で管理させてほしいと神道事務局に出願した[三八]。神道教派としての独立の申請に比べればかなりトーンダウンしているが、当時の「禊教社」で複数の府県にまたがって活動拠点を持ち、多数の教師を有していた坂田、東宮、村越、伊藤門下の教会などの要請に対応したものであった。

布教の公認に始まった教団組織の整備・確立の一方で、教祖の顕彰と教団の統合を象徴するモニュメントの造営は、信者にとって大きな活動目標となる。それは、「禊教社」では、井上正鐵の遺骨を三宅島から改葬して東京に奥津城を建設することと、神社の祭神として奉祀することの二つであったが、それをめぐっても有力教師の間での緊張関係が明確になっていった。

明治十一年（一八七八）の春に、東宮門下の杉村敬道によって三宅島の正鐵の遺骨を梅田村に改葬しようという提案がなされ、東京府の許可をうけて三宅島へ渡り、六月十八日に梅田村へと帰着した。しかし、渡島直前に井上家の当主であった井上善彌が没したり、帰着の直後に正鐵の妻安西男也が没したことで、十分な協議や準備がなされないまま梅田村遍照院境内の墓地に埋葬されることとなった。加えて、坂田門下の教会において集金された奉納金が返却されている記録もあり、禊教社内部の混乱や対立を含みながら、かなり小規模に造営された[三九]。そして、翌十二年（一八七九）六月には、梅田奥津城とは別に、谷中墓地内に井上正鐵とその父安藤真鐵を改葬し、十六年（一八八三）十月に大きな谷中奥津城を竣工させた[四〇]。

一方、こうした状況の下で坂田鐵安は、十二年（一八七九）八月に東京府知事に「井上正鐵霊社建立祭祀之儀願」を提出し、十二月には聞き届けの指令を受けて、翌十三年（一八八〇）四月には「井上神社」を竣工させている[四一]。教団組織についても、自派のみで神道教派としての独立を目指すこととし、「井上神社」創建の出願とほぼ同時の十二年八月に、かねて二重所属していた「惟神講社（教会）」の専属となって、「禊教社」からの離脱を通告した。

坂田門下の教会が離脱した後の「禊教社」は、明治十二年（一八七九）十一月に、この年の九月に平山省斎が結集した「大成教会」に参加した。だが、長野県及び岡山県で活動していた伊藤門下の教会は「大成教会」にはそのまま加入せず、「神宮教会」との関わりを強めている。こうして、明治十二年（一八七九）を分岐点として、吐菩加美講以来の神道系井上正鐵門中の統一教団が、のちに「大成教禊教」を形成する諸教会と、「禊教」となる坂田門下の「惟神教会禊社」に分裂し、さらにそれらとは距離を取った伊藤門下の伊那・岡山の門中の大きく三つに分かれて、それぞれの展開を進めていくこととなったのである。

六　まとめ

直門三浦知善は、天保十三年（一八四二）の取締により所払に処せられて、各地を放浪していたが、安政元年（一八五四）頃に江戸近郊へと戻って教化活動を復活させた。それに協力して教師となった村越守一は、高声念仏の導師として修行を指導しつつ、同時に白川家にも接近するという複線的な活動を行って、合法性の確保を模索していた。しかし、活動が活発化したことにより、文久二年（一八六二）三月には寺社奉行による三度目の取締を招いて、数人の教師が所払に処せられたが、その一人となった村越守一は門下の東宮千別に招かれて、下野、常陸の近隣地域への伝道を進めた。

東宮千別は、明治維新後には政府の実務者の協力を得て、布教の公認に向けた準備を進めていったが、明治五年（一八七二）三月の教部省設置と、四月の教導職設置を受けて、五月に「御禊修行」として布教公認の申請を主導した。教部省の命を受けた神田神社での説教を首尾よく実施して、八月には「吐菩加美講」の名称での布教が許された。翌六年（一八七三）には、「教会大意」に基づいて、傘下の各教会の統一を図るべく教義と行事作法の標準となる『禊事教導心得』と神拝式を定め、「吐菩加美講」から「身禊講社」に改称した。さらに、九年（一八七六）十二月には平山省斎が〈禊教総管〉に就任して、十年（一八七七）三月に「禊教社」へと改称し、統一を企図して不徹底であるよりは、むしろ教師ごとの教会の連合体であることを追認して教団体制の強化を図ったのであった。

こうした教団体制の確立の模索と共に、門中の統合を象徴するモニュメントの造営も進められたが、「禊教社」が進めた正鐵の改葬と奥津城の建設は、組織内の混乱や対立を含みながら行われた一方で、井上正鐵を祭神とする「井上神社」の造営は、坂田門下の教会による単独事業としてスムーズに実行され、十二年（一八七九）八月の井上神社創建の出願とほぼ同時に、「禊教社」から離脱して「惟神教会」に専属する「惟神教会禊社」となった。こうして「吐菩加美講」が公認された七年後の明治十二年（一八七九）を分岐点として、神道系の井上正鐵門中の教団は、後の「大成教禊教」と「禊教」、さらに神宮教系の伊那・岡山の禊教という三つの流れになっていくのであった。

註

一　妻の男也宛の書簡『遺訓集』三「法赦免迄」には、'身分御赦免' '御法御赦免' とある。
二　岩本徳一「井上正鐵翁の遠流と歿後における伝道史」（昭和四十七年）の添付資料「禊教道統伝承図」には、「正鐵ノ直門ニシテ村越正久坂田正安ノ弟ナリ正鐵没後未亡人男也ヲ輔ケ遂ニ道統ヲ伝ヘラル」とある。
三　故村越陽氏提供の「墨田区役所所蔵壬申戸籍」（第六大区小十二区下木下川村千三百八十六番地乙二番屋敷村越伊三郎戸籍）による。
四　「西の家」は、守一の養父初代伊三郎が、村越本家から分家したもので、本家から西側のさほど離れていない場所にあったので、「西の家（にしのうち）」の屋号があった。
五　川尻寶岑『萬世薫梅田神垣』（明治二十年）。
六　木村文平「信仰は学問ではない」（昭和五十年）。
七　石渡又七には三宅島の正鐵からの書簡（『遺訓集』三「悪敷子御授」）もあり、下木下川村に住んでいた熱心な門中であったらしい。
八　故村越陽氏談（平成元年二月）。
九　『白川家往来留』（安政六年五月二日の条）に大中山民部（中山一郎）が白川家家来の公用として江戸に向かう記事がある。
一〇　浮岳堯欽『深大寺高声念仏起源』（深大寺所蔵）。
一一　同右。
一二　『白川家門人帳』三八七頁。『新編武蔵風土記稿』の多摩郡今寺村（現在の東京都青梅市）の項には「神明社、社地見捨九歩、小社、村の中程路傍にあり」とある。なお、現在も常盤木神社として報恩寺の隣地にある。
一三　『白川家往来留』（宮内庁書陵部所蔵）の、慶応元年（一八六五）四月十四日の項に、

　　四月十四日
一　野宮殿江差出候四ツ折如左
　　　　　　　　　　　　當家々来江戸執役所詰

村越喜内

右之者、神祇道用向有之、先達而致上京候処、右用向相済、来十八日京都出立大津宿附出ニ而中山道通行、馬込宿より信州飯田中村伊藤要人方江立寄、夫より甲州海道通行、江戸浅草元鳥越當家執役所江被差下候、依之

分　持　一　荷

白川殿家村越喜内と認候木札弐枚附

右之通致随身候、仍御届被申入候、此段武邊江御通達之段宜敷頼入被存候、以上

白川神祇伯殿家

四月十四日

村上出雲守　㊞

野宮中納言様御内　木下右兵衛尉殿

西池主水殿

一四　『白川家往来留』には、「去四月上旬分漏脱」として、

伝奏御月番江差出四ツ折

當家元門人

武州足立郡梅田村

神明社元神主

井上故式部

右之者神祇道教諭方之儀ニ付、御不審之筋有之、去天保十二丑年十一月、寺社御奉行稲葉丹後守殿御役宅江被召出、御調中揚屋入被仰付、其後天保十四卯年二月、三宅嶋江遠嶋被仰付、嘉永元年二月、於彼嶋致死去候ニ付、従類之者共より、年忌等弔遣度、何卒蒙　御赦免、右仏事取営度旨、東叡山御役所江歎願差出候由、當家江も申出、企重之人情難黙止次第ニ相聞候、元門人之儀ニ候間、於神祇伯殿茂、御赦免之儀、被相願度被存候、此段武邊江御通達之儀宜頼入被存候、以上、

白川神祇伯殿家

四月

村上出雲守　印

飛鳥井中納言様御内
市岡式部殿
本多左京殿
野宮宰相中将様御内
木下右兵衛尉殿
西池主水殿

とあり、慶應元年は正鐵の十七回忌に当たるので、年忌法要をするためとして、赦免の請願をしているのである。この文書は、荻原稔『伊那と岡山の禊教』（平成十年）一八から二九頁に所載。

一五　この時期には、明治十年（一八七七）に三宅島伊ヶ谷に建立した正鐵の墓石の碑文を揮毫しているのみである。

一六　翻刻は、荻原編『禊教直門遺文二』、『神道及び神道史別冊』（昭和六十三年）及び『井上正鐵直門歌文集』（平成三年）にある。

一七　『東宮年譜』三頁。

一八　同右。

一九　前掲『深大寺高声念仏起源』。

二〇　荻原稔「明治前期における禊教団の変遷」（昭和六十三年）所載。個人蔵。益子町教委が調査（目録刊行昭和六十年）の際に付した史料番号はNo.一〇八。底本にあるミセケチは削除して、本文のみにした。

二一　同右。益子町教委の史料番号はNo.一〇六。

二二　『東宮年譜』一〇頁に所載。原本は、故伊木寿一氏所蔵「道のしおり」所収。

二三　故伊木寿一氏所蔵『道のしおり』所収、六号文書。東宮千別宛で差出人は大橋慎と思われる。

二四　同右。七号文書。

二五　明治五年三月二十三日、教部省取扱願伺等条件（太政官第九十三号布告）の第四条。

二六　前掲、荻原（昭和六十三年）所載。益子町教委の史料番号はNo.一〇五。

二七　常世長胤『神教組織物語』には「福羽氏ハ五月六日に東京府ニ至リ、芝大神宮、日枝神社、神田神社ヲ府社ニ定メ、祠官ハ云云ヲ撰任アラン事ヲ福羽氏自ラ協議シ、忽ニ来ル十日ヨリ右ノ三社ニ毎日説教ノアル事ヲ記テ、日本橋等ニ札ヲ建タルハ、狼狽モ又甚シキナリ」とある。『宗教と国家（日本近代思想大系5）』（昭和六十三年）三八三頁から三八四頁。

二八　二〇四から二〇五頁。

二九　前掲、荻原（昭和六十三年）所載。益子町教委の史料番号は№一〇五。『東宮年譜』一二頁。

三〇　『東宮年譜』一一頁には、「野澤氏ノ此ク特遇セラレシハ、氏ハ正鐵翁ノ高弟ニシテ、前日神田神社社頭説教ノヲリ盡力セシニ依リ、大人（東宮千別―引用者）ハ自ラ謙シテ敢テ首座ニ居ラズ、之ヲ推選シタルト、當時教部省出仕ニテ吐菩加美講掛員ナリシ中教正本荘宗秀氏ノ舊臣ナリシトニ依リテナリ、然レドモ小川氏ガ最初ヨリノ同志者ニシテ、功労少カラズ、願書ニモ副署セシ程ナルニ、却テ此ノ選ニ漏レ、野澤氏ガ殊功ナクシテ、特ニ上級ニ補セラレシヲ以テ、大武氏等ハ甚ダ其ノ処置ノ不公平ナルヲ憤リ、大ニ本荘氏ニ迫ル所アラントセシガ、大人切リニ諭シテ之ヲ止メシメタリト云フ」とある。そののちには、さらに激しい対立となったようであり、野澤鐵教の伝記には、「かく我が教法に盡力するも其有功を知らずして、茲に同門中に妬心を起し、其對敵に立て妨害を為す者あり。土屋藩士大橋反求齋、彦根藩醫士大竹友安二名、威名陰権ありと聞て之に頼り、事を計りたりしが事遂に成らず、唯々人を疵け且吾が教法を衰微ならしむるに止るのみなりし。其間彼等と先生との葛藤紛糾は死生に係り、言ふに忍びざる者あり。一日大竹友安謂て曰く、予は醫士なり。嘗て吾が醫術を以て貴顕を害せしことあり。野澤氏何者ぞ。彼を死活するは其易きこと猶ほ掌を反すが如しと。時に人あり。之を聞て大に愕き、以て先生に告げ、其家に到らざらんことを請ふ。先生笑て曰く、予れ亦何ぞ彼が如きを畏れんやと。到れば必ず多く食ひ、長く啜りたりと云ふ。」とある。大橋反求齋とは、明治四年七月に入門して公認申請に協力した大橋慎であると思われる。また、ここに大竹友安とあるのは、公認申請署名人のひとりの大武知康である。荻原稔「井上正鐵直門野澤鐵教の生涯」（平成二十八年）に所載。

三一　「中教正本荘宗秀殿申被書」。この本荘宗秀による達文は、前掲、荻原（昭和六十三年）に所載の「小倉家文書（旧東宮家文書）」の逸文と、「伊藤家文書」『田中家沿革誌』（長野県飯田市故田中清隆氏所蔵）所載の逸文との校合によって、全文が明らかになったものである。

三二　『在島記』三六五から三六七頁。

三三　『東宮年譜』一六頁。

三四　神崎一作「神道」（昭和四年）一〇〇頁。

三五　宇野正人「神道教派別派特立の過程」（昭和五十八年）五四七頁。

三六　西川光次郎『霊験奇瑞神道教祖伝』（大正三年）一〇五頁など。本荘宗秀からの行法の伝授がいつだったかなどは不明だが、教部省に出仕していた明治五年当時には、吐菩加美講を改めて禊教と称するよう力説したとも伝えられており（『翁』二四三頁）、平山省斎が井上正鐵門中であることは自明とされていたと思われる。

三七　平山省斎は、六年三月に氷川神社大宮司となり七年四月に辞任したが、再度九年四月に復帰して十五年一月まで大宮司・宮司を務めている。その間の「官社神官一覧」には、七年五月改と九年一月改の双方に権禰宜として東宮千別、主典として村越鐵善が奉職していた記録があり、三人同時の記載はないものの、直接の部下であったと想定できる。井上順孝・阪本是丸『日本型政教関係の誕生』（昭和六十二年）三三三、三四六頁。

三八　『東宮年譜』一一〇頁。

三九　森正康「禊教教団史における一つの画期」（昭和五十八年）。

四〇　『校正増補真伝記』上巻二八丁オ及び『東宮年譜』二四頁。

四一　三橋健「井上神社の成立」（昭和五十七年）。

第二節 「大成教禊教」諸教会の変遷

一 はじめに

井上正鐵（一七九〇～一八四九）が、天保十一年（一八四〇）に梅田神明宮神主となって教化活動を開始してから、再三の取締を受けながらも、有力教師ごとのグループを形成しつつ三十数年間の活動を維持してきた井上正鐵門中は、明治五年（一八七二）に教部省から「吐菩加美講」という名称での布教の公認を得た。しかし、その後身は明治十二年（一八七九）を分岐点に、大成教内の中間的包括組織として門中各派の連合体を維持しようとした「大成教禊教」への流れと、自派のみで独自の権威を確立して後に管長設置の神道教派となった坂田鐵安門下の「禊教[1]」への流れに分かれた。さらに、地理的に離れて独自の展開をした伊藤祐像門下の伊那・岡山の禊教[2]を加えて、大きく三つの流れができていったのだが、ここでは、「吐菩加美講」の後身の本流を引き継いだ「大成教禊教」が、どのような調整をしながら組織を運営し、変化していったのかを見ていくことにしよう。

二 大成教における「大成教禊教」

明治五年（一八七二）八月二十二日に、「吐菩加美講」という名称での布教が許可されて、野澤鐵教、東宮千別、大武知康の三人が教導職となり〈吐菩加美講取締〉を命じられた。九月中には、先の三人に加えて二十三人の教師が教導職となり、その後の一年間で井上門中から九十八人の人々が教導職に補任された[3]。そして、東宮千別が設置した駿河台の「禊仮修行所」を「吐菩加美講仮修行所」として、そこを拠点に教義や行法を統一していこうとしたのだが、有力教師たちは各自の所在地を「出張所」と称して、以前のままのやり方で活動を続けた者が多かった。それは弊風と指摘される事態であったから、古参の教師を〈吐菩加美講取締員〉に列して調整を図ったが、さらに明治六年（一八七三）八月には、『教会大意』に対応して取締員のうち九人と教部省の命による穂積耕雲と落合直澄の二人を加えて〈吐菩加美講改正掛〉とし、九月に『禊事教導心得』と神拝式を定めた。こうして、十二月二日には名称も「身禊講社」と改めて、その後三年間は体制を維持することができた。

明治九年（一八七六）十月には、「修成派」「黒住派」が特立し管長設置を認められた。「身禊講社（吐菩加美講）」も、これら二派と同じく八年（一八七五）十二月以前に申請したが認められず、本部組織が教団全体を実効的に管理できていないことが、欠陥であることが認識された。そこで、九年十二月には、平山省斎が禊教総管となり、翌十年（一八七七）三月に、「禊教社」への改称や規則と神拝式の改定が決定され、有力教師が各々〈禊教社長〉とされた。これは「吐菩加美講」及び「身禊講社」が、単一組織を志向しながら不徹底であったのに対して、「禊教社」は有力教師ごとの教会の連合体であることを明確にしたものであり、十年九月には、東宮、坂田、村越の三人が〈禊教監督〉を年番で交代に勤務するという調整も図られた。

また、こうした教団組織の確立とともに、教祖の顕彰と門中の統合を象徴するモニュメントとして、奥津城の建設と神社の創建が企図された。しかし、十一年（一八七八）の梅田奥津城の建設をめぐっては、禊教社内部に混乱や対立が起こったこともあり、井上神社の創建は、坂田鐵安が自派の単独事業として行うこととし、十二年（一八七九）八月に「井上正鐵霊社建立祭祀之儀願」を提出して、翌四月には竣工している。また、その出願と同時に「禊教社」からの離脱を通告し、かねて二重所属していた「惟神講社」の専属となった。こうして、「吐菩加美講」以来の井上正鐵門中を統合した教団は分裂し、坂田門下の教会が離脱した後の「禊教社」は、十一月には、「大成教会」に参加することとなったのであった。

「禊教社」が参加した「大成教会」とは、平山省斎が明治十二年九月に結集した教会だが、明治十五年（一八八二）

五月には、平山省斎を管長とする「神道大成派」として特立が認められ、同年十一月に「神道大成教」となった。この大成教は諸教会の大成を目指すとしており、所属教会の多様性の幅が大きいが[四]、創立の直後から禊教と御嶽信仰の諸教会が主要な構成員であった[五]。その上、十五年（一八八二）九月に御嶽教が特立したので、大成教禊教は事実上大成教の本部機能を担う組織でもあって、単なる所属教会ではなかった[六]。

そうした状況をうかがえる資料としては、平山省斎が管長在任中の明治二十年（一八八七）十二月に創刊された月刊誌『みそゝき』があり、その五十号（明治二十五年一月発行）から五十二号（同年三月発行）までの三冊が現存している[七]。この『みそゝき』誌は大成教の本部である大成教修道館発行の機関誌であるが、主筆の中野篁堂をはじめ、杉村敬道、木谷寅之助、加藤直鐵、村越鐵道などの禊教の教師たちが多く執筆しており、禊教の関係の記事も多い。そのうえ、禊教の各教院以外で記事に教会名が見られるのは「皇道教会」のみである。このように機関誌編集などの実務も大成教禊教の教師が行っていたのである。

このような大成教本部の状況の下で、二十二年（一八八九）五月に至って、十六年（一八八三）九月の禊教同盟団結釐正委員の設置以来、数年をかけて検討されてきた大成教禊教の団結が図られた。それは、総本院長を正鐵の甥で井上家当主の井上祐鐵とする[八]、「禊教総本院」を立教地の梅田村に置き、「禊教事務所」を大成教修道館に置くものであった。そして、「東宮本院」以下、創立者の名を冠した教会名を称することになったのである。

明治二十三年（一八九〇）は正鐵の生誕百年であり、当時の大成教禊教会は各教会とも盛隆していた。二十三年十二月には正鐵の一代記である『萬世薫梅田神垣』が、九代目市川団十郎の主演で市村座において興行されたのをはじめ、出版の面でも、東宮本院からは明治二十一年（一八八八）に『校正増補井上正鐵真伝記』全四巻や、二十二年（一八八九）十二月には、大教院の『教会大意』に基づいて編纂された公式教義である『禊事教導心得』とその解説書の『禊事教導略解』、横尾本院からは、明治二十年（一八八七）から三十年（一八九七）にかけて『井上正鐵翁遺訓集』全八巻、麻生本院から明治二十三年（一八九〇）には『増補井上正鐵翁在島記』が刊行されていて、盛んな活動の状況が伺われる。

だが、そうした盛隆の最中の二十三年（一八九〇）五月に教団の主軸である初代管長平山省斎が没し、程なくこの「禊教総本院」の制度も揺らぎだしており、二十五年（一八九二）三月には禊教総本院を「禊大教院」とし、各教会名を「第一教院」のような番号制に改定した。これは序列を明示する意図があったと思われるが、団結に向けた効果も薄く、さらに二十七年（一八九四）三月に管長の指示により整理委員を選んで禊教規約を制定したり、禊大教院幹事を置いたりする調整を続けていた。だが、二十七年（一八九四）十月にはかつて「禊教社」を離脱して長年対抗してきた坂田門下の教会が、「禊教」として独立と管長設置を許可されるに至って、翌二十八年（一八九五）四月には、東宮千別と村越鐵善は平山管長の下で自らが確立を進めてきた「禊大教院」を脱退し、いったん大成教直属の教会となったうえで、二十九年（一八九六）八月には「禊祓教」として独立の申請を行った九。それについての詳細は不明だが、許可は下りてはいない。

こうして、大成教禊教を統一して大成教における中核としての立場を確立しようと模索してきたものの、その成果が長続きしないばかりか、所属教会の蓮門教問題の処理で二代管長磯部最信が辞職したあとの二十七年（一八九四）十二月から二十八年（一八九五）十一月までの一年間には、東宮千別と村越鐵善が二人で大成教管長事務取扱を務めるという状況も生じていた。このように大成教全体の問題にも対処しながら独立も企図したが成就せず、三十年（一八九七）七月に東宮千別は六十五歳で没した。さらに、三十三年（一九〇〇）一月には禊大教院長である井上祐鐵も梅田村で没して、「禊大教院」は解体していったものと思われる。

坂田門下の「禊教」が独立を果たす一方で「大成教禊教」の動揺が続いていた二十八年（一八九五）一月には、かつて大成教本部勤務であった正鐵の娘法子の夫の加藤直鐵が井上神社社掌に迎えられて、正鐵の遺族も坂田門下に入ることになった一〇。そして、三十二年（一八九九）四月には井上神社で教祖五十年祭が盛大に行われたが、禊教管長坂田安治が斎主となり、典礼加藤直鐵ほかで奉仕し、来賓には小笠原壽長子爵など華族のほか、村越鐵善、杉山大二、杉村敬道、小山鶴、田島安兵衛、松井信一、高野彦兵衛、横尾喜右衛門（信守）、丸山守真の九人の大成教禊教の有力教会長らが招かれている一一。だが、この時期になると、明治前期の教会設立を担って大成教禊教を形作ってきた指導者の多くは没していたばかりでなく、教祖生誕百年の明治二十三年の頃に比べると、わずか十年にして「大成教禊教」に往時の勢力はなく、「禊教」の盛隆が誇示された形になったのである。

三　大成教禊教諸教会の変遷

これまで、幕末に形成された各グループを残したまま明治五年（一八七二）に「吐菩加美講」となり、明治十二年（一八七九）を分岐点に「大成教禊教」が成立してきた過程を見てきた。広い意味での‚大成教禊教‘は、神道教派としての「大成教」の本部機能、中間包括組織としての「大成教禊教」、所属教会としての禊教各教会と、三層の展開を持っている。そして、「大成教禊教」は大成教の中核としての立場から、繰り返し統一への試みが進められてきたが、明治後期以降には統一しようとする志向そのものが薄らぎ、それぞれ別個に展開しながら多くは衰微していった。ここでは代表的な教会の変遷について述べておくことにしたい一二。

東宮千別創始の教会　［「禊教本社」、（神道大成教）「禊教東宮本院」「禊第一教院」「禊教会」］　この教会は、大成教禊教の最大規模の教会であり、明治二十三年には、本所が東京市浅草区小嶋町五十七番地に所在して、院長の権大教正東宮千別以下三百五十九人の教師が所属していた。また、現在も千葉県松戸市松飛台に「神道大成教禊教会本院」（青柳澄江院長）として存続している一三。

「禊教総本院」の下では、「東宮本院」と称し、分院等としては、明治二十三年（一八九〇）当時には亀岡分院（栃木県芳賀郡七井村）、宇都宮分院（栃木県河内郡宇都宮）、越ケ谷分院（埼玉県埼玉郡越ケ谷）、谷貝分院（茨城県猿島郡谷貝）、上三川分院（栃木県河内郡上三川）、静岡分院（静岡県静岡）、湯沢分院（秋田県雄勝郡湯沢）、稲庭分院（秋田県雄勝郡稲庭）、横須賀分院（神奈川県三浦郡横須賀）、横浜分院（神奈川県横須賀花咲町）、藤沢分院（茨城県新治郡藤沢）、三宅分院（東京府三宅島阿古）、東郷分院（栃木県芳賀郡東郷）、小来川出張所（栃木県上都賀郡小来川）、生岡出張所（栃木県上都賀郡日光）の分院・出張所十五か所があった。これらのうち静岡と秋田以外は、すべて関東地方であり、茨城、栃木の両県に集中している。「禊大教院」の下で番号制の表示をすることになった時には、「禊第一教院」となったが、二十七年（一八九四）二月の東高橋分院（栃木県芳賀郡水橋）を最後に新たに教会が設置されることはなかった〔一四〕。明治二十八年（一八九五）四月には、禊大教院からの離脱を出願し、翌二十九年（一八九六）五月に大成教直属の「禊教会」となった後、八月十日には「禊祓教」独立の申請をした。だが、認められないまま、初代院長東宮千別は三十年（一八九七）七月に没して、宇都宮分院長の杉村敬道が二代院長を継いだ。

三代院長の東宮鉄麻呂は東宮千別の次男で、学習院や陸軍の教授の職にあった人物だが、若い頃から教規編纂の委員などとして教務を補助していた。四代八坂千尋と同じ大正六年（一九一七）に没しているので、杉村の後の大正初期の数年ずつを東宮鉄麻呂と八坂千尋が在任したと思われる〔一五〕。五代初見千景〔一六〕が在任中の大正十二年（一九二三）九月には、関東大震災に罹災して教会建物が焼失したが、六代稲葉千治により仮建築で復興した。継いだ青柳清道は実業家としての本務の傍ら、教会を私費で維持して行法や祭典を継続し、昭和三十六年（一九六一）に松戸市松戸に移転して宗教法人とした。昭和五十八年（一九八三）に松戸市松飛台に移転して、昭和六十二年（一九八七）二月に没したが、その跡を青柳輝男、青柳澄江と継承した。

多くの分院は昭和前期ごろまでには衰微し、その位置や変遷すら、東宮千別の義弟である松崎安雄が担当した谷貝分院などわずかしか判明していないが、宇都宮分院は、宇都宮市塙田町に単立の「禊神道教会」（野口義彦教会長）として現存している。この教会は、明治五年（一八七二）の吐菩加美講公認から一年も経たない明治六年（一八七三）七月に「祓修行所」として設置され、明治二十年（一八八七）十月に杉村敬道を分院長として「宇都宮分院」となり、その後「禊教会第二分院」と改称し、昭和七年（一九三二）三月に永井米吉を教会長として大成教直属の「禊神道教会」となった。戦後には大成教を離れ、昭和二十七年（一九五二）に宗教法人となった一七。

村越鐵善創始の教会　［「禊教村越社」、（神道大成教）「禊教村越本院」、「禊第二教院」］

この教会は、明治二十三年当時には、東京市日本橋区南茅場町五番地に所在して、権大教正村越鐵善以下百三十五人の教師が所属していた。また、分院として深川区六間堀三十六番地に六間堀分院があった。創始者の村越鐵善は文政八年（一八二五）に直門村越正久の子に生まれ、叔父の村越守一について学び、安政五年（一八五八）に産霊の伝を授かった。文久二年の取締の時には、父や兄たちとともに審問を受けたが、構い無しとされた。明治五年（一八七二）九月には教導職試補となり、翌年八月に吐菩加美講改正掛、十年三月に禊教（村越）社長、禊教監督となった。木下川村の白鬚神社社掌を勤め、さらに明治六年には氷川神社主典となり、のちの大成教系の人脈を築いている。そして、明治二十七年（一八九四）十二月からの一年間は東宮千別と二人で大成教管長事務取扱の職を勤め、明治四十一年（一九〇八）十二月に八十四歳で没した一八。鐵善の長女種子の夫であった中野篁堂が継承したあと一九、大正十二年（一九二三）九月の関東大震災で南茅場町の教会建物は焼失したので、本所区松井町の自宅で教会を続けていたが、いつまで活動が存続したのかは未詳である。

横尾信守創始の教会　［「禊教横尾社」、（神道大成教）「禊教横尾本院」、「禊第三教院」、「唯一神道教会」］　この教会は、明治二十二年当時には東京市浅草区南元町四十九番地に所在し、中教正横尾信守以下九十五人の教師が所属していた。また、田町分院（本郷区田町）、小樽分院、豊田分院（神奈川県大住郡豊田村）、伊賀谷分院（三宅島）があった。創始者の横尾信守は村越守一の門人であり、明治五年（一八七二）九月に教導職訓導となり、六年（一八七三）八月には吐菩加美講改正掛を命じられた。十年（一八七七）三月には禊教社長と称することを認められ、十一年（一八七八）八月には浅草区南元町松平神社内に「禊教横尾社」の教会所を設置した。翌十二年（一八七九）三月には権少講義昇任の推薦を受け、六月には谷中の教祖奥津城への改葬の祭典においては、副斎主を勤めるなど、「禊教社」の重要な地位を占めていた。特筆すべき重要な業績としては、七年（一八七四）には『唯一問答書』版本を初めて刊行し、さらに各地に出向いて井上正鐵の遺文を筆写して集成して、明治二十年（一八八七）から三十年（一八九七）にかけて『井上正鐵翁遺訓集』全八巻を刊行したことである。今日では正鐵の自筆本の伝存はわずかであり、この書が井上正鐵研究の基本文献であって、『神道大系』本の底本ともなっている。

　また、札幌を中心に「中ウロコ向井商店」を手広く経営する向井嘉兵衛の要請を受けて、明治十八年には横尾信守自身が北海道へ渡り、札幌の南五条西四丁目に「大成教禊教横尾社北海道第一分社」を設置した[二〇]。また、麻生正守、小幡鐵臣、鶴岡信僖、本間正三、田嶋安兵衛などの門下の多くの教師に教会の独立を許したが、横尾信守が明治三十年代ごろ（詳細未詳）に没したあとは、横尾幸次郎（信幸）が継承して「唯一神道教会」として活動したが、昭和十六年（一九四一）に信幸が没したあと、十八年（一九四三）に後継者の政治も戦没して教会は消滅した。

　戦後、残った教師の一部が中心になって、昭和二十一年（一九四六）三月に「神明教」を設立した[二一]。これは、本部教会を梅田神明宮に置き、本庁は荒川区尾久にあって、遠神教会（葛飾区本田立石）、荒魂教会（千葉県市川市）、修身教会（栃木県上三川町）、駿河教会（静岡県藤枝町）など十八教会が所属した。初代教長には村尾音次郎、ついで梅田神明宮の宮司であった梁島正一郎が二代となったが、設立から十年程度しか維持できなかった。その後、残った教師の木村文平（昭和六十年没）らは、禊教本院に合流して〈本院長老〉の称号を受け、坂田安儀、安弘父子に道統を伝えた。

小川實創始の教会　［「禊教小川社」、（神道大成教）「禊教小川本院」］　この教会は、明治二十三年当時には、本院は神奈川県橘樹郡中原村上小田中一七五一番地（現在の川崎市中原区）に所在し、中教正小川実以下三十人の教師が所属していた。また、横浜出張所（久良岐郡中村）、東京出張所（麻布区芝北門前町）、横須賀出張所（横須賀町山王）、大成教第二分教館（荏原郡品川町）の四か所の所轄の施設があった。そのうち横浜出張所は現在の横浜市西区中村に所在したが、高声念仏の拠点であった時宗浄光寺の隣地であって、相互の関連をうかがわせるものがある。創始者の小川實は、村越守一の門人で吐菩加美講公認申請の署名人の一人であり、醤油製造業を営んでいた素封家でもあった〔三〕。東宮千別が明治二年（一八六九）に公認運動を開始以前からの同志であり、明治五年（一八七二）九月には教導職試補となり、十月には少講義に補せられている。六年には取締員となり、同年八月には大教院より吐菩加美講改正掛に任命された。神道大教旧蔵（原本焼失・複写本を金光教教学研究所が所蔵）の「鳥居亮信より神奈川県下身禊講社集会所之儀ニ付届」という文書によれば、七年（一八七四）六月に自宅に教会所を正式に設置した〔三〕。十年（一八七七）三月に〈禊教小川社長〉と称することとなったが、二十四年（一八九一）一月に小川實が没したあとには急速に衰微したようで、翌二十五年（一八九二）三月実施の番号制の教会名も残っていない。さらに、昭和二十年（一九四五）に小川家も空襲で焼失して資料等は現存していない。

麻生正守創始の教会　［（神道大成教）「禊教麻生本院」「禊第四教院」、「神道中教院」］

この教会は、明治二十三年当時、本院が東京市本所区北二葉町十番地にあって、権中教正麻生正守以下二百十四人の教師が所属していた。また、分院として三河島分院（東京府北豊島郡三河島村）、幸手分院（埼玉県北葛飾郡幸手町）、関宿分院（千葉県東葛飾郡関宿内町）、大阪分院（西成郡難波村）、堺分院（堺市車ノ町）があった。創立者の麻生正守（一八五二～一八九三）は横尾信守の門人であったが、養子の正一（一八六七～一九四〇）は平山省斎の内弟子となり、その没後には大成教を離れて「神道（本局）」に転属し、「神道中教院」として、北海道や樺太地方の民間宗教家の組織化に重きを置いた布教活動を展開した。正一は『増補井上正鐵翁在島記』（明治年二十三年）や『神道家井上正鐵翁』（昭和七年）を著し、独立の申請もしたが、地域的な偏りを理由に却下されたという。〈祓修行〉は直属の教会の以外では、ほとんど行じられることはないまま昭和十五年（一九四〇）に正一が没し、二十年（一九四五）三月の東京大空襲により江戸川区小松川にあった「神道中教院」が罹災して伝書も焼失したので、以後まったく行われなくなったという。戦後に疎開先の北海道小樽市で活動を続けた麻生昌孝は、昭和二十五年（一九五〇）十二月の麻生正一の十年祭にあたって「神道大教」を離れて、「神道」という教団を設立した二四。平成四年（一九九二）に昌孝が没して、次男の麻生昌弘が管長職を継承するにあたり、北海道江別市上江別西町に移転した。

福田長之創始の教会　［（神道大成教）「禊教福田本院」「禊第五教院」「美曽岐教会本院」］

この教会は、宮津藩主の本荘宗秀（一八〇九～一八七三）の指導による門中が母体となり、明治九年（一八七六）十月に、本荘家の家令であった福田長之を教会長として、牛込区河田町九番地の本荘家の邸内に設置された。明治二十三年当時、権中教正福田長之以下五十名の教師が所属していた。この教会の出版物としては、明治四十一年（一九〇八）刊の『梨の御文』が知られている。これは、禊、禅、心学を兼修し、正鐵伝記の歌舞伎正本『萬世薫梅田神垣』も著した川尻寶岑が前年六月に行った正鐵の遺文「梨の御文」についての講義録である。福田長之の後は、松井信一、木谷寅之助（一八五七～一九三二）が継承し、大正八年（一九一九）十月に本荘家の転居に伴って、河田町から中野区打越町三十九番地に移転した。だが、当時の中野は辺鄙で都心に住む門中の足が遠のいたともいわれ、さらに十二年（一九二三）九月の関東大震災によって門中の激減をきたした。その後、富松聖治が継承したものの、昭和二十年（一九四五）に戦災で焼失した教会建物を再建できないまま消滅した二五。

明治二十三年当時には、大原教院（静岡県山名郡於保村）、久方教院（千葉県匝瑳郡豊栄村）の二ヶ所の部下の教会があった。大原教院は、坂田鐵安門下の千村正実によって伝道されて、明治九年（一八六七）に教会の組織が成立し、二十二年二月に「神道禊派」からこの教会に転属したが、三十年には傘下を離れて大成教直属の教会になり、「神道大成教唯一禊教会」を経て、近年「神道大成教唯一禊神社」（小久江正孝宮司）と改称して磐田市上岡田に移転し、現存している[二六]。また、久方教院は、明治初年に田崎長信、伊藤濱子という二人の教師により伝道され、その地の有力農民であった竹之内佐五左衛門や土屋八郎兵衛が受容して、昭和初期まで活動が存続していた[二七]。

また、この教会から禊修行と臨済禅をともに行ずる「一九会道場」（加藤高敏道場長）が大正初期に起こり、東京都東久留米市前沢三丁目に現存している。発祥は平林寺に参禅していた東大生が、後に初代道場長となる小倉鐵樹（一八六五～一九四四）と親しくなり、その友人の三田村鳶魚から河田町美曽岐教会の木谷寅之助を紹介されたことにあるという。その後、学生たちが次々と入門して教会内に「一九会」という内部組織を作って激しい修行を行い、従来の教会信徒との軋轢を生じたため、大正十三年（一九二四）に中野区打越町に道場を建設して、木谷寅之助から禊修行、平林寺の老師から禅の指導を受けた。小倉の跡を継いだ日野正一（一九〇一～一九九〇）は、美曽岐教会の教師であった金田房子（一八六三～一九五〇）から道統を継承した。昭和十四年（一九三九）に社団法人となり、昭和三十五年（一九六〇）には東久留米市に移転して、一階が禊祓場、二階が禅堂という独特の道場を新築し、昭和五十九年（一九八四）三月に宗教法人に改組した[二八]。この道場の禊修行では、〈五つ祓〉と呼ばれるリズムで三種祓詞を唱える行法のほか、用語や作法でも大成教禊教の古形を伝承している。また、名古屋地区支部の「真霊《まがみ》会」（非法人）をはじめ、ロシア、ブルガリア、アメリカ合衆国ワシントン州などに支部的な組織がある。さらに、「心身統一合氣道」を開いた藤平光一（一九二〇～二〇一一）は、この道場の出身であるが、〈祓修行〉の行法を〈息心《そくしん》の行〉として合氣道に導入するなど、独特な展開が見られる。

宮澤鼎創始の教会　［（大成教禊教）「宮澤教院」「禊第六教院」「禊神道本院」、「神道禊大教会」、「唯一神道禊教」］

この教会は、梅田神明宮での開教以前からの内弟子であった野澤鐵教の門人宮澤鼎が創始した教会で、単立の「唯一神道禊教」（今井健雄教長）として東京都足立区梅田六丁目に現存している。明治二十三年当時には、下谷区車坂町七十一番地にあって、少教正小木藤太郎以下四十人の教師が所属し、〈車坂の教会〉と通称されていた。また、埼玉県入間郡川越町七十五番地にあった川越分院も、単立の「唯一神道禊教川越分教会」（岡本行雄分院長）として埼玉県川越市宮下町に現存している。

宮澤の後を小木藤太郎が継ぎ、明治二十八年（一八九五）には『教祖井上正鐵大人實伝記』三巻を刊行した。さらに丹羽鐘次郎、渋谷辰五郎、前橋庄三郎と継承したが、前橋は、二十一年十一月から昭和二十三年（一九四八）九月に没するまでの二年間、大成教管長も勤めた。車坂町で震災、戦災に罹災して、戦後は荒川区西日暮里に移り、昭和三十五年（一九六〇）一月に大成教から独立して単立の「神道禊大教会」となったが、昭和五十五年（一九八〇）九月に梅田神明宮の隣地である現在地に移転して「唯一神道禊教」と改称した。なお、この教会の禊修行では、〈四つ祓〉と呼ばれるリズムで三種祓詞を唱える行法を伝承している。

杉山大二創始の教会　[（大成教禊教）「杉山教院」「禊第八教院」]　この教会は、正鐵の古くからの道友であり、後に門人となった杉山秀三（?～一八七八）に淵源を持ち、養嗣子の杉山大二（一八二〇～一九〇七）が創始した教会である。明治二十三年当時には下谷区谷中村百五十六番地に所在して、権少教正杉山大二以下十人の教師が所属していた。だが、大二の子の元治のときに、浅草橋の須賀神社の神職に専従することとなり教会の活動を休止した[二九]。

井上家と梅田神明宮

吉田家配下の朝日左近より譲渡を受けて井上正鐵が神主となって以来、梅田神明宮は井上家と大成教禊教の関係者によって管理されてきた[三〇]。安政六年（一八五九）十二月に白川家より跡目を認められた杉山靭負は、後に井上家の戸主となった井上善彌であると推定される[三一]。明治十一年（一八七八）四月に善彌が没した後には、正鐵の甥の井上祐鐵が戸主を継いで大成教禊教総本院長も勤めたが、子の鐵男が明治二十五年（一八九二）に没して後嗣なく、明治三十三年（一九〇〇）一月に没した[三二]。その後は、横尾信幸が昭和十六年（一九四一）に没するまで社掌を勤め、昭和二十年代までを梁島正一郎、その後を「禊神道本院」教師で禰宜であった関口鐵三郎（一九〇八～二〇〇二）が宮司となって、老朽化した社殿や井上家の修復など復興を進め、関口正之、野村毅と継承し、戦後は神社本庁所属の神社であるが、「唯一神道禊教」、「唯一神道禊教川越分院」、「神道大成教禊教会本院」「禊神道教会」の旧大成教系の四教会が合同して維持している。

四　まとめ

明治五年（一八八二）八月に教部省から「吐菩加美講」として布教を公認されたのち、「身禊講社」「禊教社」と改称しながら、少しずつ組織の位置付けを変えていった。奥津城建設をめぐる教内の混乱を経て、明治十二年（一八七九）に坂田門下の教会が「禊教社」を離脱して単独で「井上神社」を創建するとともに、独立に向けた活動を開始した一方で、東宮門下の教会を中心とした禊教社の諸教会は、神道教派としての機能を大成教の傘下で活用することになった。それは、明治初年の氷川神社における平山省斎と東宮千別、村越鐵善の人脈を軸にしながら、「大成教」の本部機能を「大成教禊教」が担いつつ、大成教の中核たるべき組織の確立を繰り返し模索することだった。しかし、井上正鐵の生誕百年であった明治二十三年（一八九〇）の盛隆を頂点として、同年に平山省斎が没したのちには次第に衰微した。東宮千別も神道教派としての独立への行動を起こしたものの、果たせないまま三十年（一八九七）に没して、大成教禊教としてのまとまりを維持しようとする志向も失っていった。その後は、各教会それぞれの活動となり、後継者難や震災や戦災に罹災して復興できないまま消滅したものも多いが、いくつかの教会が小規模ながらも現代まで活動を存続させている。

註

一　荻原稔「禊教独立前史」（平成十八年）、「『禊教本院』の展開」（平成二十年）。

二　荻原稔「禊教備前開教者伊藤祐像とその一門」（平成二十二年）。

三　『在島記』三六五から三六七頁。

四　大成教は、各種の教化活動を傘下にいれて、教勢拡大を図っている。その一つの淘宮については、明治六年（一八七三）二月に淘宮術の祖（淘祖）横山丸三《まるみつ》の直門高弟「六皆伝」の筆頭である佐野量丸《かずまる》は、横山丸三の身分や教導の明細について提出するよう命を受けて上申書を提出し、同年五月に教導職試補に命じられた。さらに、十一年（一八七八）七月には、結社の許可を受けて大成教会に所属している（『淘宮』平成六年、一六頁から一九頁）。また、十五年（一八八二）七月には、島村みつ創始の蓮門教を入れ（奥武則『蓮門教衰亡史』昭和六十三年）、十六年（一八八三）四月には、東京における俳諧の二大結社のひとつである教林盟社を加えている（村山古郷『明治俳壇史』昭和五十三年、五五頁）。これらは、所属団体にとっては活動公認の根拠となり、大成教にとっては神道教派としての教団規模を大きくし財政基盤を確実にするものであった。

五　井上順孝『教派神道の形成』（平成三年）三百二十一頁。

六　平山成信の談話に「大成教と名づけましたのは集めて大成すると云ふ意味で亡父の考で何でも構はないから色々なものを引き寄せて取り纏めて置いて段々に純化すると云ふ方針で…」（平山成信「平山省斎事跡の概要」井上順孝『教派神道の形成』三二〇頁より重引）とあるが、省斎自身が本荘宗秀より禊教を学んでいることはほぼ確実であるのとともに、宗秀の嗣子宗武を副管長としていたり、さらに没後には墓所が井上正鐵の谷中奥津城の一角に築造されていることなどから、大成教の中核に禊教を置き、それをベースに諸教を大成しようという志向があったと想定できる。

七　『みそゝき』は、大成教修道館（東京市小石川区原町四十四番地）発行。発行者は福田長之、編集者は中野了隋（篁堂）である。

八　正鐵の弟井出立志の子で、五歳の時より正鐵に養育された。井上善彌の没後、井上家の名跡を継いだ。

九　『東宮千別大人年譜』（明治三十四年）三二頁。

一〇　「坂田管長系譜略」（『天津菅曽』一号、明治三十二年）。

一一　『教祖五十年祭誌』（明治三十二年）。

一二　本稿の各教会に関するデーターは、『在島記』所載の「大成教禊教各教会位置及び教職員数一覧表」を基本としている。そのほか、岩本徳一「井上正鉄翁の遠流と歿後における伝道史」（昭和四十七年）。また、現地調査などによる荻原稔「鐸声残響（一）から（二二）」（『井上正鐵研究会年報』一から二二号）などによる。

一三　荻原稔『神道大成教禊教会本院百五十年小史』（平成十七年）。

一四　明治三十一年（一八九八）に「伊那分教会」の認可が行われているが、それは直門伊藤祐像の門人たちが継承していた長野県下伊那郡の「神道説教所」が、教会移転改築の手続き上の必要性により、所属教会となったものであり、新規の教会設置ではない。

一五　二代院長杉村敬道は、明治三十七年（一九〇四）二月に六十一歳で没した。墓は谷中墓地乙九号一側にある。三代院長東宮鐵麻呂は、文久三年（一八六三）三月生。大正六年（一九一七）没。明治十九年帝国文科大学古典講習科図書課を卒業。明治三十四年に『東宮千別大人年譜』を刊行したが、院長の在任期間は未詳。学習院の教員、陸軍教授等を歴任した。従五位勲五等。四代八坂千尋は、弘化三年（一八四六）生。大正六年（一九一七）没。十六歳で東宮千別に入門した。墓は谷中霊園乙九号三側にある。

一六　初見千景は、明治二年二月に浅草山之宿町の土蔵を仮道場として提供した初見方義の子であり、大正十四年（一九二五）四月に七十九歳で没した。

一七　前掲『東宮千別大人年譜』十五頁。また、禊神道教会境内にある平成十四年三月建立の「法人化五十周年記念碑」の記述を参考にした。

一八　鐵善の子孫の佐藤千鶴子氏の教示による（昭和六十年九月）。また、佐藤氏所蔵の鐵善逝去を報じた新聞記事の切抜き（新聞名、刊行日等不明）に略歴がある。

一九　故村越陽氏談（平成元年二月）による。中野篁堂は、了随とも号し、井上正鐵の直門で自由党員であった中庭蘭渓の縁で禊教の教師となり、明治十四年まで坂原小学校の教員を勤めた上毛自由党の活動家であった。秩父事件の直前に上京して難を逃れて自由民権に関する著述に励んだ。その政治思想については、清水禎文「地方教育会の成立事情」（平成十八年）に詳しい。

二〇　荻原稔「札幌の禊教」（平成十六年）。

二一　文部省宗務課『宗教年報（昭和二十五年版）』（文教協会、昭和二十六年）八十六頁。

二二　川崎市中原区上小田中の故小川一朗氏談（昭和六十三年十月）。

二三　この文書は、上小田中村の神明社（神明神社として現存）の仮神官でもあった小川實が、説教所及び身禊講会所をこの神明社に設置しようとしたが、社殿が狭いために自宅を使いたいという願書である。明治七年（一八七四）五月（日付なし）に中教院に願い出て、五月二十二日付で中教院の奥書の上、翌二十三日付けで神奈川県の許可を得ているものであり、その旨を六月二十二日に神奈川県中教院の鳥居亮信が大教院へ届け出て承認され、さらに教部省への届案が付けられている。

二四　故麻生昌孝氏談（昭和六十一年八月）。「神道」は、後に「宗教法人神道」となっている。

二五　『中野区史下巻二』（東京都中野区役所、昭和十九年）四二八から四三〇頁。教会の最後については、故石津光一氏談。

二六　池田俊次『教会沿革史』（平成二年）、宇野正人「東海地方における大成教と禊教の展開」（昭和五十九年）。

二七　匝瑳市久方の字「部田場（へたば）」に間口八軒ほどの教会建物があったが、門中の衰退後は廃屋となり平成四年に解体された。土屋裕子氏談（平成十年六月）。また、字「堂下（どうした）」には、当地への伝道者田崎長信（一八〇九～一八九〇）と伊藤浜子（一八二四～一八九五）の墓と在地の教師竹之内佐五左衛門徳長（一八二一～一九〇六）と土屋八郎兵衛之良（一八四三～一九一九）の碑二基が存在している。

二八　『一九会八十年史』（平成十三年）。

二九　故杉山雄氏談（昭和六十三年八月）。『神道禊事教導心得』（明治二十年）の附録（三一丁オ）に「故花廼下准宗匠秀三」と記されている。また、杉山家所蔵の井上正鐵書簡については、荻原稔『井上正鐵真蹟遺文』（平成七年）に所載。

三〇　梅田神明宮（野村毅宮司）は足立区梅田六丁目十九番に所在。神社本庁に所属。

三一　荻原稔「杉山靭負について」（前掲『井上正鐵真蹟遺文』一三〇頁から一三六頁）。

三二　『翁』付録の系図には、大成教六代管長を務めた井上信鐵（昭和八年二月没）が祐鐵の後継者として表記されており、祐鐵の最晩年に養子縁組をした可能性もあるが、未詳である。故杉山雄氏（昭和六十二年六月談）によれば、井上信鐵はもとは福田姓であったという。

第三節　「禊教」の独立と展開

一　はじめに

井上正鐵門中は明治五年（一八七二）八月に、教部省から「吐菩加美講」として布教を公認されたが、その後身である「禊教社」から、明治十二年（一八七九）八月に坂田鐵安が指導する教会が離脱した。そして、宗教的な求心力を〈禊教教祖〉の井上正鐵を祭神とする「井上神社」に持たせ、教団組織としては「禊教本院」が教会や教師を一元的に管理することに成功した。さらに、鐵安の子安治の代に至って、「大成教禊教」が衰微する一方で、「禊教」として独立と管長設置が認められることにより、「禊教」が井上正鐵門中を代表する教団としての地位を占めることになった。

この節では、井上正鐵の直門坂田鐵安と彼の後継者たちによって進められていった「禊教」（通称〈西町の教会〉）の活動を、明治以降の宗教法制の変化に対応する組織作りと、禊教としての道統保持のあり方に注目しつつ、現代に至るつながりの中で見ていくことにしたい。

二　「禊教」の分離独立と管長設置

明治五年（一八七二）八月二十二日に、教部省により「吐菩加美講」の布教公認がなされ、井上正鐵門中を統一した教団が発足した。だが、それは幕末の非合法時代をそれぞれに潜り抜けてきた各有力教師の率いる講社の連合体であり、それぞれに独自の方針で運営していこうとする傾向があった。ましてや、直門である坂田鐵安は自らも布教公認への行動を起こしながらも、孫弟子の東宮千別が主導した申請が認可されるという経緯があったので、特にそうした志向性は強かったといえよう。そこで、鐵安は「吐菩加美講」に所属する教導職であり、かつ明治六年（一八七三）には〈取締員〉、十年（一八七七）には〈禊教監督〉に任命された幹部の立場ではあったが、七年（一八七四）には「惟神教会」の傘下にも入って二重所属状態をとり、事態の変化に備えていたのであった。

明治十年代には、三宅島に埋葬されていた正鐵の改葬と妻の男也の死去による梅田奥都城の建設、父安藤眞鐵も合葬した谷中奥都城の建設など、記念碑的事業が次々と実行された。しかし、その主導的立場をめぐっては、さまざまな掛け引きがなされていたらしく、明治十一年の正鐵の改葬と梅田奥津城建設の折には、鐵安傘下の山梨県の教会で集めた寄付金が返却されるという事態が起きていて、井上家の遺族や「吐菩加美講」の中心的な諸教会との齟齬があったのは明らかである[二]。こうして、奥津城建設に関わるには困難がある状況の中で、鐵安は自らの主宰する教会の境内地に、井上正鐵を祭神とする神社を創建しようという企画を立てたのだと思われる。

明治十二年（一八七九）八月十八日に、坂田鐵安が筆頭人となって、井上正鐵を祭神とする神社の建立許可申請を東京府知事に提出した。その建立予定地は、当時坂田鐵安が指導を担当していた「神道女教院」と「惟神教会禊社」の共有地である下谷区西町二番地であった。前年の改葬の際のような井上門中各派の共同事業ではなく、自派のみの事業であったためか、十二月十二日に許可を受けて、翌十三年四月には竣工するという早業で成し遂げられたのであった[三]。こうして、無格社とはいえ「井上神社」として神社祭祀が行われることで、神道教会とは違った公的な性格を獲得したのである。

この井上神社の建設の申請を出願した直後の八月二十一日に、「吐菩加美講」の後身である「禊教社」に離脱の通告をし、「惟神教会」への専属となった[四]。その後に「惟神教会」は「神道本局」に合流し、明治十五年（一八八二）三月二十四日には、坂田鐵安は神道管長より「神道禊教長」を命じられている。そして、その直後に神道大社教所轄に転じた上で「教旨之異ナル」ことを強調した「禊社派名公称願」を五月十五日に内務卿へ提出した。その結果、六月十日には管長を置かないまま「神道禊派」の公称を認められるという異例の半独立状態の許可を受けて、神道管長の管理下に戻っている。こうして、離脱後三年で井上門中の中でも独自の地歩を築くことができ、「禊教本院」と称しているのである。さらに、こうした教団組織の確立により、鐵安は権少教正に補せられ、十六年と十七年の一月には拝賀を仰せ付けられて宮中に参内した。

この時期には、明治初年から様々な変遷を経てきた宗教行政の体制が、ほぼ固まった。その根幹となったのは「神仏教導職廃止」として知られる明治十七年（一八八四）八月の太政官布達第十九号である。官制の教導職を廃止して、住職の任免、教師の進退はすべて管長に委任とし、神道各派、仏道各宗に管長一人を定め、教規などの条規を定めて内務卿の許可を受けるというものであった。合わせて太政官達第六十八号で、管長身分は勅任官待遇とし、太政官達第六十九号で、従前より教導職だった者は、在職時の等級に準ずることが定められた。以後この体制は、昭和十五年（一九四〇）施行の宗教団体法により、太政官布達第十九号が廃止されるまでの、五十六年間続いたのである。

「禊教本院」では、明治二十三年（一八九〇）一月に、定期刊行物として月刊誌の『小戸廼中瀬』の刊行を開始した。この『小戸廼中瀬』は、創刊号から四十二号（二十六年六月）までが現存していて、ほぼ月刊が続行されていたことを確認できるが、こうした冊子を編集、刊行、頒布し続けられるだけの体制が整備されていたことがわかる。また、このころまでに、教典や祭式書などが整い、教学の基礎もできあがっている。

派名公称が認められた明治十五年（一八八二）には、『神道唯一問答』、『大祓詞略註』、『神道禊派葬祭略式』、『御大祭要略』などの書籍が相次いで刊行され、明治十八年（一八八五）には、『神道禊派職員録』のような組織の規模を表す文書や、『道廼栞』『幼童訓』といった啓蒙的な布教ツールもでき、十九年（一八八六）には『婚姻例』、二十一年（一八八八）には『祝詞作例』、『頭注問答書書継』などが出版された。そうした中で、坂田鐵安は明治二十三年（一八九〇）三月十八日に、七十一歳で逝去した。

父の跡を継いだ坂田安治[五]は、『神道禊派由緒書』を編纂して自派の正統性を主張し、さらにほぼ東日本に偏在する教勢を補うために、垂水正照が結集して大分県を中心に九州各県や山口県まで教線を延ばしていた「水穂講」を傘下に入れた。引き続き明治二十四年（一八九一）『月の名』といった書物の出版をするとともに、二十五年（一八九二）には『神道禊派玉声舎規則』が刊行されていて、「玉声舎」という女子教育の機関を設置しているのがわかる。また、行法の面では、従来〈おさ〉というリーダーが柄の付いた大ぶりの鈴でリズムをとって〈三種祓詞〉を唱えていたが、〈おさ〉が〈おさ棒〉という二股になった音叉状の拍子木を膝で打って「禊祓詞」を唱えるという禊教本院独特の行法を創案したのもこのころではないかと思われる。こうして行法の面でも、大成教禊教の諸教会が行う形式と異なることになったのである。こうして教典、教義、全国的展開、刊行物や教育機関といった独立教派にふさわしい陣容を整えて、鐡安の没後三年目の明治二十六年六月に内務省に対して独立の申請を行なった。

その申請を受けて、内務大臣は審査の結果、「禊教」が独自の教義を持ち、所属する「神道（本局）」とは「教旨ヲ異ニシ、別ニ一教ノ体裁ヲ具シ」たるものとし、規模や布教実績が他の独立教派と比べても遜色ないことを認め、翌年の四月二十一日に独立の認可をする方向で内閣総理大臣に上奏しており、さらに五月十八日に天皇への上奏を経て、明治二十七年（一八九四）十月二十日に分離独立と、管長設置の内務省告示がなされたのであった[六]。

三　「禊教・井上神社」の体制整備

独立を果たした「禊教」は、その体制をさらに整備して行った。まず、二十八年（一八九五）一月には「禊教本院」と一体となった宗教的な中心である「井上神社」の社掌に加藤直鐵を迎えた。加藤直鐵は、正鐵の次女法子の夫であり、もとは「大成教禊教総本院」の監督でもあって、教祖井上正鐵の子孫としては当時存命の最上位者のひとりであった。祭神の子孫が社掌として祭祀するのはふさわしいことだが、祭典での斎主は禊教管長であることからしても、吐菩加美講の後身である「大成教禊教」の統一組織がほぼ消滅した一方で、「禊教」の独立が達成されたことにより、井上正鐵門中の中心としての地位が「禊教・井上神社」に吸収されたことを表しているといってもいいだろう。

そして次に、同年十二月には、国学者の井上頼圀を教学面の顧問に委嘱し、貴族院議員で後に愛国銀行頭取になった小笠原寿長を経営面の顧問として、本院基本金の積立なども開始した[七]。また、定期刊行物としては『小戸廼中瀬』（明治二十三年一月創刊）の後を受けて、『天津菅曽[八]』（明治三十一年十一月創刊）を刊行しており、正鐵の書簡集成である『玉の緒（上）』（明治二十九年）『玉の緒（下）』（明治三二年）や、〈禊教主神〉とする九柱の祭神の神徳を解説した『禊教主神神徳略記』（明治二十九年）など重要な位置を持つ書籍も出版している。組織面では、禊教の布教地域や教会名から見て、従来の井上正鐵門中とは明らかに異質な教会も傘下に入れているが、後年に至るまで関係が残っているものは「水穂講」以外にはないので、この展開はうまく機能してはいかなかったようである[九]。

井上神社（『翁』口絵より）

明治三十二年（一八九九）には、「井上神社」で教祖五十年祭が行われたが、九年前の明治二十三年（一八九〇）の教祖生誕百年のころに比べると、かなり様子が異なってきていた。明治二十三年の頃には、「禊教本院」はすでに「神道禊派」の公称を成し遂げていたものの、一方の「大成教禊教」の各教会においても、市村座において九代目市川団十郎主演による『萬世薫梅田神垣』の興行をしたり、『増補井上正鐵翁在島記』の刊行をするなど、活動はかなり盛んであった。しかし、明治三十年代に入ると、三十年七月に、吐菩加美講公認申請の筆頭者である東宮千別が、六十五歳で没したことをはじめとして、明治前期の教会設立を担った第二世代の指導者も世代交代が進んで、「大成教禊教」に往時の勢力はなくなっていたのである。

教祖五十年祭は、明治三十二年（一八九九）四月十二日に下谷区西町の「井上神社」において執行された。前年五月には傘下の分支院に期日の通知を行ない、三十二年一月三十日に発起人会を行って境内の改修を含めて祭典予算は八百円とする詳細を決定している。祭典は、坂田安治が斎主となり、加藤直鐵が典礼を奉仕し、来賓には小笠原壽長子爵など華族のほか、村越鐵善、杉山大二、杉村敬道、小山鶴、田島安兵衛、松井信一、高野彦兵衛、横尾喜右衛門（信守）、丸山守真の九人の大成教禊教の有力教会長らが招かれている。参拝者には赤飯等を供し、吉備舞、神楽のほか余興として剣舞や手品も行われた。この祭典を記録した『教祖五十年祭誌』（明治三十二年）によれば、約千六百四十八円の奉納があり、費用は約千百四十二円であって、差し引き五百六円の剰余金が生じて禊教本院資本金に入れられた。

こうして、首尾よく教祖五十年祭を執行して、『教祖五十年祭誌』や『天津祝詞大要』を刊行し、全井上正鐵門中における「禊教・井上神社」の優位性を表明できたのであったが、初代管長の坂田安治は、教祖五十年祭の翌年の明治三十三年（一九〇〇）四月十三日に布教先の福島県会津において五十三歳で没した。

四　大正期と昭和前期の組織確立

安治の長男の実は八歳と幼少だったため、二代禊教管長に就任したのは、坂田鐵安の高弟であり三重県津の伊勢分院主管教師の乾久三郎であった。就任してすぐに明治三十四年（一九〇一）九月に『禊教新誌』を創刊したり[一〇]、明治四十三年（一九一〇）五月二十四日に「財団法人禊教維持財団」の設立許可を受けて、教団の財産を法人化した。そして、乾久三郎が大正五年（一九一六）に没したのちに、すでに管長事務取扱を務めていた栃木分院の柴真澄が三代管長を継承した[一一]。柴も大正十三年（一九二四）に没し、坂田安治の嗣子である坂田実が四代管長に就任した。

昭和前期は、管長職を坂田家の当主である坂田実が世襲し、昭和九年（一九三四）には笠原幡多雄[一二]が総監となって経営と教学を担当して、「禊教本院」は安定した体制を立ち上げた時期といえる。昭和七年（一九三二）には、東京の門中を中心に会員相互の扶助や交流を図る「禊教同門会」が設置され、昭和八年（一九三三）八月からは、月刊紙『唯一』が発行された。また、昭和九年（一九三四）には、後に後継者となる坂田安儀が生まれている。この時期になって初代の時代にもなかった「管長閣下」という敬称が教内で用いられ、勅任官待遇であった管長の権威を誇示しようとする傾向が見られるのも、こうした組織の確立に対応していたといえよう。

昭和十年（一九三五）に刊行された『禊教要義』は、笠原幡多雄が著述したものであるが、正鐵の教説のひとつの体系的理解の試みとして高い水準を持っている。その構成は、緒論、国体伝、神器伝、気息伝、神拝神楽伝、質素正直伝、慈悲報恩伝、和合人倫伝、祝詞伝、結論の十章からなっていて、それぞれのテーマに関わる正鐵の著作を解説することを基本に、適宜に神典を引用して論を補っている。またこの時期には、菅原一により、明治期の伝記編纂以後には顧みられることのなかった正鐵の遺跡を再確認する作業が行われている(一三)。

一方、社会的には、この昭和前期は、昭和五年（一九三〇）の昭和恐慌、六年（一九三一）の満州事変、八年（一九三三）の国際連盟脱退など経済、政治の混乱が激しくなり、世相は軍事的な色彩を濃厚に帯びてきた時代であった。昭和十二年（一九三七）には「国民精神総動員運動」が開始され、「禊教」も公認の神道教派として、文部省から直接に指示を受ける立場に置かれている。昭和八年（一九三三）八月の『唯一』創刊号の巻頭には、管長の坂田実が、「非常時に処すべき同門会員の覚悟」として一文を載せており、そうした立場が示されているが、文面には具体的な指示などもなく、さほどの緊張感は感じられない。

しかし、盧溝橋事件が発生した昭和十二年（一九三七）になると、やや具体的な指示が見られるようになり、八月には、毎朝夕の神拝の折りには、「禊教主神拝詞」に続けて「北支事変祈願詞」を奏上するようにとの指示が出された。この年の五巻十号（十月）には、「国民精神総動員に就いて」が掲載され、その実施事項にある「生活刷新の一般的項目」では、衣食住の三つを慎むという教祖の遺訓を奉じて常に修行しているところであるとされた。翌十三年の六巻一号

（一月）の巻頭は、「戦捷第一年の春頭を迎ふるに当り茲に謹みて皇室の弥栄を祝ひ奉り併せて国運の隆盛を賀し皇軍の武運長久を祈り奉る」という坂田実の文章で始まっており、六巻四号（四月）では、三月十三日に開催された「宗教団体代表者協議会」における木戸文部大臣の挨拶が紹介されて、国民精神総動員、宗教振興方策、北支布教、宗教団体法案の四件について示されている。さらに、「銃後後援強化週間」（九月）、「国民精神作興週間」（十月）、「新年奉祝」（十二月）、「日本精神発揚週間」（十四年一月）と、次々にキャンペーン実施の文部次官通知が『唯一』誌上に掲載されているが、それらについて具体案作成の上、各分支院に通知するとあるものの、実際には対応し切れていないようであり、こうした非常時への対応が、積極的な取り組みとなっているわけではなかった。

また、この時期の教勢は、大正十三年（一九二四）末で教師一五八七人、教徒二六一八九九人、信徒二九七一三七人、教信徒合計三二三三二六人とあり[一四]、約十年後の昭和八年（一九三三）五月で、教会所三十五、教師一五九〇人、教徒二八九三八人、信徒三〇八三四六人、教信徒合計三三七二八三人で[一五]、微増しているものの教派神道十三派中で最小規模であった。

五　宗教団体法への対応と戦後の復興

十四年（一九三九）二月に笠原が死去し、それを報じた七巻三号（昭和十四年三月）で、約六年続いた月刊紙『唯一』は休刊した。その年の四月に公布された「宗教団体法[一六]」は、翌十五年三月十五日に施行されたが、明治期に確立した神道教派としての法的な地位は大きく変わることになった。この法律では、神道教派、仏教宗派、基督教ほかの教団、寺院、教会は「宗教団体」として法人格を取得することができ、所得税や法人税、地租、地方税の免除などを定めている。また、宗教団体以外の宗教活動についても、「宗教結社」として届出の制度を置いた。その一方では、主務大臣が「安寧秩序ヲ妨ゲ…臣民タルノ義務ニ背ク」場合には教師業務停止や設立許可取り消しなどの処分を行える規定もあった。

法の施行後一年以内に新たな教規の認可を受ける定めによって、「禊教」は昭和十六年三月十五日に教規改正の認可を受けている。この宗教団体法の施行により、「禊教」も一つの宗教団体となったが、この時の教規改正で「管長ハ教統伝継ノ家門タル坂田宗家ノ戸主之ヲ世襲シ」として、前の昭和二年改正教規まで「管長ハ…教統伝継ノ三級以上ノ教師中ヨリ」選定するものとしていた禊教管長職を坂田家による世襲と規定した。また、教師養成機関として「禊教講学所」を設置したが、戦争が拡大していく社会情勢の中にあって、実際に機能したとは思われない。

第二次世界大戦の終末期には、「禊教本院」や「井上神社」が所在する東京東部地域も、アメリカ軍による空襲が繰り返し行われ、「禊教本院」は、昭和二十年（一九四五）二月二十五日と三月九日の空襲によって建物が焼失する被害を受けた。しかし、本院に隣接し、禊教管長が社掌を兼務していた「井上神社」は焼失を免れた。とはいえ、正鐵による教化活動の開始以来、東京東部地域が禊教各教団の活動の中心地だったので、この東京空襲による被害は、各教会にとっても、門中にとっても壊滅的なことであった。

そうした中で、「井上神社」がかろうじて焼失を免れて終戦を迎えたことにより、祭典や修行を実施でき、社務所の建築、拝殿の修復等と、神社を軸にして本院の復興を進められたので、禊教門中の戦後復興の精神的支柱となり、禊教全体の求心力を維持するのに大きな力となったのである。そして、復興のための組織として、昭和二十一年五月に「非常措置委員会」が置かれ、翌二十二年六月に「再建復興会」が発足している。また、崇敬組織としては、大正七年（一九一八）発足の「井上神社饌米会」と、昭和七年（一九三二）発足の「禊教同門会」を再編成して、二十二年（一九四七）八月には「井上神社奉賽会」が発足した。

昭和二十三年（一九四八）一月には、教報『みそぎ』（第一次）が刊行され、それを機会に出版・研究などを行う「みそぎ文化会」が設立された。この『みそぎ』は、昭和二十三年一月に「焼けなかった井上神社」の巻頭記事で創刊され、当初は月刊で刊行が開始されたが、のちに隔月刊になって、昭和三十一年（一九五六）十一月（九巻六号）まで刊行された。

二十二年頃には本院の祭典が復活して、社務所の建築から復興を開始し、二十四年（一九四九）三月に上棟式を行って五月末には竣工した。それは、平屋建十四坪の小さなものであったが、それまで管長一家は神社の拝殿に仮住いしていたので、その後の活動を進めるためには重要であった。また、境内地の一部を「みそぎ西町児童遊園」と名付けて遊具を設置し、子どもの遊び場に開放するということも行っている。そうした工事のさなかの二十四年（一九四九）四月十二日には、井上正鐵の百年祭が、例祭と兼ねてささやかに執行されている。

また、地方の分院教会では、浜松市の「遠江分院教会」が罹災したほかは、直接の戦災被害は少なく、〈初学修行座〉などの活動が、早いうちから復活している。〈初学修行座〉は、昭和二十二年（一九四七）一月に、浜松の遠江分院の門中宅を会場にして行われたのが最も早く、翌二十三年（一九四八）一月には、遠江分院で新しく〈禊司〉となった明戸勝蔵の〈三女五男の祝修行［一七］〉として八座の修行が立てられた。栃木分院でも早川金太郎が同じく二十二年に〈禊司〉に任命されて、二十三年には〈祝修行〉として八座の〈初学修行座〉が行われた。そして、二十四年（一九四九）になると、一月には遠江分院で女座、栃木分院で三月までに男女三座、西国谷分院で男座、二十五年（一九五〇）には、西国谷、栃木、佐野、二十六年（一九五一）には、西国谷、佐野、東国谷、山城、栃木などの分院で〈初学修行座〉が行われ、戦後数年のうちに地方の分院の活動が活発化している。

二十六年（一九五一）四月に宗教法人法が公布され、旧法人令による法人の改正規則認証期限が翌年十月までとされたことで、二十七年（一九五二）二月には、包括宗教法人である「禊教」をはじめ「本院大教会」や各地の「分院」の宗教法人法による法人設立の設立公告が『みそぎ』紙上で行われた。こうして、戦後の復興が進められたが、四代管長坂田実が昭和三十一年（一九五六）十二月に没して、当時東北大学の学生であった嗣子の坂田安儀が五代管長に就任した。

六　経済成長期の展開と教団分裂

五代管長坂田安儀の就任後には、駐車場経営などによる安定した財政の下で、引き続き本院施設の整備再建を進めていった。また、「禊教教典編纂所」（昭和五十二年五月に「禊教教典研究所」と改称）を設置して史料の収集や記録を行い、昭和四十六年（一九七一）に國學院大學神道史学会の『神道及び神道史』第十六号[一八]で特集された梅田義彦、池田昭、西田長男、安津素彦、坂田和亮による論文等[一九]のほかに、岩本徳一、伊佐九三四郎、松井嘉和の論文と坂田安儀、岩本徳一、西田長男の対談を加えて、昭和四十七年（一九七二）に『禊教の研究』を刊行した。加えて、『神道唯一問答書』口語訳も同時に発行して、布教や教学の充実を図ろうとしている。そして、管長自身も、日本宗教連盟や世界宗教者平和会議（ＷＣＲＰ）などの要職に就いて対外活動を進め、「禊教」の知名度を上げていた。

そうした中で、昭和三十一年（一九五六）十一月から約二十年間ほど休刊されたままの教報の復刊が企画され、昭和五十年（一九七五）一月に『みそぎ』（第二次）が創刊された。しかし、教報復刊の直前、昭和四十九年（一九七四）十一月二十七日の未明に、「井上神社」が不審火で焼失したため、創刊号は「井上神社炎上」という特集で始まることとなった。それ以降、再建に向けた門中組織化のメディアとなり、昭和五十六年（一九八一）十二月に八十四号で休刊するまでの七年間の「井上神社」の再建をめぐる教内の動静がわかる。

昭和五十年（一九七五）には、教団創立百年祭を神社跡地で執行し、はじめは旧社地での再建を図り基本設計までできていたのだが、昭和五十六年（一九八一）二月には計画を変更して、東上野の土地を売却して全面的に移転することを決定した。移転先とされた小淵沢は、周辺に巨摩分院、甲斐分院などがあって、鐵安以来の門中も多くおり、かつ広大な敷地を確保しやすいという好条件があった。また、新しい神社の建設を中心に大幅な組織再編をすることになり、五十七年（一九八二）十月には、宗教法人「禊教本院大教会」の解散の手続きがとられた。しかし、同じころに坂田管長家での内紛が発生して、週刊誌等で報道されるに及んで門中に動揺が起きたが[二〇]、昭和六十一年（一九八六）九月には、山梨県小淵沢町（現在の北杜市）上笹尾に、第一期計画の八億円で神明造の本殿が竣工して、遷座祭を執行した[二一]。

その際、「井上神社」が所属していた「神社本庁」からは離脱し、「身曽岐《みそぎ》神社」と改称した。また、祭神の井上正鐵に〈天徳地徳祚身曽岐《あめのとくちのとくひつぐみそぎ》自在神《かんながらながらのかみ》〉という神号を諡って天照大神と併せ祭り、さらに、正鐵が「神は火水《かみ》なり[二二]」と教えたとして、神道護摩を行う〈火祥《かしょう》殿〉と、井上正鐵門中で伝承してきた〈神水の伝〉を〈布斗麻迩《ふとまに》水祥《すいしょう》神事〉として行う〈水祥《すいしょう》殿〉を造営したほか、〈十種神宝《とくさかんだから》御法《ごほう》〉を行う〈祝殿《はふりでん》〉などの社殿や能舞台などの施設を次々と造営していった[二三]。

また、東京の世田谷区瀬田には「東京教務庁」も建設し、宗教法人「禊教」の主たる事務所を置いたが、数年後には売却している。そうしたころ、全国の分院の法的な離脱や、関係の断絶も相次いだ。刊行物としては、宗教色を薄めた総合雑誌として、関連会社から昭和五十七年（一九八二）に『エミターメ』を刊行したが第五号で廃刊となり、『みそぎ』（昭和六十一年八月のみ）や『神道禊教報』も継続することなく終わった。そののちには建設費などの債務のために境内地や社殿が競売に付されるなどの困難な状況も生じたが、かろうじて活動は維持され、「かんながらのみち[二四]」の崇敬社となってからは、薪能などの行事により小淵沢の名所の一つとして知られるようにもなり、修行座や祭典も行われている。なお、平成二十年（二〇〇八）から、「身曽岐神社」とは別に「伯家神道・禊教」としての活動も行われ、『みそぎ』（第三次）が年一回刊行されている。

一方、昭和末期の「井上神社」の移転や教義・行法の改変、そのほか坂田家の内紛などによる混乱の収束を図ろうとして、昭和六十一年（一九八六）二月に、五代管長の長男である坂田安弘が教主となって北関東地区の九分院を中心に

「禊教真派」が設立された。栃木教会に本部を置いて、昭和六十二年（一九八七）二月からは教報『みちづけ』を刊行し、祭式講習会の実施により神職の養成を進めた。さらに修行座を司る教導職を養成して、平成二年（一九九〇）三月には北関東での〈初学修行座〉を四十年ぶりに復活させ、八月には〈祓修行〉の普及のための日帰り〈おみちづけ修行〉を新らたに設けた。そして、複数回の参加で従来の〈初学修行座〉の成就に相当する日帰りの〈産霊直修行〉を始めたり、『神道唯一問答書』の再刊や教義テキストの出版を行うなど、伝統的な教団の再興を志向した。こうして、従来からの信徒の再把握を進めて、平成四年（一九九二）五月には包括宗教法人としての認証を受けた。平成十二年（二〇〇〇）には本部の置かれていた栃木教会を含む北関東の四教会が離脱したが、十三年（二〇〇一）十一月には中央区東日本橋に本部を移し、十四年（二〇〇二）七月には「神道禊教」と改称が認証され、定期的に修行座や祭典などの行事が開催されている。

七　禊教本院と〈十種神宝御法〉

昭和中期以後の禊教本院・坂田管長家の活動の特徴として、白川家に由来する行法の一つ〈十種《とくさ》神宝《かんだから》御法《ごほう》〉の体系の中に井上正鐵の行法を位置付けることで、神祇伯白川家に直結する教団であることを表明してきたことがある。

この〈十種神宝御法〉は、高浜誠七郎[二五]が白川家の祝殿《はふりでん》で行じられていた行法などを体系立てたものといわれている。『白川家門人帳』には、文久二年（一八六二）八月朔日に「十種神宝御法口授」の記録があるが、高浜誠七郎の関係者以外の人物がこの伝授を受けた記録はないので、この時期に成立して伝授の形式で公認したものであろう。それは、瀛《おき》津鏡《つかがみ》、辺津鏡《へつかがみ》から品々物《くさぐさもの》ノ《の》比礼《ひれ》までの十種神宝に、十種《じっしゅ》から一種《いっしゅ》までの段階を当てはめ、修行の進み方に応じた〈拍手〉などの神拝の作法を許される。その行法は、神拝に引き続いて、周囲で審神者《さにわ》や上位の修行者が〈禊祓〉や〈中臣祓〉〈一二三《ひふみ》の祓〉などを唱える中で、中央に座る修行者はなすがままに体を動かし、そこに現れる姿を審神者が見定

めて高次の段階へ導いていくというものである。これについては、後述する中村新子に伝習した馬場剛が、

御修行は往昔御取立といって、皇太子、皇女がなされた畳の上でやる行である。もとより是は極秘伝授であって、文章や言語で表現することは困難である。…御修行は天のウズメの行ともいわれるが、これは陰になって陽を迎えることであり、やがて限りない旋回の中に陰陽は合一する。旋回は宇宙本源の姿であって、もはや陰でもなく、陽でもなく、すべては旋回の中に溶け込む。身体が本然の姿に帰るから、不完全なところが治り、病がなくなるのは当然である。さらに重要なのは精神のゆがみが取りはらわれることである[二六]。

と述べているように、言語化された教義があるわけではないが、修行者の身体の動きにより、行の進み方を判断する経験的な基準があるという。

「禊教本院」の開祖である坂田鐵安は白川家の家来として、京都の白川家や江戸執役所に出入りしていたので、白川家が伝承する神事を再構成したり、教義付けをしようとする動きに接触していた可能性は高い。しかし、ほぼ同世代の人である高浜誠七郎が体系化したこの〈十種神宝御法〉については、禊教とは異なった成立過程があることを承知していたので距離を取っていたようである。しかし、明治後期ごろから、大成教を含め、禊教の教師の一部には、それぞれが同じ白川家に由来するという近縁性もあって、禊教の行法とともに合わせて行じようとする傾向が現れていた[二七]。

そうした来歴の中で、もと大成教所属の「神道禊大教会」（現在の「唯一神道禊教」）教長の関口鐵三郎は、昭和三十年代に高浜誠七郎の孫の中村新子[二八]を招請して、〈十種神宝御法〉の修行を行っていたが、そこへ坂田安儀も参加していたといい[二九]、「身曽岐神社」の建設後の昭和六十一年（一九八六）ごろより、〈十種神宝御法〉の伝承を表明して指導を開始した。一方、「禊教真派」（現在の「神道禊教」）を立てて父と対立していた長男の坂田安弘も、平成十三年（二

〇〇一）から「多治比道場祝伝相承斎修会」として、この行法の指導を開始している。こうして、高浜伝白川家行法というべき〈十種神宝御法〉は、「禊教本院」の系統を引く教団において、禊教行法と重層化して伝承されている。

だが、「禊教・身曽岐神社」では、神社の移転後、日常の神拝詞も『神鑑《かみかがみ》』の名で〈十種神宝御法〉で用いる文言に全面的に改定し、〈初学修行座〉をそのまま〈十種神宝御法〉の十種、九種の行と位置付けているのに対し、「神道禊教」では、現在も伝統的な禊教の神拝詞を用いており、禊教行法による〈産霊直修行座〉（かつての〈初学修行座〉）を成就した者が、別途に許しを得て「祝伝相承斎修会」の八種から入門を許されるという設定にしており、禊教の行法と〈十種神宝御法〉との距離の取り方には相違がある。

八 まとめ

明治期における神道教派としての教団形成の中で、後に「禊教」となる坂田鐵安が率いる教会が、井上正鐵門中の統一を維持しようとしながら動揺を続ける「吐菩加美講」以来の動きに見切りをつけて、明治十二年（一八七九）の「井上神社」創建の許可申請と、「惟神教会」への専属化を転機に、「禊教」として独立していく動きを作った。その結果、精神的な求心力を「井上神社」が持ち、組織としては「禊教本院」が教会や教師を一元的に管理することに成功した。さらに教導職廃止の太政官布達によって明示された管長設置の神道教派となり、いわゆる神道十三派の一つとして確固とした位置を占めることができた。また、組織拡大のために井上正鐵門中以外の道統の教会を傘下に収めようとする動きもあったが、それは主流となることなく、ほぼ単一の道統を保持する教派として展開してきた。

昭和十五年（一九四〇）の宗教団体法の施行により、神道教派としての特権的地位を喪失し、さらに戦後の宗教法人令や宗教法人法の施行による変遷によっても、坂田管長家が司る「禊教本院」が道統の淵源としての権威を保持していたので、分派独立が避けられ、大きな支障は出なかった。また、戦災により東京の本院が被害を受けても、各地の分院の活動によって本院が支えられたし、「井上神社」が戦災による焼失を免れたことで、求心力が維持された。さらに、「禊教本院」の復興も、社務所の建築、拝殿の修復等と、「井上神社」を軸にして進めることができた。

しかし、「井上神社」が焼失した昭和後期以降には、坂田管長家の内紛による教団分裂などにより「禊教本院」そのものが解体し、再建された神社も「禊教」全体からの求心力を持つことはできなかったばかりか、坂田安儀の「禊教」・「身曾岐神社」と、坂田安弘の「神道禊教」（もとの「禊教真派」）に、分裂することとなった。そうした中でも、父子二代にわたって伝承と体系化を進めてきた白川家伝来とされる〈十種神宝御法〉と、井上正鐵の〈祓修行〉による禊教行法を融合することで、宗教的な権威と求心力を高めようとしてきたのである。

註

一　坂田鐵安の経歴については、本書第二章第七節「坂田鐵安の活動」に述べた。初出は、荻原稔「禊教成立前史」による（平成十八年）。

二　森正康「禊教教団史における一つの画期」（昭和五十八年）。近年存在が確認された岸本昌熾『井上祐鐵先生傳』（明治二十九年・個人蔵）には、「諸門人信徒等相謀て将に教祖の墳墓を三宅島より内地に移さんとす又是を遺族に謀る。先生曰く之を梅田の舊地に移さば則可なり。然らずして若し他に移さんとならば決して許さず。約既に成り之に着手す。先生乃ち衆を勵まし倶に渡島して其事に盡力す還るに及て、衆中或は前約に背く者あり。先生聴かず。為に其悪む所と為りたりと云ふ。谷中墓地分骨の事是なり（八丁ウから九丁オ）」とあり、はっきりした理由はわからないが、井上祐鐵が梅田村以外の場所への改葬に強く反対したらしい。

三　三橋健「井上神社の成立」（昭和五十七年）。

四　『東宮年譜』一二一頁。

五　『天津菅曽』一号（明治二十二年二月）には、「坂田管長履歴」が掲載されている。坂田安治は、嘉永元年（一八四八）六月六日の生まれで、父は坂田鐵安、母は同村の須賀勝五郎の娘夜須子であった。安政三年九歳の時に母を亡くし、安政六年十二歳の時に元服して保木間村名主を申し付けられた。元治元年十七歳で禊修行を成就し、翌慶応元年に知珂子と結婚した。明治になってからは、四年に戸長、五年からは印旛県、群馬県、熊谷県と出仕し、明治八年には官職を退いて父を補佐することとなり、同年に教導職試補、翌九年に権訓導、十五年の教導職官制廃止までに中講義まで昇級した。

六　内務省告示第百二十九号及び百三十号。『公文類聚』第十八編巻四十一（国立公文書館所蔵）。

七　明治三十四年（一九〇一）一月、金融恐慌により愛国銀行は支払いを停止した。この時に信徒の多くが愛国銀行と取引を持っていたために損害を受け、「禊教本院」の信用も傷ついたといわれている。

八　『天津菅曽』の現物（荻原所蔵）は、一号（明治三十一年十一月）から六号（明治三十二年八月）までしか確認されておらず、いつまで続刊されたのかは不明。

九　神皇教会、開運教会、塩竈教会、金刀比羅教会（以上、長野県）、顕本薫的教会（高知県）といった教会の設置が認可されているが、一方で、明治三十二年には、塩竈教会の教会長らが「本（禊）教主神祭に不敬の行為」があったとして譴責の処分を受けている事例もある。

一〇　『禊教新誌』は、五号（明治三十五年一月）と六号（明治三十五年二月）のみ現物（荻原所蔵）の確認ができるが、「毎月一回廿日発行」とあるので、明治三十四年九月の創刊であろう。いつまで続刊したのかは不明。

一一　柴の著作には、「禊教の教旨」（大正元年）がある。

一二　笠原幡多夫は、会津出身の専従の禊教教師を父として、明治十三年（一八八〇）に茨城県で生まれ、明治三十七年（一九〇四）に國學院大學を卒業後、皇典講究所の講師などを勤め、著作には『明治大帝史』（明治神宮編『明治神宮叢書・聖徳編二』所収）がある。あわせて、禊教の教務にも関わり、大正十三年（一九二四）には大教正に補せられて、教師検定委員、教務課長を歴任し、昭和九年（一九三四）には、野中猪三郎の跡を受けて、総監に就任した。『唯一』誌の主筆として、本名のほか「立堂」「未成山房主人」などの号を使って執筆。昭和十四年（一九三九）二月に六十歳で死去。

一三　菅原一は、奥秩父保勝会を主宰して、三峰口駅前に博物館を開き、秩父地方の遺跡の調査や保存に従事し、著作には『秩父物語』（昭和五年）がある。禊教との関係は、荒廃していた日野沢村の正鐵自刻の神号石の所在を発見して「禊教本院」に知らせたのが契機である。その時は、三田村鳶魚の指示に従って、現地の新井武信の協力により重木耕地の諏訪神社境内に神明社として遺跡を保存することができ、『日本及び日本人』二八一号（昭和八年九月）に「土蔵神道（正鐵翁と蘭渓）」として秩父の禊教を紹介している。そのほか、直門三浦知善の墓碑を再発見したり、三宅島の調査も行い、その成果を『唯一』誌上に発表した。

一四　文部省宗教局の調査（大正十三年末）による。補永茂助「神道概説」（昭和四年）六五から六六頁より重引。

一五　文部省宗教局内行政研究会の調査（昭和八年五月）による。『翁』一七三頁より重引。

一六　文部省『学制百年史』第一編第五章第一節四には、「この法律により、布告、布達、省令、訓令などの三百あまりの脈絡のない断片的規定によって定められてきた宗教法規が統合整理された。これは明治三十二年に構想された宗教法案を大正二年に内務省から宗教行政を移管された文部省で立法を計画し、大正十五年に設置された宗教制度調査会で調査立案して、ようやく成立したものであった」とある。

一七　〈禊司〉は、「禊教本院」の用語であるが、古くは〈産霊役〉といわれ、〈禊修行（祓修行）〉で修行全体の進行を司り、新規入門の修行者である〈初学〉の境地を見定めて伝授を行う高位の教師である。新たに〈禊司〉に任命されると、天照大神と素盞鳴尊との誓約で、息吹によって三女五男の神々が生まれた古事に習って、女性対象の修行座を三座と、男性対象の修行座を五座主催する風習があり、これを〈三女五男の祝修行〉といった。

一八　梅田義彦「禊教の成立と現況」、池田昭「禊教の精神構造」、西田長男「井上正鐵の著書おぼえがき」、坂田和亮「禊教教祖井上正鉄年譜」、安津素彦「井上正鉄の心境」の六編。

一九　岩本徳一「井上正鉄翁の遠流と歿後における伝道史」（昭和四十七年）、伊佐九三四郎「謫居七年―三宅島の井上正鐵翁―」、松井嘉和「日本的思考傾向にみられる寛容性について―井上正鐵の場合―」、松井嘉和「井上正鐵の生涯―その人と思想の源泉―」。

二〇　『週刊文春』（昭和五十九年四月十九日号）、『週刊新潮』（昭和六十年四月四日号）、『政界往来』（昭和六十年二月一日号）、『週刊アサヒ芸能』（昭和六十二年七月二日号）など。

二一　『みそぎ』（一一巻一号、昭和六十一年八月）。

二二　『遺訓集』はじめ、現在確認できる井上正鐵の遺文にはこの趣旨の文言は見当たらない。

二三　「身曽岐神社」・「禊教」の教義展開については、坂田安儀『高天原、いざ』（昭和六十一年）、『この世の神さま』（昭和六十一年）など。

二四　平成十一年（一九九九）に解脱会の教師であった北川慈敬により創立された。

二五　文化八年（一八一一）備前国都窪郡生まれ。「白川家門人帳」には、安政六年（一八五九）四月二十二日に「依願解講沙汰文」を授けられ、同年六月二十八日には比岐目鳴弦の伝授を受けた記録がある。明治二十六年（一八九三）二月没。遺詠は、昭和五十七年の九十年祭にあたり、『高浜清七郎先生九十年祭記念刊行　沙庭』（昭和五十七年）として刊行された。

二六　馬場剛『明治大正昭和の日本』（昭和三十六年）二六一から二六二頁。

二七　伊那の直門伊藤祐像の門下である田中嘉平治の子孫の田中家には、〈十種神宝御法〉で用いる独特の文言の「一二三祓」「禊祓」「中臣祓」を記した神拝詞が保存されている。伊藤祐像の関与がどの程度だったかについては不明だが、伊那の門中に関わりのあった新田正善などの明治後期以後の大成教禊教の教師による伝播と思われる。また、栃木県太平山の中腹に存在した「大日本身滌教院」は、大成教所属の禊神道本院長であった丹羽鐘次郎が建設したものであるが、そこでも〈十種神宝御法〉が行じられていたらしい。その教会に保存されていた白川資長子爵の揮毫による「惟神」の額には「明治壬子」（明治四十五年・大正元年）の年号があるので、その当時の建設であろう。昭和前期には荒廃してしまったので、神体や神具は太平山神社で保管し、「惟神」の額は、「禊神道本院」の後身である「唯一神道禊教」（東京都足立区）に保管されている。

二八　中村新子は、高浜清七郎の孫であり、昭和中期まで〈十種神宝御法〉の伝承と指導を行った。この行法を関係者は単に〈御道〉〈御修行〉などと呼び、〈さにわ神事修行〉とも称したが、師弟関係のなかで秘儀として行じられ、教義にまとめて文書化したりすることはなかった。高浜清七郎のあとは、東京の門人吉田彦八や、娘婿である宮内忠政に相承され、宮内の娘である中村新子は「和学教授所」としてこの行を指導していた。中村の門人の馬場剛は著書において、

…和学教授所の中村新子先生に紹介してもらった。中村先生は白川神祇伯王家最後の学頭であった高浜清七郎先生の孫に当たる人で、唯一の御道伝統の継承者であることも解った。高浜先生は伯王に代って神事に奉仕せられ安政四年には比岐目鳴弦の御法、文久二年八月には十種神宝の御法の御奏伝を受け、内侍所ならびに神祇官御免状、内侍御印書を拝受した古来日本における三人の審神者に入る人であった。和学教授所は神社本庁顧問吉田茂氏、近江神宮宮司平田貫一氏、神社本庁調査部長岡田米夫氏が相談役であり、小林一三氏の秘書であって宝塚音楽学校校長である引田一郎氏が理事長であった（前掲『明治大正昭和の日本』二五九頁）。

と述べており、ある程度の組織が成立していたようである。ここに相談役とされる岡田米夫は、当時國學院大學で行われてい

た神道講習会で、しばしば「中村新子師こそ伯家神道の正統な伝承者である」と語っていたという（故関口鉄三郎氏談）。

二九　故関口鉄三郎氏談（平成九年八月）。

終章

一　はじめに

本書は、井上正鐵とその後継者たちの教化活動が形成され、変容してきた過程を、史・資料に基づいて整理することを目的としてきた。ここではそのあらましを振り返り、本書の到達点と今後の課題を明らかにして終わりたい。

二　井上正鐵門中・禊教の研究史

序章では、研究の目的を掲げ、その手掛かりとなる史・資料や先行研究の概略を見てきた。

まず、井上正鐵の著書は、寺社奉行の命によって執筆した『唯一問答書』があり、加えて遠島となった三宅島からの書簡を中心に百八十二タイトルの文書が、明治期に刊行された『井上正鐵翁遺訓集』全八巻に収録されている。これらを底本にした『神道大系　論説編二十八　諸家神道（下）』が昭和五十七年（一九八二）に刊行された。

伝記については、万延元年（一八六〇）執筆の村越守一による『神祇道中興井上正鐵霊神記』が最も早く成立し、明治十年（一八七七）の井上祐鐵『井上正鐵眞傳記』が最初に刊行され、明治十二年（一八七九）の鈴木真年校正『校正井上正鐵眞傳記』、明治二十一年（一八八八）の鈴木真年校正・東宮鐵真呂増補『校正増補井上正鐵眞傳記』とタイトルと著者名を引き継ぎながらも、校正者や増補者が加わって、版や内容が変化している。これは大成教禊大教院長として統合の中心の立場を期待された遺族の井上祐鐵の名義を残そうとしたものだった。また、麻生正一による明治二十三年（一八九〇）の『増補井上正鐵翁在島記』と昭和八年（一九三三）の『神道家井上正鐵翁』があり、明治二十八年（一八九五）には小木藤太郎・岸本昌熾『教祖井上正鐵大人實傳記』が刊行されている。こうした諸本の間での記述の異同が検討されたのは、昭和四十七年（一九七二）松井嘉和「井上正鐵の生涯―その人と思想の源泉―」（『禊教の研究』）が初めてであり、平成十一年（一九九九）の荻原稔『井上正鐵の生涯―教祖伝研究ノート』では、伝記の記述を史料によって裏付けする努力を行った。本書においてもそれを進めるとともに、新出の史料により見解を改めたところがある。

宗教史的、比較宗教的な研究は、大正元年（一九一二）の三田村鳶魚「調息の獄」に始まり、大正四・五年（一九一五・一九一六）の加藤玄智「倭論語の本文批判的研究」、大正十一年（一九二二）の河野省三「黒住宗忠と井上正鐵」などがあるが、昭和前期になると、教派神道を対象とした研究が進んで、昭和七年（一九三二）の田中義能『神道禊教の研究』をはじめ、同年の中山慶一『教派神道の発生過程』や、昭和十四年（一九三九）の鶴藤幾太『教派神道の研究』において概説がなされた。戦後には、昭和三十三年（一九五八）の村上重良『近代民衆宗教史の研究』で短い言及がなされたが、昭和四十年代になって、國學院大學の研究者たちが「禊教本院」における教学研究に参画し、昭和四十七年（一九七二）に『禊教の研究』が出版されて、昭和後期の禊教研究の到達点となり、さらに全集の編集や教祖伝、教団史の研究を行う必要性が示された。

また、井上正鐵門中・禊教の源泉の一つである白川家を含む神道本所に関する成果は、戦後の研究の進展で特筆すべきであるが、昭和四十七年（一九七二）に、近藤喜博『白川家門人帳』の翻刻及び解説により、白川家門人には、井上正鐵門中も多く存在したことが史料として明らかになった。平成元年（一九八九年）の高埜利彦『近世日本の国家権力と宗教』で、白川家が宝暦期以降積極的に吉田家に対抗して組織化を図ってきた状況が示され、さらに、平成十九年（二〇〇七）の井上智勝『近世の神社と朝廷権威』において、「諸社禰宜神主法度」を背景にして多くの神職を支配下に置いてきた吉田家への反発と、考証主義の展開や復古的な動向を受けて投げ掛けられた吉田家の正当性への疑問によって白川家の地位が高められたのと同時に、社家の多くを支配している吉田家への対抗上、白川家では百姓身分で神職を務める者などの新しい対象を配下として開拓していった状況が描き出された。その間、平成十二年（二〇〇〇）井上智勝「神道者」（高埜利彦編『民間に生きる宗教者』所収）においては、神道者といわれる下級神職の群れの中から頭角を現した成功事例として取り上げられ、明治以降の「禊教教祖」としての理解とは異なる、当時の歴史的な文脈の中での井上正鐵が初めて描かれた。

三　井上正鐵の〈祓修行〉と教化活動

第一章第一節では、井上正鐵門中・禊教の活動で現存する行法を描写した。禊教の行法は、一般にほとんど知られていないばかりでなく、禊教関係者でも他教会の行法を経験する機会はほとんどない。だが、こうして比較することで、リズムや使用する法具などの形態や作法の相違ばかりでなく、井上正鐵の創始した祖型と想定される行法の基本形が、無声の深呼吸と、一定の誦詞を大声でリズミカルに繰り返し唱え続ける行の組み合わせであることが確認できただろう。

第二節では、梅田神明宮での教化活動を始めるまでの前半生における井上正鐵の思想と行法の源泉として次の五項目について考察した。

㈠　救済の志の原点である父の安藤眞鐵（一七五三～一八二七）
㈡　具体的な救済技術としての医術の師である磯野弘道（一七七二～一八四七）
㈢　観相と慎食による開運思想の師である水野南北（一七五七～一八三四）
㈣　救済の根元をなす「信心」の師である未詳の女性導師（「ていせう」あるいは「今井いよ」）
㈤　神道の伝統と神職としての社会的な活動の根拠となる神祇伯白川家

最初に、救済の志の原点である父の安藤眞鐵を理解するために、井上正鐵の生家である安藤家に残された『安藤家系』（天保七年）などの記録により、『唯一問答書』の記述を補って、自己形成の土台となった安藤家の家庭状況を見ていった。譜代大名の秋元家に仕えた安藤家は、中世には里見家の家臣であったが、主家の滅亡後には牢人となって帰農し、行政の整備が進んだ元禄年間になって、初代が秋元家に登用されたのだった。そして、正鐵の父である三代目の眞鐵は、藩主の嗣子の近習を勤めて、将来の藩主の側近となるべき立場であったのだが、その人の夭折と、大坂役、貸付役といった資金調達に関わる職務に従事するうちに精神的なダメージを受けて、長男に番代をさせて休職するに至った。眞鐵は、二階に篭って読書や思索をし、限られた学友たちとは夜明けまで談論して過ごす生活を続けたが、次男の正鐵はそうした父の膝下で過ごすうちに、〝さまざま学びを好み、貧者、病者、老たる者をたすけんとおもふ心又止時なし〟という志の原点を得たのであった。だが、離婚や離縁をして、各地に放浪せざるを得なかった姉弟たちも、父の番代として家職を勤める長兄も、〝兄弟やすきことなし〟だったという。こうした家庭状況の中なかで常に自分の至らなさを感じつつ、父を敬愛してともに求道する青年となったのである。さらに、三十八歳だった文政十年（一八二七）に、父の安藤眞鐵が、〝祝詞の事〟の継承を命じて死去したが、その遺言の成就のための探求が、井上正鐵の後半生を方向付けたのであった。

二十歳の正鐵が入門した医学の師である磯野弘道は、甲斐国一町田中村の人で、古方派医学を吉益東洞の門人岑貉丘より学び、甲州の伝説的名医永田徳本の医学を父の磯野原泉より学んでいた。さらに、天保年間の江戸では、弘道自身が「徳本流一派医学」を立てて学医として有名だった。この師の下での修業期間は不明だが、三十七歳の文政九年に再会した折には、出藍を称えられる技量となっており、職業であるだけでなく教化活動の手段としても重要なものであったろう。

二十五歳の時には、伊勢の古市の旅館で、神宮に祈願中の水野南北に出会って入門した。南北は大坂の下層民の出身で、若いころは放蕩を重ねて投獄されたこともあったというが、幸運な出会いと自身の努力により、『南北相法』前編・後編十巻を完成させた高名な相法家である。この時にはすでに五十八歳の円熟期であり、『南北相法極意修身録』を著して、「生涯の吉凶悉く食より起る」として食の慎みによる運命の改善を説いていた。この師の下で、慎食と調息の行法を実修し、約一年の修行後に母の病報に接して江戸に戻り、萌芽期の教化活動を開始することになったのだった。

それからも求道を続けた正鐵は、三十五歳であった文政七年（一八二四）九月四日に、「今井いよ」といわれる未詳の女性導師から、「神祖の大道」を伝授されたというが、その約一年半後の文政九年（一八二六）の旅日記『煙草の裏葉』には、〝御仏にまかせつる身〟とか、〝念仏して他力にまかせつゝ歩み行き〟などと記されおり、熱心な念仏信仰をしているのがわかる。それからすると、この伝授は、大声で念仏などを唱えて往生を確信させ〝信心とて…誠の心〟を授ける秘儀的な念仏信仰の行法による「得道」を受けたものと思われる。

三十八歳だった文政十年（一八二七）の六月下旬に、父安藤眞鐵が、〝祝詞の事〟（「皇国伝問答」）という〝神道の御教〟（『唯一問答書』上「金銀融通」）を悟って正鐵に継承を命じ、その半月後の七月十四日に七十五歳で没した。しかし、正鐵自身は、まだその時点では、〝深き心を悟〟れなかったと述べていて、天保二年（一八三一）二月二十三日には、気吹舎の平田家を訪問した記録もあって、〝祝詞の事〟を求道の課題として探求し続けていたことがうかがえる。

そうした探求の中、〝愚子四十四才の春〟すなわち天保四年（一八三三）の春に、〝汝が迷ひの心の闇を破るの明玉〟を〝一人の若女子〟から与えられるという神夢を得て、〝惑ふ心〟が消えて、〈信心〉に至る行法と、父の〈祝詞の事〉を〈息〉によって統合する確信に至った。そして、その年の九月には、先の「今井いよ」と同一人物と思われる「ていせう」という未詳の女性導師から、「伝授」を受けているが、これは自らが文政七年（一八二四）に受けた〝信心とて…誠の心〟を授ける行法の指導者となる法式であったろう。さらに、すぐ翌年の天保五年（一八三四）には白川家に入門し、天保七年（一八三六）十一月十五日には、上京して白川家に参殿した。その時には、「江戸御門人」として神祇伯資敬王にも御目見の上で神拝式の伝授を受け、神職の装束の着用を免許されたが、こうした厚遇は、吉田家に対抗して、社家ばかりでなく民間宗教者を取り込んで支配の拡大を図っていた白川家の動きの一環でもあったのである。

このように整理してみることで、『唯一問答書』はじめ『煙草の裏葉』や初期の仏教的内容の書簡などの自ら記した文書と、『真伝記』や『実伝記』などの伝記の記事とを整合的に理解することができるし、宗教をはじめとする江戸時代後期における社会・文化の状況のなかで、彼の生涯を理解していく端緒が付けられただろう。なお、『実伝記』では、「ていせう」を、「御倉門徒」としていて、浄土真宗の異端信仰である秘事法門とみなしているが、本書では井上正鐵の後継者の一部が、中世末期の念仏行者に由来する「弾誓流高声念仏」を称していたことも踏まえて、あえて秘事法門とは断定せず、「秘儀的な念仏信仰」の「未詳の女性導師」とした。

第三節では、井上正鐵が行った教化活動の経過について、その萌芽期から寺社奉行による取締によって本土での活動が終息するまでを見てきた。

萌芽期の教化活動は、水野南北門下としての観相や卜筮によるものと、秘儀的な念仏信仰の教化であるが、「煙草の裏葉」といくつかの書簡が残るのみであり、詳細な確認はできない。天保四年（一八三三）に確信を得て、天保七年（一八三六）に白川家から神拝式と許状を授かったのちには、野澤主馬（のちの鐵教）らの入門を許して補佐役を確保しつつ、秩父や越後での教化活動を積極的に進めて地方拠点を設け、江戸近郊での活動開始に備えている。

天保十一年（一八四〇）四月に、日光道中千住宿に隣接する梅田村の梅田神明宮の神主に就任して本格的な教化活動を開始した。だが、翌十二年十一月の最初の取締により、井上正鐵夫妻と高弟三浦隼人夫妻の四人が捕えられて三浦隼人は獄死した。十三年二月に帰村した正鐵は、寺社奉行の命により『唯一問答書』二巻を執筆して提出したが、この書は大学頭林家により審査され、かえって取締の根拠となったらしく、同年九月には再度の取締により捕えられて、翌十四年（一八四三）二月に遠島を申し渡されたのだった。

第四節では、寺社奉行の申渡しに述べられた事実認定に基づき、正味二年半に過ぎない梅田神明宮での教化活動の内容について検討した。寺社奉行は調査や聴取によって活動の経過や実態を把握し、「白川家伝来」とはいえない「新義異流」であることを確認したうえで、「衆を惑わせ」る「不届」な行為と判断して、遠島に処す決定をしたと想定されるのである。

梅田神明宮における教化活動では、多人数を集めて「神書講釈」を行って、そこから進んで「大音」に一日中「祓」を唱えさせて「呼吸の法」を伝え、熟練の者には「祓の意味」などを「伝授」したとされている。まず、「神書講釈」では、『唯一問答書』にある〈神拝・神楽の心〉や〈天地の心〉などのテーマが語られたであろうが、そこから進んで深い意味を把握するには〈祓修行〉が不可欠であると指導した。〈祓修行〉は、数日間をかけて大人数で祓詞を唱え続ける行法を繰り返すとともに、個別に身体的・心理的な状況を指導者が見定めて別室で行う伝授の二段構成になっており、無声の〈永世の伝〉と大声の〈お祓〉と、そして息を出し切る〈息吹〉の三種類の呼吸法によって、〈喜心〉〈悟心〉を経て〈信心〉とされる境地に導かれ、自分の生命そのものに直面して生まれ直しの体験をする。こうした体験を基底に持つことで、質素で勤勉な望ましい生活習慣を身につけ、自己省察による向上心と希望を保ち、支援し合って生きようとする態度や、自己の業務が神々の事業の一環であるという教義をリアルに体得できるようになるのである。

この〈祓修行〉を主宰する指導者は、‘あしきむすびに結ばれて生れ中霊を、よく結び直’す〈産霊役〉とされ、神聖な意味付けをする儀式の行事作法や、行法指導上の判断基準を〈産霊の伝〉として伝授された。だが、「神水の事」「喜悟信の事」「法止の伝の式」の〈産霊の伝〉三か条の伝書は散逸してしまっていたので、本書において、関東大震災等を免れて別々に残っていた文面が確実な二か条と、一か条分の内容を復元して示すことができた。これにより、井上正鐵の教えの核心と行法の構成を明確に把握できるだろう。

特にそのなかでも、「法止の伝の式」については、明治初期の『禊事規則』における「禊成就の式」と昭和中期に休止した教会で行われていた実技の伝書を照合しつつ、〈息〉によって〈信心・誠の心〉を体得させる行法の実態を明らかにした。国学者たちが「天津祝詞太諄詞」を、文献上の特定の文言として比定しようとしたのに対して、知的な理解力にかかわらない身体的な〈息〉であるとして、全ての人に可能性を開放したのが、正鐵のオリジナルな宗教性であることがわかるだろう。

第五節では、白川家との関係を軸にして、井上正鐵と門中の活動を見た。井上正鐵は単に入門して許状を取得しただけでなく、取締にあたっての保釈の対応や、寺社奉行からの下問に対する関東執役の対応など、白川家との間での緊密な相互関係を結ぶことになった。そこで、金光図書館所蔵の『白川家門人帳』と、宮内庁書陵部所蔵の『白川家日記』

『白川家武家伝奏職事往来留』の三つの史料を対照して、献納された金品や対応した文書などの詳細を明らかにし、相互の期待と対応を考察した。特に、天保十三年（一八四二）の正鐵の保釈に関する依頼では、各種の伝授の謝礼の名目で金十両を越える多くの金品を献納したが、白川家では武家伝奏を通じて寺社奉行に文書を提出しただけでなく、各種の便宜を図っているのである。

また、井上正鐵は自分の教化活動は白川家伝来であると一貫して主張したので、寺社奉行からの下問に対応した関東執役が、奉行への上言書の執筆を平田家に依頼した。それに応じた最晩年の平田篤胤は、文化十三年（一八一六）の伯王の口述に仮託した「伯家御口授」を天保十四年（一八四三）正月に書き上げた。のちに『神祇伯家学則』として知られるその文書は、結局申渡しに影響を及ぼすことはなかったのだが、井上正鐵の一件における副産物として注目しておきたい。

第六節では、三宅島での活動を見ていったが、そこでは熱病等の治療、助産術や養蚕の技術指導、貯水池の試作などにより島民の生活向上に尽力するとともに、自宅や鎮守の神社での教化活動を行い、本土の門中に対しては、物資の送付や拠点作りへの資金援助などを依頼しつつ、書簡による指導を行っていた。こうして、梅田神明宮では取締によって中絶した事業を、遠島という困難にもひるむことなく、場所と形態を変えて実行し、嘉永二年（一八四九）二月に六十歳で死去した。

四　後継者による教化活動の展開

第二章では、正鐵の遠島から明治五年（一八七二）の布教公認に至るまでの、本土の門中による活動の状況を明らかにしようとした。まず、第一節では、教化活動を開始してから明治五年に布教公認されるまでの期間を、

（一）梅田神明宮での三年間

㈡　三宅島に遠島となった正鐵が存命中の六年間
㈢　活動沈滞の五年間
㈣　安政の復興後の八年間
㈤　文久の取締から布教公認までの十年間

という五つの期間に区分し、それぞれの時期の概略を考察した。
二度にわたる取締によって、天保十四年（一八四三）に井上正鐵は三宅島に遠島となり、残った門中は〈忍修行〉として目立った活動を控えていたが、弘化二年（一八四五）春の指導・運営体制の指示により教化活動を組織的に進めることとなり、三宅島への物資送付と書簡の往復を可能にするネットワークを維持した。嘉永二年（一八四九）二月に井上正鐵が死去してから、しばらく活動が沈滞したが、安政元年（一八五四）頃に三浦知善による復興によって梅田神明宮や木下川浄光寺などで〈祓修行〉が再開され、さらに文久二年（一八六二）に寺社奉行による三度目の取締を受けて、有力教師が所払に処せられたことで、かえって活動継続の可能性を模索した多様化と広域化が進んで明治を迎えたのだった。

第二節以下では、初期井上門中の活動の中でも、代表的・特徴的な事例に注目して考察した。まず、第二節では、正鐵から名代とされた妻安西男也、第三節では、所払に処せられた後には念仏修行を続けて安政年間に江戸近郊での活動を再興した三浦知善、第四節では、初産霊の筆頭と第二位であり、白川家との交渉の窓口を勤めた武士出身の野澤鐵教と加藤鐵秀の動静を見た。第五節では、三浦知善に発祥して、村越守一、浄光寺但唱、箱根塔ノ峰阿弥陀寺・横浜浄光寺の森證善、深大寺の浮岳堯欽、真福寺の入亮伝らに伝承され、天台宗・浄土宗・時宗という宗派を横断して展開した高声念仏の活動について述べた。さらに、第六節では、密偵から転向して信濃国伊那と岡山に門中を育成した伊藤祐像、第七節では、直門の中で最も若く、後に「禊教」として独立する基礎固めを進めた坂田鐵安の活動を確認した。

第三章では、明治五年に「吐菩加美講」として布教の公認がなされたあと、神道教派として今日に至る展開過程を考察した。第一節では「吐菩加美講」公認の活動を主導した東宮千別とその師である村越守一の経歴をふまえ、教部省によって布教の公認がなされるまでの準備過程を見た。明治維新によって明治二年（一八六九）二月に正鐵の大赦が達せられてから、東宮千別は未公認のままに布教を試行しつつ規則書などを作成し、政府内部の事情に通じた協力者を得て、公認に向けた準備を進めた。明治五年（一八七二）には、三月の教部省設置、四月の教導職設置を受けて、五月には「御禊修行」として『禊事規則』を添えて布教の公認を申請し、教部省から命じられた神田神社での説教も首尾よく実施して、八月に「吐菩加美講」の名称で布教が許された。明治六年（一八七三）には、大教院の『教会大意』に基づき、傘下の各門中の統一を図るために教義と行事作法の標準となる『禊事教導心得』と神拝式を定め、「吐菩加美講」から「身禊講社」と改称した。

明治九年（一八七六）には、黒住、修成の両派が特立と管長設置を許されて、自派の教師の任免などを一元的に管理できる神道教派のモデルが明らかになったが、「身禊講社」は同様の申請をしながらも認められなかった。そこで十年（一八七七）三月に平山省斎が〈禊教総管〉に就任して「禊教社」と改称し、統一を企図して不徹底であるよりは、むしろ教師ごとの教会の連合体であることを追認することで教団体制の強化を図った。

こうした教団体制の推移と共に、門中の統合を象徴するモニュメントの造営も進められた。「禊教社」による正鐵の改葬と奥津城の建設は混乱や対立を含みながら行われた。一方、坂田門下の教会は、十二年（一八七九）八月に、単独で「井上神社」の創建を出願してスムーズに造営を実現したが、同時に「禊教社」を離脱して「惟神講社」の専属となっている。こうして「吐菩加美講」以来の神道系井上正鐵門中の教団の分裂は決定的になり、これがのちに「大成教禊教」と「禊教」とになっていくのであった。

第二節においては、「禊教社」の諸教会が「大成教禊教」として展開していく経過を見ていった。坂田門下の教会が離脱したのちの「禊教社」は、「大成教」の特立後には、その傘下で神道教派としての機能を活用することになり、「大成教」の本部機能を「大成教禊教」が担いつつ、大成教の中核たるべき組織の確立を繰り返し模索した。しかし、盛隆の最中であった明治二十三年（一八九〇）に平山省斎が没してからは次第に衰微し、三十年（一八九七）には東宮千別も没して、中間包括組織としての「大成教禊教」のまとまりを維持しようとする志向も失って各教会ごとの活動となっていった。さらに、それらも後継者難や震災や戦災から復興できずに消滅したものが多く、わずかな教会が小規模ながらも現代まで活動を存続させている。

第三節では、「禊教社」から離脱して、独立していく動きを作った坂田鐵安の指導下の教会の展開を述べた。「吐菩加美講」以来の動きに見切りをつけて、明治十二年（一八七九）の井上神社創建の許可申請と「惟神教会」への専属化を転機に、教祖井上正鐵を祭神とする「井上神社」に精神的な求心力を持たせ、組織としては「禊教本院」が教会や教師を一元的に管理することに成功した。さらに明治二十七年（一八九四）十月に内務省より、「禊教」としての独立と管長設置許可を得て、神道教派としての立場を獲得した。昭和十五年（一九四〇）の宗教団体法の施行によって特権的地位を失ったり、戦後の宗教法人令や宗教法人法の施行による変遷にあたっても、坂田管長家が司る「禊教本院」が道統の淵源としての権威を保持して、分派などの大きな支障は出なかった。また、戦災により東京の本院が被害を受けても、各地の分院の活動によって本院を支えることができたし、「井上神社」が戦災による焼失を免れたことによって求心力が維持され、戦後の復興も、社務所の建築、拝殿の修復等と、井上神社を軸にして進めることができた。しかし、昭和四十九年（一九七四）に「井上神社」が焼失したあとには、「禊教本院」そのものが解体し、再建された神社も「禊教」全体の求心力を持つことができないまま、「禊教・身曽岐神社」と「神道禊教」（もと「禊教真派」）に分かれて活動することになった。

こうして、第二章、第三章を通じて、江戸時代後期に発生した井上正鐵門中の現代に至るまでの流れを明らかにした。

井上正鐵の後継者による活動には、白川家に接近した神道としての流れと、天台宗・浄土宗・時宗に横断的に関わる高声念仏の流れが存在した。そして、神道としての流れは、明治五年（一八七二）に「吐菩加美講」として公認されたが、「吐菩加美講」の後身である「禊教社」から、坂田門下の教会が離脱した明治十二年（一八七九）を分岐点として後の「大成教禊教」と「禊教」とに分かれた。そして、明治二十七年十月に、坂田安治を管長として「禊教」の独立が認められる一方で、明治三十年代以降には「大成教禊教」が衰微したために、「禊教」が井上正鐵門中を代表する教団とみなされるに至ったことが明らかになったであろう。

五　まとめと課題

本書では、井上正鐵とその後継者たちによる約二百年にわたる教化活動の成立と展開の過程を跡付けて現代に至ることができた。まず、井上正鐵は、父譲りの求道心と職業選択の中で、古方派医学と慎食による関連思想を身につけて、萌芽期の教化活動を開始した。さらに、未詳の女性導師による〈信心〉を伝える行法と父の遺言である〈祝詞の事〉の統合を図り、罪という罪を消除する「天津祝詞太諄詞」とは、古典の特定の文言ではなく、全ての人がもつ「息」であるとして、知的な理解力によらない行法体系を立ち上げ、白川家の伝える〈神拝の式〉を補完する〈神拝の心〉を伝えるものだとした。だが、それは幕府によって「新義異流」とみなされ、本人は遠島とされたまま死去し、後継者も苦心しながら活動を継続したのだった。その状況をたどってくる中で、井上正鐵の後継者たちには、神道教派として独立を認められた「禊教」をはじめ、「大成教」や「神宮教」などにも関わる教派神道の活動ばかりでなく、仏教宗派を横断した〈高声念仏〉の活動も存在したという多様な展開が理解されたであろう。こうして、井上正鐵が、敬愛する父の遺言を成就しようとして、先行する思想や行法を統合して立ち上げた〈息〉を究極の救済手段とする教化活動を担った人々の群像を、史料に基づいて一望できるようにしたのは、本書の到達点だろう。この井上正鐵門中の活動は、江戸時代後期の思想や技術を背景にして発生した教化活動であり、明治期に成立した教派神道のひとつとして歴史的な考察の対象であるが、今日なお変容しながら活動している現代宗教でもある。それを一冊で論じる無理も感じつつ、まずは、基本的な検討材料を提供できたということになろう。

今後の私自身の課題としては、井上正鐵の基本的なデータの一層の充実のために、井上正鐵の著作の編年と注釈を進めることが、次の一歩であると考えている。また、いま関心のある周辺事項としては、正鐵が『唯一問答書』などで示した自己省察と相互支援の教えが、中庭蘭渓や中野篁堂たちの自由民権運動や、モラロジーの広池千九郎の思想形成にどう影響しているのかという思想的な面と、心身統一合氣道の藤平光一と後継者たちによる身体感覚の徹底や海外での行法の受容などの身体的な面について研究の可能性を感じている。それらは広範にすぎて、私の力量は越えているが、少しでも資料を掘り起こし、誰もが活用できるようにしていきたいと念願している。

年表・資料

年表記事出典の表示について

・本文で述べた事項については、章・節・項を漢数字で記した（例［一‐二‐三］）。
・社会・法令・周辺事項については、原則として註記をしなかった。
・月日が未詳な事項については項目の冒頭に○を表示した。
・現地調査や聞き取りなどによるものについては、出典を明示できないものもある。
・出版物については、奥付などの刊記による。
・没年月日については、墓誌による場合は註記しなかった。
・出典の略号は次の通りである。

［安藤］……安藤家文書、荻原稔「禊教祖井上正鐵の出自について」（『神道及び神道史』四四号、昭和六十一年）
［武江年表］……斎藤月岑『武江年表』
［日記］……『白川家日記』
［往来留］……『白川家武家伝奏職事往来留』
［門人帳］……『白川家門人帳』
［由緒書］……『神道禊派由緒書』（明治二十六年）
［坂田］……「坂田管長系譜略」（『天津菅曾』第二号、明治三十二年）
［東宮］……『東宮千別大人年譜』（明治三十四年）
［伊那］……荻原稔『伊那岡山の禊教』（平成十年）
［真派］……「禊教真派宗教法人認証への歩み」（『みちづけ』二十九号、平成四年）
［一九］……「一九会道場年譜」（『一九会八十年史』平成十三年）
［三田村］……三田村鳶魚「調息の獄」（『日本及び日本人』五八七～五九五号、大正元年）
［気吹舎］……平田鉄胤「気吹舎日記」（『国立歴史民俗博物館研究報告』一二八号、平成十八年）
［平田］……平田鉄胤書簡（『平田篤胤研究』昭和十七年）
［野澤］……岸本昌熾「先師野澤鐵教先生眞傳記」（荻原稔「井上正鐵直門野澤鐵教の生涯」、『明治聖徳記念学会紀要』復刊五三号、平成二十八年）
［祐鐵］……岸本昌熾「井上祐鐵先生年譜草稿」「井上祐鐵先生傳」（翻刻・紹介は近刊予定）

和暦(西暦)	正鐵年齢	日付	井上正鐵・門中関係	社会・法令・周辺事項
元禄 六(一六九三)		一月二九日	安藤教風（正鐵曽祖父）、秋元家の徒士となる。五両二人扶持。［安藤］［一－一－二］	
		一〇月 八日	宗定（教風の父）安房国滝田村で没する。［安藤］	
元禄 八(一六九五)		八月二五日	教風、御歩行組頭となる。一両二分加増、七両高。［安藤］	○奥羽、北陸不作。餓死者多数。
宝永 三(一七〇六)		八月一八日	教風、御土蔵奉行となる。［安藤］	
正徳 二(一七一二)		七月一九日	教風、河州御代官となる。二十五俵二人扶持。［安藤］	
		八月 四日	教風、江戸出立。［安藤］	
享保 五(一七二〇)		七月 七日	教風、病気のため御役御免願を差出す。［安藤］	
六(一七二一)		一月	教風、増御役料を受ける。［安藤］	
一〇(一七二五)		一二月二五日	教風、褒美として銀二枚を受ける。［安藤］	
一四(一七二九)		一月二四日	教風没する。大坂天満正泉寺に葬る。法名、隆昌院源興義道居士。［安藤］［一－一－二］	
		三月	教典（正鐵祖父）、亡父跡式十八俵二人扶持。幼少に付き関但馬守大坂蔵屋敷岸政右衛門方へ同居。［安藤］［一－一－二］	
一六(一七三一)		七月二五日	岸政右衛門大病のため、大坂住居が困難となり川越勝手願出。［安藤］	
延享 一(一七四四)				○藩主秋元涼朝が奏者番となる。
三(一七四六)		三月二一日	教典、在番交代出府。川越書役。［安藤］	
		六月 一日	教典、米印御用出精につき金百疋を受ける。［安藤］	
四(一七四七)		四月	教典、在番のため出府。［安藤］	○藩主秋元涼朝が西の丸若年寄、西の丸老中となる。

		六月　八日　教典、御目見（秋元凉朝）の上、金百疋を受ける。［安藤］	
寛延　三（一七五〇）		九月　三日　教典、御徒士目付にて在番出府。［安藤］ 一一月　九日　教典、御目見（秋元凉朝）。一一月一二日　帰国。	
宝暦　三（一七五三）		三月一〇日　眞鐵（正鐵父）、生まれる。［一-一-二］	○宝暦の飢饉が始まり、七年まで続く。
六（一七五六）		四月二一日　教典、徒士目付本役。［安藤］	
八（一七五八）		一月一一日　教典、代官仮役。［安藤］	
一〇（一七六〇）		一月一一日　教典、代官本役。［安藤］	○藩主秋元凉朝が本丸老中となる。
宝暦一四／明和一（一七六四）		六月一九日　教典、勘定奉行。［安藤］	○藩主秋元凉朝が老中を辞職する。 閏十二月　中山道伝馬騒動が発生する。 ［一-一-二］
四（一七六七）			○秋元家が出羽国山形へ転封となる。 ［一-一-二］
五（一七六八）			五月　秋元凉朝が隠居し、永朝が藩主となる。
六（一七六九）		一月一一日　四十俵高。［安藤］ 一二月一三日　教典妻（笹本代助妹）没する。法名、東光院安室妙忍大姉。［安藤］	
七（一七七〇）		六月二五日　眞鐵、御勘定所詰。五両二人扶持。［安藤］ ［一-一-二］	
明和九／安永元（一七七二）		一〇月　二日　教典、倹約方頭。役金三両。［安藤］ 一二月一三日　眞鐵、定府表御次。七両二分二人扶持。［安藤］	
二（一七七三）		四月一二日　眞鐵、御目見（秋元永朝）。［安藤］	
三（一七七四）		一二月一八日　眞鐵、永朝公御近習、修朝公（秋元永朝嫡子）御髪役兼勤。［安藤］［一-一-二］	一二月　藩主秋元永朝が奏者番となる。

七（一七七八）		一月二八日 五月一一日	眞鐵、修朝公御近習。［安藤］［一‐二一‐二］ 教典、御普請奉行兼帯。役料金二分。［安藤］	
九（一七八〇）		九月二一日 一二月　八日	教典、大納戸役席にて元〆役、十三人扶持高、役料五両。［安藤］ 眞鐵、御判役兼勤。［安藤］	
天明　元（一七八一）		四月　三日	教典、元〆役御免。［安藤］	
二（一七八二）		一月一一日	眞鐵、金十両高。［安藤］	○天明の飢饉が始まり、八年まで続く。
三（一七八三）		一二月二三日	眞鐵、御近習、御髪役、御判役御免。表御次帰番。［安藤］	
四（一七八四）				五月　前年の村山郡の凶作により、山形藩では米騒動や打ちこわしが発生する。
五（一七八五）		一〇月二八日	教典、大坂役。二人扶持加増、五人扶持足高、二十人扶持持高。銀主掛合等の節、裏付扇子肩衣着用。［安藤］	
七（一七八七）		一〇月　三日	教風妻（赤穂義士木村岡右衛門女、正鐵曽祖母）没す。法名、自性院大円智鏡大姉。［安藤］	
八（一七八八）		一二月　五日	教典、大坂役御免。御広間御番方番頭。［安藤］	○水野南北、『南北相法』（前編）を出版する。 八月　藩主秋元永朝が奏者番を辞任する。
天明九／寛政一（一七八九）		五月　二日 閏六月　二日	教典、没する。池之端七軒町慶安寺へ葬る。法名、安了院教伝直心居士。［安藤］［一‐二一‐二］ 眞鐵、亡父跡式、御広間御番方番頭。［安藤］	
二（一七九〇）	一	八月　四日	【正鐵出生】　正鐵（眞鐵次男）生まれる。［一‐二一‐二］	二月二六日　修朝（永朝嫡子）没。［一‐二一‐二］
四（一七九二）	三	九月二〇日	眞鐵、御貸付方。［安藤］［一‐二一‐二］	

六（一七九四）	五	九月二〇日	【眞鐵休職】 眞鐵、病気につき七九郎（教一・正鐵兄）へ番代願。［安藤］［一－二－二］	
		九月二〇日	教一、父番代、御広間御番方。［安藤］［一－二－二］	
		九月二六日	教一、初めて御目見（秋元永朝）。［安藤］	
一一（一七九九）	一〇	一二月一一日	正鐵、富田惣治の養子となる。［安藤］［一－二－二］	
一二（一八〇〇）	一一		（［真伝記・実伝記］は、この年に正鐵が富田惣治の養子となったとするが採らない）	
享和　二（一八〇二）	一三	冬	正鐵、養家を辞し実家へ帰る。［一－二－二］ ○妻となる安西糸子が生まれる。	○水野南北、『南北相法』（後編）を出版する。
享和四／文化一（一八〇四）	一五	二月一五日	眞鐵、再勤。教一、番代御免。［安藤］［一－二－二］	
		二月二一日	教一、永朝公御近習。［安藤］	
		五月四日	眞鐵、元〆役、御勝手吟味目付兼勤。［安藤］	
二（一八〇五）	一六	閏八月一五日	眞鐵女（松子・正鐵姉）、秋元常蔵と縁組。［安藤］［一－二－二］	
三（一八〇六）	一七	七月二七日	眞鐵、常上下席、五人扶持御足高。［安藤］	
四（一八〇七）	一八	春	正鐵、父と共に鐵與禅尼の下で黄檗禅を学ぶ。	
		一〇月一二日	眞鐵三男（正鐵弟）、高橋源右衛門の養子となる。	
		一一月二九日	眞鐵、御役御免。御広間御番方御番頭。	
五（一八〇八）	一九		○正鐵、諸国漫遊に旅立つ。武州児玉郡仁手村の博徒長次や下野国足利郡粟谷村の織工金井繁之丞方に寄寓する。［実伝記］（［真伝記］は「上州桐生辺コッテ村長次」とするが採らない）	○白川家、『諸国門人帳』を作成し、門人管理の体制を整える。
		一一月二八日	教一、御鷹掛取締心得。	
六（一八〇九）	二〇		○【磯野弘道へ入門】 正鐵、甲州の医師磯野弘道に入門する。［一－二－三］	

		九月二七日	教一、御鷹掛御免。［安藤］	
七（一八一〇）	二一	九月　四日	教一、表御次御中小姓。［安藤］	
八（一八一一）	二二	一〇月　七日	眞鐵女（松子）、秋元常蔵と離縁。［安藤］［一‐二‐二］	
九（一八一二）	二三	七月二一日	真鐵、小普請入。御足高五人扶持取上、山形勝手、小普請入。［安藤］［一‐二‐二］	○水野南北、『南北相法極意抜粋』を出版する。
一〇（一八一三）	二四	五月一二日	眞鐵三男（高橋熊蔵）、身持ち改まらず永の御暇。［安藤］［一‐二‐二］	○水野南北、『南北相法極意修身録』を出版する。
一一（一八一四）	二五		○【水野南北へ入門】　正鐵、伊勢古市の旅館綿屋で観相家水野南北に出会って入門し、京都下河原町弁天町の南北庵で修行する。［実伝記］（［真伝記］は「江州醒井の駅なる大工某の家」で水野南北に出会うとするが採らない）［一‐二‐四］	○水野南北、四天王寺で相法の論議をし、『相法亦生記』の解読を始める。 一一月一一日　黒住宗忠、「天命直授」を受ける。
一二（一八一五）	二六	九月 九月　九日	正鐵、母の病報が届き、江戸に帰る。［一‐二‐四］ 眞鐵妻（千代子、正鐵母）、没する。法名、法雲院転宝妙輪大姉。［安藤］［一‐三‐二］ ○正鐵、淀橋成子村に住み、井上周易と称して易占を職業とする。近所の中川富之進（後の高弟野澤鐵教の父）と易学の学友となる。［一‐三‐二］［一‐四‐二］	○朝日出羽、梅田神明宮に手水鉢を建立する。 一月　黒住宗忠、最初の門人をとる。
文政初年			○正鐵、浅草御門外に住む。浅井仙庵より感通療治を学ぶ。 ○正鐵、両国若松町に移住し、井上東圓と称して医業に従事する。［一‐二‐四］	
文政　五（一八二二）	三三		○【本荘宗秀が入門】　宮津藩主の嗣子本荘秀次郎（後の本荘宗秀）、家臣を遣わして正鐵の教えを受ける。（遣わされた家臣は［真伝記］は「野村	

年	年齢	月日	事項
			六蔵」、「実伝記」は「野村六郎」とし、いずれも正鐵の「従弟」とする。「安藤家文書」の安藤家系図には、眞鐵の妹が「松平伯耆守家士野村源次右衛門妻」となった記事がある）［一－三－二］
六（一八二三）	三四	四月　三日	眞鐵、小普請入御免。定府並之通り。［安藤］［一－二－二］
		四月一〇日	眞鐵、再番代願。教一、御広間御番方御番頭。［安藤］
		六月　一日	眞鐵、隠居して一方と号す。教一、跡式。十五人扶持。［安藤］［一－二－三］ ○眞鐵、亀高村（現在の江東区東陽町）の隠居所に住む。
七（一八二四）	三五	九月　四日	【信心得道】正鐵、今井いよ（松平讃岐守医師今井文徳娘）より「神祖の大道」を相承する。［真伝記］［一－二－五］
八（一八二五）	三六		○水野南北が土御門家との事案により江戸へ来て上野広小路に滞在中、杉山秀三を入門させる。［真伝記］［一－二－四］
九（一八二六）	三七	四月一五日	【『煙草の裏葉』の旅出発】正鐵一行が江戸を発つ。旅日記『煙草の裏葉』を記す。（『真伝記』『実伝記』共に文政八年とするが、『翁』口絵掲載の原本写真により訂正する）［一－三－一］
		四月一五日	父眞鐵に暇乞いをして出立し、府中に泊。
		一六日	八王子より「大戸回り」に入り、道に迷うが大戸村に泊。
		一七日	案内峠（大垂水峠）を越えて甲州道中に戻り、与瀬宿に泊。
		一八日	野田尻宿に泊。

	一九日	初雁宿に泊。
	二〇日	笹子峠を越え、勝沼を経て、一町田中の磯野家に泊。
	二一日	田中家に泊。
	二二日	甲府の医師安道家に泊。
	二三日	小室妙法寺常唱堂に泊。
	二四日	身延山大林坊に泊。
	二五日	七面大明神宿坊に泊。
	二六日	身延山大林坊に泊。
	二七日	萬沢宿に泊。
	二八日	東海道に出て興津宿に泊。
	二九日	府中を過ぎて安部川を徒歩で渡り、丸子宿に泊。
	三〇日	岡部宿を過ぎ、大井川の渡しを迂回し、海岸近くの民家に泊。
五月	一日	飯淵の渡しを越えて下吉田大圓寺に泊。
	二日	沢水加に泊。
	三日	森宿に泊。
	四日	犬居宿近くの老女宅に泊。
	五日	秋葉社へ参詣し、天竜川近くの人家に泊。
	六日	遠州三州境を越え鳳来寺山（東照宮・峰の薬師）参詣し山麓に泊。
	七日	下痢、大木宿泊。
	八日から一九日	岡崎の磯野弘道宅のもとに滞在。医道物語や診療を行う。師よりは、技量の上達を賞されて「師天地」の印を授かる。
	一九日	地鯉鮒に泊。
	二〇日	桶狭間の古戦場を訪れる。七里の渡しを渡る予定。
		○その後、京都、越前、加賀を経て、越後に至り、越後国頸城郡広島村に住む弟の井手立志（もとの

一〇（一八二七）	三八		高橋熊蔵）方を訪れる。また、滞在中に近村の道庭村摩尼王寺住職祖超和尚（『真伝記』は「素道和尚」とするが採らない）に禅を学ぶ。	
		六月中旬	○正鐵、江戸へ帰る。	
		七月一四日	【眞鐵遺言】眞鐵、「祝詞の事」を悟り、正鐵に付嘱する。［一－三－二］	
		七月一五日	【眞鐵死去】真鐵、没する（七五歳）。法名、慈眼院覚道眞鐵居士。［安藤］ 井手立志（もとの高橋熊蔵、正鐵弟）久離義絶宥免。［安藤］	
一一（一八二八）	三九		○神田岩井町に転居する。［実伝記］	○水野南北、『相法亦生記』を出版する。
一二（一八二九）	四〇		○深川藪の内の杉山正唯の家に寄寓し、久留里藩士安西正久の三女糸子（後、男也と改名）と結婚する。［実伝記］	
文政一三／天保一（一八三〇）	四一		○神田岩井町に転居する。［真伝記］ ○深川藪の内の杉山正唯の家に寄寓し、久留里藩士安西正久の三女糸子（後、男也と改名）と結婚する。［真伝記］ ○五歳の甥立太（後の井上祐鐵）を養子とする。［真伝記］（「実伝記」は前年とするが採らない） ○日本橋檜物町に転居する。 ○宮津藩士長沼澤右衛門が入門する。	
		一月一三日	高橋熊蔵（正鐵弟）新井にて没する。広建寺に葬る。法名、釈教證。［安藤］	
二（一八三一）	四二	二月二三日	正鐵が気吹舎を訪問する。［気吹舎］［一－三－一］	
		一二月　九日	安藤教一（正鐵兄）、没する。慶安寺へ葬る。［安藤］	

三（一八三二）	四三	二月　五日	教鐵（教一の子）、跡式、十五人扶持、御広間御番方御番頭。［安藤］	
		一一月	江戸を発って、信濃国佐久郡追分の姉の家に寄寓する。［一-三-二］	
四（一八三三）	四四	春	【神夢感得】神使の若女子より「迷心の闇を破るの名玉」を与えられる神夢を感得する（「神道夢物語」）。［一-一-五］	○天保の飢饉が始まり、一〇年まで続く。
		九月	【伝授】江戸に戻って下谷池之端の老女「ていせう」より伝授を受ける。その後また追分に戻る。［実伝記］（［三田村］は一〇月とする）［一-一-五］	
五（一八三四）	四五		○上京して神祇伯白川家に入門して初伝の式を授かり、信濃へ戻る。［真伝記］［一-一-五］	一一月一一日　水野南北、没する（七五歳）。
		春	杉山秀三「今井」師より「伝授」を受ける。［三田村］［一-一-五］	
六（一八三五）	四六	三月	江戸へ戻り日本橋檜物町に住む。	
			○野澤主馬（後の鐵教）が入門し、「麁鐵」の名を授かる。［野澤］［一-四-一］	
七（一八三六）	四七		○妻男也の甥安西正直が入門する。［実伝記］	
		五月	門人杉山秀三が白川家に入門し神拝式を授かる（慶応四年再発行記事）。［門人帳］	
		一〇月	神祇官の支庁（白川家関東執役所か）より、神職免許牒を授かる。［実伝記］［一-五-一］	
		一一月	久留里藩士松井角次郎と共に追分宿を経て上京する。追分宿で娼妓を総揚げする。［実伝記］	
		一一月一四日	白川家に参殿し、上京の挨拶をする。明日巳刻の参殿を達せられる。［日記］［一-五-一］	

八（一八三七）	四八	一一月一五日	【白川家参殿】白川家に参殿し、神拝式を授かる。風折浄衣着用を免許される。［門人帳］伯王に対面し盃を頂く。［日記］［一－五－二］	二月　大塩平八郎の乱。
			○江戸に帰り、神田本銀町に住む。［実伝記］ ○二女（「真伝記」は長女とするが採らない）鶴子が生れる。［実伝記］ ○三浦政吉（後の隼人）夫妻が入門する。［実伝記］［一－三－三］［二－三－二］	三月　幕府、御救小屋を江戸の品川、板橋、千住、新宿に設け、飢民を救済。
		六月一五日	野澤庵鐵、伝授を受ける。［野澤］［一－三－三］［一－四－二］	三月　磯野弘道、「得医之辯記」を著す。
		冬	武蔵国秩父郡大宮郷に伝道する。日野澤村中庭西二が入門する。［実伝記］［一－三－三］ 日野澤村で神体石を彫刻する。［実伝記］ 上野国甘楽郡法久村に伝道する。［実伝記］ （「真伝記」には、松井角次郎と共に追分宿で飯盛り女を総揚げして上京し、白川家より神拝式を授かる記事があるが天保七年の誤り）	六月　生田万の乱。
九（一八三八）	四九	三月	野澤庵鐵、正鐵の後見を受けつつ、成子村で井上祐鐵の修行を主宰する。［野澤］［二－四－二］	
		四月一七日	大火に遭い、阿玉ケ池に移住する（『真伝記』『実伝記』ともに八年とするが『武江年表』により訂正）。そのころ医業のかたわら神道を説く。 （『翁』には、八月五日に「江戸住式部」という人物が、「神拝式、千早舞衣紅差袴」を免許された記事が、「白川家門人帳」より引用されているが、「巫職」の女性の御装束であり、正鐵とは別人の記事である）	
一〇（一八三九）	五〇	四月	杉山秀三へ口訣を授け伝書を授与する。	

年	年齢	月日	事項	関連事項
		七月	家族、門人と共に阿玉ケ池を発って、日野澤村を経て越後に至る。越後国刈羽郡高尾村の広済寺に転住していた知己の祖超和尚を頼り、その地で伝道する。[一-三-三]	
一一(一八四〇)	五一	三月	(『真伝記』は三月二日とする)江戸に帰り、難波町の三浦家にしばらく寄寓する。[一-三-三]	一一月 南大路左兵衛、白川家関東執役代となる。 一二月 幕府、翌年より三か年の倹約令を出す。 一二月 平田篤胤、著述差し止めとなる。
		四月一五日	【梅田開教】武蔵国足立郡梅田村の神明宮神主となり井上式部と改名する。[一-三-四]	
			葛飾郡下木下川村の村越正久が得道する。	
一二(一八四一)	五二	閏正月	伊藤要人、皆伝されて江戸を去り、故郷の信州伊那郡飯田在の中村へ帰る。[一-三-五]	五月 天保の改革始まる。 六月 幕府、「出家社人山伏修験神職町住居禁止」を発令する。
		二、三月	保木間村の坂田正安、慶次郎(後の鐵安)が得道する。	
		四月	野澤麁鐵に命じて、浪人の門人を引率して梅田村から信越方面に向かわせる。[一-三-五][一-四-二]	
		五月一三日	野澤麁鐵の一行が信州飯田の伊藤要人宅に着く。[野澤][一-四-二]	
		六月中旬	野澤麁鐵が綾部城下の神宮寺村で、教会を開く。[野澤][一-四-二]	
		九月一五日	野澤麁鐵が白川家関東執役より神拝式仮許状を授かる。風折烏帽子と浄衣の着用を免許される。[門人帳][一-四-二]	
		一一月	越後の人村田善弥(後に井上の名跡を継ぐ)が得道する。[真伝記]	
		一一月一九日	三女(『真伝記』は次女とするが採らない)法子が生まれる。[実伝記][一-三-五]	
		一一月二三日	宮津藩主本荘宗秀が神明宮に参拝する。	

		一一月二四日	【天保一二年の取締】寺社奉行稲葉丹後守正誼の命により捕らえられ、審問中揚屋入を申し付けられる。妻男也および三浦隼人、采女夫妻の共に投獄される。[一-三-五]	
		一二月	大木野主計、白川家より神拝式を授かる。風折烏帽子と浄衣、浅黄指貫の着用を免許される。[門人帳]	
		一二月二三日	三浦隼人が小伝馬町牢屋敷の大牢で獄死する。[一-三-五]	
		一二月二四日	男也と采女は構無しとして釈放される。[一-三-五]	
		一二月二六日	白川家から寺社奉行に対し、釈疑の口上書を使人南大路左兵衛（関東執役）により提出する。[一-三-五][一-五-三]	
一三（一八四二）	五三	二月一六日	寺社奉行阿部伊勢守正弘により、村預けとして帰村を許される。[一-三-五]	夏、関東執役南大路左兵衛、気吹舎平田家に往来し、井上式部の件に付、上言書の執筆を依頼する。[一-五-三]
		二月二〇日	【『唯一問答書』執筆】『唯一問答書』二巻二十か条を執筆する。[一-三-六]	六月六日　平田篤胤、上言書の執筆に意欲を示し、参考資料の送付を指示する。[一-五-三]
		四月　四日	三浦隼人の霊祭を行う。[真伝記]（百日祭と考えられるので、[実伝記]の四月六日は採らない）[一-三-二]	一二月二日　篤胤、上言書を伯王口述の形式で執筆し、ほぼ脱稿する。
		八月	伊藤要人、白川家関東執役より神前拝揖式を授かる。木綿浅黄指袴の着用を免許される。	
		九月二三日	【天保一三年の取締】再び寺社奉行に捕らえれる。[真伝記]（[平田]に「秋より再吟味」とあり、[実伝記]等の一一月二八日は採らない）[一-三-七][一-五-三]	

一〇月	白川家関東執役が、寺社奉行に呼び出される。[一-五-三]
一一月二八日	(再び寺社奉行に捕らえられる。[実伝記]等)
一一月一五日	野澤主馬、白川家に参殿して、本許状を受け、奉幣式を授かり、伯王に御目見する。[一-五-四]
一二月	正鐵、「伯家より相伝と偽り自分所存を弘め候段甚だ以て恐入候」という口書に署名する。[平田]
一二月　七日	加藤弥八(後の鐵秀)、本荘宗秀の「内々の使者」として上京して白川家に参殿し、入門の件と正鐵の保釈請願の件を依頼する。[一-五-四]
一二月　八日	本荘四郎、白川家に参殿する。[一-五-四]
一二月　九日	本荘四郎、増戸剛平、加藤弥八、白川家に参殿し、入門の件ほか内談する。[一-五-四]
一二月一一日	本荘宗秀(使者は側用人・勘定奉行藤田源之進、京屋敷留守居増戸剛平)、白川家より神拝式、奉幣式を授かる。興津忠祐(使者は加藤弥八)神拝式を授かる。本荘四郎(宗秀弟)、神拝式奉幣式等五通を授かる。加藤弥八、神拝式を授かる。[一-五-四]
一二月一四日	白川家、武家伝奏へ井上式部一条(保釈請願)に付、書面を提出し受理される。[日記][往来留][一-五-四]
一二月一五日	加藤鐵秀、白川家に参殿して、井上式部一条の武家伝奏への上申を確認し、離京の挨拶をする。[日記][一-五-四][一-四-三]
一二月一七日	加藤鐵秀、京都出立。[往来留][一-五-四]
一二月二七日	老中堀田備中守正睦が寺社奉行に井上正鐵の遠島を指図する。[往来留][一-五-四]

年	年齢	月日	事項	関連事項
一四（一八四三）	五四	一月	駕籠訴を行う。［二－四－三］	一月一六日　南大路左兵衛、平田家を訪問し井上式部一件を報告する。［平田］［一－五－三］
		一月二〇日	加藤弥八に「鐵秀」の名を授ける。［二－四－三］	一月三〇日　『伯家御口授』が、平田篤胤から鉄胤のもとに届く。［平田］［一－五－三］
		二月　九日	【判決】寺社奉行戸田忠温より遠島を申し付けられる。［往来留］［一－五－四］	
		二月	野澤鐵教、神宮寺村の教会を閉じ、浪人たちを解散する。［野澤］［二－四－二］	
		二月一八日	三浦知善、一ツ木村に落ち着く。［二－三－三］	
		二月二四日	野澤鐵教、白川家に参殿し、女通証文下付の取次ぎを依頼する。［往来留］［日記］［一－五－四］［二－四－二］	
		二月二六日	白川家、武家伝奏に女通証文下付の取次ぎを依頼する。［往来留］［一－五－四］	
		三月　一日	白川家、武家伝奏より京都所司代発給の女通証文を受領する。［往来留］［一－五－四］	
		三月　一日	野澤鐵教、白川家に参殿し、女通証文を明日伝達する旨を通知される。［日記］［往来留］	
		三月　二日	野澤鐵教、白川家に参殿し、京都所司代発給の女通証文を受領する。［日記］［一－五－四］	
		三月　二日	白川家、京都所司代へ挨拶の使いを差し向ける。［往来留］［一－五－四］	
		三月　八日	白川家、三月六日付の野澤鐵教への給符荷の扱いにつき、町奉行より七日付の不許可通知を受け取る。［往来留］［一－五－四］	
		三月　九日	野澤鐵教、京都を出立し江戸へ向かう。［往来留］［二－四－二］	
		三月一九日	白川家に武家伝奏より井上式部一件の書類が伝達され、請書を提出する。［日記］［往来留］［一－五－四］	
		四月二四日	安藤七九郎、表御次御中小姓。七両二分二人扶持。［安藤］	

年	年齢	月日	事項
天保一五／弘化一（一八四四）	五五	五月	遠島の島割が三宅島と決定する。
		五月	安西一方、加藤鐵秀の両名は正鐵に随従する事を出願するが、却下される。[二－四－三]
		五月　五日	安藤七九郎、御目見。[安藤]
		五月二五日	【遠島出船】深川万年橋より出船する。二八日まで鉄砲洲沖に停泊する。
		三〇日	浦賀に停泊する。[一－六－二]
		六月　一日	伊豆国加茂郡八幡村に停泊する。[一－六－二]
		二日	大島波浮港に着き、五日まで停泊する。
		五日	新島に着き、式根島に回送する（『新島村史』）。[一－六－二]
		六月　七日	三宅島伊ケ谷村に着く。大林寺に泊。[一－六－二]
		六月　八日より	村内流人五一人へ振る舞いをし、諸般の勘定をする。[一－六－二]
		六月一四日	船手役所留守居恵教（牢内で教化した修験者）方に同居する。[一－六－二]
		六月一九日	神着村を訪ね村方役人や流人頭などへ振る舞いをする。[一－六－二]
		九月上旬	桜田伝右衛門の持ち家を借りる。[一－六－二]
		九月　七日	阿古村飯村三左衛門の娘初を水汲み女として養う。[一－六－二]
		五月	○本土の門中には「忍修行」を指示する。[二－一－二] 島内に疱瘡が流行し、隣家の高松与平治一家の治療にあたる。[一－六－三]
		秋	笹本久右衛門一家の熱病の治療にあたる。[一－六－三]

閏九月一一日　平田篤胤、秋田で没する。[一－五－三]

閏九月　白川家江戸執役南大路左兵衛、重追放となる。[一－五－三]

○このころ、伊藤要人、備中別府村に開教する。[二－六－三]

○男也が杉山秀三に依存し、門中の齟齬が発生する。[二－一－三]

一月　三浦知善、一ツ木村観音堂に住む。[二－三－二]

				六月三〇日　安藤教鐵（正鐵甥）、没する。慶安寺へ葬る。［安藤］ 九月四日　安藤七九郎、跡式、十五人扶持。御広間御番方御番頭。［安藤］ 一二月一〇日　本荘宗秀、白川家より解除式、清祓式、神饌供進式を授かる。［門人帳］
二（一八四五）	五六	一月　一日	高松源八宅にて羽織の浦に「元日や…」の句を書く。	○男也、日本橋亀井町の池田屋に仮住まいする。 ○正鐵次女鶴子、上州渋沢家に預けられる。 五月二二日　広済寺住職祖超、没する（五二歳）。 九月一四日　七九郎、持席当分、御近習。［安藤］
		二月	【教団運営体制指示】男也を名代とし、産霊役一三人と門中御世話御目付一〇人で運営する門中の運営体制を指示する。	
		春	○四・五人の門中ができ朝夕に修行をする（『遺訓集』五「真如の月」）。［一‐六‐三］	
		七月一九日	島人の願いにより、伊ケ谷の后神社に七日間の雨乞い祈願を始める。［一‐六‐三］	
		七月二六日	泉津山に籠り雨乞い祈願を続ける。［一‐六‐三］	
		七月二八日	雨乞いが成就する。［一‐六‐三］ ○上州より、白龍という蚕の種を取り寄せて門人仁杉鹿之助に飼育させ、翌年から普及させる（『三宅島年代見聞記』）。	
		秋	毎朝、七・八人が参詣し修行する（『遺訓集』二「雨乞」）。［一‐六‐三］	
三（一八四六）	五七	一月	流人頭として羽織を着用して年賀を行う。［一‐六‐三］	一月一五日　江戸大火。小石川から出火し、神田、日本橋辺まで類焼する。［武江年表］ 春　三浦知善、上州へ移住して修行の指導を開始（『遺訓集』四「法之子」）。
		三月	この頃、法の子十五・六人、朝夕法相続（『遺訓集』三「男ぶり女ぶり」）。［一‐六‐四］ ○藤内右衛門の地所に住所を移す（『実伝記』には「浅沼藤七所有の家屋を借り」るとある）。	

四（一八四七）	五八	二月	この頃、月に四度の御祭りを行う（『遺訓集』二「海苔之舟」）。[一-六-五]	三月　足立郡十二か村連名で寺社奉行に赦免願を出す。[一-六-五] 四月　黒住教、御定書六か条を制定する。 六月　坂田鐵安、〈初産霊〉となる決心をする。[二-七-三] 六月下旬から七月中旬まで　江戸大水。[武江年表] 一二月二二日　七九郎、御判役兼勤。[安藤]
		三月	永代地を求めて、神明宮を建立する事を発願し、本土の門中に資金を依頼する。[一-六-五]	一月　梅田村役人、杉山秀三、東叡山役所へ赦免願を出す。[一-六-五] 二月一日　岡山の国学者平賀元義が自らの門下で伊藤要人に関わる者は破門すると通告する。[伊那][二-六-三] 春頃　男也、体調を崩す。（『遺訓集』二「養生」） 三月二四日　信越大地震。 四月一日　磯野弘道、没する（七六歳）。[二-二-三] 九月　上州の渋沢、田部井、高橋の三人に〈初産霊〉を許す。[二-一-二] 一〇月一七日　荘司直胤、白川家より神拝式を授かる。[門人帳] 一二月八日　加藤鐵秀、白川家より神職許状を授かる。風折烏帽子、浄衣浅黄指貫の着用を免許される。[門人帳][二-四-三]
		九月	古事記神代巻の解説の下書きができる（『遺訓集』二「流罪」、四「甘露水」）。[一-六-五]	
		九月	永代地の手付金を払う。[一-六-五]	
		一〇月一四日	梅辻規清、八丈島に遠島の途中に三宅島に上陸。[一-六-五]	
		一一月　一日	永代地に神明宮を祀り、新居に移る。[一-六-五]	

弘化五／嘉永一（一八四八）	五九	三月	用水の水溜を築造するための資材を取り寄せる。［一-六-六］	五月一五日　二女鶴子、三浦知善と共に、江戸へ出る。
		夏	用水の水溜を試作する。［一-六-六］	
		五月　一日	梅辻規清、八丈島へ向かう。［一-六-五］	
		九月	再び、水溜めの資材を取り寄せる。［一-六-六］	
		一二月一一日	「得道ノ位問答」を執筆する。［一-六-六］	
		一二月中旬以降	中風を発症する。［一-六-六］	
二（一八四九）	六〇	二月一八日	【死去】井上正鐵、三宅島伊ケ谷村で没する（六〇歳）。	九月五日　富士講が禁止される
		二月一九日	神着村妙楽寺の僧が導師となり、大林寺の笹本家墓地に葬られる。法名、徳定充満信士。	
		三月一八日	お初、男也へ訃報を出す。［一-六-六］	
三（一八五〇）				二月二五日　黒住宗忠、没する（七一歳）。高弟七人で布教地域を分担する。
四（一八五一）				
五（一八五二）				
六（一八五三）				
嘉永七／安政一（一八五四）		一一月	【安政の復興】三浦知善、江戸近郊へ戻り、祓修行を復興する。［二-一-四］ 男也に追手が付き、駿河台から上州平塚河岸に避難する。［祐鐵］［二-二-六］	
二（一八五五）				
三（一八五六）		一月	東宮千別、木下川浄光寺にて、村越守一から得道する。［東宮］［三-一-二］	三月　黒住宗忠に吉田家より大明神号が下される。
		二月二五日	三浦知善、木下川村の村越家で没する（五九歳）。［二-二-五］	

		四月	男也に追手が付き、大久保の長沼家から西野村高橋家へ避難する。［祐鐵］［二ー二ー六］	
		四月二五日	【岡山藩の取締】岡山の門中、別府多門治、大森松之、大森官平、中山一郎、矢部半らが岡山藩により拘引される。［二ー六ー三］	
		七月　二日	岡山の門中、釈放される。［二ー六ー三］	
四（一八五七）		三月二二日	佐々木左兵衛、矢部弾之進、中山縫殿之介（備前国、伊藤要人門人）白川家より神拝式を授かる。［二ー六ー三］	八月九日　安藤七九郎、没する。慶安寺へ葬る。［安藤］
		五月　七日	荘司直胤、没する（七九歳）。	
		六月	村越守一、東宮千別の招きにより下野を巡教する。［東宮］［三ー一ー二］	
		一一月	坂田正安、白川家より神拝式を授かる。風折烏帽子、浄衣の着用を免許される。［門人帳］［二ー七ー四］	
五（一八五八）		四月　二日	備前中山一郎、白川家に参殿して資訓王と面会する。［日記］［二ー六ー三］	
		五月二五日	備前御船寧気、白川家に参殿し資訓王と面会して、神拝式を授かる。［日記］［二ー六ー三］	
		六月　三日	村越守一、河内武胤、白川家に参殿して神拝式を授かる。［日記］［三ー一ー二］	
		八月　四日	伊藤要人、白川家に参殿し、資訓王に面会して、神拝式、神道講釈下知状を授かる。［日記］［二ー六ー三］	
		八月	坂田鐵安、山城に開教する。［坂田］［二ー七ー四］	
		八月	伊藤要人、摂津、和泉の白川家門下の神社にて講義をする。［伊那］［二ー六ー三］	
		九月一四日	伊藤要人、白川家に参殿して資訓王に御前講釈する。［日記］［二ー六ー三］	

六（一八五九）		五月　五日	中山一郎、白川家公用として京を出立し、江戸へ向かう。［往来留］	一〇月二一日　金光大神、立教神伝を受け、取次に専念する。
		八月二一日	中山一郎、江戸から中山道を通り、京へ戻る。［往来留］［一-六-三］	
		一〇月一二日	浄光寺但唱、没する（五〇歳）。	
		一二月　一日	杉山靭負、男也が上京して白川家に参殿する。杉山靭負、梅田村神明宮神主として白川家より神拝式を授かり、風折烏帽子、浄衣の着用を免許される。内侍所に参拝する。［日記］［門人帳］［二-一-四］［一-二-六］	
安政七／万延一（一八六〇）			○正鐵三女法子、加藤鐵秀の子直鐵と結婚する。［二-一-註］	
		七月	村越守一、『神祇道中興正鐵霊神記』を著す。［三-一-二］	
		一〇月	野澤鐵教、上州平塚で『中臣祓略解』の講義を行う。［二-一-四］	
万延二／文久一（一八六一）		四月一一日	浮岳堯欽、村越守一より念仏信心成就を受ける。［二-五-三］［三-一-二］	五月二五日　ロシア正教会司祭ニコライが箱館に来航する。
		五月二五日	村越守一、今寺村神明社神主として白川家より神拝式を授かる。風折烏帽子、浄衣の着用を免許される。［門人帳］	
		七月	伊藤要人、白川家公用として京都から岡山まで通行する。［往来留］［一-六-三］	
二（一八六二）		三月　九日	【文久の取締】坂田、村越、はじめ門中二六名が寺社奉行により召しだされる。［二-一-四］	二月　神楽岡宗忠神社が創建される。十月　赤木忠春門人の小椋儀三郎が、布教中に尾張国で日比野應輔に入門し、行法を神楽岡に伝える。
		四月一三日	杉山靭負、坂田正安、鐵安、村越正久、守一、安西一方ら六人は所払いを申し付けられる。他二〇人は構無しとなる。	

三（一八六三）		四月	村越守一、東宮家を拠点に常陸、下野、下総方面の教化を開始する。［東宮］［三－一－二］	
		五月	坂田正安、鐵安、白川家御内人となる。［坂田］［二－七－四］	
		閏八月　八日	大森官平、別府多門治（備前国伊藤要人門人）白川家より神拝式を授かる。［門人帳］	
		五月	坂田鐵安、白川家より神拝式を授かる。風折烏帽子、浄衣の着用を免許される。［門人帳］［二－七－四］	四月　吉田家、神楽岡の行法を「怪異の神勤」として差し止める。
		七月　九日	坂田鐵安、白川家長屋から一条通り新町西入る真如堂町に転居する。［往来留］	
		八月一四日	伊藤要人、坂田鐵安、白川家に参殿する。［日記］［二－七－四］	八月一八日　公武合体派による政変が起こる。
		九月　八日	伊藤要人、坂田鐵安、白川家公用として京を出立して江戸へ向かう。［往来留］［二－七－四］	
		九月一五日	伊藤要人、坂田鐵安、島田宿役人より詫状を取る。［伊那］［二－六－四］	
		九月	伊藤要人、坂田鐵安、見附宿問屋より詫状を取る。［伊那］［二－六－四］	
		一〇月	伊藤要人、板橋より飯田を経て京まで白川家公用として通行する。［伊那］［二－六－四］	
文久四／元治一（一八六四）		二月二一日	伊藤要人と坂田鐵安、上京する。［往来留］［二－六－四］［二－七－四］	六月　黒住教、小椋らを破門とし、赤木の大元家出入りを差し止めとする。
		二月二八日	伊藤要人、京を出立して飯田へ向かう。［往来留］［二－六－四］	七月一九日　禁門の変起こる。
		五月	坂田安治（後の初代禊教管長）禊教修行をする。［坂田］［二－七－四］	十月　日比野應輔、白川家に入門する。

年		月日	事項	一般
		六月　一日	坂田鐵安、中山道を通り上京する。［往来留］［二-七-四］	
元治二／慶応一（一八六五）		一月	坂田正安、鐵安、上京して伊勢参宮を行う。［坂田］［二-七-四］	四月　神楽岡宗忠神社、孝明天皇の勅願所となる。
		四月上旬	白川家、正鐵の赦免願の添書をを武家伝奏に提出する。［往来留］［二-六-四］	四月一六日　赤木忠春、没する（五〇歳）。
		四月一八日	村越守一、京を出立し飯田を経て江戸へ帰る。［往来留］［二-六-四］	
		四月	正鐵の赦免願を東叡山役所に行う。	
		閏五月一二日	伊藤要人上京する。在京中は一条通り新町西入る真如堂町に住む。［往来留］［一　-六-四］	
		六月二六日	坂田鐵安、京都を出立し江戸へ向かう。［往来留］［二-七-四］	
		八月　六日	伊藤要人、京都を出立し飯田へ向かう。［往来留］［二-六-四］	
二（一八六六）		五月	浄光寺但唱の墓碑が建立される。世話人は村越鐵久。［二-五-註］	一二月二五日　孝明天皇崩御。
		六月	坂田鐵安、上京の途次に甲州で修行座を行う。［由緒書］［二-七-四］	
		六月二二日	坂田鐵安、上京する。［往来留］［二-七-四］	
		七月	亮伝、塔の峰阿弥陀寺の立基の下で念仏修行を始める。［二-五-五］	
		九月　五日	白川家、坂田鐵安の妻の女通証文下付を申請する。［往来留］	
		九月一六日	坂田鐵安、京を出立し遠州を経て江戸へ向かう。［往来留］	

年		月日	事項	一般事項
三（一八六七）		一一月	伊藤要人、内藤新宿より飯田まで白川家公用として通行する。［伊那］［二－六－四］	一〇月　大政奉還。
慶応四／明治一（一八六八）		二月一八日 四月 五月　七日 六月 七月　三日 七月二二日 八月一七日	井上正鐵が白川家により禊祓霊社として梅田神明宮に祀られる。 亮伝、阿弥陀寺での修行を終え、真福寺住職となる。［二－五－五］ 杉山秀三、白川家より神拝式を授かる。風折烏帽子、浄衣の着用を免許される。 本荘宗武、白川家より神拝式、奉幣式などを授かる。 伊藤要人、弁事役所へ正鐵の霊祭の許可を出願する。［伊那］［二－六－四］ 伊藤要人、鵜沼宿問屋より詫状を取る。［伊那］［二－六－四］ 伊藤要人、上尾宿問屋より詫状を取る。［伊那］［二－六－四］	一月一五日　大赦令が出される。 三月二七日　神仏判然令が出される。 九月八日　明治と改元される。
二（一八六九）		二月　九日 二月一九日 二月 三月三〇日 四月　四日	【赦免】正鐵、男也、采女の赦免が申付けられる。［三－一－六］ 坂田正安、鐵安の赦免が申付けられる。［坂田］［二－七－五］ 東宮千別、東京山之宿町に仮道場を設置する。［東宮］［三－一－三］ 野澤、杉山、加藤、村越正久・守一、坂田正久・鐵安、伊藤、千村らが白川家に参殿し、東京到着挨拶と赦免御礼として金合計四千疋（十両）を献上。［日記］［三－四－二］［二－四－三］［二－六－四］ 坂田鐵安、白川家へ参殿し、ご機嫌伺いとして寿司を献上。［日記］	三月二六日　東京奠都により、白川資訓が東京に到着する。［日記］［二－六－四］ 七月八日　官制を改め、神祇官、太政官を置き、六省や宣教使等が設置される。

		一〇月	【浄信講社開始】真福寺で別時念仏会が始まる。［二一－五－五］	
三（一八七〇）		一月　三日	坂田鐵安、白川家へ参殿し年賀として海苔と菓子を献上。［日記］	一月三日　大教宣布の詔発布。
		一月一三日	坂田鐵安、千村正実、白川家へ参殿し年賀として羊羹を献上。［日記］	
		一月二一日	伊藤要人、白川家へ参殿し年賀として白砂糖を献上。［日記］	
		三月　七日	坂田鐵安、教旨の説明のために宣教方への取次ぎを依頼した手紙を出す。［由緒書］［二一－七－五］	
		七月一五日	坂田鐵安、白川家へ参殿し中元として、素麺を献上。［日記］［二一－七－五］	
		八月一一日	坂田鐵安、白川家へ参殿し葡萄を献上。［日記］［二一－七－五］	
		九月　九日	坂田鐵安、白川家へ参殿し栗を献上。［日記］［二一－七－五］	
		一一月	東宮千別、「門中規則書」を作る。［三－一－三］	
四（一八七一）		二月　七日	加藤鐵秀、男也の人別を宮津藩中の加藤家から梅田村へ移す。［二一－二－六］	五月一四日　太政官達により、神社は国家の宗祀として、全ての神官社家を改正補任するものとされる。［三－一－三］
		五月　二日	河内武胤、没する（五六歳）。	七月　廃藩置県実施。
		九月　三日	東宮千別、駿河台南甲賀町に「禊仮修行所」を設置し、「禊所規則」を定める。［東宮］［三－一－三］	
		八月　八日	坂田鐵安、白川家より手当金二五円を受けて復籍する。［坂田］［二一－七－五］	
		一一月一七日	男也、野澤鐵教、道統の由来について東宮千別に返答書を与える。［三－一－三］	
		一一月一八日	村越守一、東宮千別に布教公認の出願を委嘱する。［三－一－三］	

五（一八七二）	五月　三日	東宮ほか二名、「禊事規則」を定めて、教部省に「御禊修行」の公許を出願する。［東宮］［三－一－四］	三月一四日　教部省を設置。 三月二三日　太政官達により、「教部省取扱願伺届等条件」が定められる。［三－一－四］ 四月二五日　宣教使を廃止し教導職を設置。 四月二八日　三条の教則を制定。 四月二九日　神官教導職が東西に部分される。 四月三〇日　神仏各教宗派に管長を置く。 八月三日　学制を公布。
	一一日	教部省の命により神田神社にて一七日まで説教をする。［二－四－三］［三－一－四］	
	八月二二日	**【吐菩加美講公認】** 教部省より「吐菩加美講」の名称で公然宣布が許可される。東宮、野澤、大武の三名が教導職に補任され、東部管長より吐菩加美講取締を命じられる。［三－一－四］	
	九月　二日	中教正本荘宗秀、門中の教師を私宅に呼び出し訓示を与える。［三－一－四］	
	九月二五日	伊藤要人、中教正本荘宗秀より教導職試補に命じられる。［二－六－五］	
	九月	門中の教師二十三名が教導職に補任される。［三－一－四］	
	九月	森立基、足柄県により取締を受ける。［二－五－四］	
六（一八七三）		○信濃国伊那郡飯沼村に「神道説教所」が開設される。［伊那］［二－六－五］	一月一日　太陽暦実施。 二月　大教院設立。 八月二四日　大教院の「教会大意」が認可され、各教会は弊風改正の見込を文書により、伺出ることとされる。［三－一－五］
	一月	浮岳尭欽、『深大寺高声念仏起源』を著す。［二－五－三］	
	四月一五日	吐菩加美講は、黒住、心学とともに大教院の管轄となる。［三－一－五］	
	五月一八日	坂田正安、没する（七二歳）。	
	六月　九日	教部省、岡山県の伺に対し「社頭等ニテ執行不苦候事」と指令する。［二－六－五］	
	八月二四日	吐菩加美講改正掛に九人が任命される。［二－四－二］［三－一－五］	
	九月一八日	「禊事教導心得」を定めて上申する。［東宮］	
	一一月二〇日	本荘宗秀、没する（六五歳）。	
	一二月　二日	「身禊講社」と改称する。［東宮］	

七（一八七四）			○坂田鐵安、『假名古事記』出版。	
		三月	横尾信守、『唯一問答書』を初めて出版。	
八（一八七五）			○各教会の分離独立の動きが強まる。	
		三月　八日	坂田安治、熊谷県の公職を辞し、禊教に専従する。［坂田］［一一‐七‐五］	
		三月二六日	野澤鐵教、没する（六二歳）。［一一‐四‐二］	
		四月二二日	村越正久、没する（七六歳）。	
		八月　八日	禊事総轄穂積耕雲、分離自立の傾向に対して、結社禁止で対応する旨を通達する。［東宮］	
九（一八七六）		三月　六日	伊藤要人、神道事務分局より、三等講師に命じられる。［伊那］［一一‐六‐五］	一〇月　修成派と黒住派の管長設置と特立が認められる。
		三月	坂田鐵安、神道事務局より惟神教会禊社長を命じられる。［由緒書］	
		一二月　五日	坂田安治、教部省より権訓導に補せられ、父鐵安と共に関西地方を巡教する。［坂田］	
		一二月二七日	穂積耕雲、禊事総括を辞任する。［東宮］［三一‐一‐五］	
一〇（一八七七）			○深大寺高声念仏が盛んになる。［一一‐五‐三］	一月一一日　教部省廃止。事務は内務省へ移管。
		三月	森立基、浄土宗から時宗に転宗し、證善と改める。［一一‐五‐四］	二月一五日　西南戦争が発生。
		三月	『井上正鐵真伝記』出版。	一〇月　コレラ全国に流行
		三月　九日	平山省斎、神道事務局より禊教総管を命じられる。［三一‐一‐五］	
		三月二一日	「禊教社」と改称し、有力教師がそれぞれ社長と称する事を認める。［東宮］［三一‐一‐五］	
		九月二二日	東宮千別、坂田鐵安、村越鐵善、禊教監督となり、年番で勤務とされる。［東宮］［三一‐一‐五］	
		一〇月二五日	伊藤要人、没する（七一歳）。［一一‐六‐五］	

年		月日	事項	
一一（一八七八）			○森證善、時宗横浜説教所の担当教師となる。［二一-五-四］	
			○浮岳堯欽、『浮岳門下高声念仏和讃』を著す。［二一-五-三］	
		二月二五日	井上善彌、東京府知事に井上正鐵の改葬願を出す。［二-二一-六］	
		三月	浄信講社、天台宗より許可を受ける。［二一-五-五］	
		三月　六日	井上正鐵の改葬が許可される。［二一-二一-六］	
		四月　一日	井上善彌、没する。［二一-二一-六］	
		五月一一日	門中十三人、三宅島に出発する。［二一-二一-六］	
		六月一八日	正鐵の遺骨が梅田に帰る。［三一-一-五］	
		六月二〇日	禊教社、神道本局の直轄となることを申請する。［東宮］［三一-一-五］	
		一〇月一八日	男也、没する（七七歳）。［二一-二一-六］	
		一〇月二五日	梅田奥津城に埋葬する。［二一-二一-六］	
		一一月	浄信講社、内務卿へ結社許可申請をする。［二一-五-五］	
一二（一八七九）		一月	禊教事務局を設置する。［東宮］	九月　平山省斎、「本教大成教会」を結集する。［三一-一-五］
		六月二五日	谷中奥津城に安藤眞鐵と井上正鐵を合葬し祭典を執行する。［三一-一-五］	
		八月一八日	坂田鐵安、東京府知事に「井上神社」の建立許可を出願する。［三一-七-五］	
		八月二一日	**【禊教社分裂】**坂田鐵安、「禊教社」を離脱し、「惟神教会」の専属となる。［二一-七-五］	
		一一月	**【大成教禊教成立】**禊教事務局、「本教大成教会」に加入する。［東宮］［三一-二一-七］	
		一二月一二日	「井上神社」の建立が許可される。［坂田］［二一-七-五］	
			○井上祐鐵（著）鈴木眞年（校正）『校正井上正鐵眞伝記』出版。	

一三（一八八〇）		二月　二日	村越守一、没する（六八歳）。［三－一－二］	
		三月二五日	笹本久右衛門（三宅島）、没する（七三歳）。［一－六－六］	
		四月	【井上神社竣工】井上神社が竣工する。［一－七－五］	
			○森證善とその講中が、時宗総本山遊行寺の仮御対面所の再建を申し出る。［一－五－四］	
一四（一八八一）			○御船寧氣『教の準縄』出版。	一〇月二九日　自由党結党。
一五（一八八二）			○森證善、横浜説教所の寺号公称を許され、藤沢山浄光寺の第一世中興開山となる。［一－五－四］	一月二四日　神官教導職兼補廃止（内務省達丁第一号）。
		三月二四日	坂田鐵安、神道管長より神道禊教長とされる。［由緒書］［一－七－五］	五月　神道各教会が特立する（内務省達乙第三〇号）。
		五月一五日	神道大成派の特立が許可される。	九月　神道御嶽派特立し、神道大成派より分離する。
		五月一五日	坂田鐵安、「神道禊派」の派名公称の許可を申請する。［一－七－五］	一一月六日　神道八派、派名を改め教名を称することが許可される。
		六月一〇日	内務省より「神道禊派」の公称が許可される。［一－七－五］	○「本教眞訣」刊行。
		九月二八日	正鐵二女鶴子の夫の武内時鐵、没する。	
一六（一八八三）		六月　八日	渋沢六左衛門（上州門中）、没する。	
		一〇月一八日	【谷中奥津城竣工】谷中奥津城が竣工して祭典執行。［三－一－五］	
一七（一八八四）		一〇月一八日	三宅島阿古奥津城の墓碑建立。［一－六－六］	八月一一日　教導職官制が廃止され、教師の進退は管長に委任される。
				一〇月三一日　秩父事件が発生する。
一八（一八八五）			○神道禊教本院（坂田）『神道禊派職員録』、『道廼栞』、『幼童訓』出版。［三－三－二］	
一九（一八八六）			○森證善、『一息仮名法語・一息伊呂波歌』出版。［一－五－四］	

二〇(一八八七)		四月	神道禊派本院、『神道禊派婚姻例』出版。〔三‐三‐二〕	
		一二月	川尻宝岑『萬世薫梅田神垣』出版。	
		一二月	「井上正鐵翁遺訓集」(禊教横尾社刊)第一巻、第二巻出版。	
		一二月	大成教修道館「みそゝき」(月刊)発刊。(五〇～五二号現存)〔三‐二‐二〕	
二一(一八八八)		一月	○『浄信講念仏和讃』刊行。〔二‐五‐五〕 『新開場梅田神垣』(『萬世薫梅田神垣』の改題)、市村座にて九代目市川團十郎主演で上演。〔三‐二‐二〕	
		一月	井上祐鐵(著)鈴木眞年(校正)東宮鐵麻呂(増補)『校正増補井上正鐵眞傳記』刊行。〔三‐二‐二〕	
二二(一八八九)			○穂積耕雲・東宮千別『神道禊事教導略解』が大成教禊教東宮本院から刊行される。〔三‐二‐二〕	二月一一日 大日本国憲法発布。
		五月	梅田村に「禊教総本院」を設置し、各教会は創立者の姓を冠して画一の名称にする事を決定。〔東宮〕〔三‐二‐二〕	
		一二月一二日	坂田鐵安古希祝宴を開催し、『坂田鐵安翁祝宴歌集』出版。〔坂田〕〔二‐七‐五〕	
二三(一八九〇)		一月	加藤直鐵、井上神社社掌となる。〔坂田〕〔三‐三‐三〕	一〇月三〇日 教育勅語発布。
		一月	神道禊派(坂田)教報『小戸廼中瀬』(月刊)を創刊。〔坂田〕(二七年一二月の第六〇号まで存在確認)〔三‐三‐三〕	一一月二五日 第一回帝国議会召集。
		三月一八日	坂田鐵安、没する(七一歳)。〔二‐七‐五〕	
		五月二三日	平山省斎、没する(七六歳)。〔三‐二‐二〕	
		六月	「井上正鐵翁遺訓集」第三巻、第四巻出版。	
		九月	「増補井上正鐵在島記」(禊教麻生本院刊)出版。	
		一一月一〇日	入亮伝、没する(六二歳)。〔二‐五‐五〕	

二四（一八九一）		一月一七日	井上初子没（六七歳）。［一-六-六］	
二五（一八九二）		三月一五日	禊教総本院を「禊大教院」とし、各教会の名称を番号化。［東宮］［三-一一-一］	
二六（一八九三）		 六月二六日	○坂田安治、『神道禊派由緒書』を著す。［坂田］［三-三-一］ 内務大臣に禊教独立を申請する。［三-三-一］	
二七（一八九四）		八月二七日 一〇月二〇日	深大寺住職浮岳堯欽、府中警察署に召喚され、高声念仏について尋問を受ける。［一-五-三］ 【禊教独立】禊教独立および管長設置許可・告示。坂田安治、禊教管長となる。［三-三-一］	三月二八日から一〇月一三日「万朝報」が「淫祠蓮門教会」を連載。 八月一日　日清戦争始まる。 一一月一六日　磯部最信、文部大臣により大成教管長を解任される。 一二月一八日　東宮千別、村越鐵善、大成教管長事務取扱に就任。
二八（一八九五）		一月一一日 二月 四月　八日 四月一二日	加藤直鐵、井上神社社掌となる。［坂田］［一-一-六］ 『教祖井上正鐵大人實伝記』（禊第六教院）出版。 東宮千別、村越鐵善、禊大教院からの分離を出願。［東宮］［三-一一-一］ 禊教独立大祝祭を挙行する。［坂田］	一一月二五日　中山信徴、大成教管長に就任。
二九（一八九六）		四月 六月 八月一〇日	「井上正鐵翁遺訓集」第五巻、第六巻出版。 坂田安治、『禊教主神神徳略記』を著し、天覧に奉呈する。［坂田］［三-三-三］ 東宮千別、内務省へ「禊祓教」の独立を出願。［三-一一-一］	
三〇（一八九七）		四月 七月　二日 一二月	「井上正鐵翁遺訓集」第七巻、第八巻出版。 東宮千別、没する。（六五歳）［三-一一-一］ 坂田安治、井上正鐵への贈位を出願する。［坂田］	二月二四日　永井直哉、大成教管長に就任。

三一（一八九八）		一〇月	伊那教会、「大成教禊教東宮本院伊那分教会」として移転竣工する。［伊那］［二－六－五］	
		一一月	禊教（坂田管長）、教報『天津菅曽』（隔月刊）を創刊。［三－三－三］	
三二（一八九九）		四月一二日	禊教（坂田管長）、教祖五十年祭を執行する。［三－三－二］	
三三（一九〇〇）		一月　九日 四月一三日	井上祐鐵、没する（七五歳）。［三－二－二］ 坂田安治、没する（五三歳）。［三－三－三］	四月二六日　内務省寺社局を廃止し、神社局・宗教局を設置。 六月一六日　金光教、独立認可。
三四（一九〇一）		九月	禊教（坂田管長）、教報『禊教新誌』（月刊）を創刊。（三五年一月第六号の存在確認）［三－三－四］	
三五（一九〇二）		一二月　三日	浮岳堯欽、没する（八一歳）。［二－五－三］	
三六（一九〇三）				
三七（一九〇四）				二月一〇日　日露戦争始まる。
三八（一九〇五）				五月二七日　日本海海戦。 九月五日　日露戦争終結。
三九（一九〇六）				
四〇（一九〇七）				
四一（一九〇八）				一一月二七日　天理教、独立認可。
四二（一九〇九）				
四三（一九一〇）		一〇月三〇日	森證善、没する（八一歳）。［二－五－四］	八月二二日　韓国併合に関する条約調印。
四四（一九一一）				
明治四五／大正一（一九一二）				一月二四日　笹田黙介、井上信鐵、大成教管長事務取扱に就任。

二（一九一三）				六月一三日　内務省宗教局を文部省に移管。
三（一九一四）				七月二八日　第一次世界大戦開戦。
四（一九一五）				
五（一九一六）			○禊教二代管長乾久三郎、没する。［三－三－四］	一二月二六日　笹田黙介、大成教管長に就任。
六（一九一七）		八月	梅田奥津城に「禊教祖奥津城参詣道」の標石が建立される。	一一月七日　ソビエト政権成立。
七（一九一八）		一〇月	一九会、中野打越禊教会にて禊修行開始。［一九］［三－三－三］	一一月一一日　第一次世界大戦終結。
八（一九一九）				
九（一九二〇）		一二月	一九会、中野打越禊教会より修行法に異議が起こり、修行を断られる。［一九］	
一〇（一九二一）				
一一（一九二二）		三月	一九会、中野に道場落成。［一九］［三－二－三］	
一二（一九二三）		九月　一日	震災により、禊教本院（西町）、禊教会本院（旧東宮本院・小島町）など都内の多くの教会が焼失する。	九月一日　関東大震災。
一三（一九二四）			○禊教三代管長柴真住、没する。［三－三－四］	一〇月二八日　井上信鐵、大成教管長に就任。
一四（一九二五）				
大正一五／昭和一（一九二六）				
二（一九二七）		一月	浜松の浄土宗法林寺で浄信講社の高声念仏が初めて行われる。［二－五－註］	

三（一九二八）				
四（一九二九）				
五（一九三〇）				○昭和恐慌。
六（一九三一）		八月	禊教（坂田管長）、教報『唯一』（月刊）創刊。	九月一八日　満州事変発生。
七（一九三二）				
八（一九三三）				○国際連盟脱退。
九（一九三四）		一一月	伊那教会、山上勘吉の主宰で初学修行を行い、最終回となる。［伊那］	
一〇（一九三五）				
一一（一九三六）				二月二六日　二・二六事件発生。
一二（一九三七）		二月　九日 三月	禊教（坂田管長）総監笠原幡多雄、没する（六〇歳）。 禊教（坂田管長）、教報『唯一』第七巻三号で休刊する。［三―三―五］	七月七日　日中戦争開戦。 ○国民精神総動員運動。
一三（一九三八）				
一四（一九三九）			○一九会、社団法人となる。［一九］［三―一―三］	四月八日　宗教団体法公布。
一五（一九四〇）				三月　「神道」が「神道大教」と改名。
一六（一九四一）				一二月八日　太平洋戦争開戦。
一七（一九四二）				
一八（一九四三）				
一九（一九四四）		二月　九日 四月　一日	岡山の教師山上勘吉、没する（七五歳）。 一九会初代道場長小倉鉄樹、没する（七九歳）。［一九］	
二〇（一九四五）		三月一〇日	東京空襲により禊教本院（西町）、神道禊大教会（旧宮沢本院・車坂）など都内の多くの教会が焼失。	三月九日　東京東部地域が大規模な空襲を受ける（東京大空襲）。

				八月一五日　終戦。 一二月二七日　勅令により宗教法人令が発布。
二一（一九四六）		三月	宗教法人「神明教」設立（初代教長村尾音次郎、二代梁島正一郎）。[三－二一－二]	二月二日　宗教法人令改正公布。
二二（一九四七）		一月　七日	岡山の教師赤木伊勢次郎、没する（八三歳）。	五月三日　日本国憲法施行。
二三（一九四八）		一月	禊教（坂田管長）、教報『みそぎ』（第一次）を創刊（月刊）。みそぎ文化会発足。[三－三－五]	一一月一二日　東京裁判判決。
二四（一九四九）				
二五（一九五〇）				
二六（一九五一）				四月三日　宗教法人法公布。
二七（一九五二）				
二八（一九五三）				七月二七日　朝鮮戦争休戦。
二九（一九五四）				三月一日　第五福竜丸被曝。
三〇（一九五五）			○浄信講社、戦時中に中断した活動を再開する。	
三一（一九五六）		一一月	禊教（坂田管長）、教報『みそぎ』（第一次）九巻第六号で休刊。	
		一二月	禊教四代管長坂田實が死去し、坂田安儀が管長就任。[三－三－五]	
三二（一九五七）				
三三（一九五八）				
三四（一九五九）				
三五（一九六〇）				

三六（一九六一）				
三七（一九六二）				八月二四日　三宅島噴火。
三八（一九六三）				
三九（一九六四）		一〇月	一九会道場、新道場完成（久留米町前沢）。［一九］［三-二-三］	
四〇（一九六五）				
四一（一九六六）				
四二（一九六七）				
四三（一九六八）				
四四（一九六九）				
四五（一九七〇）				一一月二五日　三島由紀夫自決。
四六（一九七一）		二月二八日	神道禊大教会（旧宮沢本院）にて、楯の会解散式執行。	
四七（一九七二）		六月一二日	『禊教の研究』（みそぎ文化会）出版。［三-三-六］	
四八（一九七三）				
四九（一九七四）		一一月二七日	井上神社が焼失。［三-三-六］	○超能力ブーム。
五〇（一九七五）		一月	禊教（坂田管長）、教報『みそぎ』（第二次・月刊）を創刊。［三-三-六］	
		四月一二日	禊教（坂田管長）、教団創立百年記念大祭を行う。［三-三-六］	
		一〇月	梅田奥津城改修。	
五一（一九七六）			○一九会名古屋地区真霊会発足。［一九］	
五二（一九七七）		五月	禊教（坂田管長）、禊教教典研究所発足（『みそぎ』三-七）。［三-三-六］	

五三（一九七八）			
五四（一九七九）			
五五（一九八〇）	四月	神道禊大教会（旧宮沢本院）、荒川区西日暮里より足立区梅田に移転。［三－二－三］	
五六（一九八一）	二月	禊教（坂田管長）、山梨県小淵沢に新本部の建設を決定（『みそぎ』七・十二）。［三－三－六］	
	一一月	須藤大元、『天台』に「弾誓流高声念仏」を掲載する。［二－五－五］	
	一二月	禊教（坂田管長）、教報『みそぎ』第七巻一二号で休刊。［三－三－六］	
五七（一九八二）			
五八（一九八三）	一〇月	梅田神明宮社殿等改修事業を開始。『梅田神明宮御由緒略記』を刊行。［三－二－三］	一〇月三日　三宅島噴火。
	一〇月　三日	三宅島雄山噴火により、正鐵の阿古奥津城が溶岩流に埋没。	
五九（一九八四）	三月	一九会、社団法人から宗教法人に法人格を変更。［二－九］［三－二－三］	
	八月	禊教（坂田安儀管長）、『みそぎ』御遷座特集号を発行。	
	九月	禊教（坂田安儀管長）、『高天原、いざ』、『この世の神さま』出版。「井上神社」を「身曾岐神社」と改称し、井上正鐵に「天徳地徳祚身曾岐自在神」と諡る教義を公表。［三－三－六］	
六〇（一九八五）			
六一（一九八六）	二月二七日	禊教の北関東九教会で「禊教真派」設立。［真派］［三－二－六］	

		九月	山梨県小淵沢町に「身曽岐神社」本殿が竣工。[三一三-六]	
六二(一九八七)		二月	禊教真派、「教報みちづけ」を創刊。[真派][三一三-七]	
六三(一九八八)		一〇月二三日	坂田安弘、禊教主神大祭において道統継承宣言。[真派]	
昭和六四/平成一(一九八九)		三月　四日	禊教真派、宗教法人設立会議を開催。[真派]	
二(一九九〇)		二月二二日 三月 八月　四日	一九会道場長日野正一没。(八九歳)[一九] 禊教真派、北関東で四十年ぶりに初学修行座を開催。[真派][三一三-七] 禊教真派、東京都中野区で第一回みちづけ大会を実施。[真派]	
三(一九九一)		八月	禊教真派、『唯一問答書』(文語体・口語体)、「みそぎの教え」を出版。[三一三-七]	
四(一九九二)		四月	浄信講社、別時念仏会を行い、最終回となる。[二一五-五]	
五(一九九三)		五月　六日	宗教法人「禊教真派」として認証。[真派]	二月二六日　世界貿易センター爆破事件。
六(一九九四)		一〇月二三日	禊教真派、一教独立百周年記念大祭。	
七(一九九五)		七月	谷中奥津城改修整備事業開始(梅田神明宮、唯一神道禊教、神道大成教禊教会本院合同)。	一月一七日　阪神・淡路大震災。 三月二〇日　オウム真理教による地下鉄サリン事件発生。
八(一九九六)		二月一八日	禊教真派、栃木市で第二回みちづけ大会を実施。	
九(一九九七)				

一〇（一九九八）				
一一（一九九九）		一一月	谷中奥津城改修工事竣工。	
一二（二〇〇〇）		一〇月	禊教真派、栃木教会などの北関東の三教会が離脱。	七月八日　三宅島噴火。
一三（二〇〇一）		六月一〇日 一〇月	禊教真派、京都府城陽市で第三回みちづけ大会を実施。 神道禊教（坂田安弘教主）中央区東日本橋に本部教務庁を移転。［三－三－七］	
一四（二〇〇二）		四月二六日 七月 一二月	梅田神明宮宮司・唯一神道禊教長関口鐵三郎没（九四歳）。 宗教法人「禊教真派」から「神道禊教」への名称変更認証。［三－三－七］ 神道禊教（坂田安弘教主）、中央区東日本橋に本部神殿を遷座。	
一五（二〇〇三）				
一六（二〇〇四）				
一七（二〇〇五）				
一八（二〇〇六）				
一九（二〇〇七）		九月	浄信講社七代社長須藤大元、没する。	
二〇（二〇〇八）				
二一（二〇〇九）		六月	坂田安弘『読み解き古事記』刊行。	四月　新型インフルエンザ国内発生。
二二（二〇一〇）				三月一一日　東日本大震災。
二三（二〇一一）				
二四（二〇一二）				

二五（二〇一三）				
二六（二〇一四）		一〇月一九日	神道禊教（坂田安弘教主）、東京都中央区にて一教独立百二十年記念大祭を実施。『神道禊教要覧』刊行。	九月二七日　御岳山噴火。
二七（二〇一五）				
二八（二〇一六）				
二九（二〇一七）				
三〇（二〇一八）				

〔資料一〕井上正鐵門中関係地地図（天保年間から明治二十年代まで）

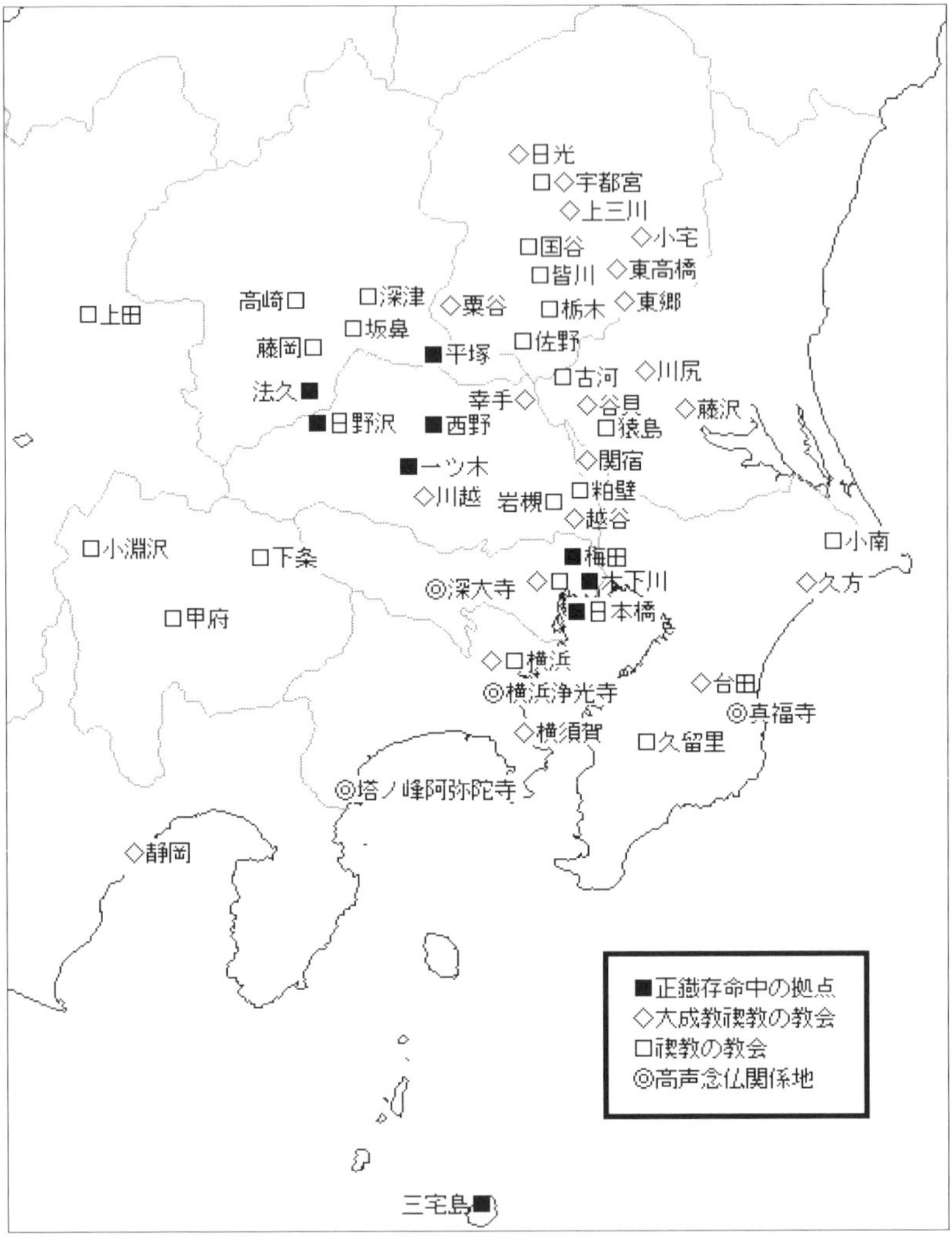

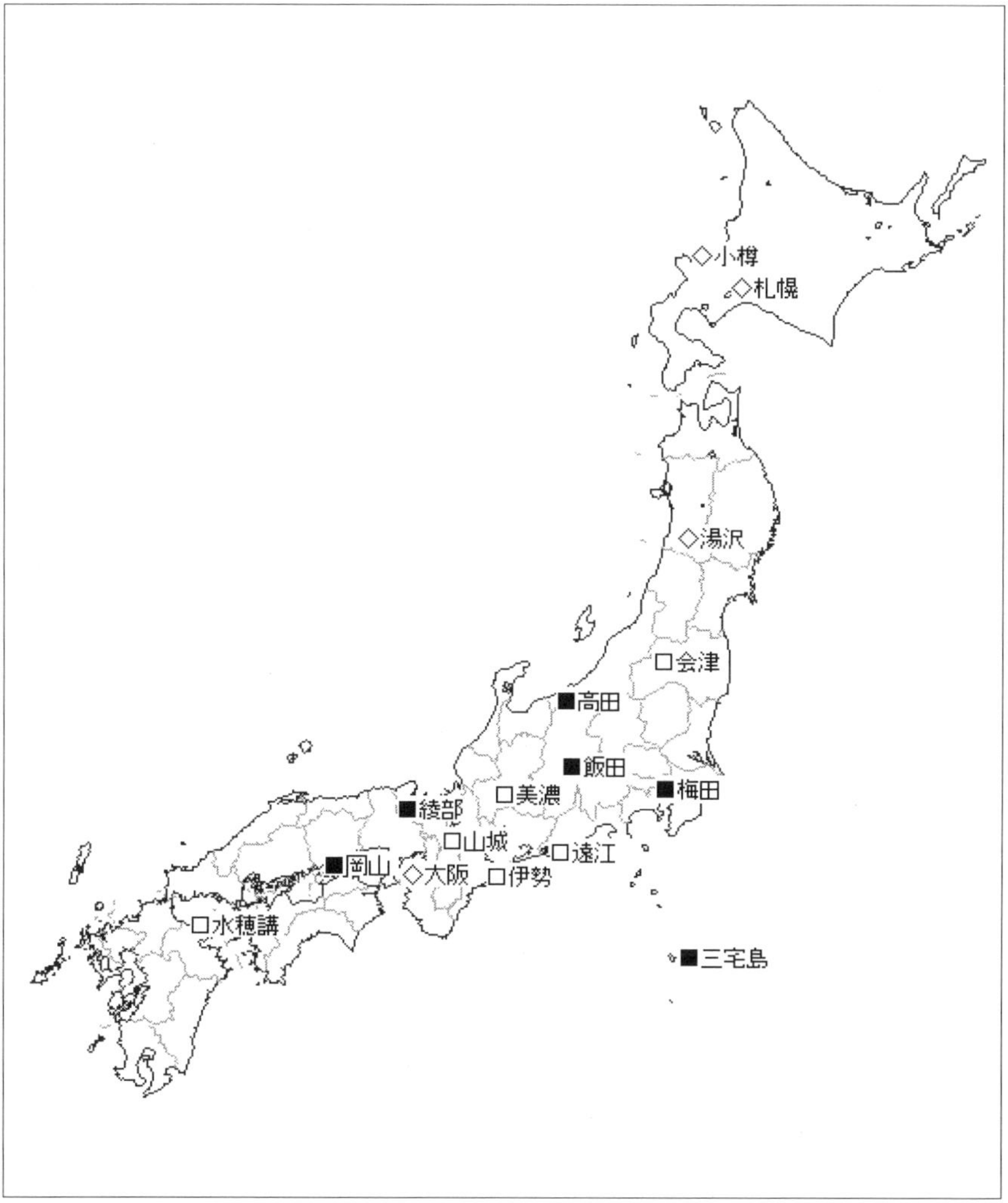
◇小樽
◇札幌
◇湯沢
□会津
■高田
■飯田
■梅田
□美濃
■綾部
□山城
□遠江
■岡山
◇大阪
□伊勢
□水穂講
■三宅島

〔資料二〕

井上正鐵門中道統・教会系統略図

荻原稔作成

一点鎖線内は、「大成教禊教」

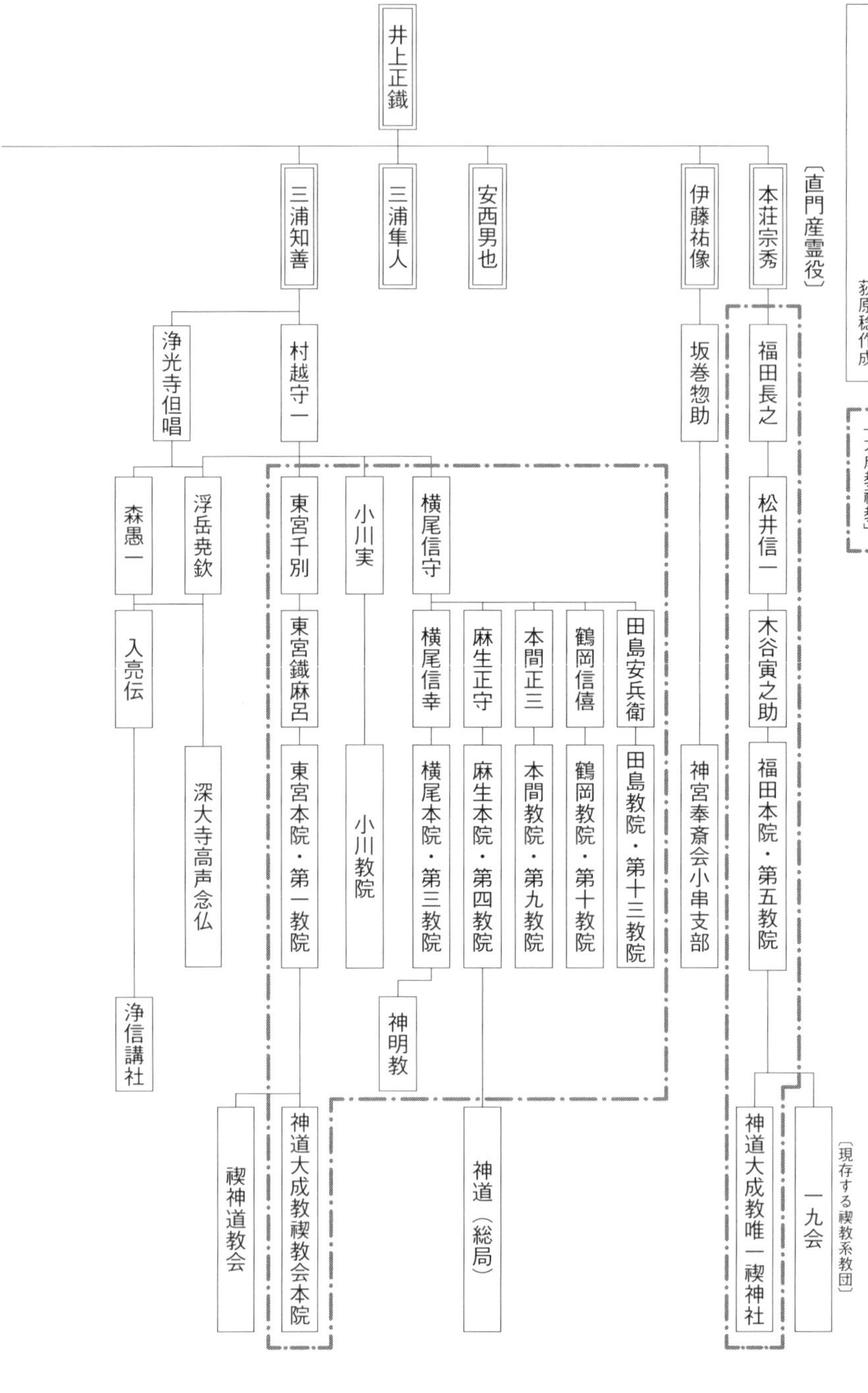

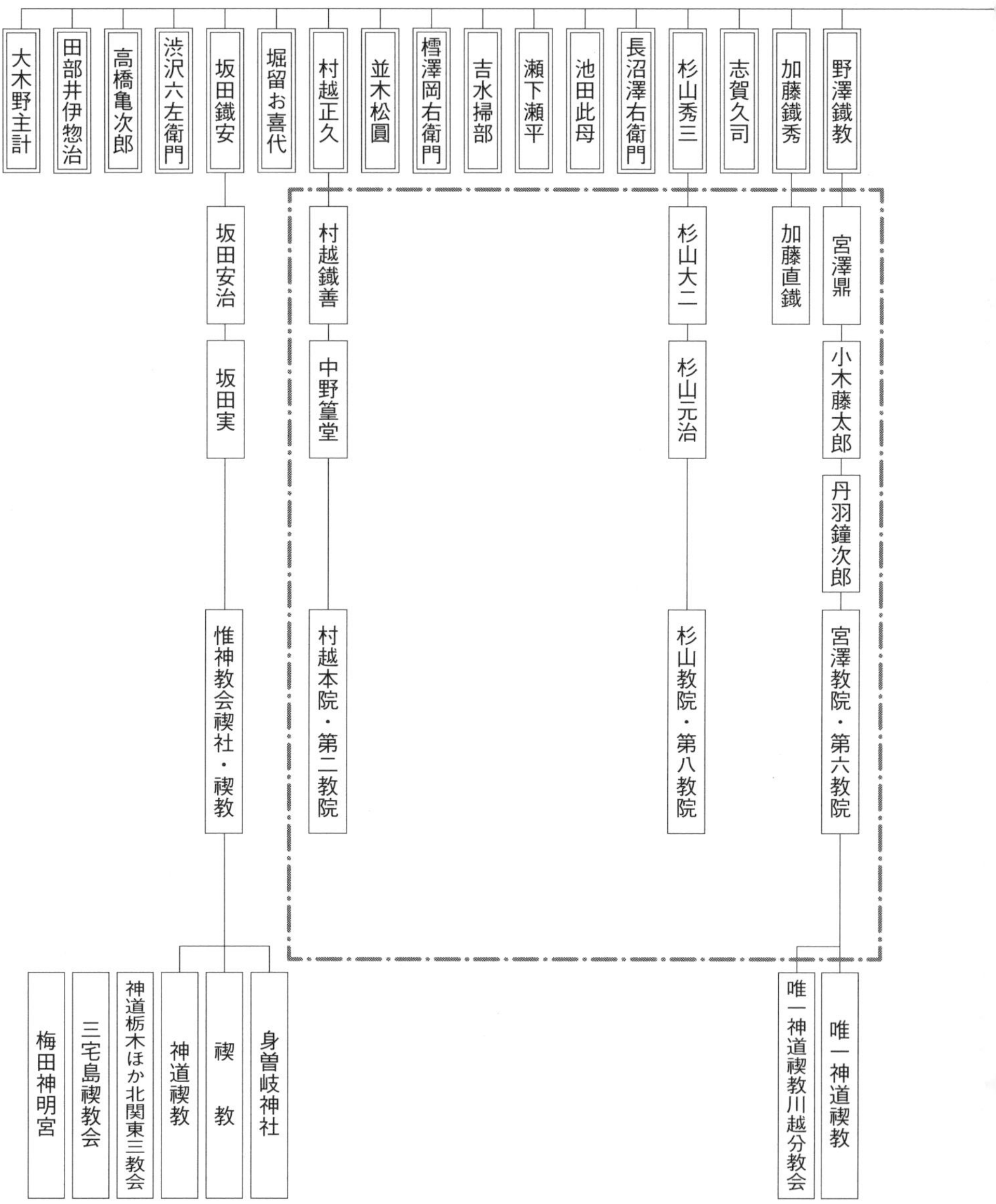
野澤鐵教
加藤鐵秀
志賀久司
杉山秀三
長沼澤右衛門
池田此母
瀬下瀬平
吉水掃部
樽澤岡右衛門
並木松圓
村越正久
堀留お喜代
坂田鐵安
渋沢六左衛門
高橋亀次郎
田部井伊惣治
大木野主計
宮澤鼎
小木藤太郎
丹羽鐘次郎
宮澤教院・第六教院
唯一神道禊教
唯一神道禊教川越分教会
加藤直鐵
杉山大二
杉山元治
杉山教院・第八教院
村越鐵善
中野篁堂
村越本院・第二教院
坂田安治
坂田実
惟神教会禊社・禊教
身曽岐神社
禊教
神道禊教
神道栃木ほか北関東三教会
三宅島禊教会
梅田神明宮

［資料三］ 水野南北『相法亦生記』自序 （文政十一年刊）

文化十一年（一八一四）からのテーマとなった四天王寺伝来の古書の解読の経過と「慎食」による開運の教えが簡潔に述べられており、井上正鐵が入門した文化十一年当時の水野南北を理解する資料となる。原本にも一部句読点があるが、読解の便のために引用者が全文に句読点を付けた。また、ルビは原本のものである。

聖徳皇太子相法亦生記水野南北自序

文化十一甲戌年、四天王寺秋野坊瑛順法師、相法議論ニ依テ我ヲ招キ、七日ノ間日ヒ日ニ相法ヲ論ズ。論終テ即皇太子御霊作相法亦生記、其讀難ク解シ難キ事ヲ語リ玉フ。相法ノ御書ト有バ切《シキ》リニ乞願テ日ヲ撰ミ御書ヲ拝シ奉ニ、素ヨリ我文字ヲ不レ学バ絶テ讀事不能。依テ其御文ノ面ノ明カナル所ヲ十行余リ書ウツシ、還テ門人等ニ問ニ何レモ文字ハ知トモ一句モ讀事不能。於テ是ニ予七日食ヲ断シ晝夜皇太子ヲ拝シ心魂ヲ凝令ルニ、奇ナルカナ、其十行余リノ文面ヲ解シ得テ即四天王寺ニ行、瑛順法師ニ對シ明ニ其文面ヲ説奉レバ、法師大ニ感歎シテ云ク、噫嗚呼後世恐べシ、我數年此御書ニ心ヲ凝令ト云トモ、更ニ一句モ讀得事不能。況ヤ爾《ソノ》義理ニ於尚眞實ノ相法ヲヤ。汝今此一句ヲ解シ得事、是時運ノ至也。願バ汝此御書ヲ解シ奉リ、衆生ノ為ニ天下ニ弘メ庸《ヨ》。尚慎テ怠ル事勿云云。我文盲不才ナリト云トモ、法師ノ命ヲ承テヨリ、心ヲ是ノ御書ニ留テ晝夜精心ヲ凝令ニ、其後前《ノチマヘ》ノ如ク一句モ解ス事不能。アル時法師ノ宣ク、相ハ是レ實相也。法ハ一切諸法也。予即答。實ニ一切如是不二也ト云。法師ノ宣ク、如是如是如如ト言終テ即香ヲ焼。敬シテ以テ皇太子ヲ拝シ、我ニ日本相法中祖ノ号ヲ許シ、即御墨附ヲ賜ル。其年十月中旬ヨリ我秋野坊代トシテ日光御宮様へ上リ相法ノ義ヲ願ヒ奉ニ、其十二月十五日ニ秋野坊遷化シ玉フ。不思議ナル哉、其夜《ヨ》ノ夢ニ秋野坊瑛順法師、我前ニ來テ告玉ク。汝是《コノ》御書ヲ解シ得テ天下ニ弘メ、悪業ノ凡夫ヲ道引益々善道ニ入令庸《ヨ》ト。カヘス〲モ宣ヘリ。是《コレ》ニ因テ我益々心魂ヲ凝令ニ、我少男少女二人有リコレヲ他ニ捨テ深山ニコモリ、家ニ還テハ門ヲ鎖シ諸人ヲ遠サケ、尚々麁食ヲ為或《ナシ》ハ木《モク》食或ハ食ヲ断ジ、晝夜皇太子ヲ拝シ一心ニ是《コノ》御書ヲ考ルニ、抑モ是ノ御霊作ノ義ハ文字ノ轉動無ク間々ニ一字轉動有事ヲ發明スト雖トモ、文章ヲ解ス事不能。依レ之一句千禮ノ願ヲ起シ、尚不レ解バ一字千禮ヲ為《ナシ》、尚不解ル文字ハ二千禮三千禮ヲ為《ナシ》テ晝夜皇太子ヲ拝シ奉テ、其文面ノ義理ヲ考ル事免間《イトマ》無シ。然ルニ去《サン》ヌル巳《ミ》年二月四日平旦ノコロ、夢ノサムルガ如ク是《コノ》御書ニ御霊作ノ御假名有事ヲ自得ス。是《コレ》ヨリ追々御文面ヲ解シ得事、譬ハ暗夜ニ燈火ヲ得ガ如シ。按ニ此御書ハ凡愚ヲ道引ンガ為ニ、御假名ニ衆理ヲ含マセ、正等ノ意ヲ述べ玉ヱバ是御假名ニ心ヲコメテ視玉べシ。皆是眞實ノ説法ニシテ、自心ヲ智ヨリ外無トノ教也。若復妄ニ解シ得バ神佛ヲ外道ニ落ストノ皇太子ノ常ノ教也。

復是ノ御書前後十四巻ノ中ニ、小天地ヲ専トシテ眞實ヲ令レ智ガ為ニ人相ヲ説キ、衆生ヲ道引ガ為ニ吉凶ヲ示シ玉フ。依レ之昔ヨリ皇太子ヲ日本相法之元祖ト稱シ傳ヘ來ル故ニ秋野家ノ相法ハ唐土ノ相法ヲ不用、戒定慧ヲ本トシ而衆生ヲ導ガ為ニ吉凶ヲ令辨。〇扨是ノ御書ヲ見ル人ノ云ク、此御書ノ文面ハ則神代ノ体也ト云、或ハ此御書ヲ此侭讀下セバ皆是レ眞實ヲ令レ智ノ大道也ト云ヒ、復三道一致ヲ令ルレ智ノ御書ニ而不可思議也ト云ヒ、復凡愚ヲ道引悪業ヲ除シムルノ御書也ト云。復唯《タヽ》一ノ事ヲ長々ト書散シ紙ヲ費ス事大也ト御申ノ御出家モ有、復此ノ書ハ譌物也有夢《ウツヽ》山《ザレ》僻論ト名附ト御申ノ儒家様モアリ。復中ニモ今京都ニ易蘇堂高松先生ト云御方有リ。是モ亦予ガ無学蒙昧ニ而神道ニ暗キヲ大ニ笑玉テ、嗚呼願クハ是ノ御書ノ中神号ノ巻ハ悉ク和訓ヲ加ヘテ神道執心ノ人々ニ授ケタシト云玉フ。復此ノ書ハ能々看レハ譌物ニシテハ文面ノ様子庸人ニ非ス。南北ノ愚物等ノ及ブ所ニ非スト御申ノ御神家モ有、亦佛家ノ御方々ニモ予ガ是ノ解量ノ假名ノ善シ悪シヲ御申ノ方々モ多シ。是故ニ神佛両道ノ御方々予ガ假名ノ不レ及ル所ハ宜鋪御假名ヲ加ヘテ、只凡愚ヲ導事ヲ乞願フ。是レマデ門人等ニ是ノ御書ヲ持セ三道ノ御方々ニ見セ來ルニ、皆某々ノ気器ニ依テ解シ讀玉ヘハ、其論種々也。是故ニ後々ニ及ヒ是ノ御書並ニ予ガ和解スル所トモ皆異行ニ思ヒ、譌物ナゾト嘲玉フ方々モ多カルベシ。然トモ我愚蒙不才ニシテ、數年是ノ御書ニ心魂ヲ令レ凝、尚瑛順法師ノ志ヲ継テ悪業ノ凡愚ヲ善道ニ入レ令ント先達スル義ナレバ、偏《ヒト》ヘニ我ヲ愍ミ玉テ妄ニ誹リ玉べカラズ。凡愚ノ衆生ハ素ヨリ疑心ン深ケレバ、三道ノ御方々常々ニ其法ヲ説玉フ度《タビ》ニ、是ノ御霊作ヲ稱シ玉テ、唯凡愚ヲ善道ニ令レ入様ニ皇太子ノ御本懐並ニ我願心ヲ遂《トゲ》サセ玉ヘ。カヘス〴〵モ唯ヒトヘニ是ヲ乞願ノミ。復是御霊作ノ義ハ、予モ是外ニ讀様有ト云トモ、瑛順法師ノ遺言ニ任凡愚ノ為ニ如是假名ヲ附、自ラ版下ヲ書今出板令ム。世ノ人我愚筆ヲ見テ可レ笑ズ。全ク是レ予ガ自功ニ書ニ非ス。是ノ御霊作御本文ノ御筆ハ皆如是ノ筆流也。恐々慎テ書シ奉ル○予ガ相法奥義ヲ茲ニ云フ、夫相貌ノ吉凶ハ相者ノ知所ニ非ズ。皆是レ己ガ造ル所ニ従テ、今生ノ吉凶未來ノ善悪ヲ生ズ。相ハ是活物也、飲食ヲ本トス。夫冨貴貧賤壽夭窮樂皆是飲食ヲ本ト為《スル》事世ノ人ヲ見テ知ベシ。予ハ生得短命ニ而、三十才ノ壽ヲ不レ保ト云トモ、飲食ニ因テ福壽ヲ保事我二十五歳ニシテ始テ自得ス。此レヨリ我三度ノ食ヲ二椀ツ、ニ極メ、野菜二品ヲ不レ食、尚常ニ美味ナマ魚ヲ禁ルニ、去ル文化九申年ヨリ生界米飲（ママ）ヲ禁ジ、一日ニ麥一合五勺《シャ》クヲ食シ、其外麁食青菜《ナ》青草等スベテ捨ル物ヲ常食トシテ益々慎ミ來ルニ、如是貧賤ヲ免《ヌカレ》、今六十九歳ニ至ル。皆是飲食ヲ慎ムノ御徳也。然トモ我老ヲ養ンガ為ニ、今一日ニ酒一合ヲ許スト云トモ、美味ヲ禁ルガ故ニ、水ヲ合シ二合トシテ日々ニ是ヲ飲ム。復是ヨリ後々門人等ハ米麥トウ分ニ合シテ一日ニ三合ト定ム。其外予ガ如ク慎べシ。不用者ハ予ガ門戸ニアラズ。若シ慎ム人有ラバ予ガ後ヲツグベシ。○タトヘ極悪貧賤ノ相有トモ、若シ願有レハ三度ノ食ヲ正ク定メ、尚一食ニ半椀ヅ、食ヲ減ジ、是ヲ我欲ル所ノ神佛ニ献ジ、其外一切捨ル物ヲ慮ル時ハ、終ニ性心至ガ故ニ、神佛自ラ感應有テ、諸願成就満足不レ為ト云事無シ。スデニ我一文字不知ニシテ野人ノ如キハ世ノ人ノ知ル所ト云トモ、右ノ如ク慎ミ數年性心ヲ凝シムガ故ニ、如是コノ御霊作ヲ解シ奉リテ、今諸人ニ知シム。是全ク鬼神太子ノ告ルニ非ス、我性心ノ至ル也。故ニ天時ノ解サ令ル所也。是故ニ諸人若シ願有レハ、飲食ヲ本トシテ常ニ慎ミ玉ベシ。小望ハ三年、大望ハ七年ヨリ十年ニシテ成ズ。高名ハ十年ヨリ十五年ニシテ願満足ノ眼ヲ開ク。

我滅後《ゴ》ノ後《ノチ》、若シ慎ミ終テ願満足不ハレ為、即香ヲ焼《タキ》常世ノ国ニ向テ一心ニ我ヲ呼ビ玉ヱ。我衆生ノ願ヲ成《ジャウ》至《シ》不レ盡バ成佛ヲ不得、彌勒《ミロク》ト共ニ出ル。眞實ニシテ不虚、日ヒニ新也、日ヒ日ニ新也云々。見ル人予ガ愚昧ノ高言ヲ知テ笑ベカラズ。稱《ホメ》玉ベシ〳〵。我ハ是レ名聞第一ノ老父也。

復是ノ御本文御文面ノ中ニ曰ク多而予書キ難キ文字所々有是レ等ハ、皆儒家様方ニ聞テ文字ヲ畧シテ書《カキ》置。復是ノ自序ノ義ハ予文字ヲ不知ガ故ニ京タコ薬師通ニ牧ノ文輔ト云御医家有、此ノ方ニ聞テ書置。復是ノ御書神号ノ巻ノ分ハ、神秘ヲ恐テ予解量ノ假名ヲ不レ附、後人ニ是ヲマカス。然トモ信心ノ方々ノ為ニ天照太神彌陀佛妙法蓮華等ノ巻ハ虫喰ノ所ヲ抜テ、誦安ク平カナニ而書シ著ス。尤大元尊神ノ巻ハ神秘恐乍虫喰ヲ置テ予ガ解量ノ假名ヲ書シ著ス。復是ノ御書ノ儀ハ甚タ大部ニ而七巻也。何モ表ニ前後ト有故ニ十四巻トス。復何レモ八行宛也。表裏十六行尤字數一行十二字、表裏百八十八字也〇復是ノ御書ハ千年ノ余ヲ經テ今ニ傳ガ故虫喰多而、解シ難シ所々字性有ヲ取テ巻ノ始ト而左ニ著。□□虫喰ノ所ハ悉ク文中ニ印シ置

皇太子御霊作相法亦生記御本文、左ニ著ス所ノ和解ノ書ト引合シテ讀玉ベシ。和解ノ書ハ復御本文ト引合シテ讀ミ玉ベシ。若シ意《イ》ノ解シ難キ所ハ尚二道明智ノ御方ニ従テ、御假名ノ義理ヲ自得シテ、人々ニモ讀ミ聞セ玉ベキ事ヲ希ノミ。

［資料四］ 禊事規則（明治五年）

明治五年（一八七二）五月三日に、「御禊修行」として布教許可を申請した時に、添付された文書であり、「禊神事ノ條」「禊脩行伝ノ式法」「禊成就之式」「禊ノ事」の四か条により、行法・教義の概略と由来を述べたものである。昭和期までの教団刊行物では「禊成就之式」が省略されていたが、「小倉家文書」により全文を復元した。読解の便のために、引用者が句読点を付けた。

禊事規則

禊神事ノ條

禊神事祓修行ノ儀ハ、伊邪那岐命、筑紫日向ノ橘ノ小戸ノ阿波岐原ニ禊祓ヒ給ヒシヨリ初マリ、天ノ児屋根命、太玉命、天津祝詞ノ太祝詞辞ヲ宣レト有リテ、最モ奇霊ノ神事ヨリ伝ハリ、近クハ岡部真淵其教ヲ安藤真鐵ニ伝フ。真鐵其次子井上正鐵ニ伝フ。正鐵年ヲ重テ、白川家ノ門ニ入、神拝ノ式ヲ受、尚神道脩行ニ志厚キニ付、格別ノ高慮ニテ、八伝ノ御伝授被成下、是ヨリ正鐵愈益尊信敬守、日々ニ進ミ月々ニ益シ、只々神慮広大ニシテ無窮ノ功徳ヲ、今不肖ノ正鐵遥ニモ窺フ事、生前ノ本懐何カ之レニ如カンヤ。歓喜落涙濡衣、夫ヨリ是迄教ヲ請フ人、数多是アリ。其内厚キ志ノ者ヘハ、右ノ御伝授ケ度同人志願有之候得共、右ハ不容易御伝故憚之、其勤行斗リ、和ケ真心ヲ賜フトモ、又ハ身祓神事抔唱ヘ衆人ヲ道引申候事。

一、初学ノ者ヘ教方ハ、息長ト申テ息ヲ鼻ヨリ引、臍下ヘ満シメ、口ヨリ静ニ吹払フナリ。尤モ神楽長ト唱ヘ、鈴ヲ持チ候者ニ随テ数度勤候事。

一、三種祓　数度。此三種祓ハ、世ニ様々ノ説アリト雖、是迄承リ伝ヘ候ニハ、先ツ吐ハ止メ止マルノ心ニテ、菩ハ上ヘ顕ル、心ナリ。故ニ穂帆杯上ニ顕ル心ナリ。吐菩ト上ヘ顕ル、故ニ、恵ハ内ヘ集マル心ナリ。故ニ江画ト申ス。皆川河ノ水集マルヲ江ト申シ、白紙ニ所々ノ景色又ハ世界ノ図ヲ絵キ集ムルモ画ナリ。其集タル物納マル故ニ、木ノ実、人ノ身抔内ヘ納ル心ナリ、上ニ顕レ下ニ止リ集マル中ニ万物生ス。是所謂太米津モノ也。然則天地万物ト申テ、世ノ中ノ大御徳ヲ拝シ奉ルト云ニモ当リ可申、又ハ八声祓八神抔、皆々八ノ数、深々微妙是則天地ノ枢機ニシテ、万世ニモ説尽シ難キ神言也。譬ハ盤上ノ玉ノ如ク一字一句モ加フ可キ所ナシ、若シ是ニ一字一句モ加フレハ、玉ニ瑾ツクルカ如シ。只々奇霊ノ徳ニ依ルカ故ニ、此祓ヲ唱ヘ其神徳ヲ仰キ勤ムル時ハ、自ラ慙愧ノ心ヲ生シ、愚夫愚婦モ悔悟スル所ニ至リ候事。

禊脩行伝ノ式法

一、斎主ト唱ヘ一人長ヲ定メ、又集ヒト唱ヘ手伝役ノ者十人又ハ二十人、初学ト申テ伝ヲ受ル者ヲ中ニ着坐致サセ、左右ニ八ツ足ノ机ヲ横ニ据置、左右二人宛鈴ヲ持チ、先ツ禊祓ヲ唱ヘ、次ニ息長数度、次ニ三種祓数度唱々終テ斎主神典ヲ読、神ノ功徳ヲ初学ノ者ヘ演舌ス、他事ニ心ヲ散サヌ様教諭シ申候事。

禊成就之式

一、千坐置戸ト云伝フテ禊成就ノ次テ、神前ト斎キ祭ルハ幣三本前ニ神鏡ヲ置、白木三宝ニ神酒洗米ヲ備ヘテ、其下ニ氣吹ノ幣トテ榊枝ニ幣ヲカケ正面ノ机ニ置キ、左右ニハ榊ヲ建ル。斎主并ニ見習ノ者正服着用ニテ敬坐ス。内斎主一人ハ八ツ足机ヲ控、祝詞ノ書ヲ置、案内ノ者初学ヲ誘ヒ右机前ニ坐サシム。斎主祝詞ヲ読ミ、穢ノ息ヲ吹払フ仕方ヲ教ヘテ神前ニ向ハシメ、一同慎ンデ神拝シ、右氣吹幣ニテ左右左ト払ヒ、初学ノ左右ヘ斎主并ニ見習両人附添テ、諸共ニ息ヲ臍下ヨリ悉ク吹払ヒ、百念尽テ真心ノ一ニ止ルヲ禊成就トナス。其穢ノ息払ヒ尽シタルヲ見届ルヲ斎主ノ役トスルナリ。其上　敬神ノ事、朝旨遵守ノ事、土地所ノ掟可守事、各々事業ヲ励ムヘキ事、猶又後々脩行大切ニスヘキ事ヲ申渡シ候也。

禊ノ事

一、初メ一日、三種ノ祓ヲ唱ヘシムル事数百篇、其間ニ漸々至誠ノ大道ヲ説キ聞セ中候事、次ニ二日メニ至テ、是迄犯ス所ノ罪過ヲ恐レテ慙愧ノ心隠然トシテ生ス。三日メ始メテ吾天神地祇ノ大御徳ノ貴ヲ知リ、只管神前ヘ平伏シテ落涙スルノミ。此時ニ当テ一身ノ穢気皆払尽テ、只心ヲ気海丹田ニ収メ、一ノ誠心ヲ存スルノミ。真ニ可愕可喜ノ有様ナリ。然リト雖モ其道ヲ悟ルニ至テハ或ハ三日ニシテ悟ル者アリ。或ハ四日ニシテ悟ル者アリ。或ハ五日六日七日ヲ経テ始テ悟ルモノアリ。是皆其人ノ性質ニ従テ、其極ニ至ルモノナレハ誠ニ一ヲ執テ論シ難シ。故ニ言語書筆ノ尽スヘキニ非ス候得共、事ノ顛末大略相認奉差上候也。

［資料五］禊事教導心得（明治六年）

明治六年（一八七三）八月に発せられた「教会大意」に基づいて、九月十八日に上申した教義書である。底本は『禊事教導略解』（明治二十二年、大成教禊教東宮本院）である。読解の便のために、引用者が句読点を付けた。

禊事教導心得

夫レ宇宙ノ間、其至大ヲ論ズレバ、天地ヨリ大ナルハナシ。其至広ヲ論ズレバ、蒼天ヨリ広キハナシ。其至明ヲ論ズレバ日月ヨリ明ナルハナシ。其至遠ヲ論ズレバ、星辰ヨリ遠キハナシ。其至道ヲ論ズレバ、至誠ヨリ至レルハナシ。其至誠ヲ論ズレバ、天理ヨリ誠ナルハナシ。故ニ道ヲ論ズル、必ズ神明ニ原ク。恭シク惟ルニ、天御中主神、高御産霊神、神産霊神等、高天原ニマシマシテ、斯天地ヲ創造シ、陰陽斯ニ開ケテ、伊邪那岐尊、伊邪那美尊、始メテ夫婦ノ道ヲナシ、而シテヨリ後、天祖天神ニ至リテ、始メテ君臣父子ノ分定マル。其文ニ曰ク、天照大神、宝鏡ヲ持テ、皇孫ニ授ケテ曰ク、吾児此鏡ヲ視ン事、猶吾ヲ視ルガ如クシテ、同床共殿以テ斎鏡トナスベシ。宝祚ノ隆ンコト、天壌ト共ニ無窮ナルベシト。昭々タル明訓古典ニ存ス。聖子神孫之ニ則リ、之ニ従ヒ、延テ吾衆庶ニ及ブ。吾衆庶モ亦能ク戒慎恐懼シテ、其明訓ニ従ハズンバアルベカラズ。故ニ吾教会ノ人、禊事ヲ修ムル後、神前ニ於テ宝鏡一面ヲ賜ハリ、帰リテ之ヲ正寝ニ奉ジ、朝夕坐臥ニ之ヲ拝ス。而シテ其視ル所ノ容ハ、即チ是レ父母ノ遺体也。視ル所ノ容ハ父母ノ遺体ナルヲ知ラバ、即チ是レ吾身ハ祖宗ノ賜ナルヲ知ル。吾身ノ祖宗ノ賜ナルヲ知ラバ、即チ是レ天祖天神ノ末裔ナルヲ知ル。天祖天神ノ末裔ナルヲ知ラバ、則チ汝ノ子々孫々千萬世ノ久キニ至ルト云トモ、其天神ニ原ク所以、其祖宗ニ本ク所以、其父母ニ報ユル所以ノモノ、猶一日ノ如クナルベシ、是レ乃チ敬神ノ由テ起ル所、斯道ノ由テ定マル所、所謂天壌ト共ニ無窮ナラントスルモノ、其レ茲ニアル歟。是ヲ以テ、皇国ノ君臣ハ猶父子ノ如ク、父子ハ猶君臣ノ如シ。仮令、至聖至徳ノ臣アリト云ドモ、上リテ君ト成ル可カラズ。暴虐無道ノ君アリト云ドモ降リテ臣ト成ル可カラズ。猶、子以テ父ト成ル可カラズ。父以テ子ト成ル可カラザルガ如シ。是レ皇国ノ四海ニ冠絶タル所以ナリ。其レ此ノ如クナルモノ、皆天祖天神ノ明勅ニ由テ聖子神孫ノ世守スル所ナリ。之ガ民タルモノ、亦極天終地謹デ奉勅セズンバ有ルベカラズ。故ニ皇国ニ於テハ大義名分ヲ本トナシ、誠ノ辞ヲ以テ教トナス。夫レ誠ナルモノハ神ノ道ナリ。之ヲ誠ニスルハ人ノ道ナリ。故ニ曰ク誠ナラザレバ、物ナシト。此ニ由テ之ヲ観レバ、誠ナルモノハ実ニ天地神明ノ妙理、宇宙万物之ニ由テ生成セザルハナシ。而シテ人ナルモノ万物ノ霊長ニシテ、天地ト体ヲ同ウス。天地ト体ヲ同ウスルガ故ニ、其霊タル物ト同ジカラズ。其同ジカラザル所以ノモノ、即チ天神賦与ノ霊魂有ルヲ以テナリ。霊魂ナルモノハ一身ノ主宰ニシテ霊妙ナルコト測ルベカラズ。故ニ之ヲ称シテ神ト云ヒ、其ノ妙用之ヲ至誠ト云ヒ、至誠ノアル所之ヲ道ト云フ。故ニ曰ク、道ハ須臾モ、離ルベカラズ。離ルベキハ道ニアラザルナリト。試ニ問フ、天地斯道ヲ離ルレバ如何。人物斯道ヲ離ルレバ如何。氣機息ムト謂ハザルベケンヤ。生理ナシト謂ハザルベケンヤ。故ニ常盤神社ニ坐ス源烈公、一言之ヲ断ジテ曰ク、道ハ天地ノ大経云々ト、宜ナル哉、是此ノ大経、之ニ率ヒ之ニ由リ、之ヲ践ミ之ヲ履テ以テ往ク、至ル処道ニ非ザルハナシ。至ル処道ニ非ルナケレバ、則チ神人ノ際、至誠相観感シテ而シテ神之ニ福ヲ降ス。誠アルヲ以テノ故ナリ。冀クハ吾教会ノ人、至誠ノ根源神明ヨリ出テ吾霊魂ニ本ク所以ノモノヲ了解シテ、而シテ斯誠ヲ以テ心ニ存スレバ、則チ所謂情発シテ皆節ニ中ル。自主自由ノ権、我ニ之アリ、此権ヲ有シテ天下ニ立ツ、天下ノ人誰カ敢テ之ニ抗スルモノアラン乎。若シ夫レ然ラズ、徒ニ世ノ風潮ニ従ヒ、我ニ自主自由ノ権アリト云ハゞ、人ノ我ニ抗スルト抗セザルトヲ論ゼズ、其害タル挙テ数フベカラズ。故ニ我皇国ニ於テハ誠ヲ之レ教ヘトナス。誠ノ教タルヤ、簡易ニシテ喩リ易ク知リ易ク、実ニ宇宙ノ間最上乗ノ教法ト謂ハザルベケンヤ。況ンヤ吾天皇至誠ノ御徳、博ク海ノ内外ヲ兼タリ。畏クモ此御徳ヲ推シテ之ヲ天下ノ民ニ及ボサバ、是レ所謂明徳ヲ天下ニ明ニスルナリ。天下ノ民ヲシテ此御徳ヲ以テ心トナシ、其旧染汚俗ヲ祓除キ、至誠ノ地ニ止リテ、他ニ移ラザラシムルニ至ラバ、是レ民ヲ新ニスルナリ。至善ニ止ルナリ。是レ乃チ吾ガ天皇ノ御旨意ニアラズヤ。吾等不肖ナリト云ドモ、頼ヒニ教導ノ任ヲ辱ウス。願クハ此御旨意ヲ奉戴シテ家々ニ喩シ、戸々ニ説キ、天皇ノ御旨意ノ茲ニアル事ヲ知ラシメン事、是今日吾等ガ務ムベキ職分ナリ。然リト云ドモ、人ニ上中下ノ三品アリ。上ナルモノハ生レナガラニシテ之ヲ知リ、中ナルモノハ学ンデ之ヲ知リ、其次ナルモノハ困ンデ之ヲ知ル。生レナガラニシテ之ヲ知ルモノハ、以テ尚フル事ナシ。学ンデ之ヲ知リ、困ンデ之ヲ知ルモノニ至テハ、其入ル所同ジカラズト雖ドモ、神明ノ徳ニヨリ、致誠ノ教ニ率ヒテ之ヲ導カバ、知ラズ識ラズ上智ト一ナリ。故ニ吾教会ニ於テハ、禊事ヲ修ムルヲ以テ道ニ入ル山口トス。其禊事ヲ修ムル、或ハ一二日ニシテ成ルモノアリ。或ハ二三日ニシテ成ル者アリ。或ハ四日五日六日七日ニ至リテ而シテ成ル者アリ。其成レル後、退イテ其私ヲ省レバ、皆以テ往事ヲ追悔シ、涙下リテ口言フ事能ハズ、只神徳皇恩ノ大ナルト、父母ノ恩ノ深キヲ知ルノミ、是レ所謂心神ノ感化ヲ得テ、至誠無為ノ地ニ至レルナリ。古人五十ニシテ四十九年ノ非ヲ知リ、又六十ニシテ六十化スト称スル者アリ。其知ル所ノ非、其化スル所ノモノ、或ハ師トナリ、或ハ戒トナリ、其四十九年ノ非空シカラズ、六十ノ化頓悟トナル。其レ此ノ如ク一旦豁然トシテ解悟ノ心ヲ生ズルモノ、是乃チ自然ノ解除ナリ。其他皆之レ解除贖罪ノ功ニ依テ、至誠無為ノ地ニ至ル。是神明自然ノ徳ニシテ、汝ノ力ニ非ザルナリ。汝ノ力ニ非ザル、即チ至誠循環一息ノ間断ナキニ由ル。至誠循環一息ノ間断ナキニ由テ、宇宙萬物咸ク吾胸中ノ有ニシテ心外ノ物ニ非ザルヲ知ル。宇宙萬物心外ノ有ニ非ズ、是ヲ以テ千歳ノ日至モ亦能ク坐シテ致スベキナリ。孔丘曰ク、未ダ思ハザルナリ、思ヘバ何ノ遠キ事歟、之レ有ラント、其レ此ノ謂ナリ。故ニ曰ク、天地ノ道一言ニシテ尽ス可キナリ。其物タル二ナラズ、二ナラズ是ヲ以テ四時行ハレ百物生ズ、人モ亦一箇ノ小天地ニシテ、其物タル又二ナラズ、二ナラズ是ヲ以テ能ク其徳ヲ一ニシテ神明ニ敬事ス。神明ニ敬事ス、是ヲ以テ、吾教会ノ人亦能ク信心得道ノ意旨ヲ了シ得テ、而シテ心ヲ氣海丹田ニ収メ、至心ニ神号ヲ唱ル事数百篇ニ至レバ、自然ニ身心ノ軽便ナルヲ覚エ、或ハ夢ニ天ニ昇ル、飄々然トシテ風ニ御シテ行クガ如ク、或ハ自ラ坐中ニ於テ、現身ノ雲ノ如ク影ノ如クナルヲ覚ユ。於是乎始テ罪穢相滅シ、至誠ノ心油然トシテ内ニ生ズルヲ知ル。至誠ノ心油然トシテ内ニ生ズレバ、則其チ其外ニ形ル、ヤ著シ、其チ其外ニ形ル、ヤ著シケレバ、則チ其徳燦然トシテ日ニ明ナリ。其徳燦然トシテ日ニ明ナレバ、則チ人観テ感動ス。人観テ感動スレバ、則チ人ノ其徳ニ化スルヤ自然ニシテ然リ。之ヲ射ル者ニ例フレバ、至ルハ汝ノ力ナリ、中ルハ汝ノ力ニ非ルナリ。亦唯神明ノ徳、已ニ誠アルノ致ス所ナリ。神明ノ徳、已ニ誠アルノ致ス所ナラバ、則チ信心得道ノ功、亦偉ナラズヤ。若夫レ吾教会ノ人、此意ヲ解セズ、信心得道ノ何物タルヲ知ラズ、徒ニ之ヲ己ノ力ニ求ムルノミナランカ、神号ヲ唱ル事数千萬遍ニ至ルト云フトモ、事ニ益ナシ。啻事ニ益ナキノミナラズ、反リテ己ノ徳ヲ損ズ。教徒タルモノ其勉メザルベケンヤ、其戒メザルベケンヤ。以上ノ数件、是皆敬神愛国、天理人道、皇上奉戴ノ大旨ニ基キ禊神事ノ教導ノ大略ヲ述タルモノナリ。冀クハ教会ノ人、必ズ此旨趣ニ由テ而シテ斯道ニ入ラバ、則チ其差ハザルニ庶カラン。是乃チ神明ノ徳、致誠ノ功ナリ。神明ノ徳、致誠ノ功、之ヲ呼ビテ道徳ト云フ。然ラバ則チ何ノ宗カ道ニ非ル。何ノ法カ徳ニ非ル。然リト雖ドモ、其入ル所同ジカラザル時ハ、則チ毫厘ノ差、千里ノ謬、必ズ無シト云フベカラズ、況ンヤ又此岐路ノ多キニ於テヲヤ。吾教会ノ人、謹ミテ此多岐ニ迷ハズ、神明ノ徳ニ由リ、致誠ノ功ニ率ヒテ、而シテ斯道ニ入ラバ、則チ其到ル所遅速アリト云トモ、與ニ倶ニ至誠ノ最上峰ニ登リテ、與ニ倶ニ天真ノ月ヲ観ルニ至ラン矣。故ニ曰ク、斯旨趣ニ由テ而シテ斯道ニ入ラバ、則チ差ザルニ庶カラント。

井上正鐵門中と禊教に関する参考文献目録

［井上正鐵の遺文］

・『唯一問答書』（横尾信守、明治七年）
・横尾信守編『井上正鐵翁遺訓集』（禊教横尾本院）
一之巻、二之巻（明治二十年）、三之巻、四之巻（明治二十三年）、
五之巻、六之巻（明治二十九年）、七之巻、八之巻（明治三十年）
・『神道大系　論説編二十八　諸家神道（下）』（神道大系編纂会、昭和五十七年）
・『禊教教典　井上正鐵神御文書』（禊教、昭和五十七年）
・荻原稔「井上正鐵の未刊遺文―直門杉山秀三に宛てられた文書―」（『神道及び神道史』五〇号、平成四年）
・荻原稔『井上正鐵真蹟遺文』（井上正鐵研究会、平成七年）
・荻原稔「新発見の教祖遺文について（一）～（三）」（『神道禊教教報みちづけ』一一七～一一九号、平成二十年）
・荻原稔「新発見の教祖遺文について（四）～（八）」（『神道禊教教報みちづけ』一二一～一二五号、平成二十一年）
・荻原稔「新発見の教祖遺文について（九）～（一〇）」（『神道禊教教報みちづけ』一二八～一二九号、平成二十二年）

［井上正鐵の主な伝記］

・井上祐鐵『井上正鐵眞傳記』巻之一、巻之二、巻之三（井上家、明治十年）
・井上祐鐵（著）、鈴木眞年（校正）『校正井上正鐵眞傳記』巻之一、巻之二（芳潤堂、明治十二年）
・井上祐鐵（著）、鈴木眞年（校正）、東宮鐵麻呂（増補）『校正増補井上正鐵眞傳記』
巻之一、巻之二、巻之三（大成教禊教会、明治二十一年）
・麻生正一『増補井上正鐵在島記』（禊教麻生本院、明治二十三年）
・小木藤太郎・岸本昌熾『教祖井上正鐵大人實傳記』（禊第六教院、明治二十八年）
・麻生正一『神道家井上正鐵翁』（神道中教院、昭和八年）

【発行年順一覧】（国立国会図書館デジタルコレクションで閲覧が可能な資料は[国図デ]と表示した。また、所蔵館を示した資料もある）

明治四年（一八七一）　源安義『國農霊布美』

明治七年（一八七四）　井上正鐵『唯一問答書』横尾信守

坂田鐵安『假名古事記』

明治十年（一八七七）　井上祐鐵『井上正鐵眞伝記』井上家　[国図デ]

明治十二年（一八七九）　井上祐鐵（著）鈴木眞年（校正）『校正井上正鐵眞伝記』芳潤堂

明治十四年（一八八一）　御船寧氣『教の準縄』［岡山市立図書館所蔵］

明治十五年（一八八二）　井上正鐵『神道唯一問答』神道禊教本院　[国図デ]

坂田安治『神道禊教大祓詞略註』　[国図デ]

坂田安治『神道禊派神葬祭略式』　[国図デ]

坂田安治『御大祭要略』　[国図デ]

明治十八年（一八八五）　坂田鐵安『道廼栞』神道禊教本院　[国図デ]

坂田安治『幼童訓』神道禊教本院　[国図デ]

『神道禊派職員録』神道禊教本院［山梨県立図書館所蔵］

明治十九年（一八八六）　井上正鐵『唯一問答書』横尾信守　[国図デ]

坂田安治『神道禊派婚姻例』神道禊派本院　[国図デ]

明治二十年（一八八七）　川尻宝岑『万世薫梅田神垣』鶴鳴堂　[国図デ]

横尾信守『井上正鐵翁遺訓集』一・二之巻、禊教横尾本院　[国図デ]

明治二十一年（一八八八）　井上祐鐵（著）鈴木眞年（校正）東宮鐵麻呂（増補）『校正増補井上正鐵眞傳記』大成教禊教会

坂田鐵安『頭註問答書書継』神道禊派本院　[国図デ]

坂田安治『祝詞作例』禊教本院　[国図デ]

坂田安治『神道唯一問答書略註』神道禊教本院　[国図デ]

坂田安治『神道唯一問答』神道禊教本院

明治二十二年（一八八九）　穂積耕雲・東宮千別『神道禊事教導略解』大成教禊教東宮本院　国図デ
『坂田鐵安翁祝宴歌集』
明治二十三年（一八九〇）　麻生正一『増補井上正鐵翁在島記』禊教麻生本院　国図デ
横尾信守『井上正鐵翁遺訓集』三・四之巻、禊教横尾本院　国図デ
『神道禊派教則』
明治二十四年（一八九一）　坂田安治『月の名』禊教本院　国図デ
明治二十五年（一八九二）　『神道禊派玉聲舎規則』〔山梨県立図書館所蔵〕
明治二十六年（一八九三）　坂田安治『神道禊派由緒書』〔無窮会専門図書館所蔵〕
明治二十七年（一八九四）　『正鐵霊神遺書』（巻一）大成教禊教第一教院
明治二十八年（一八九五）　小木藤太郎・岸本昌熾『教祖井上正鐵大人實伝記』禊第六教院
明治二十九年（一八九六）　岸本昌熾『井上祐鐵先生傳』（未刊）
坂田安治『玉の緒（上）』禊教本院　国図デ
横尾信守『井上正鐵翁遺訓集』五・六之巻、禊教横尾本院
明治三十年（一八九七）　坂田安治『天津祝詞大要』禊教本院　国図デ
横尾信守『井上正鐵翁遺訓集』七・八之巻、禊教横尾本院
明治三十二年（一八九九）　禊教本院『教祖五十年祭誌』　国図デ
坂田安治『玉の緒（下）』禊教本院　国図デ
「坂田管長系譜略」（『天津菅曽』一号）
明治三十四年（一九〇一）　東宮鐵眞呂『東宮千別大人年譜』　国図デ
明治三十五年（一九〇二）　中山滝太『岩戸開道歌集（第一巻）』　国図デ
明治三十七年（一九〇四）　中山滝太『岩戸開道歌集（第二巻）』　国図デ
明治三十八年（一九〇五）　中山滝太『岩戸開道歌集（第三巻）』　国図デ
明治三十九年（一九〇六）　中山滝太『岩戸開道歌集（第四巻）』　国図デ

明治四十年（一九〇七）　中山滝太『岩戸開道歌集（第五巻）』国図デ

明治四十一年（一九〇八）　川尻寶岑『梨の御文』河田町美曽岐教会

明治四十二年（一九〇九）　中山滝太『岩戸開道歌集（第六巻）』国図デ

明治四十三年（一九一〇）　中山滝太『岩戸開道歌集（第七巻）』国図デ

明治四十四年（一九一一）　中山滝太『岩戸開道歌集（第八巻）』国図デ

「森僧正の遷化」（『妙好華』一〇年一一号、時宗青年会）

山本信哉『神道叢説』国書刊行会 国図デ

明治四十五年／大正元年（一九一二）　「神道唯一問答」（『日本教育文庫宗教篇』同文館）国図デ

柴真住「禊教の教旨」（『宗教之日本』一巻二号・大日本宗教協会）［成田山仏教図書館所蔵］

大正三年（一九一四）　三田村鳶魚（玄龍）「調息の獄」（『日本及び日本人』五八七号）［国立国会図書館所蔵］

（『日本及び日本人』五八九・五九二・五九四・五九五号）［東京都立中央図書館所蔵］

中山滝太『岩戸開道歌集（第九巻）』国図デ

大正四年（一九一五）　西川光次郎『霊験奇瑞神道教祖伝』永楽堂書店

加藤玄智「倭論語本文の批判的研究（上）」（『明治聖徳記念学会紀要』四巻）

高野隆文『赤木忠春大人伝』

大正五年（一九一六）　三田村玄龍（鳶魚）『信仰叢書』国書刊行会

加藤玄智「倭論語本文の批判的研究（下）」（『明治聖徳記念学会紀要』五巻）

大正六年（一九一七）　服部勝衛『禊教餘談』

大正七年（一九一八）　文部省『小島蕉園伝』文部省

大正九年（一九二〇）　赤木覚市『赤木忠春歌文集』国図デ

大正十一年（一九二二）　河野省三「黒住宗忠と井上正鐵」（『中央史壇』五巻四号）

大正十五年／昭和元年（一九二六）

竹内師水『天源十二宮講義』永楽堂書店

『禊教教典』禊神道本院

昭和三年（一九二八）

『中臣祓略解』禊青年会

昭和四年（一九二九）

神崎一作「神道」（『日本宗教大講座　第二巻』東方書院）

補永茂助「神道概説」（『日本宗教大講座　第二巻』東方書院）

昭和五年（一九三〇）

菅原一『秩父物語』奥秩父保勝協会［秩父市立秩父図書館所蔵］

昭和七年（一九三二）

田中義能『神道禊教の研究』日本学術研究会

中山慶一『教派神道の発生過程』森山書店

昭和八年（一九三三）

麻生正一『神道家井上正鐵翁』神道中教院

菅原一「土蔵神道（正鐵翁と蘭渓）」（『日本及び日本人』二八一号・昭和八年九月）

富士川游『日本医学史綱要1』

昭和九年（一九三四）

秋生「愚老医談」（『唯一』二巻八号、禊教本院）

昭和十年（一九三五）

大植四郎『明治過去帳』（昭和四十六年復刻）

服部勝衛『禊教余談』［国図デ］

禊教本院『禊教要義』禊教本院［国図デ］

昭和十一年（一九三六）

村澤武夫『伊那歌道史』山村書院（昭和四十八年復刻、国書刊行会）

昭和十三年（一九三八）

石川謙『石門心学史の研究』岩波書店

山上勘吉『吉備の真柱』渡邊泰山堂［岡山市立中央図書館所蔵］

昭和十四年（一九三九）

鶴藤幾太『教派神道の研究』大興社

昭和十六年（一九四一）

前橋庄三郎『禊の真理』蔵王閣

昭和十七年（一九四二）

佐藤太平『富田高慶』宮越太陽堂書房

渡辺金蔵『平田篤胤研究』六甲書房

昭和十八年（一九四三）　鈴木防人『鈴木眞年伝』
昭和二十六年（一九五一）　石田充之『異安心』法蔵館
八束清貫『神社有職故実』神社本庁
昭和二十九年（一九五四）　『禊教教典』大野新太郎
昭和三十年（一九五五）　『日野澤村誌・第一輯』日野澤村教育委員会
昭和三十一年（一九五六）　高橋梵仙『かくし念仏考第一』日本学術振興会
昭和三十二年（一九五七）　須藤孝澄『開祖鈍長上人略歴・恵心、弾誓、白幡流相承譜』
昭和三十三年（一九五八）　東京都教育委員会『伊豆諸島文化財総合調査報告　第一分冊』
昭和三十四年（一九五九）　日川村教育委員会『日川村誌』
昭和三十六年（一九六一）　馬場剛『明治大正昭和の日本』人生創造社
昭和三十七年（一九六二）　岡田米夫『大祓詞の解釈と信仰』神社新報社
千葉耕堂「教祖井上正鐵大人の生涯（一）」（『みそぎ』復刊一号別冊）
昭和三十八年（一九六三）　千葉耕堂「教祖井上正鐵大人の生涯（二）〜（三）」（『みそぎ』別冊）
村上重良『近代民衆宗教史の研究　増訂版』法蔵館
昭和三十九年（一九六四）　石井良助『江戸の刑罰』中央公論社
千葉耕堂「教祖井上正鐵大人の生涯（四）」（『みそぎ』別冊）
永井了吉『調和の哲学』経済往来社
昭和四十一年（一九六六）　笠井鎮夫『日本近代霊異実録』山雅房
高橋梵仙『かくし念仏考第二』日本学術振興会
松平義人・茂呂修一『平井梅屋敷について』江戸川区郷土資料室
湯本喜作『平賀元義研究』角川書店
昭和四十四年（一九六九）　橘輝政『日本医学先人伝』医事薬事新報社
西山英雄『漢方医学の基礎と診療』創元社

昭和四十五年（一九七〇）
勝部真長『和論語の研究』至文堂

昭和四十六年（一九七一）
安津素彦「井上正鉄の心境」（『神道及び神道史』一六号）
池田昭「禊教の精神構造」（『神道及び神道史』一六号）
梅田義彦「禊教の成立と現況」（『神道及び神道史』一六号）
坂田和亮「禊教教祖井上正鉄年譜」（『神道及び神道史』一六号）
西田長男「井上正鉄の著書おぼえがき」（『神道及び神道史』一六号）
野村可通『伊勢古市考』（三重県郷土資料刊行会）
『育てられゆく歓び』みそぎ文化会

昭和四十七年（一九七二）
安津素彦「井上正鉄の心境」（『禊教の研究』みそぎ文化会）
池田昭「禊教の精神構造」（『禊教の研究』みそぎ文化会）
伊佐九三四郎「謫居七年―三宅島の井上正鐵翁―」（『禊教の研究』みそぎ文化会）
岩本徳一「井上正鉄翁の遠流と歿後における伝道史」（『神道宗教』六五・六六号）・（『禊教の研究』みそぎ文化会）
梅田義彦「禊教の成立と現況」（『禊教の研究』みそぎ文化会）
坂田和亮「禊教教祖井上正鉄年譜」（『禊教の研究』みそぎ文化会）
西田長男「井上正鉄の著書おぼえがき」（『禊教の研究』みそぎ文化会）
松井嘉和「日本的思考傾向にみられる寛容性について―井上正鐵の場合―」（『禊教の研究』みそぎ文化会）
松井嘉和「井上正鐵の生涯―その人と思想の源泉―」（『禊教の研究』みそぎ文化会）
『禊教の研究』みそぎ文化会
『神道唯一問答書』みそぎ文化会

昭和四十八年（一九七三）
井出孫六「秩父事件のなかの禊教」（『日本の宗教』一号）
笠井鎮夫『復刻版近代日本霊異実録』山雅房

昭和四十九年（一九七四）

村澤武夫『伊那歌道史』国書刊行会（原本刊行は昭和十一年）

小林裕八「伯家神道と平田篤胤」―『神祇伯家学則』の作者及びその成立時期について」（『皇學館論叢』七巻六号）

昭和五十年（一九七五）

新藤恵久「道庵と徳本」（『中里介山研究』六号）

富士川游『日本医学史綱要1』平凡社（原本刊行は昭和八年）

『日野澤村誌・第一輯（復刻版）』名著出版

小栗純子『妙好人とかくれ念仏』講談社

昭和五十一年（一九七六）

木村文平「信仰は学問ではない」（『みそぎ』一巻四号）

西海賢二「講集団の重層性―小田原市荻窪の念仏講と題目講にみる」（『小田原地方史研究』七号）

清水鶴吉『高声念仏信和会縁起由来』

別所光一「亡んだ木下川梅屋敷資料再見」（『江戸川史談会会報』二一号）

池田信道『三宅島流刑史』小金井新聞社

昭和五十三年（一九七八）

喜多村正「一村落社会から見た外来諸宗派の土着―三宅島伊ケ谷部落調査報告（二）」（『琉球大学法文学部紀要（社会学篇）』二〇号）

須賀源蔵「渕之宮の現存算額」（『足立史談』一二七号）

須賀源蔵「足立と禊教（一）（二）」（『足立史談』一二九・一三〇号）

村山古郷『明治俳壇史』角川書店

昭和五十四年（一九七九）

松井嘉和『みちうた』みそぎ文化会

新井武信『秩父よもやま話』文献出版

内山弓男『井上正鐵先生を偲びて』

紺屋峻作『平賀元義論考』短歌新聞社

須賀源蔵「足立と禊教（三）〜（十二）」（『足立史談』一三一〜一四二号）

昭和五十五年（一九八〇）

椙山林継「吉田家関東役所の創立と初期の活動」（『國學院大學日本文化研究所紀要』四十五輯）

昭和五十六年（一九八一）
禰宜田修然『時宗の寺々』田福寺
須藤大元「弾誓流高声念仏―真俗一貫の行として」（『天台』四号）
昭和五十七年（一九八二）
坂田安儀「禊教　井上正鐵集　解題」（『神道大系　論説編二十八　諸家神道（下）』）
高浜清七郎『高浜清七郎先生九十年祭記念刊行　沙庭』高浜神徳会
三橋健「井上神社の成立」（『神道大系月報』二一号）
森正康「上武国境地域の禊教」（『神道大系月報』二一号）
山岡柳吉『私の歩んだ八十年』
『神道大系　論説編二十八　諸家神道（下）』神道大系編纂会
『禊教教典　井上正鐵神御文書』禊教
昭和五十八年（一九八三）
池田信道『三宅島の歴史と民俗』伝統と現代社
宇野正人「神道教派別派特立の過程―明治九年における展開―」
（『維新前後に於ける国学の諸問題』國學院大學日本文化研究所）
金山正好「深大寺の歴史」（『深大寺』深大寺）
菅田正昭「禊教と秩父事件のあとさき」（『伝統と現代』七七号）
関口鐵三郎『梅田神明宮御由緒略記』梅田神明宮
滝善成「井上正鉄をめぐるもつれ」（『足立史談』一八四号）
岬町史編さん委員会『岬町史』岬町
昭和五十九年（一九八四）
森正康「禊教教団史における一つの画期―井上正鐵の遺骨改葬をめぐって―」（『常民文化』六号）
宇野正人「東海地方における大成教と禊教の展開―静岡県磐田市見附大成教唯一禊教会所蔵資料」
（『続都市社会の宗教』東京大学宗教学研究室）
黒住忠明『黒住教―神道の心』黒住教日新社
坂田安儀「禊教に関して」（『神道古典研究』五号）
昭和六十年（一九八五）
荻原稔「岡山の吐普加美講」（『季刊悠久』二〇号）

昭和六十一年（一九八六）

菅田正昭『古神道は蘇る』たま出版
森正康「地域社会における教派神道の受容と定着—山梨県下の禊教—」（『歴史地理学』一三〇号）
荻原稔「禊教教祖井上正鐵の出自について—安藤家文書を通路にして」（『神道及び神道史』四四号）
荻原稔「殉教者三浦隼人と妻采女」（『東洋文化』復刊五七号）
坂田安儀『高天原、いざ』四海書房
羽生永明『平賀元義』山陽新聞社

昭和六十二年（一九八七）

身曽岐神社『この世の神さま』身曽岐神社
井上順孝・阪本是丸『日本型政教関係の誕生』第一書房
葛飾区教育委員会『葛飾区古文書資料集一　御成記—浄光寺近世文書』
菅田正昭『複眼の神道家たち』八幡書店

昭和六十三年（一九八八）

荻原稔「明治前期における禊教団の変遷—吐菩加美講から禊教・大成教禊教へ—」（『神道宗教』一三〇号）
荻原稔「井上正鐵と越後の人々」（『東洋文化』復刊六一号）
荻原稔『禊教直門遺文—一—野澤鐵教「中臣祓略解」』（『神道及び神道史』別冊）
荻原稔『禊教直門遺文—二—「村越守一筆記集」』（『神道及び神道史』別冊）
奥武則『蓮門教衰亡史—近代日本民衆宗教の行く末』現代企画室
菅田正昭『言霊の宇宙へ』たま出版
牧野正恭・田中一郎『浪速の相聖　水野南北とその思想』大阪春秋社
安丸良夫・宮地正人『宗教と国家（日本近代思想大系5）』岩波書店

昭和六十四年／平成元年（一九八九）

麻生正一『増補井上正鐵翁在島記（復刻版）』和銅出版
井上順孝「戦後の教派神道研究」（『國學院大學日本文化研究所紀要』六四輯）
荻原稔「初期禊教の展開」（『宗教研究』六二巻四輯、二七九号）

平成二年（一九九〇）

荻原稔「明治前期における禊教団の変遷—吐菩加美講から禊教・大成教禊教へ—」（『神道宗教』一三〇号）

荻原稔「神道家伊藤祐像の旅」（『伊那』復刊四四六号）

門屋光昭『隠し念仏』東京堂出版

鷹田和喜三「団体移住と母村の祭祀の受容—阿寒郡鶴居村の岐阜団体と禊教の事例—」（『人文・自然科学研究（釧路公立大学紀要）』創刊号）

池田俊次『教会沿革史』神道大成教唯一禊教会

禰宜田修然・高野修『遊行藤沢歴代上人史』松秀寺

平成三年（一九九一）

荻原稔『井上正鐵門中史便覧』梅田神明宮

荻原稔「井上正鐵の身体観」（『宗教研究』六三巻四輯、二八三号）

荻原稔「黒住教と日比野派の周辺」（『神道宗教』一三九号）

神田秀雄『如来教の思想と信仰—教祖在世時代から幕末期における—』天理大学おやさと研究所

菅田正昭『古神道の系譜』コスモ・テン・パブリケーション

井上順孝『教派神道の形成』弘文堂

荻原稔『井上正鐵直門歌文集』井上正鐵研究会

荻原稔「禊教の祓修行」（『宗教研究』六四巻四輯、二八七号）

平成四年（一九九二）

荻原稔「白川家と江戸の門人—天保年間の井上正鉄遠島をめぐって」（『神道宗教』一四三号）

花田幸比古・菅田正昭『古神道の氣』コスモ・テン・パブリケーション

荻原稔「道統の意識と宗教制度の変化—伊那・岡山の禊教」（『宗教研究』六五巻四輯、二九一号）

荻原稔「井上正鉄の未刊遺文—直門杉山秀三に宛てられた文書」（『神道及び神道史』五〇号）

平成五年（一九九三）

荻原稔「幕末異端の神道家梅辻規清」（『別冊歴史読本』特別増刊十六号）

荻原稔『梅辻規清伝記資料』井上正鐵研究会

坂田実枝子「保木間で十五代四百年」（『竹ノ塚百景』三一から三三号）

宮島潤子『謎の石仏』角川書店
「御神宝めぐり　足立区梅田神明宮　境内社『井上神社の由来書』」（『東神』六七二号、東京都神社庁）

平成六年（一九九四）
荻原稔「烏伝神道の展開」（『宗教研究』六七巻四輯、二九九号）
荻原稔「禊教祖井上正鐵と門人三浦知善」（『江戸期おんな考』五号）
末永恵子「賀茂規清の合理主義—流罪後の神話・民俗・口碑の解釈の分析を通して」（『日本思想史研究』二六号）
中村和裕「流謫後の賀茂規清について（上）」（『弘前大学国史研究』九七号）
日本淘道会『淘宮』日本淘道会

平成七年（一九九五）
荻原稔『井上正鐵真蹟遺文』井上正鐵研究会
荻原稔「井上正鐵遺文の概要」（『宗教研究』六八巻四輯、三〇三号）
末永恵子「賀茂規清の「神代七代章」解釈—『神代巻』解釈論の前提として」（『文芸研究』一三八号）
末永恵子「賀茂規清の神代巻解釈」（『日本思想史学』二七号）
中村和裕「流謫後の賀茂規清について（下）」（『弘前大学国史研究』九八号）

平成八年（一九九六）
末永恵子「幕末における死生観の転回—烏伝神道を素材として」（『季刊日本思想史』四七号）

平成九年（一九九七）
荻原稔「禊教の行法」（『宗教研究』七〇巻四輯、三一一号）
小林准士「近世における『心の言説』—「心法」と「信心」のあいだ」（『江戸の思想』六号、ぺりかん社）
神かほり「名主家の医者と徳本流」（『八王子市郷土資料館だより』六二号）
末永恵子「幕末神道と民俗的世界—賀茂規清を事例として」（玉懸博之編『日本思想史—その普遍と特殊』ぺりかん社）
菅田正昭『古神道とエコロジー　梅辻規清とその霊的系譜』たちばな出版

八王子市郷土資料館『八王子宿周辺の名主たち』八王子市郷土資料館

平成十年（一九九八）

荻原稔「禊教と白川家」（『宗教研究』七一巻四輯、三一五号）

荻原稔『伊那と岡山の禊教―井上正鐵直門伊藤祐像と門中たち』井上正鐵研究会

平成十一年（一九九九）

遠藤潤「幕末社会と宗教的復古運動―白川家と平田国学・古川躬行を焦点として」（『國學院大學日本文化研究所紀要』八三号）

荻原稔『井上正鐵の生涯―禊教祖伝研究ノート』禊教教典研究所

荻原稔「禊教祖井上正鐵の妻　安西男也」（『江戸期おんな考』一〇号）

長澤士朗「治水の先覚者原照胤」（『武州吉見の人物誌』吉見町役場）

三橋健「神道と呼吸」（『大法輪』平成十一年一月号）

平成十二年（二〇〇〇）

井上智勝「神道者」（高埜利彦編『シリーズ近世の身分的周縁1民間に生きる宗教者』吉川弘文館）

井上順孝「教派神道の葬送儀礼」（小野和輝監修『神葬祭総合大事典』雄山閣出版）

荻原稔「初期禊教の指導体制」（『神道宗教』一七八号）

平成十三年（二〇〇一）

一九会『一九会道場八十年史』

荻原稔「札幌の禊教」（『神道宗教』一八二号）

新川哲夫「神道禊教真派における教養と修行座」（『現代日本の宗教動態を東アジア社会の宗教動態と比較して把握する研究（科学研究費補助金成果報告書・課題番号09301013）』）

末永恵子『烏伝神道の基礎的研究』岩田書院

末永恵子『続神道大系　論説編　烏伝神道（一）』神道大系編纂会

平成十四年（二〇〇二）

安藤精一「山間部各村の医師・医療について―幕末・明治期の奥多摩町域を中心に」（『多摩のあゆみ』一〇五号）

荻原稔「禊教直門村越守一」（『神道宗教』一八六号）

荻原稔「禊教祖井上正鐵の流謫生活と水汲み女お初」（『江戸期おんな考』一三号）

鎌田東二『平山省斎と明治の神道』春秋社

平成十五年（二〇〇三）　荻原稔「井上正鐵の救済観」（『宗教研究』七六巻四輯、三三五号）
荻原稔「井上正鐵の行法と神典解釈」（『神道宗教』一九〇号）
末永恵子『続神道大系　論説編　烏伝神道（二）』神道大系編纂会
末永恵子『続神道大系　論説編　烏伝神道（三）』神道大系編纂会
末永恵子『続神道大系　論説編　烏伝神道（四）』神道大系編纂会

平成十六年（二〇〇四）　新島村「新島島役所日記」（『新島村史　資料編Ⅳ　新島島役所日記　天保年間』新島村）
荻原稔「禊教の定期刊行物」（『神道宗教』一九四号）
荻原稔「札幌の禊教」（『「新札幌市史」機関誌　札幌の歴史』四七号）
Sawada, Janine Anderson. *Practical pursuits: religion,and personal cultivation in nineteenth-century Japan.* (University of Hawai'i Press,Honolulu)

平成十七年（二〇〇五）　田中逸平『拓殖大学創立百年記念出版　田中逸平その四　随想』拓殖大学
荻原稔「神道大成教禊教会本院の歴史」（『神道宗教』一九八号）
荻原稔『神道大成教禊教会本院百五十年小史』神道大成教禊教会本院

平成十八年（二〇〇六）　幡鎌一弘「徳川時代後期の神道と白川家」（『天理大学おやさと研究所年報』一二号）
荻原稔「禊教学と宗教史研究における禊教」（『神道宗教』二〇二号）
荻原稔「禊教独立前史―教祖直門坂田鐵安の活動」（『明治聖徳記念学会紀要』復刊四三号）
熊澤恵里子・宮地正人・吉田麻子「気吹舎日記」（『国立歴史民俗博物館研究報告』第一二八集）
清水禎文「地方教育会の成立事情―群馬県における自由民権運動と教育関係者たち」（『東北大学大学院教育学研究科研究年報』五五集一号）

平成十九年（二〇〇七）　井上智勝『近世の神社と朝廷権威』吉川弘文館
平成二十年（二〇〇八）　荻原稔「禊教本院の展開」（『神道宗教』二一〇号）
荻原稔「『禊教本院』の展開」（『明治聖徳記念学会紀要』復刊四五号）
平成二十一年（二〇〇九）　荻原稔「初期禊教の仏教的一派―深大寺高唱念仏について」（『神道宗教』二一四号）

平成二十二年（二〇一〇）

中山茂春「石龍子と相学提要」（『日本医史学雑誌』五五巻三号）
荻原稔「初期禊教の仏教的一派（続）―横浜浄光寺、真福寺高声念仏について」（『神道宗教』二一八号）

平成二十三年（二〇一一）

荻原稔「禊教備前開教者伊藤祐像とその一門」（『明治聖徳記念学会紀要』復刊四七号）
荻原稔「禊教の初期門中と弾誓流高声念仏の復興」（『宗教研究』八四巻四輯、三六七号）

平成二十四年（二〇一二）

荻原稔「禊教の初期門中と弾誓流高声念仏の復興」（『神道宗教』二二〇・二二一号）
荻原稔「大成教禊教諸教会の変遷」（『神道宗教』二二四号）
青山英正「古典知としての近世観相学―この不思議なる身体の解釈学」（『もう一つの古典知―前近代日本の知の可能性』勉誠出版）

平成二十五年（二〇一三）

荻原稔「初期井上門中（禊教）の運営指導体制」（『神道宗教』二二八号）
荻原稔「大成教禊教の成立過程と変遷」（『明治聖徳記念学会紀要』復刊四九号）
荻原稔「初期禊教の展開と白川家」（パネル神祇伯白川家と伯家神道）（『宗教研究』八六巻四輯、三七五号）
荻原稔「井上正鐵の坂田鐵安宛書簡」（『神道宗教』二三二号）
東京都公文書館『東京市史稿産業篇　第五十四』東京都公文書館
東京都公文書館「江戸の飲食産業」（『江戸　一八三八―一八四一』東京都公文書館）
品川区立品川歴史館『大井に大仏がやってきた―養玉院如来寺の歴史と寺宝』

平成二十六年（二〇一四）

荻原稔「井上正鐵の野澤鐵教宛書簡」（『神道宗教』二三六号）
荻原稔「明治維新期の神道教師―井上正鐵門中の史料を通じて」（パネル史料から見た近世・近代移行期の神職）（『宗教研究』八七巻四輯、三七九号）
厚生労働省『児童自立支援施設運営ハンドブック』
東京都公文書館『東京市史稿産業篇　第五十五』東京都公文書館
東京都公文書館「天保の改革と江戸の食」（『江戸　一八四二』東京都公文書館）

平成二十七年（二〇一五）　荻原稔「井上正鐵の村越一族宛書簡」（『神道宗教』二四〇号）
平成二十八年（二〇一六）　荻原稔「井上正鐵直門野澤鐵教の生涯―岸本昌熾『先師野澤鐵教先生眞伝記』の翻刻と紹介」（『明治聖徳記念学会紀要』復刊五三号）
荻原稔「井上正鐵の上州門中宛書簡」（『神道宗教』二四四号）
藤田庄市『修行と信仰』岩波書店
平成二十九年（二〇一七）　荻原稔「井上正鐵の三浦知善宛書簡」（『神道宗教』二四八号）

初出一覧

本書の各章・各節の論文として初出のあるものは、次の通りであるが、ほぼ全編にわたって大幅な加筆を行っている。

序章　本書の目的・構成と研究史　書き下ろし
　一部に、「井上正鐵遺文の概要」（『宗教研究』六八巻四輯、三〇三号、平成七年）
　「禊教学と宗教史研究における禊教」（『神道宗教』二〇二号、平成十八年）

第一章　井上正鐵の思想と行法の成立と展開
　全体を通じて、『井上正鐵の生涯―禊教祖伝研究ノート』禊教教典研究所（平成十一年）

第一節　井上正鐵門中の現存行法の諸相　書き下ろし
　一部に、「禊教の祓修行」（『宗教研究』六四巻四輯、二八七号、平成三年）

第二節　井上正鐵の思想と行法の源泉　書き下ろし
　一部に、「禊教教祖井上正鐵の出自について―安藤家文書を通路にして」（『神道及び神道史』四四号、昭和六十一年）
　「井上正鐵の身体観」（『宗教研究』六三巻四輯、二八三号、平成二年）

第三節　教化活動の準備と展開　書き下ろし
　一部に、「井上正鐵と越後の人々」（『東洋文化』復刊六一号、昭和六十三年）

第四節　井上正鐵の教化活動　書き下ろし
　一部に、「禊教の行法」（『宗教研究』七〇巻四輯、三一一号、平成九年）
　「井上正鐵の救済観」（『宗教研究』七六巻四輯、三三五号、平成十五年）
　「井上正鐵の行法と神典解釈」（『神道宗教』一九〇号、平成十五年）

第五節　白川家との相互関係
「白川家と江戸の門人―天保年間の井上正鉄遠島をめぐって」（『神道宗教』一四三号、平成三年）
「禊教と白川家」（『宗教研究』七一巻四輯、三一五号、平成十年）

第六節　三宅島での活動と門中

「禊教祖井上正鐵の流謫生活と水汲み女お初」(『江戸期おんな考』一三号、平成十四年)

第二章　初期井上正鐵門中の展開

第一節　初期井上正鐵門中の活動の概要　書き下ろし

一部に、「初期禊教の展開」(『宗教研究』六二巻四輯、二七九号、平成元年)

「初期禊教の指導体制」(『神道宗教』一七八号、平成十二年)

「初期井上門中(禊教)の運営指導体制」(『神道宗教』二二八号、平成二十四年)

「初期禊教の展開と白川家」(『宗教研究』八六巻四輯、三七五号、平成二十五年)

第二節　妻安西男也の生活と活動

「禊教祖井上正鐵の妻　安西男也」(『江戸期おんな考』一〇号、平成十一年)

第三節　三浦知善の活動

「禊教祖井上正鐵と門人三浦知善」(『江戸期おんな考』五号、平成六年)

第四節　野澤鐵教と加藤鐵秀の活動　書き下ろし

一部に、「井上正鐵の野澤鐵教宛書簡」(『神道宗教』二三六号、平成二十六年)

「井上正鐵直門野澤鐵教の生涯―岸本昌熾『先師野澤鐵教先生眞伝記』の翻刻と紹介」

(『明治聖徳記念学会紀要』復刊五三号、平成二十八年)

第五節　高声念仏の展開

「禊教の初期門中と弾誓流高声念仏の復興」(『神道宗教』二二〇・二二一号、平成二十三年)

第六節　備前開教者伊藤祐像の活動

「禊教備前開教者伊藤祐像とその一門」(『明治聖徳記念学会紀要』復刊四七号、平成二十二年)

『伊那と岡山の禊教―井上正鐵直門伊藤祐像と門中たち』井上正鐵研究会(平成十年)

第七節　坂田鐵安の活動

「禊教独立前史―教祖直門坂田鐵安の活動」(『明治聖徳記念学会紀要』復刊四三号、平成十八年)

第三章　教派神道としての禊教の成立と展開

第一節　「吐菩加美講」の成立と分裂
「明治前期における禊教団の変遷─吐菩加美講から禊教・大成教禊教へ」（『神道宗教』一三〇号、昭和六十三年）
一部に、『神道大成教禊教会本院百五十年小史』神道大成教禊教会本院（平成十七年）
「明治維新期の神道教師─井上正鐵門中の史料を通じて」（『宗教研究』八七巻四輯、三七九号、平成二十六年）
第二節　「大成教禊教」諸教会の変遷
「大成教禊教の成立過程と変遷」（『明治聖徳記念学会紀要』復刊四九号、平成二十四年）
第三節　「禊教」の独立と展開
「『禊教本院』の展開」（『明治聖徳記念学会紀要』復刊四五号、平成二十年）
一部に、「禊教の定期刊行物」（『神道宗教』一九四号、平成十六年）
「禊教本院の展開」（『神道宗教』二一〇号、平成十九年）
終章　書き下ろし

あとがき

平成二十九年（二〇一七）三月に、都立青峰学園を最後に三十三年間勤めた特別支援学校を早期退職して、本書をまとめるべく毎日パソコンの前に座る生活が始まった。持ちネタはすべて自分の手中にあると思っていたが、論拠の甘さを感じて調べ直したり、形式が揃っていない自分の古い論文を書き直したりしていると遅々として進まず、肩や肘なども痛み出し、執筆生活というのは厳しいものだと痛感した。しかしここまで来て、やっぱり思い切ってまだそれなりの体力があるうちに取り組み、ひとまず本にまとめることができて良かったと思うし、今まで励まし支えてくれた人々との、不思議な出会いに感謝の思いでいっぱいである。

ここで、私の立ち位置をはっきりさせておきたい。私は本書の著作において日本宗教史に関する宗教学の研究者である。また、教団運営や教学形成に責任を持つ立場にはなく、教団の教学研究者ではない。そして、本書は、日本宗教史の研究書であり、近世末期に生きた井上正鐵という人物の教化活動の形成・展開の過程とその後継者の近現代における活動状況を描いたものである。

こんなことを書くのも、今から二十一年前の平成八年（一九九六）十一月に、畏友弓山達也氏（現在、東京工業大学教授）の招きで、「宗教と社会」学会プロジェクトの「新宗教研究会」において「共感的な理解の可能性―禊教行法とフィールドワークをめぐって」という発表をしたことがあった。このことについて、尾堂修司氏は『「宗教と社会」学会プロジェクト新宗教研究会会報』一六号（平成九年一月）に、次のように報告している。

（前略）…複数の流派に横断的に関与している荻原氏は、教団の相談役的な立場であり、教学整備の仕事もしている。質問も教団の事実関係の詳細を確認するものから始まり、調査の方法に関するものへと移っていった。その中で行法の一部実演や、行法が唱え文句の長時間にわたる反復を含む場合でも「変性意識状態」を招来しないシステムが潜在しているのではないかとの議論に進んだりした。

荻原氏の研究方法は「素朴実証主義」と氏自身が称する、収集資料を年代順に並べることである。行法などに対しては体験を重視し、内在的理解の方法を採っている。外からの観察ではよくわからないため入信して修行体験を積む。教会での親しい人間関係を大切にする。いわゆる「職人芸的」調査法を独自に行っている感触であった。（中略）…研究者と教団の関わり方としては、極めて特異な、研究者と信者との境界線の綱渡りを行っている。荻原氏自身に「教学をやっている意識」「教団に研究させてもらっているという心情から、教団にお礼奉公がしたい」、「老師との約束から教団の口伝の伝承者となる」覚悟さえあるわけである。同時に「教団にからめ捕られないようにとの気持ち」もあり、学会の発表においては明確に研究者として立つという。〈宗教学の研究者／教団の教学研究者／信者〉という分類をするならば、何れにもまたがっているわけである。研究者が調査のために入信することは希でないし、荻原氏も当初はそうであったはずだが、口伝を担うとなると研究者はもとより一信者を越えて教団幹部に属する可能性がある。荻原氏は教学を創造し、教団の将来を左右する道も開けている。このような宗教研究者としての「実験的」ともいえる教団との関与のありかたに対しては、研究者としてはある種の「逸脱」とする見方は存在するであろう。しかし個人的にはわたし自身が伝統教団の教学と、新宗教においては「信者になりすまして」の修行・研究を行っており、調査の方法の模索や、自らの研究者としての立場を顧みる意味での大変刺激的な発表であった。言葉より体験や修行を重視する教団研究のあり方として、荻原氏はある種の必然を極端な形まで推し進めたモデルを提示していると言える。

ほんの短い時間の出会いでありながら、あちこちで'逸脱'している三十代半ばの私を妙にリアルに描写してくれて、こそばゆくなるようなレポートであるが、その後の禊教とのかかわりは、かなりこの文章の示すところに近い感じがする。

私が井上正鐵に出会ったのは高校時代のことだった。それは、生まれ育った葛飾区亀有に近い足立区立大谷田図書館のパンフレット棚にあった『足立史談』一二九から一四二号（昭和五十三・五十四年）に、須賀源蔵「足立と禊教」という連載記事を見たことだった。その時は全く偶然だったのだが、ちょっと興味を持った私はその連載誌を全号揃えてファイルしていたのだった。

私の父は地元の区役所勤めであったが、まだ少年のころに母親の天理教信仰を嫌って満州に渡り、ソ連に抑留されて帰ってきた経歴があった。子どもに向かって、ソ連での教育の成果と思われる「大昔には人間がみんな平等な原始共産制社会があった」などという話が、さりげなく出る人だった。母は兄を神社の保育園に入れたかと思うと、私をプロテスタントの教会幼児園に入れたりするのに、困りごとがあると神道の祈祷師の所に行った。今から思えば大祓詞とわかる'何とか姫'の名が出てくるお祈りを上げてもらい、お札を枕の下に入れて寝たものだ。小学生の時には、お寺の息子と一緒に葛飾じゅうの寺参りをして御朱印を集めた。そんな混沌とした宗教文化の下町の子どもだった。

高校時代には、戦後思想家の三浦つとむを読んだりしていて、大学では哲学史、とりわけヘーゲルを学ぼうと考えて著名な学者のいた法政大学に進んだ。しかし、その情熱を持ち続けることができず、大学二年にもなると迷いの日々を過ごした。ある時、何となく天理教の本など見ていたら、「そうだ比較宗教のような研究をしよう」と思い立ち、さらに行きつけの古本屋で井出孫六「秩父事件と禊教」をふと立ち読みして、「そうか地元の禊教か」と、かつて集めたファイルを再び開いた。

この「足立と禊教」の著者である故須賀源蔵先生の紹介で、二年生も終わる昭和五十七年（一九八二）の一月ごろに、國學院大學の三橋健先生の研究室で行われていた禊教教典研究会に参加させてもらうようになった。院生たちが『井上正鐵翁遺訓集』を読んでいたのだが、初めて行った時には、漢方医学が語られている特に難しい巻之三「医之弁」だった。部屋に入るなり崩し字の資料を渡され、先輩たちがひとわたり読んだ後には、私の番も来てしどろもどろに読み終えた。それから研究会自体は十年ぐらい続いて、自分が最古参になったりもしたが、この研究会があったからこそ研究生活を続けられたと思う。三橋先生には今日に至るまで研究上の師としてご指導いただいており、須賀先生は長く中学校教員をされていたので、養護学校の教員となった私には教員と研究を両立するアドバイスも下さって、自分の人生モデルの一人だったと感謝している。

そして、三年生になった昭和五十七年（一九八二）四月には、大学でも元気になって、所属していた法政大学哲学会の中に宗教学研究会を立ち上げ、まずは基礎知識からということで岸本英夫『宗教学』の輪読会を始めたが、そこに新入生の弓山さんが入ってきたのだ。また、当時の法政には学部生が出せる懸賞論文があって、原稿用紙四十枚以上という学術論文の大きさにチャレンジする場であった。三年生の時に「井上正鉄の思想」、四年生で「唯一問答書の成立」を書いてそれぞれ入賞したのは励みになったが、卒業論文は学内に指導して下さる先生がおらず、日本思想史の講師で来ておられた跡見女子大の渡部武先生に無理にお願いした。今でも時折励ましを頂けるのは有り難いことである。でも、大学院には進まずに養護学校の教員となり、余暇に調査や執筆を進めて、毎年の神道宗教学会と何年かに一回の日本宗教学会の口頭発表を続け、三年に一本は論文をまとめようと努力してきた。小さな仕事を積み重ねただけだが、少なくとも現役の〈宗教学の研究者〉と称することくらいは許されるだろう。

また、私自身の意識では自分は〈井上正鐵門中〉である。昭和五十九年（一九八四）に法政大学を卒業してしばらく職のない時期を過ごした時、この機会に実際の行を体験しようと、当時の禊教系教団ではただ一つ〈初学修行〉が行われていた「一九会道場」に入門した。紹介者もなく、問い合わせの手紙への返事だけを頼りに、予定通り木曜の夕方に繰り込んだ。修行が始まると、祓の声に合わせて背中をぴしゃんぴしゃんと叩かれる。痛いには痛かったが、上手な人に叩かれると息がスッと出る。また、その頃には鼻が悪かったけれども鼻もかめず、鼻汁が喉へ降りると仕方なく飲み込んでいたのだが、やがてむせ返って吐き出した。そうしたらそれまで抱えていた何か'格好つけ'がポロリと外れて、痰を吐き出しまくって修行を続けた。「あの汚い初学」といわれたようだったが、何かが吹っ切れた行だった。そして最後の内陣では「きょろきょろするな。息吹が弱い！」と道場長の故日野正一先生から笏でピンタをされ、ようやく昭和五十九年（一九八四）十月二十八日に〈成就〉となった。

教員となってからは、なるべく月一回の〈一万度祓〉には通うようにし、ちょうどいいストレスマネジメントになった。やがて結婚して長男が生まれ、ダウン症という障害がわかった日の晩には、自分を励ますために「病む子ほどいとしかわいと親心わするひまもなきぞ不可思議」という正鐡の直筆の写真をコピーして小さな額にして掲げたが、一九会道場では、日野先生の後を継いだ故石津光一先生が、ある日の一万度祓の一座を「荻原さんのお子さんの健康祈願にしよう」と言って下さった。井上正鐵の言葉と祓修行は私の人生の支えである。これなら〈信者〉だろう。

研究の進展の中で出会い、大切なものを託して下さった方も多い。神水の伝や喜悟信の伝の伝書を見せて下さった故杉山雄氏や故池田俊次氏は、すでに意味もよくわからなくなってしまった伝書に愛惜の情を以って私にお示し下さったのだ。そうした一人に札幌の故内山弓男先生がいる。昭和六十年（一九八五）十月から逝去半年前の平成四年（一九九二）八月までの長い文通の間に、六十一年（一九八六）八月、六十二年（一九八七）八月と訪問し、本書一章四節に引用した「鎮魂産霊の伝」を伝授して頂いた。これにより〈教団の口伝の伝承者〉ともなったのであるが、さらに、平成二年（一九九〇）十月には、ご息女が差し止めるくらいの精神集中によって一年以上をかけて書き上げられた便箋百八十枚からなる父上内山竹次郎師の事績「古き教えに学ぼう人の道」も下さった。これは授記だったと思う。今年は伝授からちょうど三十年だったが、「神道屋商売」を戒められていた先生は、私なりの姿で後世に残そうという誠意を受け入れて下さると思う。

この内山先生の紹介で、神道禊教教主である坂田安弘氏との交際も始まった。その頃お互い二十代後半であり、足立のファミレスで井上正鐵と禊教の話だけで夜通し語り合ったのは楽しい思い出である。そして『禊教真派教報みちづけ』に平成元年二月（七号）から平成五年二月（三四号）まで、「教祖伝研究ノート」を二十五回連載し、続いて平成五年四月（三五号）から平成二十年六月（一一六号）まで、「井上正鐵先生をめぐる人々」を六十三回にわたって連載した。さらに、平成二十年八月（一一七号）から二十二年八月（一二九号）まで「新発見の教祖遺文について」を十回連載している。その間にかつての「禊教教典研究所」の復興を企図して、その資金調達のために『井上正鐵の生涯―教祖伝研究ノート』（平成十一年）を制作して寄贈した。二十年以上にわたってこんなにも教団機関誌に書き続け、禊教教典研究所主任研究員を名乗っていれば、当然〈教団の教学研究者〉とみなされるだろう。

自宅からもほど近い禊教立教地の梅田神明宮宮司で、唯一神道禊教教長の故関口鐵三郎先生からは、研究を始めたころから、門中の逸話などいろいろとご教示を頂いてきたし、調査の成果を報告するととても喜んで下さって、励まされてきた。関口先生が亡くなられた後の平成二十二年（二〇一〇）五月に、〝教学面でのサポートをして欲しい〟ということで「唯一神道禊教」の責任役員への就任を依頼され、故郷の親戚のお手伝いのような気持ちで引き受けた。これは〈教団幹部〉ということになろうが、先の〈教団の教学研究者〉とは両立しなかったのだ。〝両立する〟と思ったところが私の〝逸脱〟である。

私自身は、「禊教教典研究所」の〈禊教〉とは、〝井上正鐵の門下〟という意味の一般名詞と考え、井上正鐵門中最大の教団である坂田安弘氏の「神道禊教」が中心となって維持しつつも、教団からは独立した研究機関として、旧大成教系の教会も含めて共同利用するという構想を提起し、基本的には関係者の賛意を得ていたはずだった。だから、〝複数の流派に横断的に関与〟してきた自分自身がそれを体現すべきだと考え、「大成教禊教会本院」の百五十年史を作成したし、この「唯一神道禊教」の責任役員就任もひとつのチャレンジだったのだ。だが、「神道禊教」の上位の教学研究者から「神道禊教の教学を担当しながら、他教団の役員になるのはいかがなものか」という常識的には当然の指摘があり、禊教教典研究所からは身を引いた。こうして〈教団の教学研究者〉を終え、今年平成二十九年（二〇一七）六月には、「唯一神道禊教」の責任役員も退任して〈教団幹部〉も終えられた。かくして、'ある種の必然を極端な形まで推し進めたモデル' かもしれない '内在的理解' を目指した研究生活は紆余曲折を経て、今日に至っている。

この三十数年の研究における歓びは、何といってもフィールドワークで関係者や史料に出会って、未知の事実が判明してくることだ。二十代での正鐵の生家の安藤家文書や吐菩加美講の成立前後の資料の発見でその味を知り、三十代の伊那と岡山の伊藤祐像門中、そして四十代後半からの高声念仏の調査の二つで大いに味わった。伊藤祐像は幕府の密偵からの転向者とされ、初めは伝記を面白くするための架空の人物ではなかろうかと思っていた。だが、調べてみると密偵ばかりか、その活動は東京での教団の枠から離れて独自に続けられており、その体験者さえ生存していたのだった。文献上でも宮内庁書陵部所蔵の『白川家日記』に登場する件数は井上正鐵門中で一番多いだろう。半年ほどしかない直接の師弟関係を固く守り通し、門中の活動の避難所兼中継拠点となり、さらには岡山の門人佐々木左兵衛の親類である村上正武を白川家の雑掌に押し上げて、自らも白川資訓王の御前講義をするに至るという、この律義さと迫力には感服した。今我が家の神前には、岡山の教会跡でぼろぼろの反故紙になっていた伊藤祐像筆の神号幅を修復して祀っているが、そこには正鐵伝授の渦巻が描かれている。

もう一つの高声念仏は、「まさか！」の連続だった。三田村鳶魚が '木下川の気違念仏' と記し、東宮鐵麻呂が '祓詞ニ代フルニ念仏称名' と記しているので、そういうものがあったらしいことは以前から想定はしていたが、まさか現代まで残っているとは思わなかった。実は先の新宗教研究会の質疑応答の中で藤田庄市氏より「禊教によく似た念仏修験が川崎にある」というコメントを頂いていたのだが、まさにそれが '正鐵―知善' を道統の起源の一つとする浄信講社の高声念仏だった。藤田氏に聞いてから調査の手掛りを得るまでに十一年、実際に行を体験し、道統のつながりを文献上でも確認するまでには十四年間ほど掛かったのだが、その間に〈新行〉を取り立てる〈別時高声念仏会〉は消滅していた。だが、今でもたった四人で毎月二回の高声念仏を行じているのだ。

最後にこれからの研究の方向を考えてみたい。先の浄信講社と並存した深大寺高声念仏を開いた浮岳堯欽は、正鐵の遺詠や遺文を集めた『梅田神詠集』という写本を残している。その表紙裏には「あら尊　真鐵正かねなかりせは　吾人ともに 道に迷はむ」と正鐵への仰敬の念を書いている。この書には、他本にはない遺文も多く収録されているが、その一つに〝うたがひのあるゆへ神も尊けれ　うたがひはれて神もいらなひ、なぜならバおのれが神となるゆへに　これを同根同躰といふ〟というものがあった。〝うたがひ〟も〝同躰〟も他の正鐵の遺文に見られるが、〝おのれが神となる〟という言葉は残されていない。明治初期に東宮千別が「先師之書類は、沙汰のある迄は一切相用申間敷事」としたが、これはそのまま封印が解かれなかった言葉であり、明治の神道にならなかった深大寺高声念仏だったから残された正鐵の教えなのだろう。

一方、明治二十年代の「大成教禊教」最盛期に刊行された『井上正鐵翁在島記』（明治二十三年）には、最晩年の正鐵が〝世は変わる浮世静かに官軍のむかし神代のしるしなりけり〟と記して三宅島での高弟笹本久右衛門に託したとあるが、現物はないし、他の書にもない。さらにその歌を当時「大成教禊教」とは対抗関係にあった坂田安治が、『神道禊派由緒書』（明治二十六年）に引用して、「禊教」独立のための提出資料の一部にしている。〈宗教学の研究者〉としては、この歌を「存疑」とするにとどめておくが、率直に言えば、麻生正一も坂田安治も、正鐵が尊王の志士であるかのように造形したかったのだと思う。

明治になって教派神道としての権威を立ち上げることで、今日に至るまで正鐵の教化活動が生き続けていることは確かだ。だが、そこには、あえて封じたものや、紛れ込ませて伝統にしてしまったものなどが存在している。それこそが教義形成なのではあろうが、可能な限り原像を尋ね、変遷の過程を明らかにしようというのは〈宗教学の研究者〉のミッションであろう。あちこち〝逸脱〟しながら〈教団幹部〉でも〈教団の教学研究者〉でもない立場に戻り得たことを、うれしく思う。私は、〈宗教学の研究者〉としては、今後の展開において、「存疑」も含めて井上正鐵遺文を可能な限り集成して、コメントを付けていきたい。そして、機会があれば公刊して井上正鐵の教説の原像を明らかにし、その読み取りの変遷を示していく基準となる資料を提供したいと思う。

でも、井上正鐵が大好きな一個人（信者というよりファンだろう）としては、宗教史研究とは切り分けて、正鐵の教えを現代の生活に生かしていくような理解をしていってみたいと思うし、それを書いたりもしてみたい。そんなことが可能だと思っているところが〝逸脱〟かもしれないが、私はそういう人なのだ。

養護学校の教員をしながらの一アマチュア研究者でありながら、今こうして一冊の本にまとめることのできた幸福を味わいつつ、これまで仕出かした沢山の失礼をお詫びするとともに、恩師である三橋健先生、そして学会などでお会いする度に出版するよう勧めて下さった井上順孝先生や島薗進先生はじめ、今までお力添え頂いたり、励まして下さった皆さまに深く感謝したい。おわりに、具体的に思想の科学社からの出版を勧めてくれて、編集の労をとってくれた高橋幸代さんも、法政大学での宗教学研究会の後輩だが、若いころからの〝ゆるい〟つながりの中にずっといてくれて、三十年ぶりの再会は本書の打ち合わせだった。この人なしに、ここまでまとめる粘りは出せなかっただろう。

平成二十九年十二月擱筆

蘇鐵乃舎　荻原稔

索　引

事項索引

ア　行

カ　行

サ　行

タ　行

ナ　行

ハ　行

マ　行

ヤ　行

ラ　行

ワ　行

井上正鐵門中用語索引

ア　行

カ　行

サ　行

タ　行

ナ　行

ハ　行

マ　行

ヤ　行

ラ　行

人名索人名索引（研究者を除く）

ア　行

カ　行

サ　行

タ　行

ナ　行

ラ　行

書名索引（研究書を除く）

ア　行

カ　行

サ　行

タ　行

ナ　行

ハ　行

マ　行

地名索引

門中・教会、神社、寺院索引

タ　行

ナ　行

ハ　行

マ　行

ヤ 行

井上正鐵門中・禊教の成立と展開
―愼食・調息・信心の教え―

著者　荻原　稔
編集者　高橋幸代
発行人　余川典子
発行所　思想の科学社
東京都新宿区北新宿一-三〇-三〇-八〇一
電話　〇三-五三八九-二一〇一
振替口座　〇〇一五〇-五-八九〇七二
印刷・製本　株式会社トライ

二〇一八年七月一五日　初版発行

ISBN978-4-7836-0115-9

源流から未来へ　『思想の科学』五十年

鶴見俊輔・五十年史の会編／本体八〇〇〇円＋税

解説・鶴見俊輔、加藤典洋。明治維新と敗戦時という変革期創刊の『明六雑誌』と『思想の科学』、同時代を並走した『近代文学』を比較検証。転向研究をめぐっての吉本隆明、藤田省三の転向論。「暮らし」から谷川雁、森崎和江、思想の科学の人々をとりあげ、「生活者」を定義する。執筆・天野正子、石井紀子、加藤典洋、黒川創、鈴木正、森崎和江、安田常雄、山領健二。『思想の科学総索引1946－1996』に続く本。鶴見俊輔・投稿をとおしてみる『思想の科学』を併載。

『思想の科学』ダイジェスト1946～1996

『思想の科学』五十年史の会編／本体九五〇〇円＋税

一九四六年、武谷三男、武田清子、都留重人、丸山眞男、鶴見和子、渡邊慧、鶴見俊輔の、七名の同人により先駆社から創刊。以後健民社、講談社、中央公論社を経て、「風流夢譚事件」のあと、六二年に自主刊行の思想の科学社を創立。九六年五月終刊までの、全五三九冊、約一万の論文・記事の中から、多様な視点で選択された二〇〇〇件。これらのダイジェストをとおし、生活者、研究者、様々な人々が、戦後の日々に何を悩み何を考えてきたか、五十年の思想運動の軌跡を刻む、雑誌終刊後の三部作の決定版。執筆には一〇四名が参加。原文からの多彩な「著者索引」付き。